リスク管理実務マニュアルシリーズ

会社役員の
リスク管理
実務マニュアル

平時・危急時の対応策と関連書式

渡邊　顯／武井洋一／樋口　達 編集代表
成和明哲法律事務所 編

発行　民事法研究会

はしがき

責任厳格化時代における会社役員のリスク管理

―はしがきに代えて―

　本書のテーマをひと言で表現するなら、標記のようになるだろうか。

　西暦1602年、オランダによって設立された東インド会社は、世界最初の株式会社であった。スペインと80年戦争を闘っていたオランダは、スペインがポルトガルを併合したことから独自にアジア貿易を開発する必要に迫られた。さらには、イギリスやフランスとの経済戦争にもさらされた結果、「苦肉の策」としてひねり出されたのが株式会社制度であった。

　東インド会社が発明したこの制度は、500年を経ても衰えることがなく、今日のグローバルな経済活動を支える最も重要なインフラの1つとなっている。この間、戦乱、恐慌、犯罪など、想像を絶するさまざまな事象が起こり、その度ごとに制度は精密の度合いを深め、そして会社役員の責任が厳格化されてきたのである。

　それにもかかわらず、企業不祥事は後を絶つことはなく、それが故に、会社役員の責任を問う声は強まることはあっても、トーンダウンすることはないのが現今の様である。

　今日、経済のグローバル化は避けて通ることはできないから、企業はさまざまなリスクを抱えざるを得ない。そのリスク対策は複雑化・高度化・国際化を強めるばかりである。同じように会社役員のリスク管理も厳密に行う必要があることは明白である。しかし、多くの役員にとっては、それが何か、はたまた、どうしたらよいのか、混とんとした状態に置かれているのが実際であろう。

　本書は、このような役員のリスク管理の手引きとなるべく、執筆陣が、その貴重な経験と知見に基づき書き下ろしたものである。

　そこで、第1に、会社役員の責任とは何なのかを、平易に読み解くことに意を用いた。

はしがき

　第2に、そのために実例を引用するなどの方法によって、わかりやすい記述を心掛けた。

　第3に、上場会社がコーポレートガバナンス・コードを受け入れ、ステークホルダーの監視も強まる時代となり、企業を取り巻く現下の環境が激変している状況にも十分な目配りをしている。

　本書が、会社役員にとって有益なアドバイスとなり、リスク管理の宝庫となることを祈念して本書のはしがきとする。

　最後になったが、快く本書の執筆にご協力いただいた弁護士各位および中心になって編集作業を担っていただいた武井洋一、樋口達の各弁護士には、この場をお借りして感謝申し上げる次第である。また、民事法研究会の田口信義氏、雪野奈美氏には、企画段階から出版に至るまで大変お世話になったことを記して、感謝申し上げる次第である。

　平成30年初夏

渡　邊　顯

「会社役員のリスク管理実務マニュアル」

目　次

第1部　総論〔基礎知識編〕

1　会社役員とリスク管理の基礎 …… 2

1　会社役員のリスク管理の必要性 …… 2
(1)　本書の狙い　*2*
(2)　後を絶たない企業のリスク管理不在の事例　*2*

2　会社役員の範囲 …… 3
(1)　取締役・代表取締役　*3*
(2)　業務執行取締役　*3*
(3)　執行役と執行役員　*3*
(4)　監査役　*4*

3　リスクが企業を包囲している …… 4
(1)　企業活動はリスクとの戦い　*4*
(2)　リスク定義論は意味がない　*5*
(3)　コンプライアンスリスク論だけでは不十分　*5*

4　リスクは時代とともに増加する …… 6
(1)　低リスク時代からリスク増大化の時代へ　*6*
(2)　企業法務という概念の成立と風評被害の時代　*7*
(3)　コーポレートガバナンス・コードは企業リスクの指標　*7*
【原則4-4．監査役及び監査役会の役割・責務】より　*9*
【原則4-3．取締役会の役割・責務(3)】より　*9*
【補充原則4-3②】より　*9*

5　善管注意義務の具体的な説明 …… 10
(1)　業務執行・意思決定と善管注意義務の関係　*10*
　㈰　不注意のない業務執行　*10*　／㈪　不注意とは　*11*　／
　㈫　連帯責任　*13*

目　次

　　(2)　善管注意義務と忠実義務は違うのか　13
　　(3)　取締役の義務の態様とコーポレートガバナンス・コード　14
　　　(A)　株主利益の最大化　14　/(B)　法令順守の義務　14　/(C)　コーポレートガバナンス・コードの規範性　18　/(D)　社外取締役制度　21　/(E)　人事と報酬の制度（補充原則4-10①）　21　/(F)　取締役会評価の制度　22
　　(4)　善管注意義務と経営判断の原則　23
　　　(A)　Business Judgement Rule　23　/(B)　経営判断が尊重されるための要件　23
　　(5)　監視義務　24
　　　(A)　監視義務の要件　24　/(B)　監視義務の範囲　25　/(C)　非取締役会設置会社と監視義務　25/(D)　監査役と監視義務　26　/(E)　執行役員・執行役と注意義務　26　/(F)　信頼の権利　27
　　(6)　内部統制システムの整備義務　27
　　　(A)　会社法による整備義務　27　/(B)　内部統制システムの内容　28　/(C)　内部統制システム整備の範囲・程度　28

2　不正・不祥事の疑いが発覚した場合の対応　29

　1　不正・不祥事の疑いが発覚した場合の心構え　29
　2　初期調査　29
　3　対応方針の決定　30
　　(1)　調査体制の構築　30
　　　(A)　社内による調査か、専門家による調査か　30　/(B)　社内調査　31　/(C)　外部調査――第三者委員会の設置――　31
　　　〔表1〕　第三者委員会設置のために考慮すべき要素　32
　　(2)　調査方針　33
　　　(A)　調査の範囲　33　/(B)　調査期間　33　/(C)　調査の方法　33
　4　適時開示　35
　5　関与が疑われる役職員等への対応　35

(1)　不正・不祥事が刑事法規に抵触すると考えられる場合　*35*
　　〔表2〕　告訴・告発をする場合の考慮要素　*36*
　　(2)　会社役員として採るべき民事上の手続　*36*
　6　行政機関・捜査機関対応………………………………………*37*
　7　マスコミ対応……………………………………………………*38*
　8　再発防止策の策定………………………………………………*38*

第2部　具体的事例とその対応策

第1章　商取引の開始・継続に関するリスク　*42*

1　取引先の信用リスク管理　*42*

Ⅰ　基礎知識………………………………………………………*42*
　1　信用管理…………………………………………………………*42*
　　(1)　はじめに　*42*
　　(2)　平常時における信用管理の重要性　*42*
　2　平常時の信用管理………………………………………………*43*
　　(1)　取引開始時の信用調査　*43*
　　　(A)　はじめに　*43*　／(B)　法人の登記事項の確認　*43*　／(C)　決算書等の分析や情報収集　*46*
　　(2)　取引に関する契約書の作成　*47*
　　　(A)　契約書を作成する意義　*47*　／(B)　契約書作成にあたっての基本的視座　*48*　／(C)　契約書の内容に関する主な注意点　*49*
　　(3)　与信判断・与信管理　*50*
　　　(A)　与信判断・与信管理とは　*50*　／(B)　与信判断・与信管理のプロセス　*51*
　3　担保設定・連帯保証契約等……………………………………*51*
　4　信用リスク発生時の債権保全・回収…………………………*52*
　5　会社役員の責任について………………………………………*53*

(1)　信用調査・信用管理と経営判断の原則　*53*

　　　(2)　与信判断・与信管理と経営判断の原則　*53*

　Ⅱ　事例と対策 …………………………………………………………… *54*

　　〔事例１〕　信用調査の具体的方法〜製造業の場合〜 ………………… *54*

　　１　発注販売会社代表者からの聴取………………………………………… *54*

　　２　登記事項の確認………………………………………………………… *54*

　　３　決算書等の分析………………………………………………………… *55*

　　４　他の取引先等、実情を知る者からの聴取…………………………… *55*

　　５　その他の調査…………………………………………………………… *55*

　　６　受注製造会社役員の責任について…………………………………… *56*

　　〔事例２〕　契約書の作成における留意点 ………………………………… *56*

　　１　契約書の内容について………………………………………………… *56*

　　　(1)　注文から納品に至るまでの具体的な流れについて　*56*

　　　(2)　代金の支払期限について　*56*

　　　(3)　担保の設定　*57*

　　２　役員の責任について…………………………………………………… *57*

２　反社会的勢力に対するリスク管理 ………………………… *58*

　Ⅰ　基礎知識 ……………………………………………………………… *58*

　　１　問題の所在……………………………………………………………… *58*

　　２　反社会的勢力とは……………………………………………………… *58*

　　３　具体的対応……………………………………………………………… *59*

　　　(1)　反社会的勢力を関与させないための対応　*59*

　　　　(A)　社内体制の整備　*59*

　　　　〔表３〕　有事の対応　*60*

　　　　(B)　反社会的勢力か否かの確認の必要性　*63*　／(C)　確認方法
　　　　64　／(D)　暴排条項の挿入　*64*

　　　(2)　具体的な取引関係における留意事項　*65*

　　　　(A)　不動産の譲渡および賃貸の際の留意事項　*65*　／(B)　請負
　　　　契約時の留意事項　*66*　／(C)　M&A 時の留意事項　*66*　／(D)
　　　　株式譲渡承認時の留意事項　*67*

　　　(3)　反社会的勢力との関与が明らかになった場合の対応　*67*

(A)　反社会的勢力であることが確実な場合　67　／(B)　反社会
　　　的勢力であるか確証がもてない場合　68
　Ⅱ　事例と対策 ……………………………………………………… 69
　　〔事例〕　反社会的勢力との取引対応のための対策はどうあるべきか … 69
　　1　反社会的勢力か否かの確認 …………………………………… 69
　　2　契約の解除 ……………………………………………………… 69
　　3　役員の責任 ……………………………………………………… 70

3 事業継続計画（BCP）とリスク管理 …………… 71

　Ⅰ　基礎知識 ………………………………………………………… 71
　　1　BCPとは ……………………………………………………… 71
　　2　BCPの必要性 ………………………………………………… 71
　　3　BCPに関する会社および役員のリスクとは ……………… 72
　　　(1)　BCPの策定義務に関する法規制　72
　　　(2)　従業員に対する損害賠償責任のリスク　73
　　　(3)　取引先に対する損害賠償責任のリスク　74
　　4　BCPの概要 …………………………………………………… 74
　　　(1)　BCPの目的　74
　　　(2)　BCP策定の主体　75
　　5　BCPの策定方法 ……………………………………………… 75
　　　(1)　BCP策定のプロセス　75
　　　(2)　経営陣による基本方針の決定　75
　　　〈図1〉　事業継続マネジメント（BCM）の各プロセス　76
　　　〔資料〕　トヨタ自動車株式会社基本方針　77
　　　(3)　ビジネスインパクトの分析　77
　　　　(A)　重要業務の特定　77　／(B)　復旧のためのボトルネックの
　　　抽出　78　／(C)　目標復旧時間の設定　78
　　　〔表4〕　重要業務目標復旧時間例　79
　　　　(D)　応急復旧対策　79　／(E)　財務診断　79
　　　(4)　BCPの内容のポイント　80
　　　　(A)　初動対応　80　／(B)　指揮命令系統の明確化　80　／(C)
　　　対外的な情報共有・情報発信　80

6　BCPの実効性の確認 …………………………………… 81
　　　(1) BCPの点検・見直し　81
　　　(2) 実際の取り組み例　81
　　　　(A) 事務器具メーカーの例　81　／(B) 食品メーカーの例　82
　Ⅱ　事例と対策 ……………………………………………………… 82
　〔事例〕　BCP策定検討中という段階での大規模災害被災に対する役員
　　　　の責任とは何か ……………………………………………… 82
　1　地震発生にかかる会社および役員の法的責任 ………………… 82
　　　(1) 従業員に対する責任　82
　　　(2) 安全配慮義務の内容　83
　　　(3) 通常時の対策にかかる安全配慮義務の有無　83
　　　(4) 災害発生時の対応にかかる安全配慮義務違反の有無　83
　2　工場倒壊についての会社および役員の法的責任 ……………… 84

第2章　商品・サービスに関するリスク …………………… 85

④　商品偽装（データ偽装・品質偽装等）とリスク管理 ……………………………………………………………… 85

　Ⅰ　基礎知識 ……………………………………………………… 85
　1　概　説 …………………………………………………………… 85
　2　食品偽装 ………………………………………………………… 86
　　　(1) はじめに　86
　　　(2) 食品偽装の例　86
　　　　(A) 品質表示に関する偽装　86　／(B) 取引先における食品偽装　87
　　　(3) 偽装問題が生じる背景　88
　　　　(A) 食品偽装が起こる要因　88　／(B) 食品偽装が起こる背景　88
　　　(4) 食品表示法の成立　88
　3　その他の偽装 …………………………………………………… 89
　4　企業や役員のリスクと対応 …………………………………… 90

(1) 契約解除・返品・損害賠償　*90*
　　(2) 行政との関係　*91*
　　(3) 企業イメージの低下　*91*
　　(4) 株主代表訴訟による責任追及　*91*
　　(5) 刑事罰　*93*
　　　〔表５〕偽装行為に対する刑事罰一覧　*93*
　5　まとめ……………………………………………………………… *94*
　Ⅱ　**事例と対策**　*94*
　　〔事例〕食品の偽装が外部の通報で明らかになった場合にどのような対応をとるべきか ……………………………………………… *94*
　1　具体的対応………………………………………………………… *95*
　　(1) 事実関係の確認　*95*
　　(2) コンプライアンス上の問題点の把握　*95*
　　(3) 対策のための社内体制の整備　*95*
　　(4) 対応策の実施　*95*
　　　㈠ 顧客対応　*96*／㈠ 取引先対応　*96*／㈠ 監督官庁・マスコミ対応　*96*／㈠ 現場対応　*98*
　　　【書式１】食品偽装事故発生の告知文例　*97*
　　(5) 内部検証　*98*
　　(6) 役員責任　*98*

5　製品の欠陥事故（PL問題）とリスク管理 …………… *99*

　Ⅰ　**基礎知識** ………………………………………………………… *99*
　1　はじめに…………………………………………………………… *99*
　2　製造物責任法（PL法） ………………………………………… *100*
　　(1) 概　要　*100*
　　(2) 要　件　*101*
　　　㈠ PL法の定義　*101*／㈠ PL法における製造業者等の範囲　*101*／㈠ 製造物の定義　*102*／㈠ 欠　陥　*102*／㈠ 責任事由　*102*／(3) 免責事由　*103*
　　(4) 賠償請求権の期間制限　*103*
　　(5) PL法によるコンプライアンス機能　*103*

目次

  3　製品安全法……………………………………………………………… *104*
   (1)　概　要　*104*
   (2)　定　義　*104*
   (3)　事業者の報告義務および消費者庁長官による公表　*104*
   (4)　事業者の責務　*105*
   (5)　危害防止命令　*105*
  4　自主規制…………………………………………………………………… *105*
  5　欠陥・事故に伴う企業および役員のリスク………………………… *106*
   (1)　製品の製造中止、回収・修理に伴う費用の支出　*106*
   (2)　民事責任　*106*
   (3)　刑事責任　*106*
   (4)　役員の責任：任務懈怠責任　*107*
   (5)　社会的評価の失墜　*108*
   (6)　事業、企業自体の消滅　*108*
  6　企業のとるべき対応…………………………………………………… *108*
 Ⅱ　事例と対策 ………………………………………………………………… *109*
  〔事例〕　重大製品事故が発生した場合の対応はどうあるべきか……… *109*
  1　周知徹底および製品の回収…………………………………………… *109*
  2　製品安全法上の義務の履行…………………………………………… *110*
  3　対応策の実施…………………………………………………………… *110*
  4　情報の公開……………………………………………………………… *111*
   【記載例1】　製品事故発生の広告例　*112*
  5　その他の対応…………………………………………………………… *114*
   (1)　製品の回収等　*114*
   (2)　賠償請求対応　*114*
   (3)　事故対策本部、調査委員会の設置　*114*
   (4)　処分等　*114*
  6　対応を誤った場合の責任……………………………………………… *115*

6　クレーム対応とリスク管理 ……………………………………… *115*

 Ⅰ　基礎知識 …………………………………………………………………… *115*
  1　クレームのリスクおよびそのマネジメントの重要性……………… *115*

(1)　企業リスクとしての「クレーム」　*115*
　　(2)　クレーム対応の失敗がもたらすリスクの重大性　*116*
　　　(A)　インターネットを中心としたIT技術の発達　*116*　/(B)　消費者保護関連法の施行　*117*
　　(3)　会社役員による「クレームリスクマネジメント」の重要性　*117*
　2　クレーム対応のポイント………………………………………*118*
　　(1)　クレーム対応の要否の判断基準　*118*
　　　(A)　正当なクレームと不当なクレームの区別の必要性　*118*　/(B)　会社役員の視点からみた正当なクレームと不当なクレームの区別の必要性　*119*
　　(2)　二次的なクレームの発生防止　*120*
　　　(A)　一貫性　*120*　/(B)　公平性　*120*　/(C)　迅速性　*121*
　　(3)　クレーム対応体制の構築　*121*
　　　(A)　クレーム対応体制の構築の必要性　*121*
　　　【書式2】　クレーム対応規程例　*122*
　　　(B)　受付対応〜事実関係の把握・記録・関係部署に対する情報の共有〜　*124*
　　　【書式3】　クレーム受理報告書例（電話対応メモ）　*125*
　　　(C)　関係部署における対応〜原因分析、法的責任の検討・対応方針の確定・実行〜　*127*　/(D)　事後対応〜事例の集積、再発防止策の検討・実施〜　*127*
Ⅱ　事例と対策　………………………………………………………*128*
　〔事例〕　製造した商品を利用した顧客からのクレームに対する対応はどうあるべきか　………………………………………………*128*
　1　製造元X社の利用者Aに対する責任　……………………*128*
　2　製品事故がもたらす企業リスク……………………………*128*
　3　具体的な対応のポイント……………………………………*129*
　　(1)　受付における初動対応の重要性　*129*
　　(2)　Aのクレームに基づく対応　*129*
　　　(A)　事実関係の調査　*129*　/(B)　法的理由のあるクレームか否かの検討　*129*　/(C)　製品回収、事実の公表等　*130*　/(D)

再発防止策の策定、実施 *130* ／(E) インターネット上への情報拡散に対する対応の検討 *131* ／(F) 会社役員としての対応 *131*

第3章　労務・従業員に関するリスク ……………… *132*

7　労務管理とリスク管理 ……………………………… *132*

Ⅰ　基礎知識 ……………………………………………… *132*

1　労務管理に関するリスク …………………………… *132*

2　採用に関するリスク ………………………………… *133*

(1) 採用内定に関するリスク　*133*

(2) 雇用契約締結時のリスク　*133*

3　労働条件等に関するリスク ………………………… *134*

(1) 就業規則に関するリスク　*134*

(A) 就業規則の届出と周知　*134*　／(B) 就業規則の不利益変更　*134*

(2) 長時間労働に関するリスク　*135*

(A) 時間外労働と長時間労働の規制　*135*

〔表6〕三六協定で定める延長時間の限度の基準（一般の労働者の場合）　*136*

(B) 長時間労働のリスク　*136*　／(C) 長時間労働のリスク管理　*137*

〈図2〉脳・心臓疾患の業務起因性の判断のフローチャート　*138*

〔表7〕労働時間の適正な把握のために使用者が講ずべき措置　*139*

〔表8〕脳血管疾患および虚血性心疾患等（負傷に起因するものを除く）の認定基準について（抜粋）　*139*

(D) 健康診断の実施・ストレスチェック制度に関するリスク管理　*140*

(3) 時間外手当に関するリスク　*141*

(4) 配転、出向に関するリスク　*142*
　4　退職に関するリスク……………………………………………*142*
　　(1) 解雇のリスク　*142*
　　(2) 退職勧奨のリスク　*143*
　5　労務管理に関する役員のリスク……………………………*144*
Ⅱ　事例と対策………………………………………………………*144*
　〔事例1〕　年俸制を採用する店長から退職後に時間外手当等の請求が
　　　　　　された場合はどう対応するか……………………………*144*
　1　時間外手当の支払義務………………………………………*144*
　2　管理監督者の判断……………………………………………*145*
　3　対　応…………………………………………………………*146*
　〔事例2〕　長時間労働による過労死、過労自殺が発生した場合はど
　　　　　　のような対応をすべきか………………………………*147*
　1　長時間労働に対する規制……………………………………*147*
　2　過労死の認定基準……………………………………………*147*
　3　会社および役員の責任………………………………………*148*
　4　対　応…………………………………………………………*149*
　　(1) 労災請求、民事訴訟　*149*
　　(2) 再発防止策の策定　*149*

8　ハラスメントとリスク管理……………………………*150*

Ⅰ　基礎知識…………………………………………………………*150*
　1　ハラスメント…………………………………………………*150*
　2　セクシャルハラスメント……………………………………*151*
　　(1) 職場でのセクシャルハラスメントの分類とリスク　*151*
　　(2) リスク管理　*152*
　　(3) セクシャルハラスメントと労災　*153*
　　〔表9〕　事業主が雇用管理上講ずべき措置のポイント（セク
　　　　　　シャルハラスメント）　*154*
　3　パワーハラスメント…………………………………………*154*
　　(1) 職場でのパワーハラスメントの類型とリスク　*154*
　　(2) リスク管理　*155*

〔表10〕　パワーハラスメントの予防・解決策　*156*
　　　〔表11〕　社内相談窓口の設置と運用のポイント　*157*
　　4　マタニティハラスメント……………………………………………*157*
　　　(1)　マタニティハラスメントの態様とリスク　*157*
　　　(2)　リスク管理　*158*
　　　〔表12〕　事業主が職場における妊娠、出産等に関する言動に起因する問題に関して雇用管理上講ずべき措置についての指針〈概要〉　*159*

　Ⅱ　事例と対策　…………………………………………………………*160*
　　〔事例１〕　セクシャルハラスメントに関する相談への対応はどうあるべきか　………………………………………………………*160*
　　1　セクシャルハラスメントに関する相談への対応………………*160*
　　2　セクシャルハラスメントが確認された場合の対応……………*161*
　　3　再発防止策……………………………………………………………*161*
　　〔事例２〕　妊娠した従業員への職種変更および職場復帰時の対応はどうあるべきか　………………………………………………*162*
　　1　妊娠中の軽易業務への転換を理由とする降格処分……………*162*
　　2　男女雇用機会均等法９条３項の不利益取扱いの該当性判断…*162*
　　3　具体的対応……………………………………………………………*163*

第４章　会計に関するリスク ……………………………………*165*

⑨　会計問題（粉飾決算、脱税等）とリスク管理 ………*165*

　Ⅰ　基礎知識　……………………………………………………………*165*
　　1　会計問題としての会計不正行為…………………………………*165*
　　2　会計不正行為の背景・動機………………………………………*166*
　　3　会計不正行為の規制の概要………………………………………*166*
　　　(1)　刑事責任　*166*
　　　　(A)　会社財産を危うくする罪、違法配当罪　*166*　／(B)　特別背任罪　*167*　／(C)　金融商品取引法違反　*167*　／(D)　銀行に対する詐欺罪　*167*

(2) 民事責任　*167*

　　　(A) 違法配当額の賠償責任（会社462条）　*167*　／(B) 計算書類等の虚偽記載責任（会社429条2項）　*167*　／(C) 金融商品取引法上の不実開示責任（金商22条1項、24条の4）　*167*　／(D) 第三者に対する賠償責任（会社429条1項）　*167*

4 会計不正行為に対する対応の概要 …………………………… *167*

　　(1) 対応の必要性　*167*

　　(2) 対応の概観と重要なポイント　*168*

　　　〔表13〕 会計不正行為対応の3つのフェーズ　*168*

　　　〔表14〕 事後処理のフェーズ　*168*

　　(3) 時系列順での対応のポイント　*169*

　　　(A) 「発覚のフェーズ」での対応ポイント　*169*　／(B) 「調査のフェーズ」での対応ポイント　*170*

　　　〔表15〕 検討するべき対応方針　*170*

　　　(C) 「事後処理のフェーズ」での対応ポイント　*170*

[Ⅱ] 事例と対策 ……………………………………………………… *171*

　〔事例〕 会社役員が会計不正リスクから身を守るためにはどのような方法があるか ……………………………………………… *171*

1 会社役員がリスクを回避するために …………………………… *172*
2 粉飾決算が行われていることを認識したケース ……………… *172*

　　(1) 問題の所在　*172*

　　(2) 望まれる対応　*172*

　　(3) 参考となる裁判例　*172*

　　(4) 裁判例を踏まえた本事例の帰結　*173*

3 粉飾決算の兆候を発見したケース ……………………………… *173*

　　(1) 問題の所在　*173*

　　(2) 望まれる対応　*173*

　　(3) 参考となる裁判例　*173*

　　(4) 裁判例を踏まえた本事例の帰結　*174*

4 粉飾決算の兆候を全く認識していなかったケース …………… *174*

　　(1) 問題の所在　*174*

　　(2) 望まれる対応　*174*

(3)　参考となる裁判例　*175*
　　　(4)　裁判例を踏まえた本事例の帰結　*176*

第5章　金商法・独禁法等に関するリスク　*178*

10　インサイダー取引規制とリスク管理　*178*

I　基礎知識　*178*

1　インサイダー取引規制とは　*178*
　　(1)　規制趣旨と近時の事例　*178*
　　〈図3〉　インサイダー取引規制の構造　*179*
　　(2)　規制の全体像（〈図3〉）　*179*

2　会社関係者によるインサイダー取引の規制　*179*
　　(1)　会社関係者　*179*
　　　(A)　会社内部者　*179*　／(B)　準内部者　*180*　／(C)　情報の受領者　*180*
　　(2)　重要事実　*180*
　　　(A)　決定事実　*181*　／(B)　発生事実　*181*　／(C)　決算情報　*181*
　　　〔表16〕　重要事実の概要　*182*
　　　(D)　バスケット条項　*182*
　　(3)　公　表　*183*
　　(4)　特定有価証券等　*184*
　　(5)　売買等　*184*
　　(6)　適用除外　*184*
　　　〔表17〕　インサイダー取引規制適用除外事由　*184*
　　(7)　刑事罰・課徴金　*185*

3　公開買付者等関係者によるインサイダー取引の規制　*185*
　　(1)　公開買付け情報等とインサイダー取引　*185*
　　(2)　規制の概要　*186*
　　　(A)　公開買付者等関係者　*186*　／(B)　公開買付け等の実施に関する事実　*186*　／(C)　公　表　*186*　／(D)　その他　*187*

        4　情報伝達・取引推奨行為に対する規制……………………………… *187*
          〈図4〉　情報伝達・取引推奨行為に対する規制　*188*
        5　未然防止規制………………………………………………………… *188*
          (1)　売買報告書の提出義務　*188*
          (2)　短期売買利益の提供義務　*189*
          (3)　空売りの禁止　*189*
    Ⅱ　事例と対策 ………………………………………………………………… *190*
      〔事例〕　インサイダー取引防止のための社内体制の整備の方法はどう
              あるべきか ……………………………………………………… *190*
        1　インサイダー取引防止のポイント…………………………………… *190*
        2　インサイダー情報の管理体制の整備………………………………… *190*
        3　社内規程の整備と運用………………………………………………… *191*
          【書式4】　インサイダー取引に関する社内基本規程例　*192*
        4　役職員による株式売買のモニタリング……………………………… *193*
        5　役職員に対する教育・研修…………………………………………… *193*

11　価格カルテル・談合とリスク管理 …………………………… *193*

    Ⅰ　基礎知識 …………………………………………………………………… *193*
        1　独占禁止法による規制の概要………………………………………… *193*
        2　価格カルテル………………………………………………………… *195*
          (1)　カルテルとは　*195*
          (2)　カルテルの禁止　*195*
            (A)　各ガイドラインの制定　*195*　／(B)　カルテルの認定　*196*
          (3)　カルテルに対する制裁　*196*
          (4)　価格カルテル　*196*
          (5)　価格カルテルに対する制裁　*197*
        3　入札談合……………………………………………………………… *197*
          (1)　入札談合とは　*197*
          (2)　入札談合の禁止　*198*
          (3)　入札に対する制裁　*199*
        4　課徴金減免制度……………………………………………………… *199*
          〔表18〕　課徴金減免の対象となる事業者　*200*

目次

　　5　独禁法違反と役員責任……………………………………………… *201*
　Ⅱ　事例と対策 …………………………………………………………… *202*
　　〔事例1〕　独禁法違反行為が社内で発覚した場合の対応はどうあるべきか ………………………………………………………… *202*
　　1　課徴金減免制度の利用のポイント………………………………… *202*
　　　(1)　公取委の調査開始日前の対応　*202*
　　　【書式5】　課徴金減免制度の報告書（様式第2号）　*203*
　　　(2)　公取委の調査開始日以後の対応　*205*
　　2　その他必要な対応…………………………………………………… *206*
　　〔事例2〕　独禁法に対応した社内体制の構築の方法はどうあるべきか
　　　　　　 ………………………………………………………………… *206*
　　1　コンプライアンス担当部署の整備等……………………………… *206*
　　2　研修・マニュアル作成……………………………………………… *207*
　　3　役員を含む全社的体制の構築……………………………………… *207*

12　下請法違反等の不公正取引とリスク管理 …………… *208*

　Ⅰ　基礎知識 ……………………………………………………………… *208*
　　1　不公正取引規制：独占禁止法と下請法…………………………… *208*
　　　(1)　独占禁止法とは　*208*
　　　(2)　不公正な取引方法　*208*
　　　(3)　優越的地位の濫用　*209*
　　　(4)　下請法の趣旨とその概要　*209*
　　2　下請法における規律………………………………………………… *210*
　　　(1)　下請法の適用対象　*210*
　　　　(A)　取引の内容　*210*　／(B)　取引当事者の資本金の規模　*210*
　　　〈図5〉　物品等の製造委託・修理委託（プログラムの作成委託）　*210*
　　　〈図6〉　物品等の製造委託・修理委託（プログラム以外の情報成果物作成委託）　*211*
　　　(2)　親事業者の義務　*211*
　　　　(A)　はじめに　*211*　／(B)　支払期日を定める義務（下請法2条の2）　*211*　／(C)　書面の交付義務（下請法3条）　*212*　／

　　　　(D)　遅延利息の支払義務（下請法4条の2）　*212*　／(E)　書類
　　　の作成・保存義務（下請法5条）　*213*
　　(3)　親事業者の禁止行為　*213*
　　　　(A)　下請法4条1項　*213*
　　　〈図7〉　検査方法と返品期間の関係　*215*
　　　　(B)　下請法4条2項　*216*　／(C)　公取委による勧告事例の公
　　　表　*219*
　　　〔表19〕　下請法の禁止行為と勧告事例　*219*
　　(4)　下請法違反に対する手続　*223*
　　　　(A)　調　査　*223*　／(B)　指導・勧告　*223*
　　(5)　独占禁止法との関係　*224*
　3　会社役員の責任について　*224*

Ⅱ　事例と対策　*225*
　〔事例〕　製品に関する瑕疵が発覚した場合に下請法との関係はどう
　　　　なっているか〜製造業の場合〜　*225*
　1　下請法4条1項4号への該当性　*225*
　2　下請法4条1項1号への該当性　*226*
　3　返品・受領拒否が下請法に違反する場合の対応について　*226*

第6章　知的財産権・情報管理に関するリスク　*228*

13　知的財産権の侵害とリスク管理　*228*

Ⅰ　基礎知識　*228*
　1　知的財産権の重要性と企業リスク　*228*
　2　知的財産権とは　*229*
　(1)　特許権　*229*
　(2)　商標権　*229*
　(3)　著作権　*229*
　(4)　実用新案権　*229*
　(5)　意匠権　*230*
　　〔表20〕　主な知的財産権の比較　*230*

目次

3 他者の特許を侵害しないための対応 … 231
- (1) 特許権の内容　*231*
- (2) 特許権者からの権利行使の内容　*231*
- (3) 特許権侵害の行為態様　*232*
  - (A) 直接侵害　*232*　／(B) 間接侵害　*232*
- (4) 特許権侵害を回避するための方法　*233*
  - (A) 他社特許調査　*233*　／(B) パテントマップの作成　*233*　／(C) 自社特許の利用　*234*
- (5) 特許権侵害の主張を受けた場合の対処方法　*234*
  - (A) クレーム（請求項）内容の確認と回避措置　*234*
  - 〔表21〕　特許請求の範囲（例）　*234*
  - (B) 他社特許の無効化　*235*　／(C) ライセンスの取得　*236*　／(D) 先使用権の立証　*236*

4 自社の権利を守るための対応 … 237
- (1) 特許権の取得　*237*
- (2) ノウハウとしての秘匿　*237*
- (3) 特許権侵害の警告　*238*
  - 【書式6】特許侵害の警告書例　*238*
- (4) 特許権侵害訴訟　*239*

5 役員個人の責任 … 239

II 事例と対策 … 240
〔事例〕　他社から知的財産権侵害の通知を受け取った場合の対応はどうあるべきか … 240
1. 侵害内容の確認 … 240
2. 交渉方法の検討 … 240
3. 相手方との交渉 … 241
4. 契約の締結 … 241

14 企業情報漏えいのリスク管理 … 242

I 基礎知識 … 242
1. 会社が取り扱う情報 … 242
2. 会社における情報管理体制の構築 … 243

(1) 情報管理体制構築義務の根拠　*243*
　　(2) 情報管理体制の構築　*244*
　　(3) 情報管理体制構築の具体的手順　*244*
　　〈図8〉　情報管理体制の構築手順　*245*
　　〈図9〉　社内規程の構成　*245*
　　(4) 情報管理・運営におけるPDCAサイクルに基づくCIAの保護　*245*
　　〈図10〉　PDCAサイクル　*246*
　　〈図11〉　平成28年個人情報漏えい原因（件数）　*247*
　3　内部者による情報漏えいリスク……………………………………*247*
　　(1) 情報漏えいの起こる場面　*247*
　　(2) 注意不足による情報漏えい防止　*247*
　　　(A) 書類・デジタルデバイスの置き忘れ・紛失　*247*／(B) 電子メールの誤送信　*248*
　　〔表22〕　2017年1月以降の紛失事例　*248*
　　　(C) 物件の誤手交・誤郵送　*249*
　　(3) 知識不足による情報漏えい　*249*
　　　(A) 顧客・取引先・公的機関からの問合せの場面　*249*／(B) 従業員によるSNS利用による情報漏えい　*250*
　　(4) 故意・悪意をもって行われる情報漏えい　*250*
Ⅱ　事例と対策　……………………………………………………………*251*
　〔事例〕　退職者による情報漏えいの防止対策をどうするか……………*251*
　1　退職者に対する情報管理……………………………………………*251*
　2　退職後の秘密保持義務………………………………………………*252*
　　(1) 情報資産の返却　*252*
　　(2) 秘密保持義務　*252*
　3　退職後の競業避止義務………………………………………………*253*
　4　違反時の制裁…………………………………………………………*254*
　5　退職後の義務を就業規則等においてあらかじめ定めておくこと………………………………………………………………………*254*
　　【書式7】　秘密保持に関する誓約書例　*255*

15 個人情報漏えいのリスク管理 ………… 256

Ⅰ 基礎知識 ………… 256
1 はじめに ………… 256
2 個人情報保護法 ………… 257
　(1) 概　要　*257*
　(2) 個人情報とは　*257*
　(3) 事業者が守るべきルール　*258*
　　(A) 取得・利用のルール　*258*
　　〔表23〕事業者が守るべきルール　*258*
　　(B) 保管のルール　*260*　／(C) 第三者に提供する場合のルール　*262*　／(D) 外国の第三者に提供する場合のルール　*263*　／(E) 開示請求への対応ルール　*263*
　(4) 罰　則　*264*
　(5) ビッグデータ　*264*

Ⅱ 事例と対策 ………… 266
〔事例 1 〕個人情報漏えい時の対応はいかにあるべきか ………… 266
1 漏えい等が発覚した場合に講ずるべき措置 ………… 266
2 個人情報保護委員会等に対する報告 ………… 267
　【書式 8 】個人情報保護委員会への報告書　*267*
3 漏えい企業のリスクと役員の責任 ………… 268
〔事例 2 〕個人情報の入力業務を他社に委託する場合の対応はどうあるべきか ………… 268
1 法的リスク ………… 269
2 委託する場合の注意点 ………… 269
　(1) 適切な委託先の選定　*269*
　(2) 委託契約の締結　*269*
　(3) 委託先における個人情報取扱状況の把握　*270*
3 漏えい企業役員の責任 ………… 270

第 7 章　機関運営に関するリスク ………… 271

16 株主総会問題とリスク管理 …………………………………… *271*

- Ⅰ 基礎知識 ……………………………………………… *271*
  - 1 役員の視点からみる株主総会 ………………………………… *271*
    - (1) はじめに　*271*
    - (2) 株主総会の意義　*272*
    - (3) 会社役員からみた株主総会の目的とリスク　*272*
  - 2 株主総会決議の適法性の確保 …………………………………… *273*
    - (1) 株主総会決議の適法性を確保する必要性　*273*
    - (2) 株主総会の運営手続の全体像　*273*
      - (A) 株主総会の開催時期および日程　*273*
      - 〔表24〕株主総会のスケジュール例（大会社における平成30年6月総会）　*274*
      - (B) 株主総会の議事　*275*
      - 〔表25〕株主総会シナリオイメージ（個別上程・個別審議方式）　*276*
      - 〔表26〕株主総会シナリオイメージ（一括上程・一括審議方式）　*277*
      - (C) 株主総会の議題および議案　*279*
    - (3) 会社役員が留意すべき株主総会決議の瑕疵の原因　*281*
      - (A) 取締役等の説明義務（会社314条本文）　*281* ／(B) 動議対応　*283*
      - 〔表27〕動議対応シナリオ　*285*
      - (C) 質疑、審議の打切り　*285*
      - 〔表28〕審議打切りのシナリオ　*286*
    - (4) リハーサルの重要性　*286*
    - (5) 事務局との連携　*286*
  - 3 株主総会における賛成票の確保 ………………………………… *287*
    - (1) 株主総会の決議要件等と議案可決のための留意点　*287*
    - (2) 採決の方法　*287*
- Ⅱ 事例と対策 …………………………………………… *288*

〔事例1〕 不規則発言を繰り返すなどの問題株主に対してどう対応
　　　　するか……………………………………………………………… *288*
　1　問題株主に対する対応………………………………………………… *288*
　2　不規則発言に対する対応……………………………………………… *288*
　3　暴力行為・威圧行為に対する対応…………………………………… *289*
〔事例2〕 会社に不祥事が発生した場合の株主総会の運営方法は
　　　　どうあるべきか ………………………………………………… *289*
　1　不祥事対応と株主総会………………………………………………… *289*
　2　議事進行………………………………………………………………… *290*
　　(1)　議長の就任　*290*
　　(2)　謝罪と不祥事の概要・再発防止策の説明のタイミング　*290*
　　(3)　説明義務の範囲　*291*

17　取締役会運営問題とリスク管理 ……………………………… *291*

　Ⅰ　基礎知識 ………………………………………………………………… *291*
　1　取締役会の意義………………………………………………………… *291*
　2　取締役会の構成………………………………………………………… *292*
　3　取締役会の招集手続および議事方式………………………………… *293*
　　(1)　招集手続　*293*
　　(2)　議事方式　*293*
　　(3)　取締役会の招集開催の省略　*294*
　3　取締役会の内容………………………………………………………… *295*
　　(1)　業務等の報告　*295*
　　(2)　業務執行の決定　*295*
　　(3)　代表取締役の選定解職　*296*
　4　決議手続………………………………………………………………… *297*
　5　決議の有効性…………………………………………………………… *297*
　6　取締役会議事録の作成………………………………………………… *298*
　Ⅱ　事例と対策 ……………………………………………………………… *299*
　〔事例1〕 代表取締役を解職して新たに代表取締役を選定したい場合
　　　　の手続と留意点は何か………………………………………… *299*
　　1　対策と手続…………………………………………………………… *299*

| 2 留意点……………………………………………………………… *300*
〔事例２〕 重要な財産の処分をする場合の手続と注意点は何か……… *301*
　　1 対策と手続……………………………………………………… *301*
　　　〔表29〕 重要な財産の処分等の目安　*302*
　　2 注意点…………………………………………………………… *302*

18 競業取引・利益相反取引とリスク管理……………… *303*

Ⅰ 基礎知識………………………………………………………… *303*
　1 競業取引………………………………………………………… *303*
　　⑴ 競業取引に対する規制と会社役員のリスク　*303*
　　　Ⓐ 規制の趣旨と役員のリスク　*303* ／Ⓑ 規制される主体　*303* ／Ⓒ 規制される取引行為　*304* ／Ⓓ 競業取引規制に該当する場合の対応　*306*
　2 利益相反取引…………………………………………………… *307*
　　⑴ 利益相反取引に対する規制　*307*
　　　Ⓐ 規制の趣旨　*307* ／Ⓑ 規制される取引　*307* ／Ⓒ 規制に該当する場合　*309*
Ⅱ 事例と対策……………………………………………………… *310*
〔事例１〕 競業取引規制の対象となる場合とその対応はどうするか… *310*
　　1 競業取引への該当性…………………………………………… *310*
　　2 具体的検討……………………………………………………… *310*
〔事例２〕 利益相反取引（直接取引）に該当する場合とその対応は
　　　　　 どうするか　*312*
　　1 利益相反取引（直接取引）への該当性……………………… *312*
　　2 具体的検討……………………………………………………… *312*
〔事例３〕 利益相反取引（間接取引）に該当する場合とその対応は
　　　　　 どうするか　*313*
　　1 利益相反取引（間接取引）への該当性……………………… *313*
　　2 具体的検討……………………………………………………… *313*

第8章　事業展開に関するリスク……315

19　企業買収等にかかわるリスクと対策……315

Ⅰ　基礎知識……315

1　親会社になることのリスク……315
(1) 撤退リスク　*315*
(2) 総量リスク管理の必要性　*316*
(3) 役員の責任　*316*

2　企業買収のリスク……317
(1) デューディリジェンスの必要性　*317*
(2) 法務DDの内容　*317*
(3) 表明保証　*317*
(4) DDおよび表明保証その他の契約条項の設定に関する役員責任　*318*

3　共同出資の場合……319
(1) 共同出資のメリット・リスク　*319*
(2) 株主間契約　*319*
【参考例1】　株主間契約の主要取決め事項　*320*
(3) 資金援助条項によるリスク分散　*320*
(4) 出口条項の確保　*320*
(5) 共同出資を行う際の役員の責任　*321*

Ⅱ　事例と対策……322

〔事例1〕　法務デューディリジェンスの調査対象と観点はどうあるべきか　*322*

1　一般的な調査対象とその内容……322
(1) 会社の設立・組織に関する事項　*322*
(2) 株主・株式に関する事項　*322*
(3) 人事労務に関する事項　*323*
(4) 不動産に関する事項　*323*
(5) 取引先に関する事項　*323*
(6) その他の事項　*323*

2　A社特有の調査項目 ……………………………… *324*
　　　(1)　許認可　*324*
　　　(2)　有資格者の配置状況　*324*
　　　(3)　下請業者に関する項目　*324*
　　　(4)　受注契約等　*324*
　　3　必要なDDを怠った場合の役員の責任 ……………… *324*
　〔事例2〕　共同出資における資金援助と撤退条項の株主間契約の定め
　　　　　はいかにあるべきか ………………………………… *325*
　　1　資金援助条項 ……………………………………… *325*
　　　【書式14】　資金援助に関する条項例　*326*
　　2　撤退条項 ………………………………………… *326*
　　　【書式15】　撤退に関する条項例　*326*

20　子会社・関連会社の運営とリスク管理 …………… *327*

Ⅰ　基礎知識 ……………………………………………… *327*
　1　子会社・関連会社トラブルが及ぼすリスク ……………… *327*
　2　子会社役員・関連会社役員におけるリスク ……………… *328*
　　(1)　子会社役員・関連会社役員の責任　*328*
　　(2)　多重代表訴訟制度の導入　*328*
　　(3)　子会社・関連会社特有のトラブル要因　*328*
　　〈図12〉　従前の責任追及制度（略図）　*329*
　　〈図13〉　多重代表訴訟制度（略図）　*329*
　　　(A)　人材不足　*329*　／(B)　モニタリング機能の不全　*329*
　3　親会社役員における子会社・関連会社に関するリスク ……… *330*
　　(1)　親会社役員の責任　*330*
　　　(A)　グループ企業における内部統制システム構築義務　*330*
　　　／(B)　親会社取締役による子会社の管理・監督義務　*331*　／
　　　(C)　子会社・関連会社特有のトラブル要因　*331*
　　(2)　子会社・関連会社支援等の経営判断に関する親会社役員の
　　　リスク　*332*
　4　子会社・関連会社のリスク管理方法・留意点 …………… *333*
　　(1)　コンプライアンスリスク管理方法　*333*

(2)　グループ会社管理規程の整備　*333*
　　(3)　役職員に対する研修・教育等　*334*
　Ⅱ　事例と対策 ………………………………………………… *335*
　　〔事例〕　子会社の経理担当の従業員が不正を行っていることが発覚
　　　　　した場合の対応はどうあるべきか ………………………… *335*
　　1　事実関係の調査 …………………………………………… *335*
　　　(1)　調査の流れ　*335*
　　　(2)　親会社の関与方法　*335*
　　2　当事者の処遇の検討 ……………………………………… *336*
　　3　責任追及訴訟 ……………………………………………… *336*

21　海外での事業展開におけるリスク管理 ………… *337*

　Ⅰ　基礎知識 …………………………………………………… *337*
　　1　はじめに …………………………………………………… *337*
　　2　海外事業進出時のリスク・留意点 ……………………… *338*
　　　(1)　海外進出に伴う事業機会の確保等　*338*
　　　(2)　パートナーの慎重な選択　*338*
　　　(3)　その他の留意点　*338*
　　3　海外事業運営時のリスク・留意点 ……………………… *339*
　　　(1)　現地における経営管理の徹底　*339*
　　　(2)　現地従業員とのコミュニケーション　*339*
　　　(3)　現地でのネットワーク構築　*339*
　　　(4)　適用されうる各国の法規制への対応　*339*
　　4　海外事業撤退時のリスク・留意点 ……………………… *340*
　　　(1)　総　論　*340*
　　　(2)　撤退手法の決定　*340*
　　　　(A)　撤退手法の種類　*340*　/(B)　撤退手法と留意点　*340*
　　　〔表30〕　海外からの撤退手法のメリット・デメリット　*341*
　　　(3)　合弁会社の労働者に関する対応　*342*
　　　(4)　合弁会社の資産処分に関する対応　*342*
　　　(5)　合弁会社の債権回収に関する対応　*343*
　　　(6)　知的財産権の保護に関する対応　*343*

(7)　税法に関する対応　*343*
　(8)　紛争発生時の解決方法　*344*
5　腐敗行為防止法に対する対応……………………………………*344*
　(1)　腐敗行為防止法の概要　*344*
　　(A)　米国における規制について　*344*　／(B)　英国における規制について　*346*　／(C)　中国における規制について　*347*　／(D)　日本における規制について　*348*
　(2)　腐敗行為防止法対策としてのコンプライアンス体制の構築　*349*
　　(A)　社内規程の策定　*349*　／(B)　組織体制の整備　*349*　／(C)　使用する第三者の管理　*349*　／(D)　従業員への周知・教育　*350*　／(E)　モニタリングと継続的改善等　*350*
6　独占禁止法その他競争法への対応……………………………*350*
　(1)　米国における規制概要　*350*
　　(A)　カルテルの禁止　*350*　／(B)　独占行為の禁止　*351*　／(C)　その他の禁止行為　*351*　／(D)　ペナルティ　*351*　／(E)　企業結合規制　*351*
　(2)　中国における規制の概要　*351*
　　(A)　独占的協定の禁止　*351*　／(B)　市場支配的地位の濫用の禁止　*352*　／(C)　企業結合　*352*
　　〔表31〕　中国における独占禁止法違反の制裁等　*352*
　(3)　独占禁止法に基づく規制に係るコンプライアンス体制の構築　*353*

Ⅱ　**事例と対策**　……………………………………………………………*353*
　〔事例〕　合弁契約を解消し中国事業から撤退する場合の方法はどうあるべきか……………………………………………………………*353*
1　総　論………………………………………………………………………*353*
2　持分譲渡による場合……………………………………………………*354*
3　解散・清算による場合…………………………………………………*354*
4　破産手続による場合……………………………………………………*354*
　(1)　中国における破産手続の概要　*354*
　(2)　本事例の検討　*355*

         5　総　括 ……………………………………………………… *355*

22 　環境保護に関する法的リスク管理 …………………… *356*

　Ⅰ　基礎知識 ……………………………………………………… *356*
　　1　環境保護に関する法律 ……………………………………… *356*
　　　(1)　公害対策基本法から環境基本法へ　*356*
　　　(2)　環境基本法および規制の全体像　*356*
　　2　廃棄物処理法の概要 ………………………………………… *357*
　　　(1)　廃棄物の種類　*357*
　　　(2)　排出者責任　*357*
　　　〔表32〕　廃棄物の種類と定義　*357*
　　　(3)　産業廃棄物の処理の委託　*358*
　　　　(A)　委託基準　*358*　／(B)　三者間契約・再委託の禁止　*358*
　　　　／(C)　マニフェスト制度　*359*
　　　(4)　保管基準　*361*
　　　(5)　不適正な処理が行われた場合の法的責任　*361*
　　　　(A)　行政処分・罰則　*361*　／(B)　私法上の責任（地域トラブル）　*362*
　　3　土壌汚染対策法の概要 ……………………………………… *362*
　　　(1)　土壌汚染状況調査　*362*
　　　(2)　指定区域の指定および台帳の調製　*362*
　　　〔表33〕　調査の対象となる土地　*363*
　　　　(A)　要措置区域（土壌汚染対策法6条および7条）　*363*　／(B)　形質変更時要届出区域（土壌汚染対策法11条）　*363*
　　　(3)　土壌汚染による健康被害の防止措置　*364*
　　　　(A)　汚染の除去等の措置命令（土壌汚染対策法7条1項）　*364*　／(B)　汚染の除去等の措置に要した費用の請求（土壌汚染対策法8条）　*364*　／(C)　土地の形質変更の届出および計画変更命令（土壌汚染対策法12条）　*364*
　　4　企業活動と環境リスク ……………………………………… *364*
　Ⅱ　事例と対策 …………………………………………………… *365*

〔事例1〕 業者が無許可処理業者に再委託していたことが発覚した場合に、どのような対応をすべきか …………………… *365*

1 本事例への対応……………………………………………… *365*

　(1) 本事例の検討　*365*

　(2) A社役員の責任　*366*

〔事例2〕 土壌汚染のおそれのある土地を購入する前に気をつけなければならない点は何か ……………………………… *367*

1 本事例の検討……………………………………………… *367*

　(1) 調査義務の有無に関する調査　*367*

　(2) 都道府県知事が把握している情報の調査　*367*

　(3) 土地売買契約書による手当て　*368*

　(4) C社役員の責任　*368*

23 名誉毀損に対するリスク管理 …………………… *369*

Ⅰ 基礎知識 ……………………………………………… *369*

1 概　要……………………………………………………… *369*

2 名誉毀損に対する対応…………………………………… *370*

　(1) 概　要　*370*

　(2) 名誉毀損行為について　*370*

　　(A) 名誉毀損とは　*370*　/(B) 名誉毀損が成立しない場合　*371*

　(3) 出版差止めの仮処分　*371*

　(4) 出張差止めの仮処分に関する裁判例　*372*

　(5) 謝罪広告　*372*

　(6) ウェブサイトの記述による名誉毀損に対する対応　*372*

　　(A) 削除請求　*372*

　　〔表34〕 プロバイダ責任制限法3条1項　*373*

　　(B) 発信者情報の開示請求について　*374*

3 役員としての対応………………………………………… *375*

Ⅱ 事例と対策 …………………………………………… *375*

〔事例〕 インターネット上で自社製品が誹謗中傷されている場合にどのような対応をとるべきか ……………………… *375*

目 次

　　1　考えられる対応………………………………………………… *375*
　　2　初動——書き込み内容の確認と証拠の保全——……………… *376*
　　3　書き込みの削除請求…………………………………………… *377*
　　　(1)　ウェブサイトのフォームによる請求　*377*
　　　(2)　送信防止措置依頼書の利用　*377*
　　　(3)　削除仮処分　*377*
　　　(4)　削除訴訟　*377*
　　　【書式16】　侵害情報の通知書兼送信防止措置依頼書　*378*
　　4　発信者情報開示………………………………………………… *379*
　　　(1)　ウェブサイトのフォームによる請求　*379*
　　　(2)　発信者情報開示請求書の利用　*379*
　　　(3)　仮処分　*379*
　　　【書式17】　発信者情報開示請求書　*380*
　　　(4)　発信者情報開示訴訟　*382*
　　　(5)　発信者情報消去禁止仮処分　*382*
　　5　役員の責任について…………………………………………… *382*

・判例索引…………………………………………………………………… *383*
・事項索引…………………………………………………………………… *386*
・編著者略歴………………………………………………………………… *390*

【凡　例】

〔法令等の略称〕

- CGコード原則……コーポレートガバナンス・コード原則
- PL法……製造物責任法
- 育児介護休業法……育児休業、介護休業等育児又は家族介護を行う労働者の福祉に関する法律
- 会社……会社法
- 会社規則……会社法施行規則
- 金商……金融商品取引法
- 景表法……不当景品類及び不当表示防止法
- 個人情報保護法……個人情報の保護に関する法律
- 下請法……下請代金支払遅延等防止法
- 消安法……消費者安全法
- 消安法施行令……消費者安全法施行令
- 製品安全法……消費生活用製品安全法
- 製品安全法施行令……消費生活用製品安全法施行令
- 東京都暴排条例……東京都暴力団排除条例
- 独禁法・独占禁止法……私的独占の禁止及び公正取引の確保に関する法律
- 廃棄物処理法……廃棄物の処理及び清掃に関する法律
- 廃棄物処理法施行規則……廃棄物の処理及び清掃に関する法律施行規則
- 廃棄物処理法施行令……廃棄物の処理及び清掃に関する法律施行令
- 不競法……不正競争防止法
- 暴対法……暴力団員による不当な行為の防止等に関する法律
- 民執……民事執行法
- 民訴法……民事訴訟法
- 労安衛法……労働者安全衛生法
- 労安衛則……労働者安全衛生法施行規則
- 労基法……労働基準法
- 労基則……労働基準法施行規則
- 労契法……労働契約法

〔判例集〕

- 民集……最高裁判所民事判例集
- 集民……最高裁判所裁判集民事
- 刑集……最高裁判所刑事判例集
- 裁判所ウェブサイト……最高裁判所判例集
- 高民集……高等裁判所民事判例集

凡 例

- 判時……判例時報
- 判タ……判例タイムズ
- 金判……金融・商事判例
- 労判……労働判例

第1部

総論〔基礎知識編〕

1 会社役員とリスク管理の基礎

1 会社役員のリクス管理の必要性

(1) 本書の狙い

　本書は、会社役員のリスク管理について、その実務的なマニュアルを示そうとするものである。具体的には、次の点を目的としている。
① 会社役員がリスクを回避するためのポイント
② 会社役員の部下等がリスクを冒さないようにするためのポイント
③ リスク発生に伴う損害等を最小限にとどめるためのポイント
　ところで、「企業のリスク管理」に関する参考文献は多数に上っている。これらの文献が扱っている「企業のリスク」と、本書が扱う「会社役員にとってのリスク」は重複する範囲が多い。その意味では本書の新規性は必ずしも高くはない。
　しかし、「企業のリスク管理」をメインテーマとする類書が、会社役員の多くに読まれているかといえば、「ほとんど読まれていない」のが実状であろう。本当のところは、これらの文献の多くはもっぱら法務部や総合企画部の書棚でホコリが被っているのかもしれない。あるいは、多くの法律事務所の書棚の一角を占めている例も少なくはないだろう。

(2) 後を絶たない企業のリスク管理不在の事例

　「企業のリスク管理」が叫ばれて久しくなるが、そのリスク管理の甘さが指摘されるケースが後を絶たないのはなぜだろうか。
　それは、「企業のリスク管理」を学ぼうとする会社役員があまりにも少ないからだろう。会社役員自身が学ばずして企業が事をなせるはずもないのは自明の理であるからだ。
　かかる意味においては、「法務部の書棚に並んでいるだけ」というような文献しか出版してこなかった学者、識者、出版人の責任は少なくないと言わざるを得ず、その一端はわれわれ弁護士にもあるだろう。
　本書は、会社役員にフォーカスしてリスク管理を説こうとするものである

から、この点においては、類書とは際立つ意義をもたせなければならない。執筆者一同は、かかる認識に基づいて、会社役員である個人にとって「よく見える」内容の記述になるような工夫を施しているのである。

2　会社役員の範囲

「会社役員の範囲」については、一般に取締役を中心として執行役・執行役員や監査役を含めて考えている場合が多い。

本書では、特に断らない限り、会社法に定められている取締役・執行役・監査役並びに任意に発達してきた執行役員を包含した概念として会社役員の用語を用いることとしたい。

(1) 取締役・代表取締役

取締役は株主総会において選任され、取締役をもって構成する取締役会において代表取締役を選定する。

特に断らない限り、本書では代表取締役とその他の取締役並びに下記の業務執行取締役を含めて取締役ということとする。

(2) 業務執行取締役

業務執行取締役は、代表取締役以外の取締役であって、取締役会設置会社の業務を執行する者として取締役会において選定された者をいう。一般に専務・常務取締役と呼称されている場合が多い。

> 取締役会設置会社…次の場合、取締役会を設置しなければならない。
> ・公開会社
> ・監査役会設置会社
> ・監査等委員会設置会社
> ・指名委員会等設置会社

(3) 執行役と執行役員

指名委員会等設置会社の制度を選択した会社にあっては、指名・報酬・監査の3委員会のほかに、取締役会の決議により、業務を執行する「執行役」を選任しなければならない。ほかに「執行役員」というものがあるが、「執

行役」と執行役員とは別ものであるので注意したい。執行役員は法的な制度ではなく、重要な使用人の一種として一般に広く認知されるに至っている。

いずれもその権限の裁量は広く、リスクの負担も少なくない。執行役・執行役員のリスクは、他の会社役員にとっても重大なリスクになり得るから、本書では会社役員の概念に含めて論ずることとしたい。

(4) 監査役

会社役員のリスク管理を考える場合、従前は監査役を含めて考える例は多くはなかった。

しかし、監査役は取締役を監督するという重大な職責を負っているので、もともとそのリスクは決して少なくはなかった。また、法改正によって監査役選任の議案については監査役会の同意を要し、会計監査人の選任は監査役会の権限になったから、そのリスクはますます高まっている。したがって、本書では特に断らない限り監査役も会社役員の中に包含して説明する立場をとった。

3　リスクが企業を包囲している

(1) 企業活動はリスクとの戦い

まずはじめに、「企業はリスクに囲まれている」という厳しい現実を会社役員は明確に認識しなければならない。

それは、日々の生産、営業はいうまでもなく、管理、研究などの諸活動にまでに及んでいる。会社役員たる者は、いわば企業活動の一挙手一投足がリスクとともにあることを承知しておかなければならないのである。

たとえば、生産活動であれば、環境破壊や危険物の取扱い、設備の安全管理や防火設備の点検など、日常的に数々のリスクと向き合っている。

また、営業活動を例にとれば、独禁法関係では談合や価格カルテル、または優越的地位の濫用や下請イジメの誘惑がついて回っているだろうし、刑法で禁じられている贈収賄をも犯す危険とも背中合わせにある。

さらに、通例的な取引に関連する場合であっても、不正競争や不当表示、循環取引、食品衛生など、リスクは無限に存在しているといっても過言ではない。

昨今では、管理系の部門でも違法残業あるいはパワハラ、セクハラというリスクと無縁ではいられなくなっているし、研究・開発部門でもデータの管理あるいは特許侵害や安全管理上のリスクが問題にされているのである。

　それにもかかわらず、リスク認識が甘く、リスク管理がなおざりにされている企業が少なくないのが現実である。このように、あたかも星の数ほどもあると思われる法令（外国の法令も含まれる）と日々発生するリスクに包囲されているのは会社役員、その人なのである。試しに、自らが担当する業務に関連する監督官庁のウェブサイトを閲覧してみれば、知っておかねばならない法規の数の多さ、その範囲の広さに驚愕するに違いない。

(2) リスク定義論は意味がない

　リスク管理の文献をあれこれと見てみると、企業にとってのリスクとは何かを、相当のページ数を割いてリスクの定義を試みている例が多く、挙げ句の果てには学説を羅列しているだけに終始しているものも少なくない。こんなことでは、会社役員にとってリスクの視認性が薄まるだけのことで、およそ意味のあることとは思えない。本書では、このようなリスク定義論にかかわることには意味がないと考え、この定義論には深く立ち入ることは避けることとした。

　なぜなら、今日、企業の多くは株式会社であり、そのうち社会的な影響力が大きい企業はほとんどが上場会社であろうから、これらの会社の株主利益最大化と持続的成長とを毀損しかねない問題をリスクとしてとらえ、その対策を検討しておくことがリスク管理であると位置づけておけば、リスクの認識としてはおおむね漏れはないだろうと考えるからである。

　したがって、会社役員としてのリスク管理も、会社役員として企業の中長期的な価値向上に資するために、覚えておかなければならない個々のリスクの認識となすべき対策のあり方を整理すること、と位置づけておけば大概において結果オーライの正解となるだろう。

(3) コンプライアンスリスク論だけでは不十分

　ところで、企業リスクを論ずる場では、もっぱらコンプライアンスリスクを説く機会が多くなる傾向が強い。これは、コンプライアンス違反は法令遵守の違反であり、即、罰則等の適用を受けることを意味することになるから

である。つまり、法令遵守違反は弁解の余地のないルール違反であるとみなされ、顧客や市場の信頼を失うことを意味するから、企業リスクを論ずる場面ではコンプライアンスは外すことのできない最重要テーマの1つなのである。

しかし、企業にとってリスクになるおそれのある事柄は、コンプライアンス違反に限られるわけではない。法令違反とはならなくとも、顧客や市場から手ひどく非難される懸念材料にこと欠かないのも企業活動の1つの側面であることを見逃がしてはならない。

たとえば、環境保護に消極的だと思われることや、人権侵害に鈍感であると思われること等、国際的な宣言や憲章に背を向けていると指摘されれば不買運動の対象にされることもあるだろう。仮に、そうなると株式や社債の評価が下落し、会社の信用にかかわるという被害に見舞われることになる確率は相当に高いとみておくべきである。

4　リスクは時代とともに増加する

(1)　低リスク時代からリスク増大化の時代へ

企業のリスク管理が声高に論じられるようになったのは、わが国では、たかだかここ20年程度のことでしかない。日本企業が高度成長を遂げた結果、訴訟リスクにさらされると、その賠償額や対策費用も相当な高額に上る。個人や企業の所得金額が著しく増加したことから、たとえば、公害や健康被害などが発生すると、質的にも、量的にも企業が直面するリスクは、それまでの時代に経験したリスクとは桁違いの質と量のものとなった。

それまでの時代では、リスクが発生した後にしかるべき対応をすれば、一通りのことで済んでいたと評しても過言ではなかった。発生するトラブルや事故の程度がさほどのものではなかったから損害額もたかが知れていたのである。

このような低リスク時代では、「リクス管理」それ自体は全く問題になっていなかったのが実状である。その当時における企業の顧問弁護士の仕事は、もっぱら訴訟対応の程度に限られていたと評しても過言ではなかったのである。

(2) 企業法務という概念の成立と風評被害の時代

　しかし、高度成長と資本の自由化をくぐり抜けてきた企業の活動領域は、質量ともに複雑化、高度化、国際化するに至った。このような過程の中で、企業の法務部も質的な転換を迫られ、古典的な契約書チェックと訴訟準備作業のみにとどまることは許されなくなった。それが故に、「予防法学」という考え方が支持を集めるようになったのである。

　このような背景事情から、民事法や会社法の分野のうち、「企業法務」という概念が一般化するようになったのである。

　また、日本経済がグローバル化するに及び、欧米企業に比較して日本企業の法令遵守意識が低いのではないかということも盛んに取り沙汰されるようになってきた。

　国際的なマーケットにおいては、信頼される取引相手としてふさわしい属性は、契約を遵守することはもとより市場のルールに沿う誠実な行為基準を有していてこそ最良のパートナーとして認められるのである、との認識が深まるに至った。

　旧時代において散見されたような、罰則のないルールであれば、守らなくともとがめを受けることはないから軽視してよいとか、契約は建前を決めたものにすぎないから後は話合いで解決してもらえる、という甘えは通じないのである。法令の禁止条項をかいくぐることができれば恥も外聞も厭わない等と考えているのなら、その企業はマーケットから締め出されかねないのである。

　さらには、地球市民の1人でもある企業は、人権尊重・環境保護・動物愛護など、国際的な宣言や憲章をも尊重することが要請されていて、これらの点において適正さが損なわれれば、いわゆるブラック企業としてメディアに大きく取り上げられるという危険を承知しておくことが必要になったのである。

(3) コーポレートガバナンス・コードは企業リスクの指標

　2016年に制定されたコーポレートガバナンス・コード（以下、「ガバナンス・コード」という）は、一般にいう企業統治、すなわち株主による経営者の監視を定めた原則のことである。

　しかし、ガバナンス・コードの意義は、これにとどまるものではなく、会

社役員がリスクを認識するための指標の1つになっていることを承知しておくべきである。

なぜならば、ガバナンス・コードは、会社の中長期的な企業価値を向上すること、および持続的な発展をめざしているものに他ならないからである。企業リスクは会社の価値を毀損し、持続的な成長を損なうから、ガバナンス・コードは企業リスクの対極に位置しているものなのである。

ガバナンス・コードと企業リスクについては後に詳述することとするが、ここでは企業リスクが時代とともに増大しているという視点から大局的に整理することとする。

ガバナンス・コードを会社役員のリスクという見地から整理すると、次の点が当該コードには明記されていることがわかるだろう。

① 会社役員はリスク回避ばかりを考えるのではなく、企業家精神に基づいてリスクを取って企業価値の増大に努めなければならない。
② 会社はさまざまなステークホルダーと共存し、共に発展すべきである。
③ 企業価値は、多様な価値観によって検証されることにより企業トップの暴走を防ぎ、中長期的な価値が増大する。
④ 企業活動は環境保護、社会的責任、企業統治とバランスのとれた持続的な発展に寄与すべきである。

以上の諸点は法令・法規の遵守と一部は重複するが、その他の多くはコンプライアンスうんぬんという範囲を超えるリスクでもある。

このように、リスクの対象と認識のあり方は時代とともに変化し、かつ増大するのである。ある会社の役員が「リスク」という概念を単に「危険なもの」あるいは「法令違反」としてしか認識していないようであれば、その会社は危い。

ちなみに、ガバナンス・コードは、「守りのガバナンス」から「攻めのガバナンス」に転じることを企業に促している、とも解説されることがある。「企業のリスク管理」は、一見すると「守りのガバナンス」という言葉に置き換えられるように感じる向きもあるかもしれない。

このように考える者からみると、「攻めのガバナンス」を推奨するガバナンス・コードは、従来からのリスク管理を緩和する方向をめざしているように感じるかもしれないが、これは大変な誤解である。

「攻めのガバナンス」を説いているとされるのは、ガバナンス・コード原

則4-4の後段に関する次の部分である

【原則4-4．監査役及び監査役会の役割・責務】より

> （前段・省略）
> また、監査役及び監査役会に期待される重要な役割・責務には、業務監査・会計監査をはじめとするいわば「守りの機能」があるが、こうした機能を含め、その役割・責務を十分に果たすためには、自らの守備範囲を過度に狭く捉えることは適切でなく、能動的・積極的に権限を行使し、取締役会においてあるいは経営陣に対して適切に意見を述べるべきである。

　この原則4-4の後段は、監査役および監査役会に対して、その期待されている業務や会計の監査機能・役割・責務に関する守備範囲を過度に狭く考えてはいけないと戒めているのであって、攻めのガバナンスに注力するならばリスク管理をあいまいにしてよいとは全く言ってはいないのである。
　むしろ、ガバナンス・コードの原則4-3「取締役会の役割・責務(3)」および補充原則4-3②には以下の条項がみえることに注意願いたい。これらの条項については後に詳述することとするが、本項では以下の文言があるという点だけ認識しておいてほしい。

【原則4-3．取締役会の役割・責務(3)】より

> ① 取締役会は、独立した客観的な立場から、経営陣、取締役に対する実効性の高い監督を行うこと……適切に会社の業績等の評価を行い、その評価を経営陣幹部の人事に適切に反映すべき
> ② 取締役会は、適時かつ適切な情報開示が行われるよう監督を行うとともに、内部統制やリスク管理体制を適切に整備すべき

【補充原則4-3②】より

> ③ コンプライアンスや財務報告に係る内部統制や先を見越したリスク管理体制の整備は、適切なリスクテイクの裏付けとなり得るものであるが、取締役会は、これらの体制の適切な構築や、その運用が有効に行われているか否かの監督に重点を置くべきであり、個別の業務執行に係るコンプライアンスの審査に終始すべきではない

ガバナンス・コードは、コンプライアンスの審査に終始することで足るとはせずに、リスク管理体制を構築することこそ企業家精神を発揮するリスクテイクが可能になると言っているのである。この点を会社役員が承知していないと、会社法上の善管注意義務違反に問われるおそれも増大するだろう。

つまり、リスクは時代とともに変化し、かつその総量は増大し続けるが、その対応を怠りなく準備すべく、常に時代を注視することが会社役員の責務になったと承知しなければならないのである。

5 善管注意義務の具体的な説明

(1) 業務執行・意思決定と善管注意義務の関係

(A) 不注意のない業務執行

前項において、会社役員たる者は、ガバナンス・コードを意識してリスク管理体制の整備を心がけておかないと善管注意義務違反に問われかねないと述べた。

ガバナンス・コードとの関係において善管注意義務に言及したことは、いささか唐突な印象を与えるかもしれない。しかし、会社役員のリスク管理を考えることは、あらゆる場面において会社役員が善管注意義務をいかにして全うするか、という論点そのものと表裏の関係にある。会社役員は、会社にとって何がリスクになるのか、そのリスクとの対応において会社役員が善管注意義務違反を問われないようにするためにはいかに処置すべきかを考え続けなければならないのである。

なぜならば、会社役員の善管注意義務は、後述のとおり民法上の委任に求められ、会社役員は受任者として善良な管理者としての注意義務を負っているからである。

したがって、会社役員の善管注意義務が問題になるのは、ガバナンス・コードと関係する場面において議論されることの前に、会社役員の日々の業務執行とその意思決定にかかわる全般において、まずは、その不注意が問題となる。つまり業務の執行や意思決定は法令に準拠するとともに、払うべき注意が尽くされているかをチェックする必要があるからである。株主代表訴訟の多くが、業務執行の失敗または不適切という不注意か、あるいは法令違反を理由とするものであることを思い出さなければならないのである。

(B)　不注意とは
(a)　不注意の内容

　会社役員のリスク管理の中核は、善管注意義務違反の防止または損害の最小化をめぐる議論である。

　会社役員が善管注意義務違反を問われないためには、不注意がない意思決定と業務執行を心がけておくことが大切だと前項において述べたところであるが、この不注意とはどのような状態または状況を指すのであろうか。

　不注意とは、注意を払っていない、あるいは注意が足りない、ことを指すのであるから、払うべき「注意の範囲と程度」が不十分であるということである。

　そこで、第1に、払うべき「注意とは何か」、すなわち「注意の内容」が問題になる。

　払うべき注意とは、その立場や任務によって異なってくるが、通常そのポジションになれば当然に承知しておくべきリスクの発生要因の防止対策およびリスクが発生した場合の被害拡大を防ぐための手立て等が「注意の内容」となる。

　たとえば、上場会社であれば内部統制システムが構築されていて、安全を最優先した業務手順が定められている。したがって、これらの手順が正常に実施されなければ事故が発生するリスクは高まることになる。

　会社役員たる者は現場の作業が定められた手順表通りに進めることができるように、要員の確保、事前の安全チェック、資材等の確保、万一の場合のバックアップ体制等について報告を聴取し、必要な対策を講ずることが不注意のない業務執行に相当するのである。

(b)　効率性と危険度の兼ね合い

　このように「注意の内容」には、その質と量において作業効率の足を引っぱることがある。そのためか、効率性を重視する見方からは、前項の議論は理想論ではあるとして、現実には、従前からの安全対策等で問題が生じていなければ、習慣どおりの作業を進めることで事足れり、とする向きも少なくない。

　しかし、企業を取り巻く環境は刻々と変化しており、安全や利益をおびやかす危険やリスクの度合いと性質も、気づかぬうちに増大しているのである。

　したがって、会社役員が、まず第1に行うべきリスク管理は、自分の業務

に関連して発生するかもしれないリスクを棚卸しして総点検することである。

この「リスクの棚卸し」において重要なことは、個々のリスクの危険度を段階分けして認識することである。もちろん、人命や著しい環境破壊のリスクがあるものは高危険度として評価しなければならない。

また、理論値としては、「発生の危険性なし」とはしないという程度のリスクであれば、これは低危険度として評価をしておくのである。

次に、会社が被るかもしれない損害額や対策コストが高額であるか否かによっても、リスクごとに段階分けをしておくことが重要である。

これによって、危険度が高く、会社が被る損害も大であるリスクは、最優先で対応しなければならないリスクであって、その対策を怠れば、会社役員のリスク管理はなっていないとして、個人的にも責任を負わざるを得ないことがあり得るのである。

一方、リスクがないとは言えない程度であったり、または対策のためコストが異常に高かったりする場合には、利益追求を旨とする企業としては、採れるリスク管理にはおのずと制約があることは致し方ないから、この場合には会社役員の責任が問われる危険性は極めて少なくなるだろう。

(c) 専門家の意見

前項のようなリスク分類の結果は、企業の業種や、たとえば国際化の程度または個別業務の特殊性に応じてさまざまであろう。

しかし、リスクが多様であったとしても、内部統制システムに規律される業務手順や、リスク分類による高危険度かつ高損害の危険性があるリスクを最優先課題として取り組むことが会社役員のリスク管理の内容であることに変わりはない。

しかし、リスク分類の範囲が不十分であったり、危険性の認識が甘かったりする場合には、リスク管理の取組みそれ自体が十分な注意を払ったとはいえないと非難されるおそれがあることを承知しておいてほしい。

したがって、リスク分類の範囲や危険度の評価にあたっては、専門家の意見を徴しておくべきである。

日常の業務に追われていると、つい先例を踏襲していることに根拠のない安心感を抱くものである。しかし、たとえば、日本の法令ではあり得ないようなことが、諸外国ではあたり前のことになっている例もあるが、外国の法律までは知らなかったという弁解が通るかといえば、事前に調査しておけば

わかったはずであるから、日本では合法的なビジネス手法が諸外国においても違法ではないと考えたという弁解は、安易に実務慣行を軽信して、払うべき注意を尽くしていないとして相応の責任は免れないことになるのである。

(C) 連帯責任

前項では、社長あるいは他の取締役または執行役および執行役員の業務執行が、法令または定款に違反している場合、もしくは取締役等または執行役員として払うべき注意義務に違反していることを知りうべき立場にある会社役員が「見て見ぬふり」をすることは許されないと指摘した。

それでは、次に、取締役会において、社長の違反行為について異議を述べたが、結局は社長を支持する多数の取締役によって反対意見が退けられたというケースではどのような問題があるかを検討してみよう。

このようなケースでは次の3つの場合が想定される。

① 取締役会では反対意見をもっていたが、社長の強い意向にあえて異議を述べるまではしなかった
② 反対意見を述べたが、多数決で敗れ、仕方なく社長の意向どおりの決議を黙認した
③ 反対意見を表明したうえで、決議の結果については自分が異議を述べたことを議事録に明記するよう要求した

取締役会において決議した事項については、議事録を作成しなければならないことになっていることは承知している向きも多いと思う。

しかし、取締役会で異議を述べた者は、その旨を議事録にとどめないと決議に賛成したものとみなされるという規定が存在しているのである（会社369条5項）。

したがって、実は反対であったとか、明確に反対したということでは意味がなく、議事録に異議をとどめるとまで言わないと、社長と連帯責任を負うことになるので注意したいところである。

(2) 善管注意義務と忠実義務は違うのか

会社法では取締役の義務として善管注意義務の他に忠実義務があると定めている（会社法355条）。

善管注意義務とは、善良な管理者として尽くすべき注意義務のことを指し、会社と会社役員（取締役・監査役）との関係は、民法が規定する委任契約

（会社法330条）に準ずるからである。

　つまり、善管注意義務とは、受任者として委託された者は、受任事務を善良な管理者としての注意をもって処理すべきであり、これを指して善管注意義務といっているのである（民法644条）。

　ところで、会社法は、取締役に対しては、善管注意義務とは別に、会社に対して忠実に職務を行う義務（忠実義務）を負わせている。この忠実業務と前記の善管注意業務とは同一かどうかについて、学説上の争いはあるが、どちらの説に立ったとしても会社役員が対処すべき課題と義務に差異はない。

　たとえば、取締役は会社の利益を犠牲にして、自らまたは第三者の利益を図ってはならないことは、どちらの学説でも同様な説明になるからである。

　なお、監査役は会社法上の忠実義務を負ってはいないが、会社との関係は取締役と同様の委任であるから、監査役としての善管注意義務は負っている。したがって、会社役員のリスク管理と善管注意義務の関係を論じるにあたっては、特に断らない限りは、その会社役員には取締役と監査役の双方を指すことができるのである。

(3)　取締役の義務の態様とコーポレートガバナンス・コード

(A)　株主利益の最大化

　会社役員は、一般に会社それ自体と有償の委任契約を結んでいる間柄にある。民法にいう委任の事務を会社法の世界に引き直すと、「委任の事務」という概念は「社業の遂行」と読み替えられるから、報酬を得て会社業務を遂行するにあたっては、会社の株主利益の最大化に意を注ぐべきは当然のことである。

　「株主利益の最大化義務」という考え方からは、①利益相反取引の規制、②自己取引の規則等の事項が発生する。これらは、いずれも会社法によって規制されているところであるから、取締役自身の義務の1つの態様である。この他に、取締役自身に対する禁止ではなくとも、取締役は法令を遵守すべき義務がある。この点については次項で説明したい。

(B)　法令遵守の義務

(a)　会社法と定款上の義務

　会社法上の存在である会社役員が会社法と定款に拘束されるのは理の当然である。執行役員は会社法上の存在ではないが、取締役の指示命令を受けて

業務を遂行するのであるから法令は遵守しなければならない。

会社法が会社役員に求める義務の類型は実にさまざまであるが、その代表的なものを羅列すれば次のとおりである。

① 株主総会の開催・運営義務
② 株主総会における報告義務
③ 取締役会の開催・運営義務
④ 取締役会における他の取締役の監督義務……会社役員にとって最も基本的な職責
⑤ 他の取締役・執行役の監視義務……取締役会以外でも他の取締役を監視すべき職責
⑥ 報酬の規制に服すべき義務

これらの義務の詳細については、会社法の基礎を解説する教科書に譲ることとし、本書のテーマに関係する点に絞って以下に解説することにしよう。

(b) コンプライアンス・CSRの義務

(ア) コンプライアンス

コンプライアンスとは、一般に法令遵守の義務と訳されるが、その定義は必ずしも明確ではなく、法令を中心してコンプライアンスを考えることを基本とするが、社会的な責任やモラルを含めて論じられることが一般的である。

会社役員たるものが法令遵守するのは当たり前のことであるから、コンプライアンスという概念を字義どおりに法令を遵守することと限定的に受け取ってしまうと、一般的にコンプライアンスといわれている場合の用語法に比べ、相当の違和感が残る。

もともと、コンプライアンスという概念が用いられた当初は、単に法令を遵守することのみを意味するのではなく、法令を遵守することはもちろんのこと、法令遵守の精神をもって法令の枠外においても適正に行動するというモラルを指している。このようにモラルを守ることが会社の持続的な成長には必要という考え方が、今日では認知されるに至っているのである。

したがって、法令の規律によらない、自主的なルールや伝統的な慣行等は、法的に従うべき義務がなくとも、これらを遵守することが会社の持続的成長につながるのであるから、これに従うべき選択しかあり得ないのである。たとえば、グローバルなマーケットにおいては、業界ルールの遵守は、市場メ

ンバーの一員としての認知度や製品・サービスの信頼性に直接的な影響を及ぼすものだからである。

　もちろん、グローバルなマーケットのみならず、わが国においても「法令に罰則が明記されていない」、あるいは「罰則が定められていても軽微でしかない」からといって、これを破って恥じない企業があれば、世論やマスメディアによってブラック企業と断定され、ユーザーや株主は決して許さなくなることを承知しなければならない。

　マーケットや世論の批判と非難が起これば、その企業の製品やサービスは消費者から見向きもされなくなることは明かであるから、コンプライアンスを軽視する会社役員は、中長期的に見れば企業の価値を毀損していることになるのである。

　会社役員にとっては、株主利益の最大化こそが第一義の責務であるから、今日では、コンプライアンスを軽視して会社に損害を与えることは、その善管注意義務に反する結果になると広く認識されるようになっている。しかし、今日なお旧弊が一掃されているとまではいえない企業も少なくない。

　現在でも、「法に触れなければ何をしても許される」という古典的かつ利己的な考え方が根絶されるには至っていないのは残念である。しかし、少なくとも上場会社ほどの会社であれば、その会社役員は、コンプライアンスは会社役員の重大な善管注意義務の類型の１つであると認識しなければならない。

　　(イ)　CSR

　次に、一般にCSR（Corporate Social Responsibility）と言い慣らされている企業の社会的責任と、コンプライアンスとはどのような関係にあるのであろうか。

　CSRは字義どおりの企業の社会的責任という概念であるが、企業が倫理に基づき、自主的に社会貢献をする責任と認識されている。

　他方、コンプラインアスは法令遵守という視点から考えられた概念である。コンプライアンスを「法令」という字句に注目し、正に「法律や政省令に違反してはいけない」という限定的なメッセージと考えてしまうと、CSRのいうところの、社会的責任の範囲がコンプライアンスより広いと考えるかもしれない。

　しかし、一般に、コンプライアンスやCSRという概念が用いられている

場合には必ずしも厳密な定義に基づいて用いられているわけではない。コンプライアンスについても、必ずしも「法令」違反に限定する考え方は少数派である。そうだとすると、コンプライアンスとCSRという概念は、同じ事象を指して時にコンプライアンス、時にCSRの場面として論じられることがしばしば起こり得ることになるが、幸いなことに甚大な混乱を招くことはないようだ。

あえて、この2つの概念を個別に分けておきたいのなら、コンプライアンスとは適法性の視点から論述している場合、CSRという場合には社会的なモラルの側面から論ずる場面で用いている、と認識しておけばよいだろう。

ちなみに、コンプライアンスについて、本書のように単なる法令違反に限縮してとらえず、市場のルールなどを含めて考える場合には、あえてCSRという概念を持ち出す必要性はなかったとも言い得るにもかかわらず、同一事象を指す概念に重複性があるのはなにゆえであろうか。

コンプライアンスという概念が登場した当時は、前述のとおり、法規に違反しなければ何をやっても許されるとする古典的な考えが根強く残っていた。このような時代に、法令遵守を叫んで、併せて法令以外のマーケットのルールを尊重する考え方を企業に理解してもらうことが困難であったがゆえに、企業の社会的な責任を自覚せしめるためにCSRという新しい概念が強調された側面があったのである。

さて、CSRがいうところの社会的責任の意味や範囲についてもさまざまな議論があるが、本書は実務的な視点から、「社会人としての相応の責任ある言動をとること」と整理しておくこととする。このように考えておいて、会社役員のリスク管理としては、たいがいの場合に問題はないと承知しておけばよいだろう。

もちろん、時と場所、背景や時代が変われば社会的責任の意味合いも異なるであろうが、企業も社会の一員であり、地球市民の1人である以上、多くの人々や企業、団体と一緒にこの世界で事業活動を営んでいるのであるから、社会の一員、市民の1人として負うべき責任があると認識しておけば足りるだろう。

会社役員には、この社会的責任を注意深く見つめ、会社の行為が法令にはもちろんのこと、社会的なモラルにも合致したものとすべき義務がある。会社役員がかかる義務を適切に果たすことができない場合には、会社は中長期

的に企業価値を増大させることができず、持続的な成長も果たすことができないからだ。

　ここで指摘している「中長期的な企業価値」と「持続的な成長」という用語は、じつはコーポレートガバナンス・コードが目指している目的と同一のものである。つまり、コンプライアンスもCSRもコーポレートガバナンスの一場面なのである。

　そこで、次にコーポレートガバナンス・コードの概括的な内容について解説することとする。

(C)　コーポレートガバナンス・コードの規範性

　企業に襲いかかるかもしれないリスクにはさまざまなものがある。その多くは法令・法規違反に基づく処罰を受ける場合や、契約違反による損害賠償請求の訴訟を受ける場合であったり、製品の重大な欠陥や事故が発生する場合であったりする。

　コーポレートガバナンス・コードは2015年6月に制定されたが、法的な強制力をもたない原則主義を採用している。したがって、コード違反には何の罰則も定められていないから規範であるとまではいえない。また、コードを受け入れない点に合理的な説明が可能であれば、コードの実施を免れることができる性格のものでもある。

　したがって、コードを採用しなくとも、原則として何の処罰も責任も求められることにはないから、その意味では会社役員のリスク管理を論ずる本書の論点にはふさわしくないと考える向きもあるかもしれない。

　しかし、コンプライアンスやCSRが会社役員のリスク管理を考える場合には避けて通れないのと同様の理由から、会社役員はコーポレートバガナンス・コードの要請とその原則を承知しておくべきだ。コード違反そのものの責任を問われることはなくとも、コードの趣旨や背景には善管注意義務が基礎となっているから、これをないがしろにして会社に損害を与えたとされた場合には、自らが責任を問われるおそれがあるからだ。

　そこで、次にコーポレートガバナンス・コードの原則の中から会社役員のリスク管理として重要なものを抽出して、簡単な解説を加えることとする。

(a)　コーポレートガバナンス・コードの原則の基本原則

　コーポレートガバナンス・コードは5大原則から構成されているが、企業リスクの関係から重要なのは、株主との対話（基本原則5）に置くとすると、

次の4つの基本原則の章である。

　(ア)　株主の権利・平等性の確保（基本原則1）

　株主の実質的な権利行使に係る環境整備など、上場会社は、その株主を平等に取り扱うべき会社法の義務を負っているから、会社役員は、広く株主から信認を得るべく環境整備に配慮しなければない。

　かかる環境整備に不適切があったとして訴訟を提起されたとしても、処罰を受けたり、損害賠償の義務を負ったりすることは少ないだろう。

　しかし、裁判を提起されれば会社が訴訟対応のコストを支払うことは避けられず、それがゆえに会社役員が株主の信認を得られずに退任やむなきに至るリスクを認識すべきである。

　以下の原則も同様なリスクをはらんでいる。

　(イ)　株主以外のステークホルダーとの適切な協働（基本現則2）

　会社の持続的な成長と中長期的な企業価値の創出は、ステークホルダーによるリソースの提供の結果であるから、ステークホルダーの立場を尊重する企業文化・風土の醸成に向けてリーダーシップを発揮すべきである。

　具体的には次の項目が検討されるべきである。

① 　経営理念の策定　　社会的な責任を踏まえ、ステークホルダーへの価値に配慮した経営の基礎になる理念や行動準則の選定と実践をすべきである。

② 　サスティナビリティーへの対応　　社会・環境問題をはじめとする持続可能性をめぐる課題についての適切な対応は重要なリスク管理の一部であると認識して対処すべきである。

③ 　女性活躍促進を含む社内の多様性の確保　　多様な視点・価値観が存在することは、会社の持続的な成長を確保するうえでの強みとなり得る。本来的な業務を誠実に履行することはもとより、企業と関係性をもつ地域・社会に対しても一定の貢献が期待されていることを会社役員は知らなければならない。

　これらの点に関心をもたないとしても、会社役員が損害賠償の被告になることはないだろうが、会社役員としてその地位にあることが適当であるかについては株主や多くのステークホルダーから疑問を呈され、会社そのものの信用が損われることになる。このような事態は会社役員にとってリスク以外の何物でもないのである。

(ウ)　適切な情報開示と透明性の確保（基本原則3）

　上場会社は、法令開示書類以外の情報提供にも主体的に取り組むべきである。また、情報の非対称性の下におかれている株主、ステークホルダーとの認識の共有化を図るべきである。

　従来、会社は、会社法に基づいて開示しなければならない書類は最小限度に済まそうとする傾向があった。筆者は「あった」と過去形で書いたが、実はこの傾向は今でも根強く残っているようである。それは、いずれの会社でも持ち続けられている先例踏襲と横並びの慣習のゆえである。

　コーポレートガバナンス・コードの基本原則は、その実施の可否と方法はそれぞれの会社の判断と工夫に委ねられているにもかかわらず、多くの企業の行動パターンは、独自のガバナンスを工夫することからは程遠く、他社との横並びをもって是としていると言わざるを得ない。

　横並び、先例主義は必ずしも悪いことばかりではなく、法令や基準、制度や手続が定められるに至った趣旨を踏まえたうえで先例を踏襲するのならよいのだが、これが単なる「考えなしの横並びや先例主義」に陥ると、行き過ぎた保守性に染まって、たとえば開示すべき書類を極めて狭くする官僚主義に陥ることになる。このため、その会社役員の対応は、株主やステークホルダーの目から見ると、隠すことや言い訳に終始していると見られることに注意しなければならない。

〔情報の非対称性とは〕

　当事者がもっている情報に格差があることを指す。

　たとえば、売買の当事者の場合に、売手と買手の情報は原則として共通である、これを対称性という。

　ところが、当事者間が有する情報に著しく格差が生まれてしまう特性のある商品・サービス等が存在し得るが、その非対称性の格差が著しいとモラルハザードを招くことになる。会社と株主またはステークホルダーとの関係は、会社が圧倒的に情報を握っているから、構造的に情報の非対称性にあり、株主等がカヤの外に置かれる危険性が高い。

　(エ)　取締役と取締役会の責務（基本原則4）

　コーポレートガバナンス・コードは取締役と取締役会の責務についてはその半数近くの原則と補助原則を定めてページ数を割いている。それだけ、コ

ーポレートガバナンス・コードは取締役と取締役会の責務を重視しているということである。

　基本原則4に定める諸原則は、基本的には会社法が定めている事項を包含しているが、ここでは会社役員のリスク管理に密接に関連する次のコーポレートガバナンス・コード上の制度について、次項以下において基本的な要点を解説する。

(D)　社外取締役制度

　会社法では、指名委員会等設置会社や監査等委員会設置会社においては、少なくとも2名以上の社外取締役選任を義務づけている（同法331条6項、400条1項・3項）。

　コーポレートガバナンス・コードでは、委員会設置の有無にかかわらず上場会社に2人以上の社外取締役の選任を要請し社外取締役の職責として次の事項を期待している。

① 経営方針、経営改善についての助言
② 経営幹部の選解任などの監督
③ 利益相反の監督
④ 少数株主・ステークホルダーの意見を取締役会に反映

　「社外取締役は経営の役に立たないから不要である」と公言する名経営者がいるくらいであるから、胸の奥では同様の想いを抱く社内取締役も少なくあるまい。

　しかし、社外取締役が上記の項目において活躍して大いに会社に役に立つ事態になっているとしたら、そんなスキャンダラスなことになっていること自体が問題なのだ。かかる意味においては、社外取締役が可視的に役立つことを期待するほうが間違いなのである。社外の立場からの価値観や多様性に基づく意見や批評が、経営執行部の暴走にブレーキをかける機能性を有していることに、制度の意義があると考えを改めるべきである。

　したがって、社外取締役に対して前記の名経営者と同様に考えて無視していると、社外取締役から世間の常識を知る機会がなく、知らぬ間にリスクに包囲されていてもそれに気づかないことになる、と承知しておくべきである。

(E)　人事と報酬の制度（補充原則4-10①）

　コーポレートガバナンス・コードは、上場会社の役員に関する人事と報酬について、旧弊を刷新するべく、社外取締役を主要な構成員とするところの、

たとえば人事や報酬に関する任意の諮問委員会を設置して、社外取締役の適正な関与と助言を得るべきであるとしている。

現状では、社長人事を含むすべての重要人事を委員会の決定に委ねる会社は少数にとどまっているが、これ以外の重要な人事や報酬の決定については、必ず社外取締役の目を経ることにしている例が少なくないことは承知しておくべきである。

ところで、この人事・報酬委員会において社外取締役が判断する基準は何に求めるべきであろうか。

この点について、コーポレートガバナンス・コードの原則4-7は、社外取締役は「自らの知見に基づき、会社の持続的な成長を促し中長期的な企業価値の向上を図る、との観点からの助言を行うこと」と定めている点が、前記の基準を示唆していると理解できるだろう。

したがって、会社役員の言動のあり方や活動実績のいかんは、上記の判断基準に従って評価され、これによって会社役員の個々の人事と報酬が決められる時代になったのだ。もはや社長の一存で人事や報酬を決めるのは旧弊以外の何ものでもなくなったのである。

にもかかわらず、社外役員には会社のことがわからないからなどと、面従腹背を装っていると、無視している役員こそが解任されることになるかもしれない。また、このような事態になっていれば、その役員は株主代表訴訟の被告になっているかもしれないことに思いを致すべきである。

(F) 取締役会評価の制度

コーポレートガバナンス・コードの補充原則4-11③では「取締役会は、毎年、各取締役の自己評価なども参考にしつつ、取締役会全体の実効性について分析・評価を行い、その結果の概要を開示するべきである」としている。

この取締役会評価の制度を採用するかどうかについても、会社の判断に委ねられている。しかし、取締役会が株式会社の中核的な機関であることに異論はなく、この取締役会の活性化・適正化こそが株式会社の発展をもたらし、株主やステークホルダーの利益とも不可分に関連していることも、今日では議論の余地はなくなっていると認識して、積極的に取締役会評価に取り組んでほしい。

取締役会評価を採用すれば、上場会社の役員はすべからく評価の対象となることを自覚し、自らの行動については、常に、会社の持続的成長と企業価

値の中長期的な向上に資するかどうかを自らチェックしなければならないことになる。

会社役員が自らの進路や選択に迷ったらコーポレートガバナンス・コードが自身の羅針盤であると思うこと、これこそが究極のリスク管理となるであろう。

(4) 善管注意義務と経営判断の原則

(A) Business Judgement Rule

これまで本書は、会社役員には広範な善管注意義務があり、法令の遵守はおろか、ステークホルダーとの協創までをも心に砕くべきであると述べてきた。

しかし、会社役員は全能の神ではないから過ちを犯すこともあり得るだろう。特に、会社のために良かれかしと思って始めたビジネスが想定外の事情から撤退せざるを得なくなることも珍しくはない。このような場合、いちいち損害賠償の責を負わされていては会社役員のなり手がいなくなってしまうことになる。

そこで、わが国においても「Business Judgement Rule(経営判断の原則)」が認められるに至った。

経営判断の原則とは、米国において発展した法理であり、一定の要件の下で取締役の経営判断には裁判所は立ち入って判断することは適当ではないとする考え方である。その理由は、会社役員の判断は高度な経営的判断であるため、経営の専門家ではない裁判官が介入すると経営の萎縮を招き、結果として株主の利益にならないから、裁判所は事件の審理をしないこととする、という論理である。

この Business Judgement Rule の考え方の根底には、その会社役員を選任したのは株主自身であり、会社役員の貢献による会社へのリターンは会社・株主に帰属するから、そのリターンに不満があるならば、株主自身が会社役員を解任すれば足りるという思想が見てとれるのである。

わが国においては、裁判所が経営判断の原則に基づいて裁判の審理に入ることなく、門前払いをしたケースはないが、その判決理由において会社役員の高度な経営判断を尊重する判旨が積み重ねられている。

(B) 経営判断が尊重されるための要件

それでは、会社役員の経営判断が尊重されるための要件、すなわち経営判

断の原則が適用されて会社役員が責任を負わないですむための条件とは何であろうか。

　それは、経営判断原則を認めた多くの裁判例に求めることができる。その判例理論のポイントは、①事業にはリスクはつきものであるから、経営判断には取締役の広い裁量にまかされるべきである、②事実の認識が合理的で経営判断を行った過程や内容に著しく不合理なことがないこと、と整理することができる。

　では、具体的に、どのようなことが論点として問題になったかを以下に摘示することにしよう。

- 株式買取りにあたって、政策的な必要性について十分な調査検討が行われたか
- 弁護士の意見等を徴したか
- 海外進出、関連会社支援など功を奏しなかったが、広く経営判断の裁量を認めるべき
- 法令違反の事実を公表しないことまでは経営判断として是認されない
- 内部統制システムの不備については責任なしとしない
- 銀行業務は公益性が高いから経営判断原則の適用は限定的にとどめられるべき
- 裁判所は利益相反する場合などには経営判断の合理性に立ち入るべきだが、法解釈が明確でなく、会社の利益になると合理的に判断できる場合には、これを回避すべき義務はない

(5)　監視義務

(A)　監視義務の要件

　法定の取締役会が設置されている会社にあっては、取締役たる会社役員は他の取締役の職務の執行を監督しなければならない（会社法362条2項2号）。

　この取締役である会社役員に与えられた、他の取締役を監督する義務を一般に監視義務と言っている。

　なお、取締役会の設置を義務づけられていない会社にあっては、法令上は取締役に他の取締役を監視すべき義務は規定されていないが後述の点に注意したい。

(B) 監視義務の範囲

取締役の監視義務については、その義務の範囲がどこまで及ぶかが問題になる。

つまり、取締役会に上程または報告された事項については、監視義務を問われても対応することは可能であるが、取締役会に顕出していない事項についてまで責務を負いかねる、というのが会社役員の本音だからである。

しかし、残念ながら、取締役の監視義務は取締役会に上程された事項に限定されない。その理由は、取締役会の招集権限に求めることができる。会社法では、取締役会の招集権限は1人ひとりの取締役各自にあるからである（同法366条）。

ここで必ず出てくる反論の1つに、「わが社の定款では取締役会の招集権限は社長1人のみと定められているから、社長が取締役会を開催せずに何でも行うことができるので、他の取締役は何も知らないからチェックすることは不可能だ」という意見がある。

だが、この場合、本当に社長以外の取締役は「何も知らない」のだろうか。知らなかったとしても「知り得た可能性」はあるのではないだろうか。

取締役の社内における立場いかんによっては、当然に知り得たであろうという場合は決して少なくはないと考えられる。この場合知り得る立場にあって、調べてみたら取締役会招集権を有している社長が暴走していると気づいた取締役はどのようにすべきであろうか。

かような場合を想定して会社法は次のとおり定めている。

つまり、取締役会招集権限をもたない取締役であっても、取締役会の招集を社長に請求することができるのである。もし、社長が取締役会を招集しようとしない場合には、社長に代わって招集することができるのが会社法なのである。したがって、招集権を有しない取締役であったとしても、取締役会を通じて会社業務の適正化を促すべき義務を免れることはできないのである。見て見ぬふりは許されないと知るべきである。

(C) 非取締役会設置会社と監視義務

前記のとおり、取締役の監視義務が法定されているのは取締役会の設置を義務づけられている株式会社の場合に限られる。

取締役会が設置されている会社には、①任意の場合（定款の定めにより取締役会を置くと決めた場合）と、②法定の場合（法律の定めにより取締役会の設

置が義務づけられる場合）との２つのタイプがあり、前述したとおり、次の会社の場合である。

　・公開会社
　・監査役会設置会社
　・監査等委員会設置会社
　・指名委員会等設置会社

　しかし、取締役会の設置を義務づけられていない株式会社の場合であっても、取締役である以上は民法上の委任関係に立つことに変わりはなく、受任者としての善管注意義務を免れることはない。

　ということは、法定の監視義務を負わない非取締役会設置義務会社の取締役であったとしても、善管注意義務の一内容として他の取締役の行動に注意を払う必要はあるのである。この場合の注意義務の具体的な内容は取締役会設置会社の監視義務と一致してくるだろうから、非取締役会設置会社だからといって取締役は安心してはいられないのである。

(D)　監査役と監視義務

　監査役については、会社法はわざわざ監視義務についてうんぬんすることはしていない。その理由は、監査役の職責そのものが、取締役の監督だからである。この意味では、監視義務そのものは監査役の職責の１つの内容になっているということができる。

　会社役員のリスク管理をテーマとする本書においては、会社役員の範囲について、取締役と監査役とを含めて考えており、また、後述のとおり執行役員を含めて考えているが、おおむね結論において相違はないだろう。

(E)　執行役員・執行役と注意義務

　取締役の監督義務を重視するガバナンス論の高まりを受けて、業務の執行行為者と経営の監督者とを区別して考える例が増加してきている。このような考え方に基づいて業務執行を担う責任者を執行役員、これを監督する者を取締役とする実務が一般化しつつあるようだ。執行役員の人材供給源は従来は支社・支店・部局の長である場合が多く、彼等と会社との契約関係は雇用に相当するが、稀に委任契約の場合もあり得る。

　また、執行役員と取締役を兼ねる場合もあり得るが、この場合の取締役は会社と委任の契約関係になっているから、執行役員兼務の取締役であっても善管注意義務を負うことになるのは当然のことである。

さて、問題は執行役員の場合であるが、委任契約の執行役員であれば委任の規定に従い善管注意義務を負うが、雇用関係にある執行役員についてはどのように考えるべきであろうか。

雇用関係にある執行役員は、被雇用者であるから受任者としての善管注意義務を負うことはない。しかし、被雇用者として会社の指示命令に従い誠実にその職務を果たすべきである点においては、委任関係にある執行役員の委任の善管注意義務に基づく対応と実質的にはほぼ一致することが多いだろう。

執行役員と取締役との義務履行に関する注意義務の相違点は、日常的には差異は認められないとしても、たとえば後述の内部統制システムの構築義務などのように、取締役の地位そのものに基づいて発生する責務があり、この点は異なっている。ちなみに執行役員が委任関係にあったとしても、取締役の地位にはないから、この点でその責を法的に負うことはない。

(F) 信頼の権利

会社の業務は、業務執行取締役や執行役または執行役員や使用人によって分担されているから、その担当業務の内容が「疑念を差し挟むべき特段の事情」がない限り、適正に行われていると信頼することが許される、と考えられており、これを信頼の権利という（田中亘『会社法＝CORPORATE LAW』264頁、東京大学出版）。

会社の業務執行はチームプレーなのだから、他の取締役等を信頼したことに合理的な疑いがなく、それが相当であれば、信頼した会社役員は責任を負うことはないのである。

(6) 内部統制システムの整備義務

(A) 会社法による整備義務

事業規模が拡大した大会社（会社2条6号）にあっては、取締役が会社業務の全般について知悉したうえで監視することは著しく困難になっているから、取締役個人にすべてを期待することは現実的であるといえない。

そこで、このような大会社では、業務の適正化を確保することができる体制を設けておくことが必要であると考えられ、このような体制を内部統制システムという。

会社法制定前から、かかるシステムを整備する義務は、取締役の善管注意義務の内容の1つになると解され、同旨の判例も少なくなかった。会社法の

制定にあたって、大会社および委員会型の会社については、内部統制システムの整備を義務づけるに至った。

内部統制システムの整備は、原則的には取締役会が行う。しかしながら、取締役会においては、たとえば、内部統制の目標・組織の設置など内部統制システムの大綱を決定すればよく、その具体的な体制整備については、各取締役に委任することができると解されている。

(B) 内部統制システムの内容

会社役員としては、内部統制システムの内容を詳細に承知しておくほうがよいには越したことはないが、少なくとも以下の事項については、概略的に認識しておくべきであろう。

① コンプライアンス体制：業務に関係する法令についての学習・教育
② 情報の保存、管理の体制
③ リスク・マネジメント体制
④ 取締役等の職務の執行が効率的に行われることを確保する体制

(C) 内部統制システム整備の範囲・程度

内部統制システムの整備は、取締役の善管注意義務の一内容であるから、会社役員のリスク管理を考える場合には、その精度をどの程度まで高めるべきかが問題となる。

いうまでもなく、完全無欠な内部統制システムを構築することは事実上不可能であるし、内部統制システムの整備も会社経営の一環である以上、費用対効果を考慮するのも会社役員の善管注意義務の内容の1つである。

また、内部統制システムの内容は、高度な経営的知見を要するところでもあるから、取締役には一定の裁量の余地が認められるべきであろう。

この点について判例も、取締役の裁量の余地を認めて、「通常想定される不正行為を防止し得る程度の管理体制」を整えていれば足り、従業員による通常の想定を超えた巧妙な偽装工作がなされている場合には、特別の事情がなければ、その発生を予見すべきであるとまではいえない、としている。

もっとも、過去に同様な事故・事件が発生していたにもかかわらず、何らの再発防止策をとらない等の不合理な事情があれば、取締役の裁量が優先することはなく、このような会社役員は善管注意義務違反の責任を問われることになるだろう。同趣旨の判例も多数存在しているところである。

〔渡邉　顯〕

2 不正・不祥事の疑いが発覚した場合の対応

1 不正・不祥事の疑いが発覚した場合の心構え

不正・不祥事の発覚の端緒には、さまざまなものが考えられる。

たとえば、①関与者の自主的な申告、②内部通報、③顧客や取引先からの通報、④内部監査や会計監査、監査役等による監査、⑤税務調査、⑥マスコミ報道等などである。

不正・不祥事の疑いが発覚した場合、初動対応が重要である。

発覚後は、インターネットの書き込みやマスコミ報道も含めて、噂や憶測を含んださまざまな情報が乱れ飛ぶ可能性がある。そのような情報に惑わされることなく、事実は事実として認め、事実でないことは事実でないと否定することにより、情報を適切にコントロールすることが必要である。憶測を含めた悪い評判が拡散し、株主、取引先、顧客などの利害関係者の信頼を失う事態を回避すること、すなわち「レピュテーションリスク（reputation risk）」を最小化することこそ、不正・不祥事の疑いが発覚した場合における、最重要のリスクマネジメントである。

特に、会社役員にとっては、発覚した不正・不祥事に適時・適切に対応しないと、不正・不祥事の発生に関する責任だけでなく、発覚後の対応に関して責任が生じる可能性がある。役員自身の身を守るという意味においても、初動対応は重要である。

2 初期調査

不正・不祥事の疑いが発覚した場合、できるだけ早く、かつ適切な方法で、①そもそもそのような事実が存在するのか否か、②仮にその事実であった場合に、その対外的な影響はどの程度のものなのか、③事案の内容とその複雑性や難易度はどの程度のものなのか等について調査する必要がある。

このような初期の調査を行う場合、社内の所管部門が担当することが多い。たとえば、法務部、総務部、コンプライアンス部、内部監査部門など、元々このような不正・不祥事に対応することが想定されている部門や、特に会計不正に関しては会計処理が問題となるため、経理・財務部門の人員が動員さ

れることになるだろう。顧問弁護士への相談や、場合によっては、この段階から事案に適した専門家への委嘱が必要となる場合もある。

3 対応方針の決定

不正・不祥事が発生していることが事実である、またはその可能性が高いと判断される場合、①事案の詳細をさらに調査する、②今後の対応方針やスケジュールを決定する必要がある。

会社役員として重要なことは、不正・不祥事が発生した事実を隠し通すことは不可能であると認識しなければならないということである。このような事実はいずれ表面化するものとして、対応方針等を検討すべきである。対応が遅いと、かえって不正・不祥事を「隠蔽した」とされるリスクが高くなることに留意が必要である。

(1) 調査体制の構築

(A) 社内による調査か、専門家による調査か

不正・不祥事の内容について、その詳細を確定するために、本格的に調査を行う体制を構築する必要がある。その場合、まず、調査体制として、社内での調査を中心とするのか、社外の専門家を交えるのか、といった点を決定しなければならない。

発覚した不正・不祥事の内容によっては、初期調査と同様に、社内調査のみで行う場合、社内を中心とした調査であるものの、補助者として弁護士や公認会計士といった専門家が関与する場合もありうる。

これに対して、社外の専門家のみ、もしくは社外者を中心として構成される調査体制を取る場合、第三者委員会が構成されることになる。この点、日本弁護士連合会が策定した「企業不祥事における第三者委員会ガイドライン」〈https://www.nichibenren.or.jp/library/ja/opinion/report/data/100715_2.pdf〉によれば、第三者委員会とは、「企業等から独立した委員のみをもって構成され、徹底した調査を実施したうえで、専門家としての知見と経験に基づいて原因を分析し、必要に応じて再発防止策等を提言するタイプの委員会」であり、「第三者委員会は、依頼の形式にかかわらず、企業等から独立した立場で、企業等のステークホルダーのため、中立・公正で客観的な調査を行う」こととされている。

どのような調査体制にするかは、事案の内容により異なるが、その後の対応も想定しつつその調査体制を十分検討するとともに、調査開始後にも、臨機応変に体制を見直していくことも必要である。

(B) 社内調査

社内者のみ、もしくは社内者を中心として調査を行うとした場合、初期調査と同様に、法務部、総務部、コンプライアンス部、内部監査部門など、元々このような調査に対応することが想定されている部門や、会計処理が問題となる会計不正に関しては、経理・財務部門の人員も担当することになるだろう。

また、社内調査であっても、その責任者を誰にするかという点には留意する必要がある。不正・不祥事の性質、規模などに応じて個別に判断する必要があるが、たとえば、個人的な不正事案（横領など）ではあるものの、長年にわたって不正が行われており、金額的な影響が大きいと想定される場合などには、経営トップを責任者とすべきケースもあるだろう。経営トップが調査委員長を務めることにより、対外的に、不正発覚の事実を重大に受け止め、経営トップが先頭に立って事態掌握と対策に努めているという企業の姿勢を示すという効果が期待できる。

他方で、社内調査をするにあたり、不正の内容によっては、専門的かつ複雑で膨大な資料を分析し、多人数にわたる関係者に対してヒアリングを実施する必要が生じる場合がある。このため、前述のとおり、社内調査の場合であっても、その補助として、外部専門家の関与が必要な場合もある。

弁護士は、その職業上、事実認定について一定のトレーニングを積んでいるので、事実関係の調査・確定のためには、弁護士の参加は検討に値する。また、会計処理方法等が問題となる事案であれば、会計の専門家である公認会計士・税理士等の参加を求める必要があることも多い。さらに、近時は、調査の過程で、コンピュータに記録保存されているメールやデータの復元が必須となっており、デジタルフォレンジックの専門家の関与や、不正調査の専門家として、公認不正検査士の参加も視野に入れるべきである。

(C) 外部調査──第三者委員会の設置──

以上に対し、どのような場合に第三者委員会を設置するべきだろうか。

第三者委員会は、現経営陣からの依頼を受けて設置されるものであるが、設置されれば、企業経営者のためのみならず、その企業を取り巻く株主、債

権者、消費者、取引先、従業員、近隣住民などの利害関係者のために活動することが求められる。すなわち、第三者委員会を設置する目的は、独立・中立的な第三者の視点から、不正・不祥事の事実関係や原因究明等の検証等を行い、利害関係者の信頼回復を図ることである。したがって、多くの利害関係者の関心・影響度が高く、その信頼回復を図る必要が高いと考えられる不正・不祥事事案については、第三者委員会の設置を検討すべきということとなる。

具体的に考慮すべき要素としては、たとえば、以下のような事項を総合判断することになるだろう。

〔表１〕 第三者委員会設置のために考慮すべき要素

- ✓ 不正関与者の属性：経営幹部か、従業員か、組織的な関与はあるか
- ✓ 不正行為の重大性：金額やどのような法令に違反したか
- ✓ 不正発生の原因：組織に起因するものか、個人に帰責すべきものか
- ✓ 社会的な影響：マスコミの注目の度合　　など

どのような調査体制をとるかは、不正・不祥事が発覚した場合における会社役員としての重要な経営判断である。外部からの信頼回復のため、適切な人選を行い、外部の目から見ても的確に事実関係を確定できると考えられる体制を整えることが重要である。第三者委員会と名の付くものであっても、委員の中に、企業からの独立性や中立性の点で問題があると考えられる者が存在するケースがあることが指摘されているが、そのような場合には、かえって事態を悪化させることになり、調査方法の選定やその実施について、別途役員の責任問題に発展する可能性があることも肝に銘じなければならない。

なお、不祥事に直面した上場会社に強く期待された行動に関する原則（プリンシプル）を定めた、日本取引所自主規制法人「上場会社における不祥事対応のプリンシプル」（平成28年２月24日公表〈http://www.jpx.co.jp/regulation/public/nlsgeu000001igbj-att/1-01fusyojiprinciple.pdf〉においても、第三者委員会を設置する場合における独立性・中立性・専門性の確保について、十分な配慮を行うよう要請されている。

(2) 調査方針

(A) 調査の範囲

　調査の目的は、事実関係の確定とともに、自社の自浄作用を示すことである。したがって、調査対象としては、不正・不祥事と疑われる行為もちろんのこと、その行為が発生した原因、なぜ今まで発覚しなかったのか等、その背景や原因等も含めて調査することが必要である。

　仮に、調査終了後に、調査で判明しなかった同種の別事案が発覚し、新たな不正事案の発生として追加の開示がされることになれば、最初の調査が中途半端であったとして、かえって非難を浴びる可能性もある。このため、五月雨式の追加開示が必要となるような事態はできるだけ避けるべきであり、そのためには、調査範囲はできるだけ広くすべきということになる。

　その反面、あまりに類似事例を発見することを重視しすぎると、調査の時間やコストがかかりすぎるというデメリットも考えられるので、いたずらに調査範囲を拡げることも得策ではない。

　以上から、どの程度まで類似事例を調査対象に含めるのかについて、慎重に検討する必要がある。

　会社役員として留意すべきは、調査結果の公表を急ぐあまり、中途半端な調査を行うことは本末転倒だということである。場合によっては、調査により明らかになった事実関係を踏まえて、臨機応変に調査範囲を変更する必要もあるだろう。

(B) 調査期間

　会社として、前記調査範囲等を踏まえて、適切な調査期間を設定することが必要である。

　調査にあまりに時間がかかれば、たとえば行政機関等に外部通報がなされることにより、主導的な事案の公表を行うことができず、かえって事態を悪化させてしまうことにもなりかねない。調査結果の公表に時間がかかるようであれば、その旨あらかじめ情報開示しておく、中間報告的に情報開示することも検討するべきであろう。

(C) 調査の方法

(a) 調査のポイント

　調査にはさまざまな方法がありうる。デジタル情報を含めた証拠の収集、

関係者へのヒアリングの実施等が中心となるだろう。

　調査において重要なポイントは、収集された情報に誤りがあると、その後のプロセスがいかに適切であっても、間違った結論が導かれかねないという点である。取得情報の真偽の確定、すなわち「事実認定」については、十分に注意しなければならない。

　したがって、客観的に動きようのない証拠、原本確認、現物確認が重要である。不正発覚を免れるため、書類等が偽造されている可能性があるから、いずれも原本で確認すべきである。

　　(b)　留意点──任意の協力が前提──

　調査は、客観的な資料の収集とヒアリングが主な手段となる。あくまで相手方の了解、協力を前提とするものであり、原則として、強制的な方法をとることはできない。

　たとえば、従業員に対して業務命令としてヒアリングを行うことは可能であるが、実務的には、対象従業員の承諾を求めるほうがよいだろう。威嚇的な言動を用いて無理に証言をさせると、後に聴取結果が任意になされたものか問題となるだけでなく、そもそも聴取した内容が真実かどうかが疑問視される可能性もあるので、注意が必要である。そればかりか、民法上の不法行為に該当する可能性もありうる。従業員が業務上使用しているぱパソコンや、保管しているノートや手帳、業務記録などの資料等に関しても、任意に提出するように説得することが基本である。

　　(c)　証拠保全の要否

　不正調査を行うにあたり、証拠資料の収集以前に、その保全を図る必要性についても検討しなければならない。

　保全する優先順位が最も高い資料は、不正行為に直接関係する帳簿資料やその証憑、契約書などの原本、その他パソコンや共有サーバに保存されているデータのほか、電子メールデータなどである。なお、調査対象者が業務上使用しているパソコンや手帳等、調査対象者が業務上日常的にアクセスする証拠資料を保全しようとすると、会社が調査をしようとしている事実が発覚してしまうことになる。このため、調査対象者の保有する証拠資料の保全については、慎重に行わなければならない。

　また、調査対象部門に対しては、資料の搬出等、証拠隠滅行為を行わないように指示を出すことも必要である。

4　適時開示

　不正・不祥事の疑いが発覚した場合、対外的にどのように開示するかを検討しなければならない

　本格的な調査の着手前であっても、不正・不祥事が発生している「疑いがある」という事実を把握している以上、できるだけ早期の開示が望ましいと考えられる。反面、いまだ開示できるような具体的事実が判明していない場合、このような段階で開示することは、かえって投資家をミスリードしてしまう危険もある。このため、本格的な調査の着手前に開示する場合には、開示をするのか否かはもちろんのこと、仮に開示をするとしてもどのような内容を開示するのか、慎重な対応が必要である。

　開示をするか否かを定める基準は、適時開示の要件である「投資者の判断に著しい影響を及ぼすかどうか」、すなわち投資家への影響の有無や大きさを基準として、投資家の立場に立って、実質的に判断するということになろう。少なくとも、調査の客観性・中立性を確保するために、第三者委員会を設置した場合には、その旨の開示は必要である。

　本格的な調査前に開示をする場合には、たとえば、発覚の端緒、現時点で判明している事実、業績に重大な影響を及ぼす可能性および影響見込額、今後の調査方法・調査の見込み等を開示することになるだろう。

　また、前述のように調査に時間を要するため、中間報告として、途中経過を開示することもあるだろう。このような場合には、不正行為の発覚の端緒、本格的な調査への着手の事実、現時点で判明している事実、今後の調査方法など、当該時点で判明している間違いのない客観的事実のみを開示することになろう。

5　関与が疑われる役職員等への対応

　不正・不祥事への関与が疑われる役職員等について、以下のような対応を検討する必要がある。

(1)　不正・不祥事が刑事法規に抵触すると考えられる場合

　刑事上の手続として、その関与が疑われる役職員に対する告訴・告発を検討しなければならない。

この場合、以下のような要素を総合考慮することとなるだろう。

〔表２〕 告訴・告発をする場合の考慮要素

- ✓ 当該行為の重大性・悪質性
- ✓ 会社の受けた被害の大きさ
- ✓ 被害回復の状況
- ✓ 嫌疑の程度
- ✓ 社内の秩序維持の必要性　　など

(2) 会社役員として採るべき民事上の手続

関与が疑われる会社役員に対しては、善管注意義務違反に基づく損害賠償責任の追及が考えられる。

不正に直接的・意図的に関与した場合はもちろん、直接的・意図的に関与していなくても、監視義務や内部統制システム構築義務等の善管注意義務の違反が問題となる場合もあり得る。主張・立証責任を踏まえた訴訟の見通し、取締役の財産状況、対外的信用への影響等を総合考慮して、訴訟提起するかを検討することになるだろう。なお、訴訟提起に至らなくても、役員としては、辞任ないし解任、報酬の返上といった責任の取り方もあり得る。

他方、従業員に対しては、就業規則上の懲戒処分、損害賠償責任の追及等についても検討する必要がある。また、業務命令の一環として、他の役職員や関係者との接触を禁止することも検討することが必要である。このような業務命令も、証拠隠滅防止のためという必要性と、当該役職員に特段の不利益がないという相当性があれば、許されると解されている。

さらに取引先等に対して、発生した可能性のある不正行為に関連する損害を最小化するための対応が必要な場合もある。

たとえば、循環取引が疑われる取引先に対しては、場合によっては、実在の取引であると判明するまでは、現時点で発生している買掛金の支払いをストップする、新規の受発注をストップするといった検討が必要な場合もある。ただし、取引基本契約書等の条項によっては、結果的に相方方に発生した損害の賠償請求がなされるなどの事態も想定される。このため、契約の解除事由に該当するかなど、弁護士などの専門家を交え、その後のリスクを検討したうえで行うべきであろう。

6　行政機関・捜査機関対応

　不正・不祥事の疑いが発覚したことにより、行政・刑事処分のため、証券取引等監視委員会、公正取引委員会による調査や検察・警察による捜査が行われることがある。

　会社役員がこれらの調査・捜査への対応をするうえで最も大切なことは、当局から調査や捜査に対する妨害、証拠隠滅と評価されるような対応を行わないことである。調査や捜査に対し非協力的であるとの印象を与えれば、任意捜査から強制捜査への切り替え、調査範囲の拡大、調査・捜査の長期化にもつながりかねず、会社としてのメリットはないものと言わざるを得ない。

　仮に、調査に対する報告や資料提出をせず、検査等を妨害する行為を行ったと評価されれば、当該行為自体が犯罪行為に該当する可能性もあるし、証拠隠滅罪が成立することにもなりかねない（刑法104条）。

　これに対して、調査や捜査へ協力することは、刑事裁判における量刑事情として有利に働く可能性もあるうえ、自社の自浄作用が適切に働いていることを対外的にアピールすることもつながる。以上から、原則として、調査や捜査への組織的な協力体制を築くべきである。

　しかし、調査や捜査への協力が重要であるとしても、それは調査や捜査に無制限に迎合することを意味するわけではない。

　会社として、調査・捜査当局の事実関係についての見解が、会社の把握した事実関係と異なるような場合には、調査・捜査への協力をしつつも、正しい事実関係を理解してもらうように努力しなければならない。

　重要なことは、調査や捜査には協力するものの、その長期化をおそれ、調査・捜査を終わらせるために、本来事実と異なることを認めることは絶対にしてはならないということであり、またそれを徹底することである。

　調査・捜査において収集された情報、特に供述などの証拠は、当該手続において利用されるのみならず、事件記録の閲覧・謄写などの手続を通じて利害関係者に開示されることとなる。これは、後日、民事訴訟などの場面で、証拠として利用される可能性もありうる。

　このため、会社としての対応方針を決定するにあたっては、後日、当該事実を前提とした民事訴訟が提起されることを想定した検討も必要である。そのうえで、間違いのない事実と、未だ判明していない事実とを明確に区別し

たうえで、間違いのない事実の範囲で認めるという方針を徹底するべきである。

7　マスコミ対応

不正・不祥事の規模によっては、マスコミ等からの問合せへの対応が必要になる場合がある。上場企業の場合には、株価への影響があるため、特に慎重な対応が必要である。

会社役員としては、事実関係が調査中であり、発覚した事実の影響も不明な状態で、安易な見込みや根拠のない予想について述べれば、これが公表されることにより、混乱に拍車がかかることを想定し、厳に慎むべきである。

他方で、マスコミ等からの問合せにいっさい回答しないというスタンスをとることは、かえって批判を増幅させる要因ともなりかねず、必ずしも適切な対応とはいえないだろう。

そこで、認めるべき事実を認め、憶測についてはあくまで憶測である旨を回答する体制を構築する必要がある。このためには、まずは回答窓口を一本化することである。そのうえで、調査の結果確定している事実関係を「ポジションペーパー」としてまとめ、会社として一貫した回答を行っていくべきである。事実関係について調査中であれば、調査中である旨を回答するとともに、現時点では調査を進めており、不正確な情報拡散を防ぐために回答できないという事情を、十分に説明する必要がある。そのうえで、事実が確定すれば積極的に回答する姿勢を示して、報道機関の理解を求める努力をするべきである。

また、記者会見を開いて、調査の進行状況や調査結果について統一的な情報開示を行うことも、事案の概要やマスコミからの要請の程度に応じて検討するべきだろう。

以上のように、調査の進行や、判明した調査結果に十分に留意したマスコミ対応が望まれる。

8　再発防止策の策定

再発防止策とは、第三者委員会等の提言に基づき、同様の不正が再度発生することを防止するための対応策である。再発防止策を自ら策定し、適切に履行していくことにより、対外的にも、対内的にも、企業の自浄作用がある

ことを示すことができる。したがって、再発防止策の策定は、利害関係人からの信頼回復の第一歩となるものである。

　再発防止策は、当該不正・不祥事が発覚した原因を除去するための方策であるから、調査の結果、当該不正・不祥事とされた「原因」を適切に除去していく方策の策定が求められる。

　再発防止策の策定にあたっては、①不正発生の原因を除去するものであること、②具体的であること、③費用対効果のバランスを意識することが重要である。

　一般的には、①社内の風土・意識改革、②職務分掌と相互牽制、③監査体制の強化、④内部通報制度の適切な運用などがあげられることが多い。調査報告書については、各社のホームページに開示されていることが通例であるため、適宜参照することが可能である。

〔樋口　達〕

第2部

具体的事例とその対応策

第1章

商取引の開始・継続に関するリスク

1 取引先の信用リスク管理

I 基礎知識

1 信用管理

(1) はじめに

企業活動においては、一方当事者の給付と他方当事者の給付との間に時間的な開きのある取引（いわゆる掛売り・掛買い）や継続的取引が多用されている。このような取引は、両当事者間の従来の取引実績等から生じた信頼を前提として成立している。

本稿で論じる「信用」とは、こうした信頼ないしは信頼の基礎となる財務内容の健全性を意味し、信用リスクとは、それが失われるおそれが生じることを意味する。

(2) 平常時における信用管理の重要性

取引先の信用リスクは、典型的には、当該取引先の倒産によって顕在化する。取引先の倒産によって、自社の有する債権の回収が不可能になる、ないしは、回収額が相当程度圧縮される可能性が高い事態が生じるのである。

そして、取引先に対して自社の与えていた信用が高度のものであればあるほど、信用リスクの顕在化によって生じる損害は大きなものとなる。その結果、自社の信用までもが毀損されるおそれが生じるのである。

たとえば、売掛金の回収が不可能となることで自社の財務内容まで毀損されかねないこと、商品仕入先が破産して事業活動を停止することにより自社の調達・供給面に支障が生じ、自社の事業運営そのものへの影響が生じること等が考えられる。

そのため、会社役員には、取引先の信用リスクの存否・程度を適時に評価

し、自社の損害を可能な限り最小化するための施策を随時講じることが求められる。そして、倒産手続等が開始されると信用リスクは顕在化するから、"平常時"においてこそ、実効性のある信用管理を行うための調査・対策を講じることが、必要不可欠となる。

　もっとも、上述したように、信用は、事業者間の取引等を経て醸成されるものであり、また、その活動は多種多様であることから、個々の取引先すべてについて、当該取引先の信用の変動を適時に認識・評価し、自社に生じるリスクを適切に管理することは、必ずしも容易ではない。そこで、会社役員としては、どのようにこのリスクに対応すべきであろうか。

2　平常時の信用管理

(1)　取引開始時の信用調査

(A)　はじめに

　企業が新規の相手方と取引を開始するにあたっては、当該取引の目的たる商品・サービス等の品質だけでなく、当該相手方の信用力にも重大な関心をもって調査すべきである。倒産のリスクが認められる相手方とは、そもそも取引関係を構築すべきではないからである。

　一方で、事業者の信用力を外部者たる取引相手が適切に認識・把握することは、必ずしも容易ではない。以下では、信用調査の具体的な手段について紹介するが、いずれの手段も決定的なものであるとは限らず、最終的には、諸事情の総合的観察・評価によって判断せざるを得ないケースが大半であると思われる。

(B)　法人の登記事項の確認

(a)　登記事項を確認する理由

　新規の取引先が株式会社等の法人である場合、まず、当該法人の登記事項証明書を確認するべきと考えられる。登記事項証明書には、当該法人に関する基本的事項およびその推移が記載されているため、相手方の概要を大まかに把握することができる。加えて、登記事項証明書に記載された情報は、その後実施する詳細な調査の端緒として用いることもできる。

　また、ある会社において登記事項に変更が生じた場合には、2週間以内に、その本店の所在地において、変更の登記をしなければならない（会社915条1項）。したがって、登記された事項と実態の間に乖離が存在する場合には、

かかる変更登記がなされていないものと推察されるため、当該会社のコンプライアンス意識の低さ、事務処理・管理体制の不備が推認される場合もあろう。

なお、信用調査という観点からは、当該法人に関するあらゆる事項を、その変動・推移も含めて網羅的に把握する必要があるから、一部事項証明書（抄本）ではなく全部事項証明書（謄本）を、現在事項証明書ではなく履歴事項証明書を取得すべきである。

(b) 交付請求の方法

会社・法人の登記事項証明書は、所定の手数料額を支払い、法務局に対して直接または郵送による交付の請求が可能である。また、インターネットを介して法人登記情報を確認できるサービス（登記情報提供サービス）を利用して、リアルタイムに当該法人の登記情報を表示・保存することができる。

(c) 確認すべき事項

(i) 商　号

登記された商号と、相手方が用いている会社の名称が同一であるかを確認する。そのうえで、商号変更の有無・回数・経過に注意すべきである。

商号が複数回にわたって変更されている場合には、過去の不祥事・事故等によって毀損されたレピュテーションを一新する等の動機が存在する場合も考えられるが、もし、このような事情があれば、相手方の信用判断に重大な影響を及ぼす可能性が高い。この場合、商号変更の理由を聴取する等、相手方企業の実態調査を検討すべきと考えられる。

(ii) 本　店

本店所在地と、相手方の申告する会社の住所が同一であるかを確認する。登記事項である本店所在地と実際の所在地が異なっていることは、信用リスクの存在を疑わせる事情の1つとなりうる。

また、本店所在地が複数回にわたって変更されている場合には、商号と同様の注意が必要である。特に、法務局の管轄を跨いで本店を移転した場合、それまでの登記記録は閉鎖され、新たな本店所在地を管轄する法務局において新たな登記記録が編成されるので、過去の問題・不祥事等を隠ぺいする手段として、前記制度が悪用されるケースも見受けられるため、注意が必要である。

なお、本店所在地を知ることにより、同所に存する土地建物の不動産登記

を確認し、当該土地建物が相手方の所有か否かや、担保設定状況等がわかり、それによって当該相手方の財務状況を推認することができるだけでなく、自社による担保設定の可否についても検討することができる。

 (iii) 会社成立の年月日

相手方における、会社設立からの年数を確認することができる。

会社の成立年月日から、"事業運営を継続してきた年数"そのものがわかるわけではないが、他の諸調査を行ううえでの1つの目安として、当該事項を確認しておくことは有益であろう。

 (iv) 目　的

登記事項証明書には、定款に定められた事業の目的が記載されている。

株式会社をはじめとする法人は、定款で定められた目的の範囲内において、権利を有し、義務を負う（民法34条）ので、定款の目的外の取引をしても、その法律効果は会社に帰属しない。また、相手方が実際に行っている事業が登記事項証明書の目的欄に記載されていない場合は、当該相手方のコンプライアンス意識の低さが顕れているとも考えられる。

もっとも、営利法人の事業活動は多様であるから、定款に記載された目的そのものではなくても、当該目的の遂行のために必要な行為は、会社の目的の範囲内の行為であると解されているため、実務上、目的の範囲外であることを理由に会社の行為が無効とされた事例は、ほぼ見受けられない。

しかし、理論的には、目的の範囲外であることを理由に会社の行為が無効とされるリスクは存在するため、たとえば、相手方会社の定款に記載されていない新規事業について取引を開始するような場合には、定款の目的および登記事項の変更がなされているかどうかを調査すべきであろう。

なお、逆に、実際には行っていない事業目的が多数登記された会社もあるが、これについては、設立登記の段階で、将来の変更登記費用を節減するため、事業目的につき将来事業展開の可能性がある事項を網羅的に記載している場合が多いから、必ずしも当該取引先の信用リスクやコンプライアンス意識の欠如を示すとは限らないことに留意すべきである。

 (v) 資本金の額

資本金とは、株式会社が法律の規定により純資産の部に計上を義務づけられる金額であり、これによって当該会社の大まかな規模を知ることができる。ただし、会計処理上の概念であるため、資本金の額に相当する金銭その他の

財産を当該会社が実際に有していることを意味するものではない。

信用調査にあたっては、前記を前提とした検討を行う必要がある。

(ⅵ) 役員に関する事項

代表者および取締役に関する登記の内容と、相手方の実態との間に齟齬がないかを確認する必要がある。また、履歴事項証明書から、役員の交代履歴が明らかになるが、たとえば、役員の退任に際しては、その理由が「解任」とされている場合、社内での内紛ないしは不祥事の発覚等の背景事情が存在する可能性がある。また、役員の多数が同時に交替している場合には、実質的な会社の所有者の変更が行われている可能性が認められるため、注意が必要である。

また、代表取締役に関しては、自宅住所も記載されているため、場合によっては、それに基づき、代表取締役の個人資産に対する担保設定についても検討することができる。

(C) 決算書等の分析や情報収集

(a) 決算書等の重要性

決算書は、財務諸表とも呼ばれ、企業における経営状況を株主や債権者等の利害関係を有する者に対して報告するための書類であるから、信用調査の必須の対象である。具体的には、貸借対照表、損益計算書、株主資本等変動計算書、キャッシュフロー計算書等である。これらに加えて、勘定科目内訳明細書（税務申告書に添付される）を入手することができれば、貸借対照表や損益計算書に記載された各勘定科目について、借入金・売掛金の相手方等、より詳細な財務内容を把握することができる。

(b) 決算書等の入手方法

株式会社は、貸借対照表（大会社にあっては、貸借対照表および損益計算書）を公告することとされている（会社440条）。また、原則として債権者は、営業時間内であればいつでも、決算書の閲覧や謄本・抄本の交付等を請求することができる（同法442条3項）。

もっとも、新規の取引開始に際して行われる信用調査の段階では、債権者としての閲覧・交付請求はできず、また、上記の勘定科目内訳明細書は債権者であっても閲覧する権利が認められていない。相手方との経済的な力関係も考慮しつつ、可能な限り任意の開示を求めるべきである。

(c) 粉飾の可能性への留意

　財務内容が悪化している企業が、自社の決算書等に事実と異なる内容を記載し、財務内容に関する虚偽の外形を作出したうえで、金融機関からの借入れや新規の取引開始を画策する場合があり得る。いわゆる粉飾決算である。

　粉飾決算の事実を発見することは必ずしも容易ではないが、少なくとも決算書上の売上・経費変動等の推移について不自然なものがないかを確認し、場合によっては、詳細な事情につき相手方担当者へのヒアリング等を行うことが必要となろう。

(d) 他の取引先等、実情を知る者からの聴取

　一定の事業を営む事業主で構成されるいわゆる"業界"は、広いように見えて狭い世界であることが多く、取引先、同業者等は、相手方が営む事業の実情について情報を有している可能性が高い。具体的には、経済状況（例：支払遅延の有無・回数）、製品の品質、経営者・従業員の人となりや評判等を聴取することが考えられよう。

　もちろん、これらは、主観的な情報であることが常であるため、当該事実の信憑性を慎重に吟味しなければならない。もっとも、多数の関係者から否定的な情報が寄せられ、肯定的な情報を見出せないような場合には、さらに他の方法による情報収集を実施する必要があると考えられる。

(e) 相手方経営者・従業員からの聴取、現地調査

　企業間の取引は、信頼を前提として初めて成立するものであるから、相手方の経営者ないし担当者との面談を繰り返すことで、経営者らが自身の事業に対してどの程度の理解を有しているのかを調査し、そもそも取引相手として信頼に足る人物であるかを慎重に吟味する必要がある。

　そして、「人」との面談と同程度に、「物」の現状を確認する作業も有益である。相手方の事務所や工場等を実際に訪問することで、物的設備の規模・状態、在庫等の量・管理状況等を把握することができる。

　取引関係構築のためには、このような地道な作業を経て収集した情報を総合的に検討することが必要不可欠である。

(2) 取引に関する契約書の作成

(A) 契約書を作成する意義

　契約は、口頭の約束のみでも成立する。しかし、現在の裁判実務においては、契約の成立を証明する手段として、契約書の存在が重視される。そのた

め、実際には、契約書の作成は必要不可欠である。

(a) 契約成立の事実および契約の具体的内容を証明するための手段

裁判手続において、契約書の存在が重視されるのは、それなしでは契約成立の事実や具体的内容を証明することが事実上困難だからである。契約書は、客観的に契約が成立した事実およびその契約の具体的内容を証明するための手段として、極めて重要な証拠となる。

それゆえ、たとえば、売買契約の金額決定方法、さらには、契約成立の事実そのものについて、相手方との認識の齟齬が生じ、紛争となって信用リスクが発生しないように、明確な内容の契約書を作成する必要がある。

(b) 紛争の発生ないし深刻化を予防するための手段

前記(a)と表裏の関係に立つが、契約の内容に関して認識の齟齬があっても（いわゆる「言った言わない」の争いを含む）、合意内容を記載した書面としての契約書を作成していれば、紛争の発生やその深刻化を防ぐことができる。

(B) 契約書作成にあたっての基本的視座

契約書は前述の重要な機能を有することから、以下の点に留意して作成する必要がある。

(a) 当該契約における個別具体的な事情への配慮

企業の事業活動は、複雑かつ多様であるから、その手段として締結される契約についても、事業の個別具体的な事情・要請に応じた規律を定める必要がある。

したがって、締結する契約の趣旨・目的、将来予想されるリスク・紛争類型について十分に検討したうえで、当該契約における条項を可能な限り具体的かつ詳細に定めるよう、努めなければならない。

(b) 文言の明確性

契約書において、断言・明言を避け、当事者のいずれにとっても都合のよい解釈ができる抽象的文言が用いられている例が散見される。しかし、このような文言が用いられた契約書は、結局、当該文言の意義についての解釈が争いとなり、それが訴訟の場まで持ち込まれるケースも多い。

契約書は、当事者間の合意内容の証拠として、紛争の発生・深刻化を予防するための手段として作成されるものであるため、可能な限り明確で、解釈の余地のない文言を用いて記載されるべきである。やむを得ず抽象的な文言を用いざるを得ない場合であっても、その経緯等を詳細に記録し、当事者間

1 取引先の信用リスク管理

の合意内容を明らかにするための証拠を別途残しておく必要がある。

(c) 形式面の重要性

当該契約書を民事裁判等にて当事者間の合意内容の証拠として用いるためには、契約書が真正に成立したこと、すなわち、両当事者の意思に基づいて作成されたことが必要となる。

民事訴訟法においては、「私文書は、本人……の署名又は押印があるときは、真正に成立したものと推定する」と定められている（民事訴訟法228条4項）。そして、判例上、当該書面における押印が本人の印章（印鑑）による場合は、本人の意思に基づいて押印されたものと推定される。

したがって、契約書において、署名・押印の有無をはじめとした形式面が整っていることは、当該契約書を両当事者の合意が有効に成立したことの証拠として用いるための必要条件であるといえる。

(C) 契約書の内容に関する主な注意点

(a) 両当事者における権利義務の内容

契約書の中核をなす条項であるが、契約類型や取引開始の経緯等の諸事情に鑑み、意図する法律効果を明確に認識し、将来におけるリスク・紛争を想定しつつ作成する必要がある。

なお、継続的な取引関係を構築する際には、当初の時点で、基本的事項を定めた取引基本契約書を作成し、日常的に行われる個々の取引については、発注書・請書等の書面にて随時契約を成立させることも多い。このような取引基本契約書を作成するか、都度契約書を作成するか、いずれの方法を採る場合であっても、権利義務の対象となる目的物や具体的な役務の提供等について、解釈の余地を残さぬよう、可能な限り具体的かつ詳細に特定することが必要となる。

(b) 条件・期限

権利義務の発生に条件（停止条件）を付する場合には、当該条件の具体的な内容を明記し、条件の成就・未成就の判断において、疑義が生じることのないよう努めなければならない。

また、権利義務の履行（たとえば代金支払）に期限を付す場合には、信頼関係の破壊ないし信用不安が生じた場合を見据えて、期限の利益喪失条項を付することが有益である。期限を徒過した場合の遅延損害金等ペナルティについても、明文による記載を検討する必要がある。

(c)　解　除

　相手方による債務不履行の際、取引関係を適時に解消し、損害の拡大を防止するため、契約の解除に関する条項を明記することが有益である。たとえば、具体的な解除事由、無催告解除の特約、解除後の金銭的処理に関する諸事項を明記することを検討すべきである。

　(d)　損害賠償

　相手方の債務不履行に対しては損害賠償請求を行うことができるが、訴訟になった場合、その要件の立証が求められる。しかし、債務不履行と損害との因果関係や損害そのものの発生を立証するにあたって、様々な周辺事情が介在し、立証が困難な場合も多い。

　そこで、少なくとも損害額の立証の煩を避けるため、契約書に損害賠償額の予定や違約金の条項を定めることが、リスク回避の観点から有益である。

　(e)　準拠法・合意管轄

　海外の事業者との間で取引を行う際には、紛争が発生した場合、当該紛争の解決のために、いずれの当事者の属する国家の法律を適用するかが問題となる。このような問題の発生を避けるため、契約書において、準拠法の合意を行っておく必要がある。

　また、国内の取引であっても、遠隔地の事業者との間で契約を締結した場合には、管轄裁判所を合意によって事前に定めておくことが有益である。自社に有利な管轄を合意することによって、相手方が費用対効果の観点から、紛争化を回避する場合も存在する。

(3)　与信判断・与信管理

　(A)　与信判断・与信管理とは

　具体的な取引において、取引先からの代金支払いと、自社からの納品が同時に行われるのであれば、代金回収が不可能となるリスクは乏しい。相手方の支払能力に問題があるならば、商品の引渡しそのものを取りやめれば足りるからである。

　しかし、信用に基づく取引（掛売り等）においては、取引の開始を検討する段階で、相手に対する信用を与えることの可否に加え、与える信用の程度を検討し（与信判断）、さらに、取引を継続する中で、いったん与えた信用を維持してよいかを継続的に検討する必要がある（与信管理）。たとえば、「相手方の注文に応じて随時商品を納入し、納入月末日で締め、後日現金で

の支払い」という取引であれば、1カ月あたりの納品限度額をいくらに設定するか、支払時期につき締日からどの程度の猶予を与えるか（翌月1日払い、翌月15日払い、翌月末日払い等）について、取引開始時および取引継続中に随時判断していかなければならない。

(B) 与信判断・与信管理のプロセス

取引先の候補たる相手方が出現し、自社および相手方の望む取引の内容が具体的に明らかになった後、前項で述べた信用調査を行ったうえで、一般的には、以下のような内容について与信判断・与信管理を行うこととなる。

(a) 取引限度（数・価額）の検討

相手方における与信リスクの有無・程度、仮に当該与信リスクが顕在化した場合の自社における損失の程度、当該取引によって自社の得られる利得等を総合的に考慮して、具体的な取引限度を検討する必要がある。

この際、当該取引先に対する自社の依存の程度が大であればあるほど、取引限度に関して柔軟ないし抜本的な方策を講じることが困難となる。よって、専ら経営面での検討事項とはなるが、可能な限り取引上1社のみへの依存は避け、多角的な取引関係を構築することが望ましい。

(b) 契約締結（契約書の作成・改定）

前項で述べた点に加え、与信管理の観点からは、与信調査の結果に応じて、取引数等を自社の判断で増減することを可能にする条項を契約書にて明記することが望ましい。

(c) 継続的な調査・与信管理

企業の財務内容および与信リスクは、当該企業の経済活動に応じて、日々変動する。そこで、いったん契約を締結し取引が開始された相手方に対しても、随時信用に関する調査を行い、与信リスクの増減に応じた対策を講じることが必要となる。

3 担保設定・連帯保証契約等

取引先の財産に担保権（抵当権、質権、譲渡担保、所有権留保等）を設定することにより、信用リスクが生じた場合に、他の一般債権者に優先して弁済を受けられるとともに、債権回収に要するコストを節約することができる。また、代表者等との間で、会社の債務を主たる債務とする連帯保証契約を締結することで、当該代表者等の責任財産からも債権の回収が可能になる。こ

のように、担保の設定等が、債権回収に関して自社にもたらすメリットは多大である。

　もっとも、債権者間の公平・平等という要請が強く働く倒産手続開始時（ないしその直前）においては、担保権の設定や実行について、制約を受ける場合が存在するので注意が必要である。たとえば、破産者の義務に属しない行為であって、支払不能になる前30日以内にされたものについては、破産管財人による否認の対象となる（破産法162条1項2号）。したがって、取引先に担保権を設定する義務がない場合であれば、取引先が支払不能になる前30日以内に行われた新規の担保権設定行為は、自社が当該行為により他の債権者を害する事実を知らなかった場合を除き、破産管財人による否認権行使の対象とされ、担保権設定自体の効力が否定されるおそれがある。

　しかし、このような否認権が行使されるためには、諸々の要件を充足する必要があるうえに、破産管財人には広範な裁量が与えられており、要件を充足するからといって、直ちに否認権が行使されるわけではない。また、そもそも信用不安が生じた場合に必ず破産手続に至るというわけではない。そのため、実務上は、取引先の信用に不安を抱いた後であっても、担保権設定の可否を検討することが有益であることは否定できない。

　もっとも、担保設定のメリットを最大限享受するためには、信用リスクが生じる前、すなわち平常時の時点より、取引先の財産状況を把握し、取引状況に応じた担保設定を行うのが理想的であることは、いうまでもない。

4　信用リスク発生時の債権保全・回収

　担保設定の項にて述べたのと同様に、危機時期に行われた債権保全・回収行為については、破産手続に移行した後、否認権行使の対象とされ、当該行為の効力を否定される場合がある。

　また、保全・回収を急ぐあまりに性急な施策を講じてしまうことで、結果的に当該取引先の倒産を招来してしまうケースも想定される。この場合、コストを費やして行った施策によって、逆に、自社の債権回収額が減少してしまうという本末転倒の結果すら発生しかねない。

　結局、取引先の信用リスクを認識した場合に採り得る選択肢は、具体的ケースに応じて千差万別であるため、弁護士等の専門家との間で速やかなる協議を行い、当該取引先への対応策をコスト、リスク等さまざまな観点から総

合的に検討し、決断するほかない。その際に、平常時に収集していた情報が検討の重要な材料となること、入念に検討していた契約書の条項や与信管理の結果が自社に生じる損害を最小限にとどめることは、いうまでもない。平常時において一見徒労にも思える地道なリスク管理は、危機時期に直面することで、その真価を発揮するのである。

5　会社役員の責任について

(1)　信用調査・信用管理と経営判断の原則

　企業の事業活動における会社役員の判断には、経営判断の原則が適用される。すなわち、役員が経営判断を行う際には広範な裁量が認められるべきであり、役員の行った経営判断が結果的・事後的に会社に損害を与えた場合であっても、当該経営判断を行った時点での事実認識・意思決定過程に不注意がなければ、損害賠償責任（会社423条1項）を負わない。

　信用調査・信用管理においても、経営判断の原則は適用される。取引の開始・継続に関する判断に際しては、必ずしも十分な検討材料が存在しない状況下において、迅速な決断を迫られる場合が多い。したがって、当該信用調査・信用管理を担当する役員としては、①行為当時の状況に照らし、合理的な情報収集・調査・検討等を行い、②当該状況下において合理的な判断をしていた場合には、責任を負わない。

　逆に、役員が合理的な信用調査・信用管理を怠った場合には、損害賠償責任を負う可能性が生じる。よって、具体的な状況下において合理的に要求される内容の調査・確認を尽くす必要がある（東京地判平成22・6・30判時2097号144頁。取締役が、所管の事業につき必要な情報を収集・分析・検討したうえで代表取締役に説明・報告しなかったことにより、代表取締役の判断を誤らせ、会社が自社製品の製造を委託した後に当該委託先が破産し、会社に損害を与えた場合について、取締役の善管注意義務違反が認められた事例）。

(2)　与信判断・与信管理と経営判断の原則

　また、与信判断・与信管理についても、信用調査・信用管理と同様に、取引相手の現状を把握するための情報を十分に収集することができない場合が多いものと思われる。よって、この点に関する会社役員の責任の有無を判断するにあたっても、経営判断の原則が適用されるため、会社役員は、結果的・事後的に会社に損害を与えたことのみをもって、会社に対する損害賠償

責任を負うものではない（東京地判平成26・4・10金判1443号22頁。会社の代表取締役が同社の完全子会社である外国法人に対して建設機械の売却等を行った行為に関し、当該子会社に対する適切な与信管理を行わなかった責任を問われたという事案に関してではあるが、裁判所は、「判断の過程及び内容が著しく不合理なものであった場合に、善管注意義務違反の責任を負うと解するのが相当である」との判断基準を示した）。

Ⅱ 事例と対策

〔事例1〕 信用調査の具体的方法～製造業の場合～

> 甲社は、衣料品（主に紳士服）の製造販売を業とする株式会社である。
> 乙社は、衣料品の販売を業とする株式会社であり、首都圏商業地域にてオーダーメイドの紳士服販売を行う路面店を出店し、当該路面店にて顧客の要望に応じ採寸等を行ったうえで、製造を外部に委託し、後日納品を行うという事業を営んでいる。
> 乙社代表者Aは、甲社を訪問し、甲社との取引開始を提案した。
> 甲社の役員としては、担当者に対し、乙社との取引開始の可否を検討するにあたって、いかなる調査をするよう指示すべきか。

1 発注販売会社代表者からの聴取

Aがそもそも信頼に値する人物であるか、Aの事業計画が合理的なものであるか等の判断材料は、Aによるプレゼンテーションの内容、Aとの面談等から得られる場合が多い。

よって、Aの発言内容・態度にちりばめられた諸々の情報に注意して面談を行い、面談終了後に可能な限り記録化しておくことが有益である。この際、できる限り複数人で対応し、相互に情報・印象を補完し合うことが望ましい。

2 登記事項の確認

商号、本店所在地、会社設立年月日、目的、資本金の額、役員に関する事項を確認し、Aによる発言との間に齟齬がないか、慎重に検討する必要があ

る。

　たとえば、Aが、甲社担当者との面談の際、服飾業界における経歴と会社設立の経緯について語った場合には、会社設立年月日がこれらの発言と矛盾するようであれば、注意が必要である。

　その他、商号、本店所在地、役員に関して不審な変動がないかについて確認すべきであることは、前記Ⅰにて述べたとおりである。

3　決算書等の分析

　可能な限り決算書等を入手して、乙社における他の外注先の有無や、各種経費の状況等を把握することが必要である。たとえば、首都圏商業地域における路面店という乙社の業態に鑑みれば、固定経費の負担が財務内容を悪化させている危険性が存在するため、このような点に関する検討も有益である。

4　他の取引先等、実情を知る者からの聴取

　Aが甲社を訪問した経緯について、たとえば甲社における優良取引先からの紹介である場合と、いわゆる「飛び込み」である場合とを比較すると、甲社の行うべき調査の内容・程度が相当程度異なる場合があることも想定される。

　前者の場合であれば、乙社の信用は、当該取引先からの紹介であることにより事実上一定程度担保されている可能性があり、調査を行う場合には、まずは、当該紹介先へのヒアリングを行うことから始めることも考えられる。

　一方、後者の場合であれば、共通の取引先が存在するか否かなどを調べ、何らかの形で乙社ないしAの評判を調査することが可能と思われる。

5　その他の調査

　情報の信頼性が必ずしも担保されていないとはいえ、インターネットを用いた調査が有益な場合も多い。

　たとえば、Aの名前を検索サイトに入力したところ、検索サイトの自動補完機能によって「倒産」「破産」「閉店」「評判」等の単語が候補としてあがる場合、実際にAが倒産の危機に瀕しているケースは稀であろうが、ある程度の注意が必要となろう。

　そして、さらに調査を進めるためには、信用調査会社への調査依頼等も検

討すべきであるが、信用リスクと調査コストを常に天秤にかけつつ、状況に応じて個別具体的に調査方法を検討する必要がある。

6 受注製造会社役員の責任について

乙社との取引開始の可否に関する判断について、担当役員が行う経営判断には広範な裁量が認められる。よって、仮に乙社との取引によって甲社が損害を被った場合であっても、①担当役員が合理的な情報収集・調査・検討を行っており、②当該状況下において合理的な判断をしていた場合には、当該役員は責任を負わない。

本事例においては、甲社は乙社との取引実績がなく、取引開始にあたって慎重な判断を要する一方、新規の取引先であるがゆえに、信用調査の資料・手段にはおのずと限界がある。よって、前記1～5の調査・検討を必要に応じて行っている場合であれば、担当役員の責任が問われるのは、重大な事実の見落としや、明らかに不合理な判断を行った場合等の、例外的なケースに限られると思われる。

〔事例2〕 契約書の作成における留意点

> 事例1の調査の結果、甲社は、乙社との取引を開始する旨決定した。
> 甲社が乙社との間で契約書を作成するにあたって、どのような点に留意すべきか。

1 契約書の内容について

(1) 注文から納品に至るまでの具体的な流れについて

本事例における取引の内容は、紳士服の製造外注であるため、乙社による発注→甲社による製造→完成→納品というプロセスにおいて、一定程度の期間を要する。そのため、製造を請け負う甲社としては、注文から納品までの期間について、確実に仕事を完成できるであろうスケジュールを事前に提示し、書面化しておく必要がある。

(2) 代金の支払期限について

また、本件契約において、乙社からの代金支払の期限をどのように設定す

るかも、与信判断・与信管理という観点から、重要な項目の1つである。

　この点、甲社からすれば、乙社による発注～甲社による製造の「着手前」を代金支払時期とする（代金先払い）のが、最も安全な方策である。紳士服の製造には、生地の裁断・縫製等、不可逆的な作業を要する。そして、乙社の営む事業がいわゆるオーダーメイドの紳士服であることに鑑みれば、いったん不可逆的な作業に着手してしまった後には、完成した紳士服を第三者に転売することが極めて困難となる。よって、乙社からの入金を確認してから作業に着手する旨取り決めることができれば、乙社に何らかの問題が生じた場合、甲社に生じる損失を最低限にとどめることができる。それが難しい場合でも、甲に対する支払時期は、乙の顧客に対する納品を待たない早期にする等の工夫をする必要があろう。

　また、取引を継続する中で、発注件数・取引額が増加し、乙社との信頼関係が醸成された場合には、乙社より、代金支払期限の見直しが要請されることもあり得よう。もっとも、本件契約における甲社にとってのリスクは上述のとおりであるため、見直しを検討する当該時点における綿密な調査・検討が必要となる。少なくとも、当初の契約締結段階においては、将来の代金支払時期変更について具体的な取決めを行うべきではなく、仮に契約書に記載するとしても、「代金支払期限の変更については、本契約締結後○年間の取引実績に鑑み、甲及び乙の協議によって決する」等の抽象的な記載にとどめざるを得ないであろう。

　このように、取引の内容に応じて、自社のリスク回避にとっていかなる取決めが必要となるかを、個別具体的に検討し、判断する必要がある。

(3) 担保の設定

　上記のとおり、オーダーメイドの紳士服製造という本件契約の目的に鑑みれば、第三者への転売可能性が低いため、乙社に引き渡す製品自体について担保権を事前に設定することは、困難であろう。

　よって、たとえば、代表者Aの連帯保証など、目的物の回収にとらわれることなく、広い視点から担保設定について検討すべきである。

2　役員の責任について

　契約書作成における乙社との交渉や与信判断・与信管理についても、前記事例1で述べたのと同様に、担当役員の経営判断に属する事項である。

したがって、原則として担当役員には広範な裁量が認められるため、当該役員が責任を追求されるケースがあり得るとすれば、重大な事実の見落としや、明らかに不合理な判断を行った場合等の例外的な事案であると思われる。

〔奥野哲也〕

② 反社会的勢力に対するリスク管理

Ⅰ 基礎知識

1 問題の所在

会社が反社会的勢力と関係をもつことは大きな問題がある。反社会的勢力と経済的合理性のない取引を行ったり、反社会的勢力に対して資金提供を行ったりすることによる経済的損失は勿論のこと、反社会的勢力と関係をもつこと自体が企業の社会的信用の失墜をもたらし、取引関係の解消や顧客離れ、また金融機関からの融資の引き揚げなど、企業の存続に直接影響する。

また、役員自身についても、反社会的勢力と関係を持ち、会社財産を費消するなどすると、特別背任罪などの刑事訴追を受ける可能性がある。

したがって、会社役員としては、企業および自身のリスク管理として、反社会的勢力との取引の防止の施策や、万が一、取引が行われてしまった場合の適正な解消方法を考えておくことが、重要な課題である。

2 反社会的勢力とは

以上のような対応を行うにあたり、企業が一切の関係を遮断しなくてはならない「反社会的勢力」とはどのような者を指すのか。

この点に関する法令としては、まず、暴力団員の行う暴力的要求行為等について必要な規制を行う法律である、「暴力団員による不当な行為の防止等に関する法律」（以下、「暴対法」という）がある。暴対法は、「暴力団」を「その団体の構成員（その団体の構成団体の構成員を含む。）が集団的にまたは常習的に暴力的不法行為等を行うことを助長するおそれがある団体」と定め（暴対法2条2号）、「暴力団」による一定の行為を禁止しており、このような

暴力団が反社会的勢力であることが広く認められている。

しかしながら、反社会的勢力とは、暴力団に限られるものではない。この点、平成19年6月19日に首相官邸政策会議の犯罪対策閣僚会議から出された「企業が反社会的勢力による被害を防止するための指針」（以下、「政府指針」という）が参考になる。

政府指針では、「暴力、威力と詐欺的手法を駆使して経済的利益を追求する集団又は個人」を反社会的勢力とし、この反社会的勢力を捉えるに際しては、「暴力団、暴力団関係企業、総会屋、社会運動標ぼうゴロ、政治活動標ぼうゴロ、特殊知能暴力集団等といった属性要件に着目するとともに、暴力的な要求行為、法的な責任を超えた不当な要求といった行為要件にも着目することが重要である」としている。

政府指針でも記載されているとおり、反社会的勢力を捉えるに際しては、その者の属性に着目するだけでなく、その者が行う行為にも着目する必要がある。

3　具体的対応

(1)　反社会的勢力を関与させないための対応

(A)　社内体制の整備

反社会的勢力の排除については、経営トップの強いメッセージが必要である。実際に反社会的勢力と対峙するのは、経営トップではなく（経営トップは反社会的勢力と直接対峙してはならない。〔表3〕有事の対応⑧参照）、一従業員に過ぎないことが多い。通常の従業員にとって、反社会的勢力との面会、交渉等はできれば避けたいものである。それにもかかわらず必要な対応を進めていくための前提として、何にも増して、経営トップは、反社会的勢力と一切の関係を持たない旨を宣言し、役職員一丸となって反社会的勢力との関係を絶つという意識をつくることが重要である。

そして、反社会的勢力を排除するための実際の社内体制については、政府指針が参考になる。

政府指針によれば、①反社会的勢力に関する情報を一元的に管理・蓄積し、②平時および有事に対応を行う窓口となる部署を設け、③社内研修・教育・啓蒙活動を実施し、④対応マニュアルを整備し、⑤外部専門機関との連携を行うことが求められている。会社役員には、このような体制整備の責任があ

ると考えられる。

なお、上記対応マニュアルについては、全国暴力追放運動推進センターのホームページに掲載されている「暴力団員等に対する基本的対応要領」〈http://www１a.biglobe.ne.jp/boutsui/category/soudan/pdf/taiouyoukou.pdf〉が参考となる。同要領を要約した内容は以下のとおりである。

〔表３〕 有事の対応

大原則（対応の基本）	
①組織的な対応	・暴力団員等から不当要求を受けた場合、担当者が個人的に対応したり、担当者のみに責任を押し付けたりすることは最も避けるべきである。 ・不当要求に対しては、対応の方針をあらかじめ検討し、組織として一丸となって対応することが何よりも大切である。
平素の準備	
①経営トップの危機管理	・経営トップ自らが「不当な要求には絶対応じない」という基本方針と姿勢を示し、毅然とした社風を構築していく。 ・担当者が気楽に報告できる雰囲気づくりを行う。
②体制作り	・あらかじめ対応責任者、補助者等を指定しておき、対応マニュアル、通報手順等を定めておく。 ・対応責任者は、組織を代表して対応することから、組織として回答できる体制を調えておく。 ・暴力団等と面談等する場合に使用する部屋を決めておき、録音、撮影機器等をセットしておくとともに、暴力追放ポスターや責任者講習受講修了書等を掲げておく。

③暴力団排除条項の導入	・暴力団等反社会的勢力を排除する根拠として 　－暴力団等反社会的勢力とは取引しないこと 　－取引開始後反社会的勢力と判明した場合には、解約すること などの内容が盛り込まれた暴力団排除条項を契約書や約款等に導入しておく。
④警察、暴力追放運動推進センター、弁護士等との連携	・警察や暴力追放推進センター、弁護士等との連携を保ち、事案の発生に備え担当窓口を設けておく。
有事の対応	
①来訪者のチェックと連絡	・受付係員または窓口員は、来訪者の氏名等の確認と用件および人数を把握して、対応責任者に報告し、応接室等に案内する。
②相手の確認と用件の確認	・落ち着いて、相手の住所、氏名、所属団体名、電話番号を確認し、用件の確認を行う。 ・代理人の場合は、委任状の確認を忘れないように行う。
③対応場所の選定	・素早く助けを求めることができ、精神的に余裕をもって対応できる場所（自社の応接室）等の管理権の及ぶ場所を選ぶ。 ・暴力団員等の指定場所や、組事務所には絶対に出向かない。 ・やむをえず出向かざるを得ないときは、警察に事前・事後連絡をする。
④対応の人数	・相手より優位に立つための手段として、可能な限り相手より多い人数で対応し、役割分担を決めておく。
⑤対応時間	・可能な限り短くする。最初の段階で「何時までならお話を伺います」などと告げて対応時間を明確に示す。 ・対応時間が過ぎても退去しない場合は、警察に不退去罪での被害届を出す旨を告げて警察へ連絡する。

〔第2部〕 第1章 商取引の開始・継続に関するリスク

⑥言動に注意する	・「申し訳ありません」、「検討します」「考えてみます」などは禁物である。 ⇒暴力団員等は、巧みに論争に持ち込み、応対者の失言を誘い、または言葉尻をとらえて厳しく糾弾する。
⑦書類の作成・署名・押印	・要求があっても詫び状や念書等は書かない。 ⇒暴力団員等は「一筆書けば許してやる」などと詫び状等を書かせたがるが、後日金品要求の材料などに悪用する。 ・暴力団員等が、社会運動に名を借りて署名を集めることがあるので署名や押印は行わない。
⑧経営トップは対応させない	・経営トップ等の決裁権を持った者が対応しない。 ⇒暴力団員等は、即答を迫り、次回以降の交渉で「前は社長が会った。お前ではだめだ。社長をだせ、社長が会わない理由を言え」などと食ってかかることがある。
⑨即答や約束はしない	・暴力団員の対応は、組織的に実施することが大切である。 ・相手の要求に即答や約束はしない。 ⇒暴力団員は、企業の方針の固まらない間が勝負の分かれ目と考えて執拗に、その場で回答を求める。
⑩湯茶の接待をしない	・湯茶を出さない。歓迎する客ではないので、接待は不要。 ⇒暴力団員等が居座り続けることを容認したことになりかねない。また、湯飲み茶わん等を投げつけるなど、脅しの道具に使用されることがある。
⑪対応内容の記録化	・相手に明確に告げて、メモや録音、ビデオ撮影を行う。 ⇒電話や面談の対応内容は、犯罪検挙や行政処分、民事訴訟の証拠として必要である。拒否されても実行する。

⑫機を失せず警察に通報	・不要なトラブルを避け、受傷事故等を防止するため、ためらわずに警察等へ連絡する。 ⇒平素の警察、暴追センターとの連携が早期解決につながる。

※ 全国暴力追放運動推進センター「暴力団員等に対する基本対応要領」より引用(一部追加・修正している)

(B) 反社会的勢力か否かの確認の必要性

　全都道府県で制定されている、いわゆる暴力団排除条例においても定められているように、反社会的勢力との接触を回避するため、企業は、事業に係る契約が暴力団の活動を助長し、または暴力団の運営に資することとなる疑いがあると認める場合には、契約の相手方、代理または媒介をする者その他の関係者が暴力団関係者でないことを確認するよう努めなければならない(たとえば、東京都暴力団排除条例18条1項)。

　この「暴力団関係者」とは、暴力団員または暴力団もしくは暴力団員と密接な関係を有する者を指し(同条例2条4号)、この「暴力団もしくは暴力団員と密接な関係を有する者」とは、警視庁がホームページにて開示する「東京都暴力団排除条例Q&A」〈http://www.keishicho.metro.tokyo.jp/kurashi/anzen/tsuiho/haijo_seitei/haijo_q_a.html〉には、以下の者があげられている。

① 暴力団または暴力団員が実質的に経営を支配する法人等に所属する者
② 暴力団員を雇用している者
③ 暴力団または暴力団員を不当に利用していると認められる者
④ 暴力団の維持、運営に協力し、または関与していると認められる者
⑤ 暴力団または暴力団員と社会的に非難されるべき関係を有していると認められる者

また、この⑤として同ホームページでは以下の例をあげている。

⑤-1　相手方が暴力団員であることをわかっていながら、その主催するゴルフ・コンペに参加している場合
⑤-2　相手方が暴力団員であることをわかっていながら、頻繁に飲食を共にしている場合
⑤-3　誕生会、結婚式、還暦祝いなどの名目で多数の暴力団員が集まる行事に出席している場合
⑤-4　暴力団員が関与する賭博等に参加している場合

一方で、直ちに暴力団関係者とはみなされないものとして以下の例をあげている。

⑤′-1　暴力団員と交際していると噂されている
⑤′-2　暴力団員と一緒に写真に写ったことがある
⑤′-3　暴力団員と幼なじみの間柄という関係のみで交際している
⑤′-4　暴力団員と結婚を前提に交際している
⑤′-5　親族・血縁関係者に暴力団員がいる

(C)　確認方法

取引先の審査や株主の属性判断等を通じて反社会的勢力か否かを確認することになるが、そのための具体的な方法として以下のものがあげられる

① 社内における反社会的勢力の情報（新聞等の報道、インターネットによる検索、業界内における情報共有等）を集約したデータベースの構築
② 業界内データベースの利用（銀行、証券業界など）
③ 信用調査機関による調査
④ 警察や全国暴力追放運動推進センター〈http://www 1 a.biglobe.ne.jp/boutsui/〉、東京都内の事業会社であれば暴力追放運動推進都民センター〈https://boutsui-tokyo.com/〉）、公益社団法人警視庁管内特殊暴力防止対策連合会等への相談・照会

なお、この点は、上記の「東京都暴力団排除条例Q&A」にも「警察では、暴力団との関係遮断を図るなど暴力団排除活動に取り組まれている事業者の方に対し、契約相手が暴力団関係者かどうかなどの情報を、個々の事案に応じて可能な限り提供します。事業者の方で契約相手が暴力団関係者かもしれないとの疑いを持っているものの、本人に確認することが困難であるような場合などには、最寄りの警察署、組織犯罪対策第三課又は公共財団法人 暴力団追放運動推進都民センターにご相談ください」とされている。

(D)　暴排条項の挿入

契約等をした後になって、反社会的勢力が契約の相手方でることが判明することも想定される。そうした際に、当該契約を無効にすることができるよう、契約書には必ず、いわゆる暴力団排除条項（以下、「暴排条項」という）を設けるべきである（暴排条項による契約解除を有効としたものとして最判平成27・3・27民集69巻2号419頁（公営住宅の場合）、遡及適用も有効としたものとして福岡地判平成28・3・4金判1490号44頁（金融機関における預金の解約の場

合））。

　この点、暴力団排除条例において、企業は、事業に係る契約を書面により締結する場合には、次に掲げる内容の特約を契約書その他の書面に定めるよう努めるものとされていることが（たとえば、東京都暴排条例18条2項）、企業の対応の強力な裏付けとなる。

　ここで、暴排条項を契約書類に設けることによって、容易に契約を解除し、相手方からの損害賠償請求を回避する等を主張することができるなどの対応が可能になる。

　暴排条項の一例は以下のとおりである。

第○条（反社会的勢力の排除）
(1) 甲および乙は、現在、暴力団、暴力団員、暴力団準構成員、暴力団関係企業、総会屋、社会運動等標榜ゴロまたは特殊知能暴力集団等、その他これに準ずる者（以下、「反社会的勢力」という）のいずれでもなく、また、反社会的勢力が経営に実質的に関与している法人等に属する者ではないことを表明し、かつ将来にわたっても該当しないことを確約します。
(2) 甲または乙は、相手方が次の各号のいずれかに該当する場合、何らの催告をすることなく本契約および個別契約の全部または一部を解除することができ、相手方に損害が生じてもこれを賠償を要しません。
　① 反社会的勢力に該当すると認められるとき
　② 相手方の経営に反社会的勢力が実質的に関与していると認められるとき
　③ 相手方が反社会的勢力を利用していると認められるとき
　④ 相手方が反社会的勢力に対して資金等を提供し、または便宜を供与するなどの関与をしていると認められるとき
　⑤ 相手方または相手方の役員もしくは相手方の経営に実質的に関与している者が反社会的勢力と社会的に非難されるべき関係を有しているとき
　⑥ 自らまたは第三者を利用して、暴力的な要求行為、法的な責任を超えた不当な要求行為、脅迫的な言動、暴力および風説の流布・偽計・威力を用いた信用毀損・業務妨害その他これらに準ずる行為に及んだとき

---

(2) 具体的な取引関係における留意事項

(A) 不動産の譲渡および賃貸の際の留意事項

　上記の一般条項に加え、たとえば、東京都内においては、不動産の譲渡・賃貸をする者は、相手方が不動産を暴力団事務所として使用しない旨を確認

する努力義務を負う（東京都暴排条例19条1項）。

また、譲渡契約や賃貸借契約において、相手方が不動産を暴力団事務所として使用しない旨と、使用が判明した場合に無催告解除等をすることができる旨の特約を定める努力義務を負う（同条2項）。

不動産仲介業者については、別途、仲介する不動産が暴力団事務所と知って代理・媒介等を行わない努力義務を負っているが（同条例20条1項）、不動産事業を営まない企業にとっても、不動産の譲渡や、不動産の賃貸の際には注意しなければならない。

(B) 請負契約時の留意事項

工事の発注のように受注者に限らず下請先が存在するようなケースで、下請先が暴力団関係者であることが判明した場合、発注者が、受注社である元請業者に対して、下請先との契約の解除等を求めることができるようにする必要がある。

そのため、たとえば、東京都暴排条例では「工事における事業に係る契約の相手方と下請負人との契約等当該事業に係る契約に関連する契約（以下、この条において「関連契約」という）の当事者又は代理若しくは媒介をする者が暴力団関係者であることが判明した場合には、当該事業者は当該事業に係る契約の相手方に対し、当該関連契約の解除その他の必要な措置を講ずるよう求めることができること」を請負契約書に定めることを求めている（東京都暴排条例18条2項2号）。

さらに、下請先に反社会的勢力が入り込むことを事前に防止する方法として、注文者と元請業者の契約において、下請業者を使用する場合には、事前に書面による注文者の承諾を得るよう、条項を定めることが考えられる。

(C) M&A時の留意事項

企業の合併や買収の際、相手方企業の取引先や株主に反社会的勢力が関与していないかを確認することが必要となる。また、第三者割当増資を行うなど、株式取得の相手方が判明し得る場合には、反社会的勢力か否かの確認が必要である。

買収後に反社会的勢力との関与が明らかになった場合には、予期しない契約解消等、企業業績に大きな痛手を被る可能性があるからである。

この点については、法務デューディリジェンスなどを通じて調査を行う必要があり、その方法としては、取引先を1社ずつ確認する方法のほか、代表

者等へのインタビューの際に、反社会的勢力を排除するための方策を確認するなどの方法がある。また、買収の際の契約（株式譲渡契約や事業譲渡契約など）において暴排条項を制定する必要がある。

(D) 株式譲渡承認時の留意事項

　株式会社において、株式に譲渡制限（会社２条17号）が付されている場合、会社としては譲渡先が反社会的勢力か否かを確認する必要がある。

　会社としては、譲渡先が反社会的勢力でないことが確認できない限り、当該譲渡承認請求については非承認の手続をとる必要がある。

　この非承認の決定は、譲渡承認請求の日から２週間（これを下回る期間を定款で定めた場合にあっては、その期間）以内に請求者に通知をしなければ、当該譲渡を承認したとみなされることから（会社145条１号）注意が必要である。

　なお、請求者が不承認の場合に指定買取人の通知を求めていた場合、非承認の決定通知の後、40日以内（これを下回る期間を定款で定めた場合にあっては、その期間）に当該株式を買い取る旨の通知を行わない場合も同様に当該譲渡を承認したとみなされる（会社145条２号）。

(3) 反社会的勢力との関与が明らかになった場合の対応

　以上のように、反社会的勢力との関与を防止する措置をとったとしても、反社会的勢力が関与してしまう可能性はゼロではない。そのような場合には以下の対応を行い、会社役員が先頭に立ち、役職員一丸となって反社会的勢力を一掃しなければならない。

(A) 反社会的勢力であることが確実な場合

　契約の相手方が反社会的勢力であるにもかかわらず契約を締結してしまった後は、契約関係を解消する必要がある。すでに暴排条項を盛り込んだ契約を締結している場合には、同条項に基づいて契約を解除することになる。

　暴排条項を盛り込んでいない場合には、その他解除条項に該当しないかどうか常に確認し、解除条項に該当するような場合には即時に解除の手続を行うべきである。また、契約の更新時には、契約書に則り更新拒絶を行う必要がある。

　なお、暴排条項に基づく契約解除を行う場合、役職員が相手方から報復を受ける可能性を危惧する場合もありうる。警察や暴力追放運動推進センター〈http://www１a.biglobe.ne.jp/boutsui/index.html〉へ相談し、または弁護士を

窓口として対応するなど、外部専門機関と連携することを検討すべきである。

(B) 反社会的勢力であるか確証がもてない場合

　取引をしている相手方が反社会的勢力であるとの疑いが生じた場合、当該相手方の企業または個人は、自らが反社会的勢力であることを隠し、認めないことが多い。この点のインターネット上の情報もすべてが正しいとは限らない。

　このような場合に、暴排条項を理由として契約解除を行うことは、契約の相手方から逆に不当な取引拒絶として損害賠償請求がなされる可能性がある。

　この場合、取引先と反社会的勢力との関係の密接性、その疑いの濃淡、疑いが真実であった場合に当該取引が反社会的勢力に利益を与える可能性の程度等を総合的に判断して、一定のリスクを取りながら具体的な対応をするほかはない。

　その後、万が一紛争や取締役等に対する役員責任の追及が行われた場合に備え、十分に議論を尽くし、その記録を作成・保管しておくことが望ましい。

　たとえば、暴排条項を理由として契約を解除された相手方企業が、同企業が実際には反社会的勢力ではなく、不当に取引を拒絶されたとして担当役員などに対して会社法429条1項に基づき損害賠償請求を行う場合が考えられる。

　この場合、当該役員は、当該企業が反社会的勢力に該当すると判断した過程として、単にうわさやインターネット上の情報だけでなく、警察等への照会を行うなどして可能な限りの調査を尽くし、また、解除の判断にあたっては、弁護士等専門家の意見を聞き、さらには取締役会で十分な議論を尽くすなどの手続を十分に行うことにより、「その職務を行うについて悪意又は重大な過失」がないことを主張する必要がある。

Ⅱ 事例と対策

〔事例〕 反社会的勢力との取引対応のための対策はどうあるべきか

> 大口の取引先が反社会的勢力ではないか、との匿名の通報がなされた。代表取締役としてどのような対応をとることが適切だろうか。

1 反社会的勢力か否かの確認

代表取締役としては、まず当該情報の真偽について確認する必要がある。社内における反社会的勢力の対応部署に指示を出し、①社内データベースでの調査、②業界内における情報収集、③信用調査、等を行い、それでも反社会的勢力であることが確実とまで判断できないようであれば、警察、暴力追放運動推進センター、警視庁管内特殊暴力防止対策連合会等に相談・照会を行う。

2 契約の解除

上記の調査により、取引先が反社会的勢力であることが確実であり、当該取引先との間の契約において、いわゆる暴排条項が存在するようであれば、当該条項を理由に契約を解消しなければならない。

契約解消にあたり、担当者に危害が及ぶ可能性が懸念されるようであれば、弁護士による解除通知の発送や、警察への相談など、外部専門機関と連携して解除手続をとる必要がある。

もし反社会的勢力であることが確実であっても、契約書に暴排条項が存在しない場合には、取引先が反社会的勢力だからといって直ちに契約を解除することは困難である。

そこで、代表取締役としては、取引先に債務不履行があれば直ちに契約を解消するよう社内で指示をだすとともに、契約期間満了の際には更新を拒絶する手続をとる必要がある。なお、債務不履行の状況や契約解除の方法については、一定の専門性が必要であるため、確実に契約を解除するためには弁護士等に相談することが望ましい。

上記の調査を行っても反社会的勢力が否かの判断ができない場合には、当

該情報の信ぴょう性、調査によりどこまで反社会的勢力であることの確実性が認められるか、取引先の行為態様などを総合的に判断し、判断する必要がある。

当該判断にあたっては、契約を解消した場合の取引先からの損害賠償請求や、契約を継続した後に反社会的勢力であることが判明した際の株主代表訴訟に備え、取締役会等で十分に審議を尽くし、議事録だけでなく各資料について作成・保管する必要がある。

3　役員の責任

仮に役員が前記のような対応を行わずに漫然と取引を継続した結果、その後に当該企業から不当な要求がなされ、会社として多額の金員を支払うなど会社に損害を与えた場合、当該企業の株主から、役員の責任を追及する株主代表訴訟（会社847条）が提起される可能性がある。

たとえば、蛇の目ミシン工業株式会社（以下、「蛇の目ミシン」という）の取締役らが、仕手筋であるAから同社の株式を暴力団関連企業に売却するなどと脅迫され、Aの要求に応じて蛇の目ミシンの関連会社を通じて約300億円の迂回融資をし、その後、さらに966億円の債務の肩代わりをした事案で、裁判所は、「前記事実関係によれば、Aには当初から融資金名下に交付を受けた約300億円を返済する意思がなく、被上告人ら（筆者注：蛇の目ミシン役員）においてこれを取り戻す当てもなかったのであるから、同融資金全額の回収は困難な状況にあり、しかも、蛇の目ミシンとしては金員の交付等をする必要がなかったのであって、上記金員の交付を正当化すべき合理的な根拠がなかったことが明らかである」、「会社経営者としては、そのような株主から、株主の地位を濫用した不当な要求がされた場合には、法令に従った適切な対応をすべき義務を有するものというべきである。前記事実関係によれば、本件において、被上告人らは、Aの言動に対して、警察に届け出るなどの適切な対応をすることが期待できないような状況にあったということはできないから、Aの理不尽な要求に従って約300億円という巨額の金員をB社（筆者注：Aが代表取締役を務める会社）に交付することを提案し又はこれに同意した被上告人らの行為について、やむを得なかったものとして過失を否定することは、できないというべきである」として、蛇の目ミシンの役員は約584億円もの多額の損害賠償が命じられている（最判平成18・4・10民

集60巻4号1273頁の差戻控訴審である東京高判平成20・4・23金判1292号14頁)。

以上のように反社会的勢力から金員の要求があり、これに屈して支払った場合だけでなく、たとえば反社会的勢力との取引が判明し、その結果、他の取引先からの契約解消、金融機関による融資引き揚げなどにより会社が損害を被った場合であっても、取締役が漫然と反社会的勢力との関係を継続してきたような場合には、当該行為についても役員の責任が追及される可能性があることに留意すべきである。

〔川見友康〕

③ 事業継続計画(BCP)とリスク管理

Ⅰ 基礎知識

1 BCPとは

事業継続計画(Business Continuity Plan。以下、「BCP」という)とは、大地震等の自然災害、感染症の蔓延、火災等の大事故、サプライチェーンの途絶等の不測の事態が発生しても、企業が重要な事業を中断させない、または中断しても可能な限り短い期間で復旧させるための方針、体制、手順等を示した計画のことをいう。

2 BCPの必要性

2011年(平成23年)3月の東日本大震災や2016年(平成28年)4月の熊本地震等の大規模地震等、想定を超える大規模災害の発生により、自社やサプライチェーンに連なる企業が被災し、その影響を受けた企業が多数に上った状況を受け、これまで以上にBCPの必要性を強く意識されるようになってきている。

特に、東日本大震災による被害により倒産した会社数は平成28年3月時点で累計1898件に上るところ、そのうち社屋の倒壊や津波による浸水被害など「直接的な被害」による倒産が全体の1割未満にとどまっているのに対して、消費マインドの低下のほか、物流網の混乱による調達難、納期の延期などに

よる生産計画の変更や頓挫など、「間接的な被害」が原因で倒産する会社が9割を占めた（帝国データバンク「東日本大震災関連倒産（発生後5年間累計）の動向調査」より）。

このデータからしても、災害による物流網などの混乱により企業の受ける影響・リスクが大きいことは明らかであり、災害時の事業継続計画を策定し、これを実効的に実施できる体制を整備しておくことの重要性を物語っている。

また、自然災害のほか、感染症の流行や物流倉庫の大規模火災事件が記憶に新しい大火災等により、事業が中断したり休止したりするリスクもある。

このようなリスクは、サプライチェーンや情報サービスの高度化、グローバル化等に伴い、広範囲かつ急速に拡大し、さらにそれに伴う損害賠償請求を受ける可能性もあり得ることから、これまで以上に経営上の大きな課題になっている。

したがって、災害時に倒産や事業の縮小を迫られないためにも、平常時からBCPの周到な用意が要求される。

3　BCPに関する会社および役員のリスクとは

会社の事業が継続することが最優先であるが、事業が継続したとしても、会社およびその役員は、従業員や第三者から損害賠償請求を受けるリスクを負っている。

特に、東日本大震災以降、東京電力に対する損害賠償請求をはじめ、震災被害を受けた被害者から会社の災害対策の不備や災害時の情報収集義務の懈怠等を理由として、被害者の勤務先や教育機関等の会社およびその役員らの責任を追及する訴訟が多く提起されており、損害賠償請求を認める判決も出されてきている。

そのため、会社やその役員が損害賠償責任を問われることのないよう、適切なBCPを策定し、適切に実施することのできる体制を整備したうえで、日々の訓練と見直しを継続することが肝要である。

具体的には、会社および役員に対する責任追及として、次のような請求が考えられる。

(1)　BCPの策定義務に関する法規制

BCPの策定を義務として直接規定している法律はないが、各都道府県で定められている条例等（東京都帰宅困難者対策条例等）で、BCPの策定を推

奨するものは存在する。しかし、いずれも罰則規程はなく、各社の努力義務を定めるものとなっている。

　もっとも、会社法は、大会社（貸借対照表上の資本金が5億円以上または負債が200億円以上の会社）または取締役会設置会社について、会社法348条4項および362条5項により、いわゆる内部統制システムの構築が義務とされている。この内部統制システムの具体的内容として、会社法施行規則は「損失の危険の管理に関する規程その他の体制」（同規則98条1項2号、100条1項2号）を定めており、これは、BCPと密接に関連していると考えられる。

　したがって、このような会社については、内部統制システムの整備が義務付けられていることから、BCPを策定していないこと自体が、会社役員の会社法423条の任務懈怠や同法429条の職務に関する故意重過失と認定され、会社役員の会社や第三者に対する責任に結び付きやすいものといえる。

　また、上記の内部統制システム構築義務があるかどうかにかかわらず、東日本大震災以降、BCPへの意識が高まり、BCPを策定する企業や、さらにISO22301認証（事業継続マネジメントシステムの国際規格）を取得する企業が増えている状況においては、いかなる会社であっても、今後BCPを策定していないことにより、会社の危機管理ができていなかったから損害が生じたとして、会社役員の任務懈怠を認定される可能性が高くなることが予想される。

　そして、具体的には、以下のようなリスクが考えられる。

(2) 従業員に対する損害賠償責任のリスク

　会社は、従業員に対して、「労務提供のため設置する場所、設備もしくは器具等を使用し又は使用者の指示のもとに労務を提供する過程において、その生命及び身体等を危険から保護するように配慮すべき義務」、いわゆる「安全配慮義務」を負っていると解される（労働契約法5条参照。最判昭和59・4・10民集38巻6号557頁）。そのため、会社および役員が当該安全配慮義務を怠ったことにより、従業員に損害が生じた場合には、会社は従業員に対し、損害賠償責任を負うこととなる。

　この安全配慮義務について、当該安全配慮義務の対象に防災対策を講じることが含まれることを前提としてその義務違反の有無を判断している裁判例もある（最判平成28・2・17（平成27年（受）第1773号）判例集未登載）。

　この裁判例は、東日本大震災の際、会社が作成していた避難計画および訓

練に従って会社の屋上に避難したが津波に流されて死亡した従業員の遺族が安全配慮義務違反を理由に会社に対して損害賠償請求をした事案であるところ、本事案では、会社が行政機関作成の防災ガイドライン等を参考に津波を想定した災害対応計画を事前に策定しており、その周知を図っていたことのほか、通常時における防災訓練なども行っていたことを理由に安全配慮義務違反はないとして損害賠償請求を棄却した原審判断についての上告を受理しなかった（前掲・最判平成28・2・17）。

前記裁判例の事案のように、BCPを策定しておけば、安全配慮義務違反による損害賠償責任を免れ得るのに対し、防災対策としてBCPの策定を全くしておらず、それを策定しなかったために従業員が災害に巻き込まれて被害が生じたなどの場合には、会社は安全配慮義務違反に基づく損害賠償責任を、役員は安全配慮義務の懈怠に重過失があれば会社法429条1項に基づく責任を、それぞれ追及される可能性が高くなる。

(3) **取引先に対する損害賠償責任のリスク**

会社が被災した場合、契約どおりの取引先への供給が困難となることが多く、納期遅れや供給自体が不可能になったことにより取引先に損害が発生した場合、会社は債務不履行に基づく損害賠償請求（民法415条）をされる可能性がある。

もっとも、被災した会社に帰責性がなければ、債務不履行に基づく損害賠償責任は生じない。そのため、当該会社に債務不履行の帰責性がないと主張するために、あらかじめBCPを策定し、従業員に周知徹底して、被災時に実行できる体制を整備しておくことで、被災時であっても可能な限り納品ができるようにする義務をも履行していたとして、注意義務違反がなく、帰責性がないと判断されやすくなる。

また、BCPの策定やその実行でなくとも、取引先との契約の際に、「不可抗力免責条項」を締結することによってあらかじめリスクを予防するということも考えられる。

4 BCPの概要

(1) BCPの目的

BCPは、会社の防災計画や災害対策と同様に捉えられることもあるが、防災計画や災害対策の場合には、主として人命安全の確保（災害発生時の安

全確保、二次災害防止のための各種措置を事前に講じること)に主眼があるのに対し、BCPは、これに加えて、災害等による被害発生を前提として、製品やサービス等の供給責任を果たすことを目的とし、広く会社の事業継続のために必要な措置まで事前に定めておくという点に大きな特徴がある。

　また、BCPは、その対象が地震や津波等の自然災害だけに限られず、サイバーテロや感染症の蔓延、大事故の発生等、会社の事業継続に支障を来すさまざまなリスクを対象として策定されるという点でも異なる。

(2) BCP策定の主体

　前記目的に従い、BCP策定および実行において、会社のどの部門が主導するかどうかも異なる点に留意が必要である。

　たとえば、会社の防災計画や災害対策等通常のリスクマネジメント対策としては、安否確認や人命安全、会社資産の保全という視点から、「総務部門」の主導により、対応策を検討する側面が強い。

　これに対し、BCPにおいては、顧客や市場への製品およびサービス等の供給を継続するという視点から、「製造・生産部門」等の現業部門も参加して検討を進める側面が重要になる。

　さらに、BCP策定および実施の場面においては、会社の限られた経営リソースについて優先順位をつけて絞り込む必要があることから、経営的視点が不可欠であり、経営陣が主導していくことも求められる。

5　BCPの策定方法

(1) BCP策定のプロセス

　BCPを策定しマネジメントする事業継続マネジメント(BCM)は、通常次頁の図1のようなプロセスで実施する(出典：内閣府防災担当「事業継続ガイドライン―あらゆる危機的事象を乗り越えるための戦略と対応―(平成25年8月改定)〔第3版〕」〈http://www.bousai.go.jp/kyoiku/kigyou/keizoku/pdf/guideline03.pdf〉)。

(2) 経営陣による基本方針の決定

　BCPの策定には、経営判断が不可欠であるため、BCPの検討に先立って経営者がその意思を明らかにして「会社としてどのようなことを重視してBCPを構築するのか」を周知することが重要である。

　また、BCPの構築を推進する体制についても、経営者の意思のもとで、

【図1】 事業継続マネジメント（BCM）の各プロセス

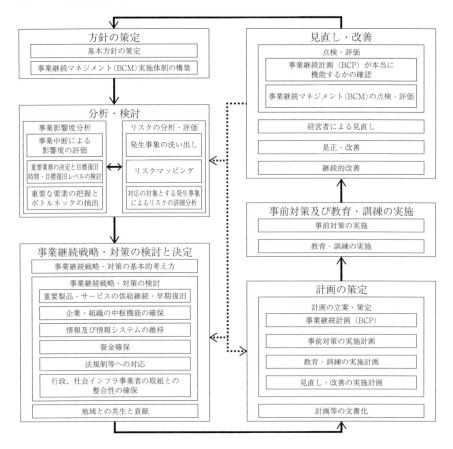

部署横断的に全社で取り組むことができる体制づくりが求められ、そのために、BCPを推進するメンバーの中心には、相応の権限や能力ある人材を選び、選んだ人材に対して適切な権限をもたせることが必要となる。この際に、担当者や一部署に任せきりということがないように留意すべきである。

たとえば、トヨタ自動車株式会社は次の基本方針を示している。

〔資料〕トヨタ自動車株式会社基本方針

※　http://www.toyota.co.jp/jpn/sustainability/governance/risk-management/

(3)　ビジネスインパクトの分析

BCPを策定する場合において、特に重要となるのが「重要業務の特定」についての判断である。

いざ地震等の危機的状況が発生した場合、会社のすべての事業を従前どおりに再開することは不可能なことが多い。そのため、会社の事業の中で優先して再開・継続すべき事業を特定せずにやみくもに対応を行えば、経営資源が拡散する結果、かえって復旧に遅延が生じることになる。そして、かかる状況は、事業継続可能性や被害の程度に想定以上の大きな影響を及ぼしかねない。

そのため、事前にBCPを策定するにあたり、重要業務の復旧という点に主眼をおいて、優先順位を定め、次の事項を順に検討し、実行すべきである。

① 重要業務の特定
② 復旧のためのボトルネックの抽出
③ 重要業務の目標復旧時間の設定
④ 重要業務の応急復旧対策の検討・決定
⑤ 重要業務の復旧を見通した財務対策

以下、具体的に説明する。

(A)　**重要業務の特定**

重要業務が何であるかは、会社によって異なる。一般的には、人命にかかわる業務、利益の大きい業務、生産量が大きい業務、供給先に大きな影響を与える業務などが重要業務となる場合が多い。

たとえば、被災地のスーパーマーケットが、被災後、ライフラインの回復

もままならない中で、店舗駐車場に仮設テントを設けて被災者に食料品や生活必需品の販売を行ったという取り組みが多く報道されてきたが、これも「食料品や生活必需品の販売」をスーパーマーケットの重要業務と位置づけたことによる復旧対応と捉えられる。

会社が重要業務の選定にあたっては、その収益性や市場シェア、成長性、ブランド価値等のように自社のみで考えられるもののほかに、顧客への供給責任や商品・サービスの公共性といったような、自社の事情だけではすまない問題等も十分に考慮して検討する必要がある。また、どの「商品」や「サービス」を継続すべきかという視点だけでなく、どの「顧客」に対する商品・サービスの提供を優先すべきかという視点から重要業務の特定を行うことも必要であり、そのためには、顧客との取引量や取引額の大きさ等により、顧客のランク付けを行っておくとよい。

(B) 復旧のためのボトルネックの抽出

重要業務の復旧を行うにあたっては、通常復旧のボトルネックとなるものが生じている。

事業継続のための応急復旧措置は、このボトルネックの解消・回避が中心となる。経営陣のリーダーシップによって、ボトルネックの解消・回避に全経営資源を集中させ、必要な場合には対外的な協力も得ながら、重要業務の復旧時間を短縮し、早期の事業継続を図るための具体的な手法の検討の前提となる。

(C) 目標復旧時間の設定

前記(A)のとおり、重要業務を特定し、そのボトルネックとなっている事項を抽出したら、ボトルネックを解消し、重要業務を復旧するための目標復旧時間を設定することとなる。

これは必ずしも容易でないが、目標復旧時間の設定がなければ、債権者や取引先が取引を継続するかどうかの判断がつきにくいことなどから、自社の事業継続方針の策定自体に支障を来す。また、社内においても、目標復旧時間を設定することで、その時間内に目標を達成するという共通の時間軸をもって、意欲的に復旧作業に取り組むことができる。

復旧までにはある程度時間を要するが、人命救助や資金繰り、取引先・顧客との関係を維持する等の関係により、それぞれ許容可能な時間の限界があるため、会社として、許容可能な最大限の目標復旧時間を設定する。たとえ

③ 事業継続計画（BCP）とリスク管理

〔表4〕 重要業務目標復旧時間例

重要業務	対象業務	目標復旧時間
本社機能	意思決定・指揮命令体制の整備	12時間以内
注文受付等のコールセンター業務	電話による顧客対応	24時間以内
出荷の再開	代替地（工場等）における出荷準備	3日以内
ITインフラの整備	情報システムの復旧	1週間以内

ば、〔表4〕のように、重要業務ごとに目標復旧時間を設定する。

　(D) 応急復旧対策

　次に、上記で設定した目標復旧時間内にボトルネックを解消するための具体的な応急復旧対策を検討する。

　応急復旧対策には、大きく分けて、①従前と同じ場所において重要業務を再開する方法、②被災地以外に業務拠点がある場合等には、それを移転させてその間に被災地拠点を集中的に立て直す方法、③重要業務について自社での対応が困難な場合に取引先等協力が得られる先からのサービス等の提供を図る方法があり、その時の自社の状況に応じて検討することとなる。

　(E) 財務診断

　財務診断とは、財務状態から会社の被災状況を把握することで、復旧に要する費用や、今後のキャッシュフローを予測することをいい、被災後の事業継続方針を策定するうえで必要不可欠な作業である。

　応急復旧作業等の現場対応もままならないなか、財務診断を行うことはなかなか難しいであろう。しかし、財務診断は事業継続を図るうえで必要不可欠な作業であり、金融機関等に対する協力要請や公的支援にもつながるものである。

　また、財務診断の方法として、中小企業の場合、中小企業庁「中小企業BCP策定運用指針――どんな緊急事態に遭っても企業が生き抜くための準備――〔第2版〕」で示されている「財務診断モデル」を用いるのが便利である。この「診断モデル」に従って、復旧費用、調達、キャッシュフロー等を入力していくことにより、自社の財務診断を行うことができるツールとなっている。

(4) BCPの内容のポイント

(A) 初動対応

初動対応の詳細については、中小企業庁の「中小企業BCP策定運用指針〔第2版〕」を参照されたいが、大きくは次の項目となる〈http://www.chusho.meti.go.jp/bcp/download/level_d/bcpent_01.pdf〉。

> ① 二次災害の防止措置
> ② 従業員の参集
> ③ 安否・被害状況の確認

(B) 指揮命令系統の明確化

BCPの中では、これを迅速に実行するためには、経営陣がリアルタイムで現場の状況を把握し判断したうえで、その判断を末端にまで情報共有するための指揮命令系統を確立する必要がある。

指揮命令系統を確立するうえでのポイントとして、内閣府「事業継続ガイドライン〔平成25年8月改訂版〕」〈http://www.bousai.go.jp/kyoiku/kigyou-pdf/guideline03.pdf〉において、次の点があげられている。

> ① 災害時の組織体制について、災害対策本部長、事務局、各部門の対策実施本部などを組織化することが望ましい。
> ② 災害時には日常の業務と全く異なる業務が発生するため、部門を超えた動員体制を構築しておくことが望ましい。
> ③ 災害対策本部長に連絡がつかなかった場合や不在の場合の権限移譲や代行順位をあらかじめ決定しておく必要がある。
> ④ 各部門の対策実施本部長も権限移譲や代行順位を決定する必要がある。

(C) 対外的な情報共有・情報発信

(a) 情報共有

取引先と連絡を取る手段を確保するとともに、被災企業の混乱を防ぐために、当社側の対応窓口をできる限り一本化して、他の担当者からの連絡は控えさせるという対応も必要である。

(b) 情報発信

無用な信用不安を生じさせることのないように、可能な限り、適切な広報

3 事業継続計画（BCP）とリスク管理

の実施が重要となる。

6　BCPの実効性の確認

　BCPの策定が終了したら、それが危機的事態の発生時でなく、通常時にBCPが策定された場合には、いざ危機的事態が発生した場合に実効的に機能するように、それぞれ準備を行い、その実効性を確認する機会を設ける必要がある。

(1)　BCPの点検・見直し

　BCPを会社において実効的に機能させるためには、策定して終わるのではなく、その運用について継続的に点検と見直しを行う必要がある。

　そのためには、ハード面とソフト面の対応を行うことになる。ハード面については、策定したBCPに基づいて、備品の準備や施設の設置・補強などを行い、ソフト面については、従業員への教育や訓練を通じて、社内におけるBCPを定着させることである。

　そして、これらの教育・訓練は定期的に実施し、検証を行い、その結果をBCPの見直しに反映させていく。いわゆるPDCAサイクルの中で、形骸化の防止や継続的改善を図っていくことが重要である。

(2)　実際の取り組み例

　各企業におけるBCPの策定やその見直しには、次のようなものがある。

(A)　事務器具メーカーの例

　事務器具メーカー大手では、物流倉庫で火災が発生して大きな問題となったが、それは、1つの物流センターに在庫を集中することのリスクと、それを避けるBCPの必要性を顕在化する事件となった。

　同社は、東日本大震災で物流センターや本社が被災した教訓を活かして、物流倉庫を津波や液状化のおそれがない地域に設置し、停電時にも連続で21時間発電が可能な自家発電設備を導入し、大地震などの発生時には既存の別の物流センターの機能のカバーや、本社機能の移転にも対応できるようにするなどのBCPを策定していたため、BCPに基づき、代替の物流センターで出荷体制を整えて出荷停止から2日後には出荷を再開させている。

　このような方策をとっていてもなお、建物の規模や取扱商品の違いにより、長期間カバーするのは困難であり、こうした状況が長期化すればサービスの品質低下等による顧客離れにつながるおそれがあり、実際に注文サイトでは

3万品目以上が"品切れ"表示で、一部地域への配送も1、2日遅れるという状況が発生した。

もっとも、配送再開まで1、2日の短期間で実現し、被害を縮小できたのは、BCP の策定と教育訓練を実施してきた成果といえる。

(B) 食品メーカーの例

ある食品メーカーグループでは、東日本大震災によって一部の物流センターが被災し、一時的に商品の安定供給が滞る事態となったことから、BCP の観点から2014年6月に東西2補充拠点による物流体制に移行した。また、近年問題視されているドライバー不足への対策と、東西2補充拠点化による輸送効率の低下を解決するために物流を抜本的に見直し、500km 以上の長距離輸送における本格的な船舶輸送導入および鉄道輸送への輸送手段の転換を実現している。

Ⅱ 事例と対策

〔事例〕 BCP 策定検討中という段階での大規模災害被災に対する役員の責任とは何か

> 当社では、一応の避難計画は策定しているが、BCP の策定は検討中との段階で大地震が発生し、次のような事態が起こった場合、会社およびその役員はそれぞれどのような責任に問われるか。
> ① 地震発生後、管理責任者の指示により、避難計画で定められた避難場所のうち1つであった会社の屋上に避難したが、当該避難場所の高さを超える津波の襲来により、避難した従業員が死亡した場合。
> ② 工場が倒壊したことにより商品の製造ができなくなり、その結果、取引先への商品の納品ができなくなった場合。

1 地震発生にかかる会社および役員の法的責任

(1) 従業員に対する責任

会社は、従業員に対し、「労務提供のため設置する場所、設備もしくは器具等を使用し又は使用者の指示のもとに労務を提供する過程において、労働

者の生命及び身体等を危険から保護するよう配慮すべき義務」、いわゆる「安全配慮義務」を負っていると解される（労働契約法5条参照。最判昭和59・4・10民集38巻6号557頁）。そのため、会社が当該安全配慮義務を怠ったとされる場合には民法415条に基づく損害賠償責任を、会社の役員は、会社の安全配慮義務違反に係る任務懈怠に重過失がある場合には会社法429条1項に基づく損害賠償責任を問われることとなる。

(2) 安全配慮義務の内容

安全配慮義務の内容は、具体的な状況によって多様であるが、大きく避難計画の策定や設備の管理等通常時の対策に関するものと、情報収集や管理責任者の指示等災害発生時の対応に関するものとに分けられる。

(3) 通常時の対策にかかる安全配慮義務の有無

まず、事例①のうち、避難計画の内容が適切であったかどうかは通常時の対策に関する安全配慮義務の問題であるが、結果から見れば発生した津波から避難するのに不十分な高さであったこととなる。

もっとも、避難計画の策定について安全配慮義務違反があったかどうかは、当時の予見可能性に基づいて判断され、その当時の都道府県の条例で規定されている災害防止対策の内容や、報道内容、当該地域における過去の災害規模等に基づいてどの程度の災害規模を予見し、それに対応しうる対策を構築しておくべきであったかとの判断がなされている。

仙台高判平成27・4・22判時2258号68頁においても、事例と同様の事例において、当時の都道府県の津波対策ガイドラインでは、当該会社が位置する地域の津波の想定高さは5メートルであったのに対し、当該会社が指定した避難場所は10メートルの高さがあったこと、当該市町村が指定している避難場所も会社指定の避難場所と同程度の場所にあったこと、当該市町村が指定している場所に移動することが危険な場合に状況に応じて迅速な避難ができるように自社の屋上を避難場所に追加することは合理性がある等の理由により、当該会社の避難計画の策定に安全配慮義務違反は認められないと判断されている。

(4) 災害発生時の対応にかかる安全配慮義務違反の有無

また、管理責任者による災害時の指示に安全配慮義務違反があるかどうかは、当時の認識していたまたは認識し得た情報のもとで、適切な判断および指示がされていたかどうかが問題となる。

仙台地判平成25・9・17判時2204号57頁、仙台地判平成27・1・13判時2265号69頁等においては、特に情報収集義務を怠っていたことを理由の1つとして安全配慮義務違反を認めているものが複数あり、ラジオやテレビによる情報収集を行う等容易にできることをしなかった結果、正確な情報を把握しないまま従業員に指示を行い、被災状況を把握したあとも指示を出し直すこと等しなかったものとして、安全配慮義務違反があると判断されている。
　したがって、通常時から、災害時の情報収集や指示のフローを明確にし、その内容について従業員の間に周知徹底し、避難訓練等を継続することが必要である。

2　工場倒壊についての会社および役員の法的責任

　上記事例②の場合のように、会社が取引先への納品期限に製造ができず、取引先への納品の履行遅滞または履行不能の状態が生じたことにより、取引先に損害が発生した場合、会社は、取引先から債務不履行に基づく損害賠償請求（民法415条）がされる可能性がある。
　かかる損害賠償請求が認められるかどうかは、会社が取引先に納品できないことについて帰責性があるかどうかによる。
　本事例は工場自体の倒壊であるため、当該倒壊は地震によるもので会社に帰責性はないことになりそうであるが、仮に災害前に想定されていた程度の地震であり、耐震構造を取っていれば工場が倒壊せず、また耐震構造を取ることが容易であったというような事情がある場合には、会社が管理する工場等について耐震構造を整備していなかったことについて帰責性があり、工場が倒壊しなければ一部でも取引先に納品することができたものとして、会社の帰責性が認められる可能性がある。
　したがって、会社がBCPを策定し、従業員に周知徹底し、災害時に実行することにより、災害時でも可能な限り納品ができるようにする義務をも履行していたとして、会社に上記債務不履行についての帰責性がないとの判断がされやすいよう、必要な内容の計画を策定しておくことが肝要である。

〔矢野亜里紗〕

第2章

商品・サービスに関するリスク

④ 商品偽装（データ偽装・品質偽装等）とリスク管理

I 基礎知識

1 概　説

　近年、企業による偽装事件が後を絶たず、企業経営者の誤った論理や、企業内部の特定部門による不正により、ユーザーを含むさまざまな利害関係者を欺いた製品やサービスが提供され、その事実は一定期間隠蔽され続けるが、何らかの契機に発覚し、さまざまな損失が発生することとなり、当該企業は社会的非難を浴びることになる。偽装の当事者が社会的非難を浴びるか否かは、古くは主として安全性欠如の有無・程度が分かれ目であったが、現在では、安全性に直接影響がない偽装、もしくは、安全性に関係がない偽装についても社会的制裁が加えられており、法令違反や安全性欠如だけでなく、社会に対する裏切り（不誠実さ）の程度により、社会的非難の軽重が決まるといえる。

　偽装事件による損失は決して小さくないのが一般的であり、当該企業においては、製品回収費用や損害賠償金の負担、経営陣への責任追及と退陣、信用失墜による取引停止や企業価値の低迷など、さまざまな損失が発生する。時には企業の存続が危ぶまれる場合もあり、取引先や株主などにも損失は波及する。さらには、社会の不安や不信を助長することとなり、市場を委縮させることも危惧される。このように、特定企業による偽装事件は、企業の損失のみならず、社会に損失を与えることに繋がるのである。

　以下では、まず、商品偽装として代表的であり、過去、社会的に大きな問題を生じさせたことがある食品偽装について取り上げ、その後、それ以外の

商品偽装にも触れていくこととする。

2 食品偽装

(1) はじめに

消費者にとって、「食の安全」は直接身体や健康に関係する極めて重大な問題であることから、食品に関する表示に対しては、非常に高い関心が寄せられている。そのため、食品に関する表示に偽装（食品偽装）が判明した場合、その社会的影響は極めて大きなものとなる。

食品偽装は、代表的な企業不祥事であり、コンプライアンス上の重大な問題である。このような企業不祥事を起こし、またはそれを隠すなどして対応を誤れば、大手企業といえども致命的な打撃を受けることは避けられないといえる。

(2) 食品偽装の例

(A) 品質表示に関する偽装

食品に関する表示の偽装は、その多くが品質表示に関するものであり、①期限表示に関する偽装や、②原料原産地表示に関する偽装に大別することができる。

①の例としては、2007年に、老舗の和菓子会社が、店頭の売れ残り品や未出荷品について、包装紙を破棄したうえ、再包装を行い、再包装年月日の翌日を新たな製造年月日と設定するなどし、本来の消費期限とは異なる消費期限を表示していた事件や、製菓会社が、同社の主力商品であった菓子について、10年以上の長期間にわたり、複数の賞味期限の設定や、賞味期限の伸長、再表示を行っていた事件が立て続けに問題となったことがあげられる。

②の例としては、2001年に、食品会社が、輸入牛肉を加工処理して詰め替えることにより、輸入牛よりも高価な国産牛と偽って出荷・販売していた事件（東京地判平成17・2・10判時1887号135頁）や、2007年に、別の食品会社が、牛挽肉に豚肉等の異物を混ぜることにより、牛挽肉の数量の水増しを図っていた事件、さらには、ホテルなどのレストランで、「鮮魚」と表示しながら冷凍保存の魚を使用するなどメニューの偽装が行われており、2006年からの7年間に延べ約8万人に提供されていたことが判明したが、調査の結果、「鮮魚」の誤表示のほか、「レッドキャビア」（マスの魚卵）と表示しながらトビウオの魚卵を提供していたり、「信州」のそばと表示しながら信州産でな

かったりと、メニュー偽装があった商品数が多数に上っていたことが発覚した事件などがあげられる。

また、①と②をどちらも行っていた例としては、料亭グループの1社が、フードパークで売れ残った菓子のラベルを毎日張り直し消費期限もしくは賞味期限の表示を偽装しており、また、これとは別に、佐賀県産の和牛を「但馬牛」、ブロイラーを「地鶏」等と表示し偽装していたことなどが判明し、営業休止に追い込まれ、民事再生法の適用や経営陣刷新を行ったうえで営業を再開したが、その後、さらに、客が残した料理をいったん回収し、別の客に提供していたことが判明し、最終的には廃業に追い込まれたという事件がある。

これらのいずれもが社会に大きな影響を与えた事件であり、会社自体の存続が困難となった例もあった。

(B) 取引先における食品偽装

自社が直接食品偽装に関与していない場合であっても、以下の例のように、取引先における食品偽装により、自社の事業に悪影響が生じることもあり得る。

たとえば、①2014年に、中国企業の製造卸した食肉加工品が、消費期限切れであった問題が生じ、この加工品を使用していた日本企業において、販売していた商品に、当該中国企業から調達した消費期限が切れている肉が含まれているおそれがあるとして販売を中止したほか、他の日本企業も、同じ中国企業の食品を仕入れていたことから、該当する商品の販売を中止することとなった例がある。

さらに、②品質表示に関する偽装そのものとは異なるが、2016年に、異物混入の疑いがあるためカレーチェーン店がビーフカツやチキンカツを廃棄したにもかかわらず、当該商品が他のスーパーに出回っていたという事件が発覚した。これは、2015年9月に製造されたビーフカツに、最大8ミリの樹脂製部品が混入した可能性があるとして（樹脂製部品に毒性はなし）、同年10月に約4万枚のビーフカツ等が廃棄処分されることになり、産業廃棄物処理業者A社に引き渡されたが、その後、B社がA社の依頼を受け、廃棄すべきビーフカツ等を横流しし、それがスーパーで売られていたというものであった。一部報道では、カレーチェーン店自身が不正転売をしたかのように報じられ、企業価値を損なう危険があったうえ、温度管理など保存方法に問題が

ある可能性があったため、当該廃棄ビーフカツを購入した客に、これを食べてしまうことにより食中毒等の健康被害が生じる危険もあった（もっとも、当該カレーチェーン店においては、自ら事件を解明して逐一消費者に告知、再発防止に向けた対策を短時間にとったことにより、結果としては評判が上がることとなった）。

(3) 偽装問題が生じる背景

(A) 食品偽装が起こる要因

食品偽装問題は、近年になって見られるようになったものではなく、従前より多く行われてきたものであると推察される。

食品偽装が起こる理由には、一般に、①食品偽装しても必ずしも身体や健康に悪影響が発生するものではないため、消費者に健康上の被害が生じなければ問題は生じないとの誤った認識が、供給者側に存在する場合があること、②従業員に偽装をさせないための教育が徹底していないこと、③表示の偽装については、容易には消費者に発覚しない場合が多いこと、④売上至上主義の下で、売上不振を偽装食品によって補おうとする動機が存在すること、⑤同業他社との過度な競争が存在すること、等の要因が考えられる。

(B) 食品偽装が起こる背景

食品業界においては、従来、行政による指導が安全衛生面について重点的に行われていたため、安全衛生上の問題がなければ、表示と中身が一致していなくとも問題ないのではないかという安易な考え方が生じる場合があるといわれている。この点が、前記(A)①および②の背景には存在しているものと思われる。

他方で、短絡的な企業利益の追求を第一とする企業風土や、同業他社との過度の競争が存在することを前提に、売上至上主義の下、売上不振に陥った企業にとって、容易に売上を増やすことができ、それが消費者に発覚しづらいことも、食品偽装が生じる原因の1つと考えられる（前記(A)③～⑤）。

(4) 食品表示法の成立

従前、食品表示に関する法規制は、食品衛生法、健康増進法、農林物資の規格化及び品質表示の適正化に関する法律（JAS法）、不当景品類及び不当表示防止法（以下、「景表法」という）、不正競争防止法（以下、「不競法」という）にわたり、非常に錯雑とし、消費者にとっても事業者にとっても非常にわかりにくいものであった。これに加え、前述のように、食品の偽装問題が

頻発し社会問題となり、これに対する規制の強化が求められたことなどから、食品衛生法、健康増進法、および、JAS法の食品表示規制を統合する法律として、2013年に食品表示法が成立、公布され（同年6月28日法律第70号）、2015年4月1日施行された。

　もっとも、前記のように、食品表示法により統一されたのは、食品衛生法、健康増進法、およびJAS法における食品表示に関する法規制のみであり、食品衛生法およびJAS法における食品以外のもの（容器包装、乳幼児玩具、食品以外の農林物資等）の表示に関する規制や、景表法および不競法における表示規制は、依然として食品表示法と併存することとなる。そのため、食品以外を扱う企業はもちろんのこと、食品のみを扱う企業においても、容器包装等を含めた自社製品全体の表示の適法性を確認するためには、食品表示法を確認するだけでは足りないということとなる。この点で、食品表示法の成立によっても、未だ法規制の整備としては不十分な状態にあるといえる。

3　その他の偽装

　企業による商品偽装は、食品に限ったことではない。近年、食品偽装以外に、偽装が問題となったものとしては、以下のものがあげられる。

① 　一級建築士がマンションやホテルの構造計算書を偽造し、耐震強度を偽ったとの建築物の耐震性偽装事件（2015年）。建築士という専門家が偽装行為を行ったということやその偽装を複数の関係者や専門家が見抜けなかった点が問題視され、刑事事件にまで発展した。

② 　大手製紙メーカーの製造する再生年賀はがきの古紙パルプ配合率が、契約で取り決めた配合率を下回っていたことが相次いで発覚し、最終的に、日本製紙連合会加盟の17社がノートやコピー用紙等の幅広い再生紙製品で古紙パルプ配合率の偽装を行っていたことを公表するに至った再生紙の古紙配合率偽装事件（2008年）。

③ 　大手製薬会社の従業員が、薬の研究に関するデータを改ざんしたとして薬事法違反の疑いで逮捕された研究データの改ざん事件（2014年）。

④ 　横浜市のマンションの建設に関し、下請業者の工事の一部に不備があったことと、施工報告書の一部データが無断で書き替えられていたことが明らかになっただけでなく、その後、既成のコンクリート杭の先端を塗り固める「根固め」に使うべきセメントミルクの量を計算する流量計

のデータにも無断改変があったことが判明したくい打ちデータ偽装事件（2015年）。なお、その後、北海道釧路市の建設についても、データの流用・改ざんをしていたことが明らかになり、データの改ざんの不正行為が下請業者の社内ぐるみで行われていた可能性が指摘された。

⑤ 自動車会社において、軽自動車の燃費を実際よりもよく見せるため、国土交通省に虚偽のデータを提出していたことが明らかとなった事件（2016年）。その後、軽自動車に限らず、1991年以降に同社が発売したすべての車種において、違法な方法で燃費試験をしていたことも明らかになり、さらには、同年から25年間にわたり、計測した燃費データの偽装をしていたことが発覚した。

⑥ ゴム会社の子会社により、建築物の免震機構に用いられるゴム製部品について、不良品の出荷や試験データの不正操作が行われていたとの事件。ゴム会社が、偽装データの可能性が高いとして、国土交通省に自主的に報告したことから発覚した。これを受けて、ゴム会社の社長らが引責辞任に追い込まれたうえ、その後、出荷した免震ゴムについて不正競争防止法違反（虚偽表示）の疑いで社長ら18人と、ゴム会社および子会社が法人として書類送検され、結局、子会社については同法違反で起訴されることとなった。また、このゴム会社については、2005年以降に製造し、国内18社に納入した防振ゴムで、納入先に確約した規格値に満たない場合にデータを改ざんして報告したり、実際に試験を行っていないのに過去の試験のデータを転記するなどの別の不正が行われていたことも確認されている。

4 企業や役員のリスクと対応

企業の製品や事業活動における偽装が発覚した場合に、企業が被るリスクとしては以下のものが考えられる。

(1) 契約解除・返品・損害賠償

企業が販売する商品について、その内容や品質を偽るような表示がされていた場合、そのような表示を信頼して当該商品を購入した相手方から契約を解除されたり、消費者から返品を求められたりすることが考えられる。のみならず、たとえば消費期限切れの食品を購入し、これを食した消費者に健康被害が生じるなど、表示を偽装された商品を購入したために相手方に損害が

発生した場合には、別途相手方から損害賠償請求を受ける可能性が生じる。

(2) 行政との関係

契約の相手方との問題だけではなく、偽装が発覚した場合には、行政との関係でも不利益を受ける可能性がある。具体的には、関連法令に基づき、監督官庁から行政指導を受けたり、是正命令を受けたりすることが考えられる。そして、許認可事業については、偽装やその後の対応等が非常に悪質なものであると判断された場合には、許認可の取消し等の処分を受けることも考えられる。この場合、当該企業は、その後の事業が成り立たないこととなるため、企業に与える影響は極めて甚大であるといえる。

(3) 企業イメージの低下

企業の商品に偽装が発覚した場合、その企業の信用やイメージに与える影響は深刻である。偽装の態様が悪質であり、発覚後の対応にも問題があったことなどにより、早期に消費者らの信用を回復することができない場合、当該企業は破産等により解散に追い込まれることもあり得る。

たとえば、前述のように、高級老舗料亭において、利用客の食べ残しを他の利用客に再提供するなどしていた問題が発覚した後、その後の対応の不備も加わり、顧客等の信頼を回復することができず、最終的には廃業に追い込まれた例がある。

(4) 株主代表訴訟による責任追及

偽装によって当該企業に損害が生じた場合、役員らは、善管注意義務違反を理由に、株主から損害賠償請求を受ける可能性もある。

取締役は、その善管注意義務違反の業務執行行為により会社に生じた損害を賠償する責任を負うが、善管注意義務が尽くされたか否かの判断は、「取締役によって当該行為がなされた当時における会社の状況および会社を取り巻く社会、経済、文化等の情勢の下において、当該会社の属する業界における通常の経営者の有すべき知見および経験を基準として、前提としての事実の認識に不注意な誤りがなかったか否かおよびその事実に基づく行為の選択決定に不合理がなかったか否かという観点から、当該行為をすることが著しく不合理と評価されるか否かにより」なされ（東京地判平成16・9・28判時1886号111頁）、行為当時の状況に照らし合理的な情報収集・調査・検討等が行われたか、および、その状況と取締役に要求される能力水準に照らし不合理な判断がなされなかったかを基準になされる。

従業員や他の取締役・執行役が行った故意・過失に基づく違法または不適切な行為の結果、会社が損害を被った場合に、取締役が監督上、善管注意義務違反を理由とする責任を負うかどうかとの関連では、内部統制システム・リスク管理システムの整備・運用が適切であったか否かが重要な意味を有している。偽装事件を未然に防止するための取り組みは不可欠であり、有効な手法も少なくない。

　まず、第一にコンプライアンス（法令等遵守）教育の徹底であり、個別の法令に関する知識を付与することにとどまらず、遵法意識や倫理観を醸成することを重視する必要がある。次にリスク管理の強化がある。金融商品取引法や会社法の要請に従い、多くの企業が内部統制システムを整備する中で、リスクの洗い出しや評価の実施もしくは見直しが行われているが、特に、偽装問題に関わるリスクについては、漫然とリスクを抽出するのではなく、各部門で製品やサービスの偽装に繋がる可能性のある業務について、第三者との関係・場所・プロセスなどの切り口からまんべんなくリスクを洗い出したうえで重要管理点を絞り込み、物理的に不正が困難となる仕組みを作り込むことが肝要である。同時に、重点的な監査を実施することにより、万一の際の早期発見に努めるべきである。そして、このような取り組みと併行して、内部通報制度を構築することが求められる。偽装の事実やそのおそれを早期に発見し、予防するためには、実効性のある内部通報制度の整備を欠かすことができない。偽装に気付いた従業員等が、可及的速やかに偽装の事実を伝えることが可能な体制を整えることで、問題が深刻化する前に、適切な対処を行うことも可能となる。

　偽装に関与していた役員が責任追及を受けることは当然であるとして、偽装の事実を知ったにもかかわらず、これを公表することに関して消極的であった役員に対する責任追及も問題となる。この点については、海外の肉まん製造工場において日本の食品衛生法上使用が認められていない添加物が使用されており、取締役らがこれを知ったにもかかわらず、同添加物の混入した肉まんを販売し続けたことが問題となった事件が参考となる。当該事件においては、取締役らが、食品衛生法に違反する添加物の混入を知った時点で、肉まんの販売中止・回収、関係当局への通報、事実の公表、購入者に対する注意喚起・情報提供等の措置をとるなどして、信用失墜の防止と消費者の信頼回復のために努力すべき義務を負っていたと指摘され、同義務違反に基づ

く損害賠償責任のあることが認められた。

役員が、偽装の事実を知っていたにもかかわらず、あえて事実に反する報告を行った場合などには、善管注意義務違反となる可能性が高いといえる。また、偽装の問題が社会問題化し世間に注目されている時期においては、偽装の事実を公表しないとの経営判断における裁量の幅も著しく狭くなっているといえ、合理的な理由のない公表への消極的な対応は善管注意義務違反となる可能性が高いと考えられる。

(5) 刑事罰

表示や広告における偽装行為には、以下のとおり、不正競争防止法、食品表示法、食品衛生法、薬事法等の関係法令において罰則が設けられている。

〔表5〕 偽装行為に対する刑事罰一覧

不正競争防止法	商品等に原産地、品質、内容、製造方法、用途もしくは数量を誤認させるような虚偽の表示をした者（21条2項5号）	5年以下の懲役もしくは500万円以下の罰金または併科
食品表示法	アレルゲン、消費期限、加熱の要否等、食品摂取の安全性に重要な影響を及ぼす事項として内閣府令で定める事項について、表示基準に従った表示がされていない食品の販売をした者（18条）	2年以下の懲役もしくは200万円以下の罰金または併科
	食品表示基準において表示されるべきこととされている原産地（原材料の原産地を含む）について虚偽の表示がされた食品の販売をした者（19条）	2年以下の懲役または200万円以下の罰金
食品衛生法	食品、添加物に関して、公衆衛生に危害を及ぼすおそれがある虚偽のまたは誇大な表示または広告を行った者（72条、20条）	2年以下の懲役もしくは200万円以下の罰金または併科

| 薬事法 | 医薬品、医薬部外品、化粧品、医療機器または再生医療等製品の名称、製造方法、効能、効果または性能に関して、明示的であると暗示的であるとを問わず、虚偽または誇大な記事を広告し、記述し、または流布した者（85条4号、66条） | 2年以下の懲役もしくは200万円以下の罰金または併科 |

5 まとめ

このように、企業は、偽装問題が発覚することにより、民事上、行政上、刑事上のさまざまなリスクを負うことなり、法的な制裁を受けるとともに、社会的にも深刻な被害を受けることとなる。このような事態に陥ることを避けるためには、日頃から自社や取引先に偽装を行わせない体制を整えておくことはもちろんのこと、万が一、偽装が発覚した場合に備えて、対応策を講じておくことが必要であるといえる。

Ⅱ 事例と対策

〔事例〕 食品の偽装が外部の通報で明らかになった場合にどのような対応をとるべきか

> 老舗料亭であり、有名ホテルにも店舗を構えるA社は、料理に使う牛肉の生産地を、高級牛として有名なB産であるとメニューに表示していたところ、A社の元従業員で有名ホテル内の店舗にて勤務していたCから、「実は、A社の有名ホテル内の店舗においては、一部消費期限の切れた牛肉が使用されていたことがあった」、「『B産牛肉を使用している』、との触込みであったが、実際にはその一部がD産のものであった可能性がある」との報告を受けた。
> A社は、このような報告を受けた後、どのような対応をとるべきか。報告内容に関して、役員にはどのようなリスクが生じるか。

④　商品偽装（データ偽装・品質偽装等）とリスク管理

1　具体的対応

(1)　事実関係の確認

　まず、A社が最初に行うべきは、Cからなされた報告について、偽装の有無や内容等の事実関係を調査・確認することである。

　A社としては、第一報を寄せた元従業員Cに対し、その情報源や裏付け資料の有無等について確認するとともに、A社の有名ホテル内の店舗責任者や料理長等に対する調査等を行い、偽装の有無を確認することが必要となる。同店舗に出向き、各種書類の提出を受け、従業員・取引先から事情聴取するなどの対応も必須となろう。

(2)　コンプライアンス上の問題点の把握

　調査の結果明らかになった事実関係に照らして、自社のコンプライアンス上どのような問題点があるかを把握することとなる。

　調査の結果、対象店舗において、実際に、①一部消費期限切れの牛肉が使用されていたり、②B産ではなくD産の牛肉が使用されていた事実が確認された場合、②に関しては、景表法上の優良誤認表示の禁止や不競法上の原産地を誤認させる表示の禁止に違反していると考えられる。他方、①に関しては、そのこと自体が直ちに法律に違反するというわけではないが、消費期限切れの牛肉を使用した料理を提供していたとなれば、A社は一般消費者からの信用を失い、企業イメージも低下してしまうおそれが極めて高い。そのため、この食品偽装問題の発覚を契機とする信用やイメージの失墜を避けるために、即時に適切な対応を行う必要がある。

(3)　対策のための社内体制の整備

　食品偽装問題に適切に対応するためには、社内において正確な情報や認識を共有したうえ、意思統一や連携による迅速な対応を行うことが必要不可欠となる。

　そのため、前記偽装の事実が確認された場合、A社としては、社内において対策本部・委員会等（以下、「対策委員会」という）を立ち上げ、偽装問題に関する情報を一元化し、対応策の検討と実施についての指揮命令系統の明確化を図るべきである。

(4)　対応策の実施

　対策委員会からの指示を受けて、A社の内部では、顧客（消費者）・取引

先対応や、監督官庁・マスコミ対応などの現場対応を行っていくことが必要となる。

(A) 顧客対応

A社の老舗としてのイメージを保ち、食品偽装問題による顧客離れを防ぐためには、迅速かつ細やかな顧客対応を行うことが何より重要である。そこで、コールセンターを設置し、消費者からの問合せや苦情を広く受け付ける仕組みを設けたうえ、コールセンターに寄せられた苦情の内容等について、対策委員会に報告するような体制を作り、社内において随時情報共有がなされるようにする必要がある。

また、その際、消費者からの問合せや苦情に対し、一律の基準により処理がなされるように、対策委員会において対応マニュアルを策定し、対応部署に配布しておくことが望ましい。

さらに、対策委員会において、顧客への返金等の対応を行うか否か、行うとした場合、どのような基準に基づいて行うかということについて基準を策定し、一律の対応を採ることができるようにしておく必要がある。

(B) 取引先対応

A社は、まず消費期限切れの牛肉を使用することや、B産ではなくD産の牛肉を使用することを認識し、これを許容していた対象店舗の責任者以下の従業員に対し適切な処分を行い、再犯防止に努めるべきである。

そのうえで、食品偽装問題の公表後には、A社の信用等に不安を抱いた消費者の信頼を取り戻し、取引先からの問合せに対応するための種々の対応を検討することが必要である。特に、本事例では、A社の店舗が構えられていた有名ホテルからは、以降の同所での営業の継続を拒絶されるおそれもあり、詳細な対応策の説明と協議が求められることになる。

(C) 監督官庁・マスコミ対応

偽装問題の発覚後の、監督官庁やマスコミへの対応は、非常に重要なものとなる。正確な事実関係を把握し次第、監督官庁への報告や今後の対応に関する相談を行うことが望ましい。また、後に、偽装問題を把握していながら隠匿していたとの誹りを受けないように、なるべく早期に事実の公表を行うことを検討すべきである。対策委員会は、公表にあたり、偽装の内容や今後の対応方針、対応窓口等についてまとめた簡潔な告知文を作成するとよい。

社会的注目が大きい場合、公表前に、先んじてマスコミから偽装問題につ

【書式1】 食品偽装事故発生の告知文例

平成○○年○○月○○日
株式会社○○○○

<u>弊社○○店における原料牛肉の不適正表示に係る
お詫びとお知らせ</u>

　日頃より、弊社をご愛顧頂きまして、誠にありがとうございます。
　この度、弊社○○店の使用していた原料牛肉の一部について、原産地の誤表示及び消費期限切れ肉の混入があったとの事実が判明致しました。○○店では、原料に牛肉を使用した下記メニューにおいて、すべて「B産牛肉使用」と表示しておりましたが、弊社において調査・確認しましたところ、一部D産のものが混ざっておりました。
　原料牛肉につき、原産地の誤表示又は消費期限切れの肉の混入が認められたメニュー、店舗、及び、提供期間は、下記の「対象メニュー」、「対象期間」記載のとおりです。
　○○店をご利用頂いたお客様及び関係者の皆様に対し、多大なご迷惑やご心配をおかけしましたことにつき、深くお詫び申し上げます。
　弊社では、今後このような事態が二度と起こらないよう、原因究明及び再発防止に向けて全力で取り組んでいく所存でございます。
　なお、本件に関するお問合せにつきましては、下記「ご相談受付窓口」までご連絡下さいますようお願い申し上げます。

記

1　対象メニュー：○○○○、△△△△…
2　対象期間：平成○○年○月○日から平成○○年○月○日まで
3　ご相談受付窓口：（お電話による受付）○○－
　　　　　　　　　（Eメールによる受付）○○＠
4　お電話の受付時間：月～金　午前9時から午後8時まで（土・日・祝を除く）

　本件に関する詳細な情報については、下記ウェブサイトにも掲載しておりますのでご参照下さい。
　http://○○
　本件に関する報道機関各位からのお問合せは、以下にご連絡くださいますようお願い申し上げます。
弊社　広報部（担当者：○○）○○－

いて問合せを受けることもあり得る。その場合に備えて、広報担当の従業員らには、マスコミから問合せ等を受けた際の対応策についてもあらかじめ指示しておくことが必要である。時機を選んで、記者会見を行い、会社としての認識や対応方針について明らかにすることも必要であろう。

(D) 現場対応

偽装が発覚した場合、対象店舗において速やかに牛肉を使用したメニューの提供を中止すべきである。

また、同店舗に限らず、その他の店舗においても、偽装に関する説明や謝罪を記した書面の掲示等を実施し、個別の顧客等からのクレーム、問合せ等にも対応できるようにすべきである。その際には、対策委員会から各店舗に対して、説明や謝罪に対するマニュアルを配布し、統一的な説明・対応がなされるようにすべきである。

(5) 内部検証

食品偽装問題が起こった場合、一通りの調査や現場対応・顧客対応が済んだ後に、全体の検証を行い、責任の所在を明らかにするとともに、再発防止策を策定することが必要である。この際、対象店舗の責任者以下の従業員の、食品偽装についての認識の有無や程度を確認のうえ、食品偽装に関与していた者に対しては、適正な処分を決定することになるが、それにとどまらず、役員等の責任についても検討すべきである。

そして、かかる内部検証の結果については、必ず現場にフィードバックし、再発防止に向けて、社内における認識を共有することが重要である。従業員に対し、指導教育を徹底するなどし、社内における意識改革を行うことも求められる。

(6) 役員責任

役員等の責任については、各役員の立場に応じて検討していく必要がある。

まず、有名ホテル内の店舗の担当責任者たる役員については、Cからの報告前に偽装の事実を把握していたかどうかが問題となる。本事例では、元従業員であるCからの報告により、偽装の事実がA社の知るところとなっていることから、偽装が相当期間継続して行われてきた可能性が高い。この場合、偽装の事実は、同店舗の従業員に広く知れ渡っていた可能性があり、当該店舗を担当していた役員も、偽装の事実を知っていたか、もしくは容易に知り得た可能性があり得る。当該役員が、店舗内を適切に管理し、店舗内の

状況を十分に把握することができていたかどうかが、善管注意義務違反の有無を判断するうえで重要となってくる。

次に、有名ホテル内の店舗の担当ではない役員については、A社全体として、事前の適切なリスク管理体制の構築に不備がなかったかどうかという点や、Cからの報告を受け、偽装の事実を知悉した後の対応の適否が問題となる。前者については、食品を扱うA社が、社員に対して行っていた教育の内容の適否や、食品を扱うA社に起こり得るリスクを洗い出したうえで、物理的に不正が困難となるリスク管理の仕組みを作り込んでいたと評価することができるかどうかが重要となってくる。

また、Cから偽装の事実の報告を受けたA社の役員としては、ここまで述べてきたように適切な対応を行う必要があるが、これを誤り、事実の隠蔽を図った場合はもちろんのこと、適切な時期に、しかるべき公表を行わず、新たな被害を発生させ、もしくは、被害を拡大させた場合、または、外部に情報が洩れ、自主的な公表よりも前に偽装の事実が世間に発覚することとなり、信用を損ない、A社の企業価値を損ねる結果となった場合などには、善管注意義務違反が認められることも多いと考えられる。

〔近藤遼平〕

5 製品の欠陥事故（PL問題）とリスク管理

I 基礎知識

1 はじめに

企業の製品や商品に欠陥が存在することにより事故が発生し、それを購入した消費者に思わぬ損害が生じることがある。

欠陥に基づき事故が発生し企業や役員の責任が問われた近年の例としては、以下のようなものがある。

まず、製品の不具合を原因としたものとして、①ガス湯沸かし器について、不正改造による一酸化炭素中毒事故が昭和60年から平成13年まで相次ぎ、14

人が死亡していたが、製造会社はその事実を認識しながら製品の自主回収などを怠ったため、平成17年11月に再度死傷事故が発生したことに関し、元社長ら２名が業務上過失致死罪で有罪判決を受けた事件（東京地判平成22・5・11判タ1328号241頁）、②美白化粧品で肌がまだらに白くなる「白斑」症状が相次いだが、製造会社は、その原因が化粧品ではなく、個人の病気であると判断し、最初の相談から１年半以上も経過した後に商品の回収をするなど、対応が後手に回り被害が拡大したため、消費者により集団訴訟が提起された事件などがある。

　また、食中毒を原因としたものとして、①焼肉チェーン店でユッケなどを食べた100名を超える客が腸管出血性大腸菌 O-111による食中毒になり、5人が死亡したが、うち３人の遺族と重症だった１家族の計９人が、運営会社と食肉加工卸売業者などに計約２億5700万円の損害賠償を求める訴訟を提起こした事件、②中国のメーカーが製造した冷凍ギョウザから殺虫剤メタミドホスが検出され、これを食べた千葉県、兵庫県の計10名が下痢などの中毒症状を訴えた結果、中国当局が中国のメーカーの元臨時工員を危険物質投与の疑いで逮捕し、起訴した事件、③冷凍食品を購入した客から「異臭がする」などの苦情が寄せられ、返品された商品を調べたところ、高濃度の有機リン系の農薬マラチオン（殺虫剤の一種）が検出されたが、元契約社員の男が農薬の混入に関わっていたとして、偽計業務妨害罪や器物損壊罪で逮捕され、その後、懲役３年６カ月の有罪判決となり、役員も、辞任や降格、報酬カットの処分を受けることとなった事件などがある。

　かかる欠陥事故が発生した場合、製造物責任法や製品安全法に関する法的問題が生じ、それに関する企業および役員のリスクと取るべき対応が問題となるので、それらの点を、以下、概説する。

２　製造物責任法（PL法）

(1)　概　要

　企業の製品や商品に欠陥が存在することにより事故が発生し、これにより消費者に損害が生じた場合、直接製品や商品を販売した売主たる企業に対しては契約責任が発生し、当該製品や商品を製造した企業には製造物責任が発生する。このうち、製造物責任は、製造物に瑕疵（欠陥）があったため、買主、消費者、利用者などが生命、財産、身体に損害を被った場合、買主等と

5 製品の欠陥事故（PL問題）とリスク管理

直接の契約関係にはない製造者に認められる損害賠償責任である。

製品の不具合等に起因する事故や被害については、民法の不法行為責任（同法709条）が問題となる。しかし、民法の損害賠償責任に関する規定では、被害者は、製造者に、瑕疵（欠陥）がある製品や商品を製造することについての故意または過失があったことまで立証しなければならず、一消費者に過ぎない被害者が、かかる製造者の故意や過失といった主観面についてまで立証しなければならないのでは請求は極めて困難となり、被害者の救済は不十分となる。そこで、消費者保護の必要性、企業の製品に対する安全性の確保と品質確保のインセンティブを高めるために、企業責任の厳格化を図ることを目的として、製造物責任法（以下、「PL法」という）が制定されている。不法行為責任の特則であるPL法が適用される場合には、過失責任原則から欠陥責任原則への転換が図られ、被害者側の故意または過失の立証責任の負担が軽減されることとなるのである。

(2) 要 件

(A) PL法の定義

PL法は、「製造業者」は、「製造物」の「欠陥」により「他人の生命、身体又は財産を侵害した」時は、これによって生じた損害を賠償する責めに任ずるというものである（PL法3条）。このように、「製造物の欠陥」が立証されれば、製造業者の故意または過失の立証なくして損害賠償責任が認められるとしている点で、被害者の立証責任が軽減されている。以下で、各要件を検討する。

(B) PL法における製造業者等の範囲

製造物責任を負う主体は「製造業者等」とされている。これには、まず、「当該製造物を業として製造、加工又は輸入した者」（PL法2条3項1号）という典型的なメーカー等が該当する。

しかし、それに限らず、以下の者も含まれる。

① 自ら当該製造物の製造業者として当該製造物にその氏名、商号、商標その他の表示（以下、「氏名等の表示」という）をした者または当該製造物にその製造業者と誤認されるような氏名等の表示をした者（PL法2条3項2号）

② ①に掲げる者のほか、当該製造物の製造、加工、輸入または販売に係る形態その他の事情からみて、当該製造物にその実質的な製造業者と認

めることができる氏名等の表示をした者（PL法2条3項3号）

①は、主としてOEM製品の供給先がこれにあたるものとされている。OEM製品の供給先は、ほとんどの場合、自社で設計や製造をしているわけではないが、製造者としての外観を製品に付与した以上は、これに対する消費者の信頼を保護すべきとの考え方からPL法の責任主体とされている。②は、主としてプライベート・ブランドの販売業者を指している。

(C) 製造物の定義

製造物とは、「製造又は加工された動産」（PL法2条1項）をいい、未加工物である第1次的農産水産物は対象にならない。

(D) 欠　陥

欠陥とは、「当該製造物の特性、その通常予見される使用形態、その製造業者等が当該製造物を引き渡した時期その他の当該製造物に係る事情を考慮して、当該製造物が通常有すべき安全性を欠いていること」（PL法2条2項）をいう。当該製造物の客観的性状や属性を中心として、諸般の事情を総合考慮したうえで、通常人が当該製造物に当然に期待する安全性を欠いている場合に「欠陥がある」と判断される。

そして、欠陥は、一般に、その生じる過程に応じて、以下の3類型に分けることができると解されている。

① 製造上の欠陥：製造物の製造、管理の過程において何らかの問題が生じ、製造物の一部が本来の設計や仕様と異なって製造され、その結果、当該製造物が安全性を欠いている場合。

② 設計上の欠陥：製造物の設計や仕様を確定する段階において、安全性に関する配慮が足りない結果、安全性を欠く場合。

③ 指示・警告上の欠陥：製造物が有する危険性をその製品を使用する者が十分に認識し、その危険を予防または回避するための表示や警告が不適切であることにより、当該製造物の安全性が欠ける場合。

(E) 責任事由

そして、PL法は製品の欠陥を責任事由としているので、被害者は製品に欠陥があったこと、欠陥が原因で損害が発生したこと（因果関係）を立証すれば足り、製造業者等の過失を立証する必要はない。

ここで、「損害」とは、PL法に基づく責任が、欠陥により他人の生命、身体または財産を侵害したときに、これによって生じた損害を賠償する責任

であるとされていることから(PL法3条)、製品に欠陥があって、これにより、人が大怪我をしたり、死亡したという人身損害だけでなく、欠陥によって、家がき損したというような物件損害についても対象となり、欠陥と相当因果関係のある限り、製造業者等は賠償の責任を負うこととなる。

(3) 免責事由

PL法は、前記のとおり、欠陥責任原則を採用し、被害者側の故意または過失の立証責任の負担を軽減するものではあるが、製造業者側が、以下のいずれかの点を証明したときは、製造物責任を負わないこととされている。

① 製造物を製造業者等が引き渡した時における科学または技術に関する知見によっては、当該製造物にその欠陥があることを認識することができなかったこと(PL法4条1項)。

② 製造物が他の製造物の部品または原材料として使用された場合において、その欠陥が専ら当該他の製造物の製造業者が行った設計に関する指示に従ったことにより生じ、かつ、その欠陥が生じたことにつき製造業者に過失がないこと(PL法4条2項)。

(4) 賠償請求権の期間制限

PL法に基づく損害賠償請求権は、被害者またはその法定代理人が損害および賠償義務者を知った時から3年間で時効消滅するが(PL法5条1項)、製造物を引き渡した時から10年間の消滅時効期間も設けられている(PL法5条1項)。

ただし、「身体に蓄積した場合に人の健康を害することとなる物質による損害又は一定の潜伏期間が経過した後に症状が現れる損害」の場合は、10年間の起算点が引渡し時ではなく、「その損害が生じた時」とされている(PL法5条2項)。

(5) PL法によるコンプライアンス機能

企業は、その製品にPL法の適用を受けるような欠陥が発見されたならば、被害の発生防止のために、被害の発生を食い止め、かつ、損害賠償責任を回避するため販売中止、製品の回収などの措置を採ることが必要である。それだけでなく、企業は、その通常の業務において、自社製品にこうした欠陥が生じることのないよう、製造の各プロセスにおいてチェックを行う必要があり、製品事故が起きた場合には、原因究明の調査においてはPL法上の欠陥の有無や、前記いずれかの類型の欠陥に該当するかを分析し、該当する製品が

どの範囲まで広がるのか、製造プロセスのいかなる点を改善すれば欠陥が解消されるかを検討し、対策を立てる必要がある。

このように、PL法は、企業が欠陥製品を製造・販売することを防止する機能も有することから、コンプライアンスに直結するといえる。

3 製品安全法

(1) 概　要

製品事故が発生した場合には、企業は消費生活用製品安全法（以下、「製品安全法」という）の適用を受ける可能性があり、その場合には同法に定められた義務を履行する必要がある。

製品安全法は、「消費生活用製品」により一定の重大な「製品事故」が発生した場合、事故製品の製造・輸入事業者に対して、消費者庁長官に対する早期の報告義務を課すとともに、製品の名称や事故内容の公表、事業者に対する回収等の措置の命令に関する消費者庁長官の権限などを定めている。

(2) 定　義

製品安全法の適用を受ける「消費生活用製品」とは、主として、一般消費者の生活の用に供される製品をいう（製品安全法2条1項）。

また、「製品事故」とは、消費生活用製品の使用に伴い生じた事故のうち、①一般消費者の生命または身体に対する危害が発生した事故、②消費生活用製品が滅失し、またはき損した事故であって、一般消費者の生命または身体に対する危害が発生するおそれのあるもの、のいずれかに該当するもので、消費生活用製品の欠陥によって生じたものでないことが明らかな事故以外のものをいう（製品安全法2条5項）。

そして、製品事故のうち、政令で定める重大な危害が発生し、または発生するおそれのあるものを「重大製品事故」という（製品安全法2条6項）。

現行の政令では、死亡、加療30日間以上の負傷または疾病、完治（症状固定を含む）時に一定の重大な身体の障害が存在する負傷または疾病、一酸化炭素中毒、火災があげられている（製品安全法施行令5条）。

(3) 事業者の報告義務および消費者庁長官による公表

消費生活用製品の製造または輸入の事業を行う者は、その製造または輸入に係る消費生活用製品について重大製品事故が生じたことを知ったときは、その知った日から起算して10日以内に、当該製品の名称および型式、事故の

内容、当該製品を製造または輸入した数量および販売した数量を消費者庁長官に報告しなければならない（製品安全法35条1項、56条1項。消費生活用製品安全法の規定に基づく重大事故報告等に関する内閣府令3条）。

そして、消費者庁長官は、当該重大製品事故に係る消費生活用製品による一般消費者の生命または身体に対する重大な危害の発生および拡大を防止するため必要があると認めるときは、当該製品の名称および型式、事故の内容その他当該製品の使用に伴う危険の回避に資する事項を公表する（製品安全法36条1項）。

(4) 事業者の責務

消費生活用製品の製造・輸入の事業を行う者は、製品について製品事故が生じた場合には、当該事故が発生した原因に関する調査を行い、危害の発生および拡大を防止するため必要があると認めるときは、当該製品の回収その他の危害の発生および拡大を防止するための措置をとるよう努めなければならない（製品安全法38条1項）。

(5) 危害防止命令

主務大臣は、消費生活用製品の欠陥により、重大製品事故が生じた場合その他一般消費者の生命または身体について重大な危害が発生し、または発生する急迫した危険がある場合において、当該危害の発生および拡大を防止するため特に必要があると認めるときは、その製品の製造または輸入の事業を行う者に対し、当該製品の回収を図ることその他当該製品による一般消費者の生命または身体に対する重大な危害の発生および拡大を防止するために必要な措置をとるべきことを命ずることができる（危害防止命令。製品安全法39条1項）。かかる危害防止命令をしたときは、その旨が公表される（同条2項）。

命令を受けた事業者がこの命令に違反したときは、1年以下の懲役もしくは100万円以下の罰金（またはこれを併科する）に処せられる（製品安全法58条4号）。

なお、事業者が命令に応じて危害防止措置をとるときは、販売の事業を行う者はかかる措置に協力しなければならない（製品安全法38条3項）。

4　自主規制

各業界団体や各企業においては、安全性をより徹底するために、法令より

も厳格な自主的な規制基準を設けているところも多い。たとえば、印刷インキ工業連合会は、印刷インキに対する安全性を高める観点から、規制物質の使用削減に努めるべく「印刷インキに関する自主規制（NL規制）」を策定しているほか、一般社団法人日本電機工業会も、製品安全法による法的な義務付けを超えて、家電製品等の消費生活用製品の安全確保に資するため、「製品安全に関する自主行動計画」を策定している。

これらの規制に違反した場合であっても、法令の基準には抵触していない場合もあるが、企業はこうした自主規制をも遵守して製品の製造販売を行っているというのが社会一般の期待であることからすれば、コンプライアンスの観点からは、自主規制違反にとどまる場合であっても、法務リスク、コンプライアンスリスクになり得るものと認識して対応する必要がある。

5　欠陥・事故に伴う企業および役員のリスク

(1) 製品の製造中止、回収・修理に伴う費用の支出

企業の製品に欠陥が存在することにより事故、特に「製品事故」が発生した場合、当該製品の製造は中止に追い込まれる場合も多い。その場合、当該製品の製造販売により見込んでいた利益を失うことになることはもちろんである。

また、多くの場合、事故が発生した製品を回収する必要があるが、その回収費用や回収した製品の廃棄費用や修理費用が生じるほか、回収やリコールを消費者等に周知徹底するための広告費や通信費等、さらには、消費者等からの問合せに対応するための人件費等の負担が発生することとなる。

(2) 民事責任

製品の欠陥に基づく事故により、健康被害や死傷被害が発生した場合、不法行為に基づく損害賠償責任を負う可能性があり、その際、特に、製造物責任法の適用を受けるリスクがあることは既に述べたとおりである。

また、かかる被害に対する損害賠償責任のほか、製品の製造中止や回収により、当該製品を取引先に納品できないことに伴う契約上の債務不履行が生じる可能性も考えられ、この場合には、取引先に対する契約責任としての損害賠償責任を負うリスクや契約を解除されるリスクが生じることになる。

(3) 刑事責任

製品の欠陥事故が「製品事故」に該当する場合などで、死傷被害が生じた

場合、代表取締役等の役員は、事故原因に対する認識の有無や程度によって、業務上過失致死傷罪で立件され、有罪判決を受ける可能性がある。

また、前述のように、事故が、製品安全法上の重大製品事故に該当する場合、主務大臣は、危害の発生および拡大を防止するため特に必要があると認めるときは、その製品の製造または輸入の事業を行う者に対し、当該製品の回収を図ることその他当該製品による一般消費者の生命または身体に対する重大な危害の発生および拡大を防止するために必要な措置をとるべきことを命ずる危害防止命令を発することができるが（製品安全法39条1項）、命令を受けた事業者がこの命令に違反したときは、1年以下の懲役もしくは100万円以下の罰金（またはこれを併科する）に処せられる（同法58条4号）。

(4) 役員の責任：任務懈怠責任

以上に述べたような、製品の製造中止、回収・修理に伴う費用の支出や、消費者や取引先等に対する損害賠償等により、企業が支出を余儀なくされた場合、取締役等の役員は、会社に対する善管注意義務違反による任務懈怠責任を負う可能性がある。

取締役は、その善管注意義務違反の業務執行行為により会社に生じた損害を賠償する責任を負うが、善管注意義務がつくされたか否かの判断は、行為当時の状況に照らし合理的な情報収集・調査・検討等が行われたか、および、その状況と取締役に要求される能力水準に照らし不合理な判断がなされなかったかを基準になされる。裁判例においても、「取締役の業務についての善管注意義務違反又は忠実義務違反の有無の判断に当たっては、取締役によって当該行為がなされた当時における会社の状況及び会社を取り巻く社会、経済、文化等の情勢の下において、当該会社の属する業界における通常の経営者の有すべき知見及び経験を基準として、前提としての事実の認識に不注意な誤りがなかったか否か及びその事実に基づく行為の選択決定に不合理がなかったか否かという観点から、当該行為をすることが著しく不合理と評価されるか否かによる」とされている（東京地判平成16・9・28判時1886号111頁）。従業員や他の取締役・執行役が行った故意・過失に基づく違法または不適切な行為の結果、会社が損害を被った場合に、取締役が監督上、善管注意義務違反を理由とする責任を負うかどうかという点との関連では、内部統制システム・リスク管理システムの整備・運用が適切であったか否かが重要な意味を有している。

(5) 社会的評価の失墜

近年では、SNS（ソーシャル・ネットワーキング・システム）の急速な発達により、製品の欠陥事故が発生した場合、かかる事実は瞬く間に世間に広まり、当該企業の社会的評価が一瞬にして失墜してしまう事態も十分に考えられる（カップ焼きそばを開封した一般消費者が、麺の中に虫が混入しているのを発見し、その写真をTwitter上に公開したことにより、瞬く間に異物混入の事実が世間に広まった例が記憶に新しいところである）。

また、製品事故に関しては、消費者庁と独立行政法人国民生活センターが連携して運用する「事故情報データバンク」において情報が公開されている。こうした公表により、製品回収や被害弁償といった直接の損害にとどまらず、さらなる顧客離れ、風評被害が生じ得る。

さらに、特に商品については、市民団体等も調査や消費者庁への申し出を行っており、特定非営利活動法人日本消費者連盟、食の安全・監視市民委員会などの消費者団体が、「食の安全・市民ホットライン」というデータベースを構築している。消費者から通報を受けると、該当企業に質問状を送付し、その回答を受けてさらに質問や情報提供を求めるということが行われていることから、企業はかかる広報対応を行うことも必要となってくる。

(6) 事業、企業自体の消滅

前記の損失や責任の結果、企業の継続が困難となり、対象の事業または企業そのものが合併、事業譲渡、解散、倒産等により消滅する場合も考えられる。

6　企業のとるべき対応

以上のような、欠陥・事故に伴う企業および役員のリスクを回避するために、製品事故が発生した場合、企業は以下のような対応をとることが必要となる（経済産業省「製品安全に関する事業者ハンドブック」参照）。

まず、消費者に危害を及ぼす製品の不具合、危害を及ぼす可能性のある製品の不具合（以下、これらを「製品不具合」という）を認識した際は、必要に応じリコールを含む是正処置を迅速かつ適切に実施することにより、消費者が危害を受けることを可能な限り防止する必要がある。

また、製品事故・製品不具合に関する情報を収集・分析し、迅速かつ適切な対応が開始可能な態勢を整備する必要がある。

そして、製品事故・製品不具合の原因究明を迅速かつ適切に実施し、被害の拡大防止・再発防止に役立てる態勢を整備する必要がある。

製品事故・製品不具合に関する情報の収集・分析結果、原因究明結果を踏まえて、リコールの是非・内容について迅速かつ適切な判断と行動を行うことが可能な態勢を整備する必要がある。

その後も、リコールの進捗状況をレビューし、リコール実施後に得られた情報を踏まえて必要に応じリコールプランを改善し、回収率向上のための追加対策を実施することが必要である。

II 事例と対策

〔事例〕 重大製品事故が発生した場合の対応はどうあるべきか

> A社は、美容器具を販売するメーカーであるが、器具製造メーカーであるB社に委託して製造した顔に装着をして引き締め効果を実現する美容器具を販売している。ところが、この美容器具に異常発熱が発生する不具合が発生し、ユーザーが顔に火傷を負う事故が複数件報告された。
>
> また、一部のユーザーが、A社製品を使用していたところ火傷を負った旨の被害報告を、製品の写真や火傷部分の写真と共に、TwitterやInstagram等のSNS上に公開したことから、この製品に不具合が発生したことは広く世間一般に知れ渡っている。
>
> かかる状況において、A社としてはどのような対応を行うべきか。

1 周知徹底および製品の回収

消費者の顔に火傷という重大な被害が生じていることから、A社としては、第一に、製品に欠陥が存在することにより事故が発生した旨を周知徹底したうえ、製品の回収を図ることが必要である。

プレスリリース、新聞広告、ウェブサイトへの掲載、店頭掲示、チラシ配布等を行い、自社製品に欠陥事故が発生した旨を周知徹底したうえ、製品の回収を呼び掛けることなど、これ以上の被害が発生することを防止するため

の措置を講じなければならない。また、販売代理店や小売店の在庫製品の回収を図るべきである。

2　製品安全法上の義務の履行

　本事例は、消費者の顔に火傷という重大な被害を生じさせていることから、消費生活用製品の使用に伴い生じた事故のうち、一般消費者の生命または身体に対する危害が発生した事故として製品事故に該当し（製品安全法2条5項）、また、加療30日間以上の負傷または疾病、完治（症状固定を含む）時に一定の重大な身体の障害が存在する負傷または疾病という重大な危害が発生した事故として、重大製品事故に該当するものといえる（同法2条6項、製品安全法施行令5条）。

　したがって、A社は、事故が生じたことを知った日から起算して10日以内に、当該製品の名称および型式、事故の内容、当該製品を製造または輸入した数量および販売した数量を消費者庁長官に報告しなければならないこととなる（製品安全法35条1項、56条1項。消費生活用製品安全法の規定に基づく重大事故報告等に関する内閣府令3条）。

3　対応策の実施

　対応策の決定においては、事故や被害の内容、原因、重大性などを把握し、生命や身体への被害が今後も発生・拡大する可能性や、当該対応が被害を防止する効果等を勘案して適切な判断を行うべきである。対応策としては、事故の原因を除去し、さらに被害が拡大することを回避するために必要かつ十分なものを検討し、実施すべきである。

　そこで、検討の結果に応じた対応を実施することとなるが、リコールが必要と判断された場合、具体的なリコールプランを策定し、リコールを実施するにあたっての対応方針を決定し、社内外に対する姿勢を明確に示すこととなる。そして、策定したリコールプランに従って、リコールを実施していくこととなるが、リコールは必ずしもプランどおりに進むわけではないため、リコールがどの程度有効に機能しているかを把握するためのモニタリングを行うことが必要となる。モニタリングによる有効性評価の結果を適切に反映し、リコール方法の見直しや修正を適宜図っていくことが必要となる。

　回収等の対象をどの範囲で行うかどうかの判断は、事故の原因等を総合的

に考慮して判断をする必要がある。たとえば、事故の原因が、当該製品に固有の構造にあるのではなく、使用された部品の構造等にある場合、当該製品の回収のみならず、同種の構造を有する部品を使用している他の製品についてもこれをすべて回収の対象とし、適切な対応を行っていくことが必要となる。

そして、法令上定められた主務官庁による改善命令や措置命令が発せられた場合には、当然ながらこれに従い、誠実に対応を行っていくこととなる。

当局は、事故情報に強い関心をもつ立場であるうえ、製品事故対応に関する豊富な情報を保有しており、対応にあたって助言を得られることも期待できるため、法令上の報告義務がある場合以外でも、リコールを実施するような事案では、当局に速やかに報告をすべきであると思われる。

何より重要なのは、売上げの減少や取引先との関係の解消、株価の下落等の経済的不利益ばかりをおそれ、欠陥事故の公表や製品の回収をためらったり、対応策に要するコスト負担の点から、同種の製品すべての回収や修理をするまでの必要はないとの過少判断をすることや、対応が遅れることは避けなければならないということである。

4　情報の公開

製品の欠陥事故が発生した際には、消費者に情報を提供し、適切な行動を促し、被害の拡大を防止するため、適時に適切な公表を行うことが必要である。

本事例では、一部のユーザーが、自社製品の写真や火傷部分の写真を、TwitterやInstagram等のSNS上に公開し、自社製品に不具合が発生したことが広く世間一般に知れ渡っていることから、より具体的な内容や対応策について早期に公表することで、正確な情報を消費者に提供し、事実に基づかない風評が流れることを防止する必要があるといえる。

特に、死亡や重症のような重大な被害が発生している場合、原因のいかんを問わず、現状の客観的な状況を早急に公表し、さらなる事故が発生することや事故が拡大することを回避するよう情報提供に努めるべきである。

ただし、この場合、①製品の使用を中止してもらうか、危険を伴う方法・態様での使用を控えてもらうこと、②原因については現在全力をあげて調査をしている最中であること、③相談窓口等への情報提供を呼びかけること、

等を第一報として伝えるにとどめ、後に当初の公表内容が誤った内容であったとの批判を受けることのないよう、慎重に公表を行うように努める必要がある。

　他方、そのような、速報的な公表を行うまでの必要はない場合、調査状況に応じて必要な事項を整理したうえで開示する形で公表を行うこととなる。なるべく早期に情報提供を行うことが望ましいことは言うまでもないが、入手した情報を十分に確認・検討することなく開示を行うと、後にその情報が誤っていたり、不十分であったり、その後の情報との間で齟齬が生じるという事態を招くこととなりかねない。かかる場合、消費者等の外部からは、説明が二転三転しているというように捉えられかねず、不安を増長するおそれがある。このことからすれば、完全な確認・検討は難しいまでも、収集した情報について、可能な限り確認・検討をしたうえで、適時適切な情報を公表するよう努めるべきである。

　公表に際しては、事故の概要、対象製品、製品回収や修理の案内、問合せ窓口等の公表すべき事項を整理することはもちろんのこと、消費者において自ら購入した製品が問題となっている製品に該当するのかどうかの判断をすることができるよう、製品の外観や不具合箇所について図表等を用いて説明することも検討し、説明が不十分、わかりづらいなどの無用な批判を招くことのないよう十分に注意を図る必要がある。

　そして、公表の方法としては、記者会見、プレスリリース、新聞・テレビの広告、店頭や代理店での貼り紙、チラシの配布、インターネットでのお知らせ等、効果的なルートを十分に検討すべきである。

【記載例1】　製品事故発生の広告例

　　　　　　　　　　　　　　　　　　　　　　　平成○○年○月○日
　　　　　　　　　　　　　　　　　　　　　　　　　　株式会社○○○○
　　　　　　　　　　　　　　　　　　　　　　代表取締役　　○○○○

　　　　　　　　　　　お詫びと自主回収のお願い

　　拝啓　平素は格別のご高配を賜り、有難く厚く御礼を申し上げます。

この度、弊社取扱い製品「〇〇〇〇」におきまして、〇〇〇〇が原因で、製品に異常発熱が発生し、使用したお客様が顔に火傷を負われるという事故が発生致しました。さらなる事故が発生する万が一の事態に備え、対象商品を自主回収することと致しました。対象商品をお持ちのお客様におかれましては、直ちに使用を中止していただきますようお願い申し上げます。また、誠に恐れ入りますが、対象商品をお持ちのお客様は、下記送付先まで、料金着払いにてお送りいただきますようお願い申し上げます。
　ご不明な点につきましては、下記窓口にて受け付けております。

　被害に遭われたお客様に対し深くお詫び申し上げます。また、お客様に多大なご迷惑をお掛け致しますこと、重ねて深くお詫び申し上げます。
　今後は、原因の究明を行い、再発防止の上、一層の品質管理の強化に努めて参る所存でございますので、何卒ご理解とご協力を賜りますよう、お願い申し上げます。

敬具

【対象商品】
　商品名：〇〇〇〇
　型式：〇〇-〇〇〇〇
　販売期間：平成〇〇年〇月〇日～平成〇〇年〇月〇日まで
　商品画像：

【お問合せ先・ご送付先】
　〒〇〇〇-〇〇〇〇
　東京都〇〇区〇〇〇〇
　株式会社〇〇〇〇　お客様対応窓口
　電話番号：03-〇〇〇〇-〇〇〇〇
　受付時間：月～金　午前〇時から午後〇時まで（土・日・祝を除く）

　ホームページによるお知らせ
　http://〇〇〇〇

※商品をご送付頂く際は、お客様の郵便番号、ご住所、お名前、お電話番号をお書き添えの上、送料着払いでお送り下さいますようお願い申し上げます。

> ※ご連絡頂きましたお客様の個人情報は、本件に関する目的には一切使用致しません。
>
> 以上

5　その他の対応

(1) 製品の回収等

製品の回収、無償での修理、代替品の提供といった消費者への対応を行うことが必要となる。

(2) 賠償請求対応

また、被害者からの損害賠償請求はもちろん、取引先や代理店からは、製品の回収等に伴い取引先に与えた損害、苦情や問合せへの対応を余儀なくされたことに対する補償を求められる可能性が生じる。一般消費者からも、修理等のみでは満足が得られず、代金の返還や慰謝料等の精神的損害までの賠償を求められる可能性もある。これらの要求に対する対応は、まず、要望についてはその内容や根拠を正確に聴き取り、あくまでも本部で検討するとの対応にとどめ、対策本部において検討すべきである。

(3) 事故対策本部、調査委員会の設置

消費者への告知、回収作業等については早急に対策本部を設置し、現場から情報を収集して一元化し、対策本部が広報や法務の担当部署と連携して方針を決定していくべきである。

また、欠陥事故が生じた製品が主力製品で社会的影響が大きい場合、原因が複雑多岐にわたる場合、被害が深刻または長期化する可能性のある場合等には、原因究明と再発防止策の検討について、調査委員会を立ち上げ、調査の網羅性・客観性について説明することができるよう体制を整える必要がある。そのうえで、調査委員会の調査を経て、再発防止策を講じることとなる。技術的な観点から製造部門が中心となって対策を講じることになるかと思われるが、重要なのは、全体的な視点から、対応策に不備がないかを他の部署も含めて十分にチェックをすることである。

(4) 処分等

原因や被害の状況に応じては、関係者の適切な処分をも行い、それについても公表し、企業としての欠陥事故に対する姿勢を示すことも必要となる。

6　対応を誤った場合の責任

　以上に述べたような対応を誤り、さらなる被害が発生し、または被害が拡大した場合、より多くの消費者や取引先等から損害賠償請求を受けることとなり、結果として、会社がより多額の賠償を行わなければならない事態が生じる。この場合、取締役等の役員は、会社に対する善管注意義務違反による任務懈怠責任を負う可能性がある。

　具体的事案において、取締役等の善管注意義務が尽くされたか否かの判断は、事故後の状況に照らし、取締役等が行った情報収集・調査・検討等が合理的なものであったか、および、その状況と取締役に要求される能力水準に照らし、実際に行われた事故対応において不合理な判断がなかったか、などを基準になされることとなる。

　実際に行われた対応が、さらなる被害発生や被害拡大を回避するに足りるものではなかった場合に、当該被害の発生が当初の事故内容から容易に想定できるものであり、かつ、被害回避のために適切な措置を容易に講じることができた場合には、取締役等が善管注意義務違反による任務懈怠責任を免れることは困難となる。

〔近藤遼平〕

6　クレーム対応とリスク管理

I　基礎知識

1　クレームのリスクおよびそのマネジメントの重要性

(1)　企業リスクとしての「クレーム」

　わが国において「クレーム」対応という場面では、「クレーム」とは不当な主張や要求に近い「苦情」や「文句」といった否定的な意味で用いられることが多い。

　しかし、「クレーム（claim）」は主張や要求を意味するものの、もともとは正当な権利に関する主張や要求という意味合いも強い。

そして、会社に対するクレームは、通常、商品やサービスに対する消費者や顧客の期待と現実にギャップが生じることにより、顧客や消費者が商品やサービスに何らかの不満を抱いた結果として発生する。

　この不満を放置した結果、それがやがて訴訟等に発展し、企業や役員のリスクとして顕在化することも想定される。また、クレームに対して適切に対応しなかった結果、会社は役員による謝罪会見、辞任、損害賠償といった対応を余儀なくされるおそれがあるだけでなく、次項でも述べるように、会社全体の信用失墜、業績悪化にまで至って多大な損失を被る可能性もある。以下では、これらの事態をクレームリスクという。

(2) クレーム対応の失敗がもたらすリスクの重大性

　このように、昨今では、クレーム対応の失敗がもたらすリスクは会社に重大な損害を与えかねないものとなっている。その背景には、①インターネットを中心としたIT技術の発達、②消費者保護関連法の施行があると考えられる。

(A) インターネットを中心としたIT技術の発達

　不当な要求ではない適切なクレームは、いわば「企業リスクの種」ともいえるものである。目の前にある１件のクレームは、会社にとって問題となる案件に関する氷山の一角にすぎず、背後には不満をかかえた多数の顧客・消費者が控えている可能性がある。そして、インターネットを中心としたIT技術の発展により、消費者等はブログ、ツイッター、動画投稿サイト、掲示板などにより、極めて容易かつ瞬時に情報を発信し、かつ、これを不特定多数人と共有できるようになった。クレームに対応を誤った場合には、クレームの内容や会社の対応の不適切さ等がインターネット上に拡散され、会社が重大な損害を被る可能性がある。

　たとえば、1999年に発生した総合電機メーカーT社の「VTRアフターサービス問題」では、顧客のクレームに対する担当者の不適切な発言に関する録音ファイルが当該顧客のホームページで公開され、閲覧回数が数百万回に達したとされる。T社はホームページの内容の一部削除を求める仮処分を申請したが、最終的に仮処分を取り下げたうえで、不適切な発言を謝罪するために会見を開くことになった。

　また、2014年に発生した大手食品メーカーP社の「異物混入事件」では、顧客がツイッター上に投稿した商品への異物混入写真が１日で１万回以上も

リツイートにより拡散されたとされる。Ｐ社は一部メディアの取材に対して製造過程における混入は考えられないと強調しつつ、顧客と面会して投稿の削除を要請したため、Ｐ社の隠蔽疑惑を招いてしまった。最終的にＰ社は全商品の自主回収、生産の全面停止を余儀なくされ、数十億円をかけた設備の刷新まで検討することになったとされる。

(B) 消費者保護関連法の施行

製造物責任法（平成6年法律第85号）が平成7年7月1日に施行されて以来、消費者契約法（平成12年法律第61号）、消費者安全法（平成21年法律第50号）、食品表示法（平成25年法律第70号）など消費者の権利保護のための法令が相次いで立法され、それに伴って消費者の権利意識もさらに高まりつつある。

上記に加え、近時、訴訟の費用や労力を考えて「泣き寝入り」しがちな被害者の一括救済を図ることを目的として、「消費者の財産的被害の集団的な回復のための民事の裁判手続の特例に関する法律」（平成25年法律第96号）が平成28年10月1日から施行されている。

同法により、国が認定する「特定適格消費者団体」が消費者に代わって業者に対して賠償金の支払義務があることの確認を求めて被害回復の訴訟を提起することができ、支払義務の存在が認められた場合には、同団体は被害者による訴訟手続への参加を募集し、裁判所が各被害者に対する支払額を確定することになる。

同制度は、いわゆる拡大損害、逸失利益、人身損害、慰謝料を対象となる損害から除外しており（製造物責任法3条2項）、対象となる請求も、消費者契約に関するものに限定されているが、債務の履行請求・不当利得に係る請求・債務不履行に基づく損害賠償請求・瑕疵担保責任に基づく損害賠償請求・不法行為に基づく民法の規定による損害賠償の請求と広範であるため（同法3条1項）、今まで泣き寝入りしていたような少額の被害を被ったにすぎない消費者が容易に被害を回復できるようになった。そのため、些細なクレームであっても対応を誤れば集団訴訟を招き、会社が重大な損害を被る可能性も否定できない。

(3) 会社役員による「クレームリスクマネジメント」の重要性

クレーム対応は現場の問題と思われがちである。しかし、クレーム対応の失敗がもたらす損害の重大性に鑑みれば、クレーム対応は企業における最重要経営課題の1つといっても過言ではなく、会社役員にはクレームリスクに

適切に対応することが強く求められている。

　クレームリスクの顕在化を事前に防止するためには、会社として適切にクレームに対応できる体制を整備する必要がある。しかしながら、会社役員自身がクレーム対応に関する正しい知識を有していなければ、適切なクレーム対応や体制の整備を行うことは不可能である。そこで以下で、会社役員が備えておくべきクレーム対応に関する基本的な知識について解説する。

2　クレーム対応のポイント

(1)　クレーム対応の要否の判断基準

(A)　正当なクレームと不当なクレームの区別の必要性

　クレーム対応のポイントは、初期の段階で、顧客等からの適正な主張・要求として会社が対応すべき正当なクレームと、悪質な要求として対処すべき不当なクレームを区別することである。

　ここで、正当なクレームとは、一般に、事実に基づく法的根拠のあるクレームをいう。最終的に裁判となった場合に企業に責任が認められる可能性があるのは法的根拠のあるクレームであるため、クレーム対応の要否、内容を判断するうえでは法的根拠の有無が第一次的な基準となると考えられる。

　そして、このようなクレームは、①法的根拠のある要求であって、②その要求が顧客等の損害の回復に関連性があり、かつ、③要求の態様が社会的に見て相当と認められるものであると解される（横山雅文『プロ法律家のクレーマー対応術〔第一版〕』40頁（PHP研究所、2008年））。

　①の法的根拠のある要求は、企業の製品やサービス提供に落ち度や欠陥がある場合に認められる。たとえば、㋐企業側に責任原因があって、㋑顧客等に被害が発生しており、㋒上記㋐と㋑との間に相当因果関係が認められる場合には、顧客等は企業に対して損害賠償請求をすることができるのであるから、その前提としてのクレームは法的根拠のある要求といえる。

　そこで、顧客等からクレームを受けた企業は、その要求に法的根拠があるか否かという点につき十分な事実調査を行ったうえで対応の要否、方法を検討する必要がある。

　他方で、②の要求の内容が顧客等の損害の回復に関連性がない場合や、③の要求の態様が社会的に見て相当と認められない場合には、これに応じる必要はない。

たとえば、欠陥がある商品を購入した顧客であっても、商品の欠陥に関して、「社長を出せ。謝罪しろ」などと要求する場合、この要求と顧客の損害の回復に関連性がないため、法的根拠のあるクレームとはいえない。

また、欠陥がある商品を購入した顧客が損害の賠償を求めることにとどまらず街宣活動をした場合には、損害賠償請求に名を借りた不法行為、程度によっては威力業務妨害罪等の犯罪行為を構成する可能性があり、社会的に相当と認められない態様といえる場合がある。したがって、その場合には、法的根拠のあるクレームとはいえない。

(B) 会社役員の視点からみた正当なクレームと不当なクレームの区別の必要性

会社役員は、会社に対して善管注意義務を負担しており、もしこの義務違反があり、会社に損害を与えたときには、会社に対して損害賠償責任を負うことになる。

当該クレーム対応の失敗が会社に重大な損害を与える可能性のあるケースにおいては、会社役員が対応の要否、内容を判断すべきであろう。このような場合において、正当なクレームに適正に対応しなかったこと、あるいは、法的根拠のない、本来応じる必要がないクレームに漫然と応じたこと等により会社に損害が発生した場合には、会社役員は、善管注意義務違反を理由として、会社に対する損害賠償責任を負う可能性がある。

そのため、会社役員が自らの善管注意義務を尽くすうえでも、当該クレームが法的根拠のある正当なクレームか否かという基準は重要である。

もっとも、必ずしも顧客等の損害が明確ではなく、法的根拠が確定できないクレームの場合について、それに対して、会社が損害を賠償する等の行為が、直ちに会社役員の善管注意義務違反を構成するというものでもない。

ここで、取締役の善管注意義務違反に関する判例では、将来予測にわたる経営上の専門的判断に委ねられる事項については、取締役に裁量権が認められ、判断の過程、内容に著しく不合理な点がない限り、取締役としての善管注意義務に違反するものではないという判断枠組みが採用されている（最判平成22・7・15判時2091号90頁等）。

そして、具体的な事案において、会社の商品ないしサービスに関連して法的な因果関係は不明であるものの、顧客に損失が生じたのに一定の関与が認められる可能性がある場合などには、会社役員として、道義的観点から自主

的な対応を行うという経営判断をすることはあり得る。また、時間、労力、コストを踏まえる会社としての戦略的観点からすれば、顧客等に何らかの問題が生じている場合に、法的根拠の確定を待たず自主的な対応を行ったほうが望ましいケースもあり得る。たとえば、多数の顧客の要求に早期に応じることによって、逆に会社の業績や社会的評価の向上に繋がるケースである。前掲・最判平成22・7・15によれば、これらの場合は、会社役員の経営判断であって、その裁量の範囲内であるとされる余地がある。

(2) 二次的なクレームの発生防止

クレーム対応の目的は、消費者が抱いた会社の商品やサービスに対する何らかの不満が会社や役員のリスクとして顕在化する前にその不満を解消することにある。しかしながら、せっかくクレーム対応をしたにもかかわらず、その対応方法に問題がある場合にはさらなる新たなクレームに発展する危険がある。そこで、具体的な対応にあたっては守るべき基本原則として、以下に述べる、①一貫性、②公平性、③迅速性の必要性を確認しておくべきである。

会社役員のクレーム対応としては、これらを踏まえて二次的クレームの発生を防ぐ対応、体制の構築が求められる。

(A) 一貫性

クレーム対応を行うにあたっては、原則としてクレーム対応の全過程で一貫性のある対応を行う必要がある。一貫した対応は消費者や顧客に安心感を与えると共に納得を得やすい。他方、一貫性のない対応を行うとさらなる不満が生じて二次的クレームを発生させ、解決がより困難になるケースも少なくない。たとえば、担当者が交代するケースでは説明に食い違いが生じないように気を付ける必要がある。「前と言っていることが違う」「前の担当者と説明が異なる」といった指摘を受けて、そのこと自体がクレームに発展しないように注意する。

ただし、クレーム対応を続ける中では時々刻々と事態が変化する場合もある。クレームに関する事実調査の結果、法的根拠のあるクレームか否かという判断に変更が生じた場合には、適時・適切に柔軟な対応を行う必要がある。

(B) 公平性

クレーム対応は、顧客やその要求の状況によって対応を変えず、常に公平な取扱いを心掛ける必要がある。執拗なクレームを繰り返す顧客に対する対

応は時間、労力、コストの面で大きな負担を伴うため、会社としては、その要求には個別に応じて謝罪し、早期の終結を図りたいという発想に至りやすい。しかし、1人の顧客に対する対応は背後にいる多数の顧客による潜在的なクレームへの対応の基準となることを忘れてはならない。特に、インターネットを中心としたIT技術の発展によって、見ず知らずの顧客間による情報共有は極めて容易になっている。

そのため、個別の顧客に対してのみ理由なく特別な対応をした事実が明らかとなれば、別の顧客の新たな不満を生じさせ、新たなクレームの原因となる。たとえば「別の顧客には特別な対応をしている」「なぜ同じ対応ができないのか」といった新たなクレームに発展しないように注意すべきである。

(C) 迅速性

クレーム対応を行うにあたっては、初期対応から解決まで迅速な対応を心掛ける必要がある。クレーム対応の目的は消費者等が抱いた会社の商品やサービスに対する何らかの不満を解消する点にあるが、一般に、この不満は時間の経過に比例して増大する傾向にある。対応されずに放置されていると感じること自体が、二次的クレームに繋がっていく可能性もある。些細な不満であっても、企業が早期かつ適切な対応を怠ってこれを放置した結果、クレーム対応に対するさらなる不満が生じて二次的クレームとなり解決が困難になるケースは少なくない。逆に、会社側の問題点は少なくない案件について、企業側が真摯かつ迅速な説明や謝罪を行うことによって早期に不満が解消されることもある。

クレーム対応においては、たとえば「対応はまだか」「たらい回しにされている」「回答すると言っていたのにまだ回答がない」といった指摘を受けて、対応に関する二次的クレームに発展しないように注意する必要があるのである。

(3) クレーム対応体制の構築

(A) クレーム対応体制の構築の必要性

多忙な会社役員が日常的な個々のクレームに直接対応することや、対応の要否、内容を判断することは現実的ではないが、事前にクレームに対応する体制を整備することは可能である。取締役が適切なクレームに対応する体制の整備を怠った結果、会社に損害が発生した場合には善管注意義務違反を問われる可能性も否定できない。

そこで、会社役員としては、クレーム対応の失敗による会社の損害を防止するため事前にクレーム対応に関する適切な体制を構築する必要がある。

このような体制を構築するにあたっては、まずはクレーム対応の責任者となる担当役員を決めるべきである。最終的には経営問題に発展する可能性があるということを強く意識したうえで、経営幹部による迅速な対応が可能な体制を構築する。

次に、担当役員の下で、具体的にクレーム対応に関する社内体制を構築する。そのためには、まず、クレーム対応規程を策定することが有用である。規程では関連する各部門の役割や権限を明確にし、情報やノウハウを共有できる体制を構築する。

また、クレーム対応窓口における対応方法につき、個々の対応に任せた場合には、事実関係の確認の前に先走って結論を出す、顧客等を軽視した言動、反論をする、担当部署のたらい回しなどといった、類型的に二次的クレームを引き起こす可能性が高い対応に及ぶおそれがある。

そこで、クレーム対応窓口における対応方法について、マニュアルを作成することが望ましい。なお、対応の指針には、やはり法的根拠のある正当なクレームか否かという基準を採用すべきであると考えられる。

その場合、事前にFAQ（Frequently Asked Question）を定め、これを公表することは、クレーム対応数を減らすうえでも有効である。店頭掲示、ホームページ等で質問を類型化して回答を事前に明示することなどが考えられる。

なお、クレーム対応体制を構築するにあたっては、苦情対応マネジメントシステムに関する国際規格である「ISO10002」（品質マネジメント―顧客満足―組織における苦情対応のための指針）も参考になる。

【書式2】クレーム対応規程例

第1章　総　則

（目　的）
第1条　本規程は、当社の製品及びサービスに対する顧客からのクレームに対して、一貫性のある対応を組織的かつ迅速に行い、適切に処理することにより、もって事業活動の円滑な継続及び改善を図ることを目的として当社のクレームに対する対応及び管理に関する体制並びに対応方針につき定めるものである。

（定　義）

第2条　本規程において、「顧客」とは、消費者、卸売店、小売店その他当社との直接の契約の有無にかかわらず、当社の製品を何らかの形で取り扱う者をいう。
1　本規程において、「クレーム」とは、当社の製品およびサービスに関する顧客からの一切の苦情をいう。

(基本方針)
第3条　従業員は、顧客からのクレームに対応するにあたり、次の事項を基本方針とする。
　(1)　顧客のクレームを真摯に理解するよう努めるとともに誠意ある対応をとること
　(2)　クレーム対応に関する情報は迅速かつ正確に社内で共有して対応の全過程において一貫性のある対応をとること
　(3)　顧客や要求の内容によって対応を変えることなく、常に公正に取り扱うこと
　(4)　顧客のクレームには早期に事実関係及び対応方針を確定したうえで迅速に実行すること
　(5)　顧客と直接応対する場合には、憶測ではなく事実に基づいて回答すること

第2章　クレーム対応組織

(クレーム対応委員会)
第4条　当社はクレーム対応及び管理業務に関する社内における統括機関としてクレーム対応委員会を設置する。
2　クレーム対応委員会の委員長には営業担当取締役が就任する。
3　クレーム対応委員会の委員は営業部長、法務部長、その他苦情に関連があるとして委員長が指定した部門の長から構成する。
4　クレーム対応委員会の事務局は当社営業部内に設置する。

(委員会の開催)
第5条　クレーム対応委員会は、委員長が必要があると認めた場合には招集して開催するものとする。

(委員会の業務)
第6条　クレーム対応委員会は次の事項をその業務とする。
　(1)　当社におけるクレームに対する対応方針の策定及び実施
　(2)　クレーム対応に関連する社内規程の制定と改廃
　(3)　クレーム対応に関わる社員の教育及び訓練
　(4)　会社に寄せられるクレームに関する情報の収集、管理及び分析
　(5)　その他のクレームに関する情報の収集、管理、分析

第3章　クレームの処理

(受　付)
第7条　従業員は顧客からクレームを受け付けたときは、次の事項を確認して当社所定の書式に基づきクレーム情報として記録する。
　(1)　氏名、住所、電話番号、対応日時
　(2)　クレームの内容(製品購入またはサービス提供の日時、場所を含む)
　(3)　具体的な対応の内容

(4) その他クレームの処理に必要な事項
（報　告）
第８条　顧客からクレームを受け付けた従業員は、所属する部署の長およびクレーム対応委員会の事務局に対して次の事項を遅滞なく報告する。
(1) 前条にて確認した事項
(2) その他必要な事項

（委員会による調査）
第９条　クレーム対応委員会は、前条に基づき報告を受けたクレームの対応が適正かどうか審査するとともに、必要に応じて事実確認やクレームの原因に関する調査を行う。
2　クレーム対応委員会は、前項に基づく審査等を行う際に、必要に応じて他部門の協力を求めることができる。
3　クレーム対応委員会は、調査を原則として開始後２週間以内に完了するものとし、調査結果についてはクレーム対応委員会を委員長に対して報告する。

（対応方針の決定及び実行等）
第10条　クレーム対応委員会は、前条に基づく調査の結果に基づきクレームに対する対応方針を決定する。
2　クレーム対応委員会は、取締役会に対する報告等必要な手続を経たうえで、前項の対応を実行することができる。
3　クレーム対応委員会は、クレーム発生の原因となった部門等に対し、再発防止のための是正措置を命じることができる。是正措置を命じられた部門等は、直ちに是正措置の達成のために必要となる具体的な行動計画を作成し、その進捗状況をクレーム対応委員会に報告する。

第４章　記　録

（記　録）
第11条　クレーム対応委員会は、報告を受けたすべてのクレーム情報を適切に記録し、保管する。
2　クレーム対応委員会は毎年１回報告書をまとめ、代表取締役に改善計画とともに提出する。

付　則
1　本規則の改廃は、クレーム対応委員会の決議による。
2　本規則は、平成○年○月○日から施行する。

(B) 受付対応～事実関係の把握・記録・関係部署に対する情報の共有～
(a) 受付対応の方法

　クレームの受付対応の目的は、事実関係を把握、記録したうえ、関係部署との間で情報を共有することにある。将来的には訴訟等に発展する可能性もあることを見据えて「クレーム受理報告書」を作成することが望ましい。そ

の内容としては、顧客の情報（氏名、電話番号、住所）、担当者、対応日時、クレームの内容、その他感じたことを記載することが考えられる。

　クレームの内容を聴取する際には５Ｗ２Ｈを意識する。具体的には、何を（What）、誰が（Who）、いつ（When）、どこで（Where）、なぜ（Why）、どのように（How）、いくら（Howmuch）という観点を意識することで情報の漏れがなくなる。

【書式３】クレーム受理報告書例（電話対応メモ）

クレーム受理報告書	
【日　　　時】：平成　　年　　月　　日	【担当者の氏名】：
【架電者の氏名】：	
【電　話・ＦＡＸ】：	
【住　　　所】：	
【聴取した内容】：	
【対　応　内　容】：	
【備　　　考】：	

また、聴取の結果把握したクレームの内容については、顧客に必ず再度確認するようにする。聴取した内容に誤りがあれば、対応が無意味になる可能性があるからである。

さらに、受付対応のスタンスとして、企業側の責任が想定されるか否かによって対応が大きく分かれる点に留意が必要である。

いうまでもなく、受付の段階で勝手に会社側の責任の有無を判断すべきではなく、安易に責任を認めて謝罪するようなことはあってはならない。しかし、明らかな言いがかりであるケースを除き、会社側に責任がある可能性があることを前提に対応したほうが安全である。

具体的には、「十分に内部で検討したうえで対応する」という姿勢を示すことが重要であろう。そして、会社側の責任がないと予想される場合であっても、顧客の主張を真っ向から否定することは避けるべきである。受付の段階で、真摯かつ謙虚な対応をすることによって顧客や消費者の不満が解消されることもあることを十分認識しておくべきである。

(b) 消費生活用製品安全法上の通報制度

受付対応の段階で留意すべき点としては消費生活用製品安全法(以下、「消安法」という)が定める製品事故等に関する措置があげられる。

消費生活用製品の製造事業者等は「重大製品事故」が生じたことを知った日から起算して10日以内に、消費者庁長官に報告しなければならない(消安法35条1項・2項、消費生活用製品安全法の規定に基づく重大事故報告等に関する内閣府令3条)。この「重大製品事故」とは、製品事故のうち、発生し、または発生するおそれがある危害が重大であるものとして、当該危害の内容または事故の態様に関し政令で定める要件に該当するものをいう(同法2条6項、消安法令5条)。

具体的には、消費生活用製品安全法施行令5条は次のとおり規定している。

① 一般消費者の生命または身体に対し、次のいずれかの危害が発生したこと
　イ　死亡
　ロ　負傷または疾病であつて、これらの治療に要する期間が30日以上であるものまたはこれらが治つたとき(その症状が固定したときを含む)において内閣府令で定める身体の障害が存するもの
　ハ　一酸化炭素による中毒

② 火災が発生したこと

そして「知った日」とは、当該事業者の代表者や事故対応部門の責任者が知った日ではなく「会社の誰かが知った日」をいうとされている。たとえば、顧客相談窓口の従業員に重大製品事故の一報が入った日が起算日となる（木目田裕監修「危機管理法大全」461頁（商事法務、2016年））。

したがって、受付対応の段階で重大製品事故の可能性を疑わせる一報があった場合には、受付にてその真偽を無理に判断せず、まずは迅速に関係部署との共有を図る必要がある。

(C) 関係部署における対応
～原因分析、法的責任の検討・対応方針の確定・実行～

顧客・消費者から得た情報について、社内で検証したうえで原因を分析する必要がある。また、原因に対する法的責任の有無、損害の確定を行う必要がある。

法的責任の有無の判断にあたっては、必要に応じて顧問弁護士その他外部専門家に相談、依頼する。

対応方針としては、法的責任があると予想される場合には、あくまでも法律上の損害賠償義務の有無に基軸を置き、必要に応じて道義的責任を果たすというスタンスをもつことが重要である。たとえば、お見舞い、説明のための記者会見といった損害賠償以外の対応も検討に値する。

対応方針が確定した場合には、顧客への説明とともに、賠償が必要な場合にはその点に関する合意に向けて交渉を行うことになる。

また、賠償責任保険に加入しており、その対象となる場合には、保険会社に対して速やかに事故報告を行い、保険会社と協力して対応する必要がある。

会社役員としては、以上の対応状況を、担当役員を中心に把握し、適時適切に担当部署等に対する指示、指導等を行う必要がある。

(D) 事後対応～事例の集積、再発防止策の検討・実施～

製品事故等が発生した場合など、クレームが事実に基づき、会社側にも責任がある場合には、今後も同種のクレーム対応をしなければならないことが予想される。クレームの内容、対応、原因分析の結果、対応については一元化して関係部署に共有化しなければならない。特に、クレーム対応の方法に報告書を作成しノウハウとして共有することが重要である。そのうえで、再発防止策を検討、実施することが必須となる。

II 事例と対策

〔事例〕 製造した商品を利用した顧客からのクレームに対する対応はどうあるべきか

> ガス機器製造販売メーカーであるX社は、自ら製造したガスこんろを販売店であるY社より購入したAより「ガスこんろを使用中、突然製品の背面付近から突然発火があり、火傷を負った。治療費と慰謝料として計400万円を支払え。支払いがなされない場合にはツイッターでX社は欠陥商品を販売している、また事実を揉み消す隠蔽体質であるなどと拡散する」とのクレームが同社のお客様相談窓口に寄せられた。X社はどのように対応すべきか。

1　製造元X社の利用者Aに対する責任

X社はAと直接の契約関係にないため、Aに対して債務不履行責任（民法415条）や瑕疵担保責任（同法570条）を負担するものではないと考えられる。

しかし、製造者等は、製造、加工、輸入または氏名等の表示をした製造物であって、その引き渡しをしたものの、「欠陥」により「他人の生命、身体または財産を侵害した」場合には損害賠償責任を負担する（製造物責任法3条）。

したがって、X社は、本件ガスこんろに「欠陥」があり、「他人の生命、身体または財産を侵害した」と認められる場合には、製造物責任法に基づく損害賠償責任を負担する可能性がある事案といえる。

なお、製造物責任の要件については「第2部 5　製品の欠陥事故（PL問題）とリスク管理」を参照されたい。

2　製品事故がもたらす企業リスク

顧客の生命、身体または財産に対する侵害をもたらす製品事故が発生した場合には、多額の賠償責任や刑事責任等が発生するおそれがあり、企業の存立自体に影響を及ぼす可能性すらある。また、製品の欠陥を放置したような

場合、会社役員個人が賠償責任を負担する可能性もある（会法429条）。したがって、本事例のように、市場に流通している多数の製品に関する事故の可能性を示唆するクレームについては、顧客の主張を軽視せず、代表取締役を含めた役員全員がクレームの存在を認識したうえで、担当役員を中心として早急に原因究明等の対応にあたることが重要である。

3 具体的な対応のポイント

(1) 受付における初動対応の重要性

消費生活用製品の製造事業者等は、「重大製品事故」が生じたことを知った日から起算して10日以内に、消費者庁長官に報告しなければならないものとされている（消安法35条1項・2項）。この「知った日」とは、当該事業者の代表者や事故対応部門の責任者が知った日ではなく、「会社の誰かが知った日」をいうとされており、たとえば、顧客相談窓口の従業員に重大製品事故の一報が入った日が起算日となる。

したがって、本事例のようにクレームの内容が重大な製品事故の可能性を示唆する場合には、クレームを受理した事実自体を早急に社内のしかるべき担当部署および担当役員に共有する必要がある。そして、早急に事実関係を調査し、「重大製品事故」の発生が認められる場合には期間内に消費者庁長官に対する報告を行う必要がある。

(2) Aのクレームに基づく対応

(A) 事実関係の調査

まず、X社としては本事例の発火事故が生じた日時、場所、けがの内容、当時の状況など、Aから可能な限り事情を聴取して事実関係を調査する必要がある。

(B) 法的理由のあるクレームか否かの検討

次に、調査した事実関係を踏まえて、Aの主張に対する対応の要否を検討する。

まず、Aは治療費と慰謝料として計400万円の支払いを求め、支払いがなされない場合にはツイッターでX社は欠陥商品を販売している、また、事実を揉み消す隠蔽体質であると拡散する旨主張している。X社としては、これらの主張が、前記Ⅰ2(1)(A)の①の法的な根拠がある要求といえるか否かを検討する。

〔第2部〕 第2章 商品・サービスに関するリスク

　本事例でAが主として問題としているのは製造物責任法に基づく損害賠償請求であると考えられる。製造物責任法に基づく責任は、「欠陥」により「他人の生命、身体または財産を侵害した場合」に認められる。

　特に本事例ガスこんろに「欠陥」が認められるか否かという点について、裁判上の立証の可否を含めて関係部署にて検討することになるが、「欠陥」の有無のような法律の解釈問題は一義的な判断が困難な場合が多い。明白に不当な主張であるといえるようなケースであれば別として、このような解釈問題については、顧問弁護士に相談したほうが安全である。仮に事後的にその時点での判断が否定された場合であっても、弁護士に相談した事実はその時点での判断を正当化する1つの要素になる。

　AのX社に対する製造物責任法に基づく損害賠償請求が認められ、Aの主張が法的根拠のある要求であるとしても、前記Ⅰ2(1)(A)の②のその要求が損害の回復に関連性があり、かつ③の要求の態様が社会的に見て相当と認められるものか否かを検討する必要がある。

　Aはⓐ治療費と慰謝料として計400万円の支払いを求めており、ⓑ金銭賠償はAの身体的な被害の回復に関連性があると考えられる。ただし、Aの請求額は高額に過ぎる可能性があり、また、ツイッターの利用をほのめかして要求している点で、その態様いかんでは信用毀損罪（刑法233条）や恐喝罪（同法249条）が成立が問題となる可能性もある点に留意が必要である。

　　(C)　製品回収、事実の公表等

　本事例で製品事故が発生したと認められる場合には、事故や被害の内容、原因、重大性などを把握し、生命や身体への被害が今後も発生・拡大する可能性や、当該対応が被害を防止する効果等を勘案して製品回収および事実の公表等の適切な対応を行うべきである。

　特に製品事故が発生した場合には、消費者に情報を提供し、適切な行動を促し、被害の拡大を防止するために、適時かつ適切な公表を行う必要がある。公表の方法としては、記者会見、プレスリリース、新聞・テレビの広告、店頭や代理店での張り紙、チラシの配布、インターネットでのお知らせ等が考えられるが、効果的な方法を検討するべきである。

　　(D)　再発防止策の策定、実施

　製品事故の発生が認められる場合には事業および商品の信用を大きく毀損させ、今後の事業継続の可否に影響を及ぼす可能性があることは先に述べた

とおりである。今後の事故の再発は許されない。したがって、再発防止策の策定したうえで実施することは重要である。

なお、製品事故に対する対応の詳細については前項「5　製品の欠陥事故（PL問題）とリスク管理」を参照されたい。

(E)　インターネット上への情報拡散に対する対応の検討

他方で、本事例のクレームが根拠がなく、消費者が会社に対する悪意情報等をインターネット上に拡散する可能性がある場合には、早期に弁護士に対応を依頼したうえで警告書の送付等の対応を検討する必要がある。

ただし、送付した警告書等がインターネット上に拡散される可能性があることにも留意する必要がある。会社による対応が不誠実であると印象付けられてしまえば、かえって企業イメージの低下をもたらす要因となる可能性がある。そこで警告書を送付する場合であっても、警告書の名義（会社名義か弁護士名義か）、内容、送付方法（電子メール、FAX、内容証明郵便など）などはインターネット上に公開されることを前提として慎重に検討する必要がある。

(F)　会社役員としての対応

以上の対応状況を、担当役員を中心に把握し、適時・適切に関係部署等に対する指示、指導等を行う必要がある。特にクレームが事実に基づき、会社側にも責任がある場合には、今後も同種のクレーム対応をしなければならないことが予想される。クレームの内容、対応、原因分析の結果、対応については一元化して関係部署等に共有しなければならない。

会社役員がこのような適切な対応を怠ったことにより会社に損害が発生した場合には、善管注意義務違反があるとして会社に対する損害賠償責任を負う可能性があるので注意が必要である。

〔西山　諒〕

第3章

労務・従業員に関するリスク

7 労務管理とリスク管理

I 基礎知識

1 労務管理に関するリスク

　「ヒト、モノ、カネ」が経営の三要素といわれるように、会社が事業を行い、利益を出し、持続的に成長するためには、従業員（労働者）の存在が欠かせない。そして、適切な労務管理は、有用な人材の確保や育成、職場環境の改善、労働効率の向上といった成果につながり、会社の利益を増大させる背景となる。

　他方で、労務管理を蔑ろにすると、労働者との紛争が生じて労働者との間の訴訟等を招き、効率的な会社運営の支障となるリスクがある。また、職場環境や労働条件が劣悪であれば、いわゆるブラック企業との評価を受け、社会的な信用を失い、取引先や顧客が離れるリスクもある。それだけでなく、過重な長時間労働は、労働効率の低下に加え、労働者の心や体の健康を害し、脳・心臓疾患やうつ病などの精神疾患をもたらし、最悪の場合には過労死、過労自殺を招くといったリスクもある。労務管理を怠ってこのような結果を招来すると、不法行為や、役員の任務懈怠責任として、役員個人の責任を追及されるリスクすらある。

　このような労務管理に関して発生するリスクは、会社およびその役員のリスクとして極めて重要なものであり、企業経営に関しては、これらリスクを適切に管理することが必要不可欠である。

　本章では、これら労務管理に関するリスクのうち、採用に関するリスク、労働条件等に関するリスク、退職に関するリスクの主たる留意点を取り上げ、管理の方法とともに説明する。

2　採用に関するリスク

(1)　採用内定に関するリスク

　採用内定により、応募者との間では始期付解約権留保付労働契約が成立すると解されている（最判昭和54・7・20民集33巻5号582頁、最判昭和55・5・30民集34巻3号464頁）。つまり、内定者との間でも、正規の就業開始時にその効力が発生するものとして労働契約が成立しており、他方で、内定者ゆえに、就業開始時までは会社側が解約権（内定取消権）を留保していると解されるのである。

　そのため、採用内定通知書や誓約書に記載された採用内定の取消事由が生じた場合でも、当該事由に基づく労働契約の解約が客観的合理的と認められ社会通念上相当として是認されるものでなければ、採用内定の取消しは行えない。近年では、テレビ局が内定者の過去の職歴を理由に採用内定の取消しを行ったところ、当該採用内定の取消しの効力が訴訟で争われ、裁判所からの和解勧告を受けて結果的に採用に至った事案がある。

　このように、採用内定の取消しは、その効力が争われ、紛争化するリスクがある。そして、訴訟等においてその取消しが無効と判断された場合には、応募者を雇用し、労働契約の始期からの賃金を払う義務が生じるため、採用内定の取消しを行う場合には、取消事由の存否について、慎重な検討が必要となる。

(2)　雇用契約締結時のリスク

　労働契約の締結に際しては、労働者に対し書面を交付して労働条件を明示しなければならない（労基法15条1項、労基則5条1項・2項）。明示すべき内容は、労働基準法施行規則5条各号に定められた賃金、労働時間等であり、採用内定をする場合には、その時点で明示義務がある。

　労働条件を明示しなかった場合には、労働基準監督署からの是正勧告、30万円以下の罰金が科されるリスクがあるほか（労基法120条1号）、雇入れ後に労働者との間で労働条件についてトラブルとなるリスクがある。

　また、明示された労働条件が事実と相違する場合には、労働者は、即時に労働契約を解除することができるので（労基法15条2項）、会社には労働者から当該解除権を行使されるというリスクがある。

　これらのリスクは、労働者に対し、正確な労働条件を確実に明示すること

3 労働条件等に関するリスク

(1) 就業規則に関するリスク

(A) 就業規則の届出と周知

　常時10名以上の労働者を使用する使用者は、就業規則を作成し労働基準監督署に届け出なければならない（労基法89条）。就業規則には、始業および終業の時刻、休憩時間、休日、休暇、就業時転換に関する事項、賃金の決定、計算および支払いの方法、賃金の締切りおよび支払いの時期並びに昇給に関する事項、退職に関する事項等が規定される（同条各号）。

　就業規則の作成、届出は、会社単位ではなく事業場単位で行うため、労働者が10名程度の比較的小さな出張所や支店でも、10名以上の労働者がいる場合には注意が必要である。ただし、本社と各事業場の内容が同一である場合には、本社を管轄している労働基準監督署長に一括して届け出ることができる（平成15・2・15基発第0215001号）。

　会社が上記届出を怠ると、労働基準監督署の是正勧告や30万円以下の罰金が科されるリスクがある（労基法120条1号）。

　また、就業規則は常時各作業場の見やすい場所へ掲示し、または備え付ける等によって、労働者に周知させなければならない（労基法106条1項、労基則52条の2）。ただし、社内の見やすい場所に掲示したり、社内のイントラネットで閲覧できる状態にするなど、合理的な方法により周知がされていれば、個々の従業員が現実にその内容を確認していなかったとしても、就業規則の効力が及ぶ（最判平成15・10・10労判861号5頁）。

　会社がこのような周知を怠ると、就業規則としての効力が生じないというリスクがあり、周知していないことで、30万円以下の罰金が科されるリスクもある（労基法120条1号）。

(B) 就業規則の不利益変更

　就業規則を労働者の不利益に労働条件を変更する場合には、労働者との合意がなければ行えない（労契法9条）。

　ただし、当該変更が、①労働者の受ける不利益の程度、②労働条件の変更の必要性、③変更後の就業規則の内容の相当性、④労働組合等との交渉の状況その他の就業規則の変更に係る事情に照らして合理的なものであれば、労

働者に変更後の就業規則を周知させることで、就業規則の不利益変更が可能となる（労契法10条）。

定年年齢を55歳から60歳まで引き上げる一方、55歳以降の賃金を引き下げる内容の就業規則の不利益変更が問題となった第四銀行事件（最判平成9・2・28判時1597号7頁）では、①不利益の程度はかなり大きいが、②60歳定年制の導入と人件費の負担増加に対応することについて高度の必要性があること、③変更後の労働条件の内容が同業他社や世間相場から見て相当性があり、福利厚生制度の適用延長や拡充、特別融資制度の新設等の措置がとられていること、④圧倒的多数派である労働組合との合意を経たうえで行われたものであることから、変更後の就業規則の効力が認められている。

就業規則の不利益変更は、労働者との合意を得て行うほうがリスクは少ないが、合意を得ずに行う場合には、変更の合理性や労働者への説明のプロセスにつき慎重な検討が必要となり、リスクを抑えるためには弁護士等の専門家に相談することが望ましい。

(2) 長時間労働に関するリスク

(A) 時間外労働と長時間労働の規制

労働基準法は、1日につき8時間、1週間につき40時間を労働時間の上限とし（労基法32条）、毎週少なくとも1回、もしくは4週を通じ4日以上の休日を与えなければならないとする（同法35条）。そして、これを超えた時間外労働、休日労働をさせると、労働基準法に違反する違法行為となり、会社は、労働基準監督署の是正勧告を受けたり、6カ月以下の懲役または30万円以下の罰金が科されたりするリスクがある（同法119条1号）。

ただし、いわゆる労働者との間で三六協定を締結し、労働基準監督署へ届け出ることで、その協定の範囲内であれば時間外労働や休日労働も直ちに違法とはならない（労基法36条）。そのため、時間外労働や休日労働をさせる場合には、三六協定の締結、届出が最低限必要である。

三六協定では、「1日及び1日を超える一定の期間についての延長することができる時間」等を定める（労基則16条1項）。延長できる労働時間に関しては、強制力を有するものではないと解されているが、時間外労働の限度に関する基準（平成10年労働省告示第154条）が存在し、〔表6〕のとおり上限時間が定められている。なお、特別条項付き協定を結ぶことで、当該特別条項の範囲内で、三六協定の限度時間を超えて労働させることができる。

〔表６〕 三六協定で定める延長時間の限度の基準（一般の労働者の場合）

期　　間	限度時間
１週間	15時間
２週間	27時間
４週間	43時間
１カ月	45時間
２カ月	81時間
３カ月	120時間
１年間	360時間

(B)　**長時間労働のリスク**

　時間外労働が増加すれば、労働者にとってそれが過重な長時間労働となるおそれがある。過重な長時間労働は、労働効率を低下させるだけでなく、労働者の心や体の健康を害し、脳・心臓疾患やうつ病などの精神疾患をもたらし、最悪の場合には過労死や過労自殺を生じさせる。

　この場合、遺族が労災保険請求だけでなく、会社に対し民事訴訟で損害賠償を請求するリスクがある。労災補償制度は、使用者に対する民事訴訟による損害賠償請求と併存するものであり、また性質上、精神的損害や逸失利益までは補償対象とされないためである。

　さらに、役員個人が責任を追及されるリスクもある。すなわち、役員は会社に対する善管注意義務として、労働者の生命・健康を損なうことがないような体制を構築すべき義務を負っており、当該義務を怠って労働者に損害を与えた場合には、会社法429条１項に基づく責任が認められる場合がある（大阪地判平成15・４・４判タ1162号201頁、大阪高判平成23・５・25労判1033号24頁）。また、裁判例では、ホテルを運営する会社において、労働時間を管理する体制を整備しなかったとして、民法709条に基づく役員個人の責任が認められた事例（和歌山地判平成17・４・12労判896号28頁）や、運送会社において従業員の過酷な勤務体制を改善しなかったとして、民法709条に基づく役員個人の責任が認められた事例がある（名古屋高判平成20・12・25労判983号62頁）。

　長時間労働が常態化し労働環境が悪化すると、既存の人材の流出や、新規

の採用に支障が生じ、人材不足がさらなる長時間労働を生むというリスクもある。その結果、ブラック企業として社会的に認知されるリスクがあり、そうなると、社会的な信用を毀損し、取引先、顧客が離れ、事業の存続が困難となる原因にもなりかねない。

　さらに、違法な長時間労働をさせた場合には、労働基準関係法令違反として企業名が公表されるリスクがある。平成28年12月には、労働者2名に違法な時間外労働をさせたことを理由に（労基法32条違反）、広告代理店が労働基準関係法令違反として公表されている。

(C) 長時間労働のリスク管理

　長時間労働のリスクを管理するためには、労働時間の適正な把握が必要であり、これは会社の義務である（平成13・4・6基発第339号）。

　労働時間の適正な把握のために、使用者が講ずべき措置としては、ガイドラインが策定され、〔表7〕の措置が公表されている（厚生労働省「労働時間の適正な把握のために使用者が講ずべき措置に関するガイドライン」平成29・1・20策定）。これら措置を通じて、労働時間を適正に把握し、労働者に過重な長時間労働を強いることがないよう適切な労務管理を行う必要がある。

　また、長時間労働に伴い発生するとされる脳・心臓疾患について、労災認定に関する基準が定められており、長時間労働は疲労の蓄積をもたらす最も重要な要因であって、1カ月あたりおおむね45時間を超えて時間外・休日労働の時間が長くなるほど、業務と脳・心臓疾患発症の関連性が徐々に強まり、発症前1カ月間に100時間または2～6カ月間平均で月80時間を超える時間外・休日労働があれば、業務と脳・心臓疾患発症との関連性が強いと評価されている（平成13・12・12基発第1063号、平成22・5・7改正基発第0507第3号〈図2〉）。

　さらに、長時間労働は強い心理的負荷として、心身の疲弊、消耗をきたし、うつ病等の原因となることから、心理的負荷による精神障害の認定基準（平成23・12・26基発1226第1号）においても、労災認定の判断要素として長時間労働が考慮されている。

　したがって、業務上の必要性からやむを得ず時間外労働をさせる場合でも、リスク管理のためには、時間外労働の時間は1カ月あたり45時間以内におさめることが望ましい。

〈図2〉 脳・心臓疾患の業務起因性の判断のフローチャート

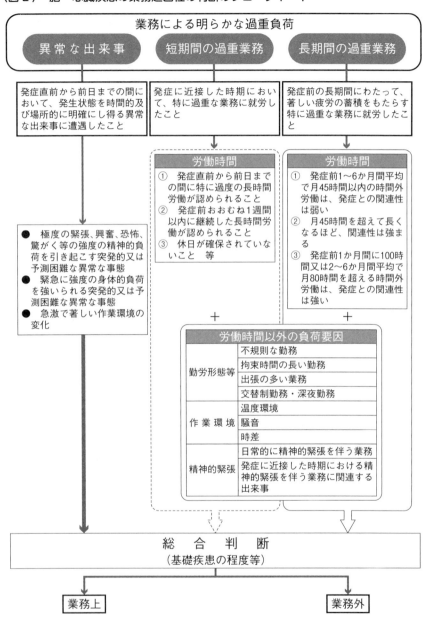

※ 厚生労働省ほか「脳・心臓疾患の労災認定」より抜粋。

〔表7〕 労働時間の適正な把握のために使用者が講ずべき措置

　使用者は、労働者の労働日ごとの始業・終業時刻を確認し、適正に記録すること
(1) 原則的な方法
・使用者が、自ら現認することにより確認すること
・タイムカード、ICカード、パソコンの使用時間の記録等の客観的な記録を基礎として確認し、適正に記録すること
(2) やむを得ず自己申告制で労働時間を把握する場合
① 自己申告を行う労働者や、労働時間を管理する者に対しても自己申告制の適正な運用等ガイドラインに基づく措置等について、十分な説明を行うこと
② 自己申告により把握した労働時間と、入退場記録やパソコンの使用時間等から把握した在社時間との間に著しい乖離がある場合には実態調査を実施し、所要の労働時間の補正をすること
③ 使用者は労働者が自己申告できる時間数の上限を設ける等適正な自己申告を阻害する措置を設けてはならないこと。さらに36協定の延長することができる時間数を超えて労働しているにもかかわらず、記録上これを守っているようにすることが、労働者等において慣習的に行われていないか確認すること

〔表8〕 脳血管疾患および虚血性心疾患等（負傷に起因するものを除く）の認定基準について（抜粋）

　業務の過重性の具体的な評価に当たっては、疲労の蓄積の観点から、労働時間のほか…負荷要因について十分検討すること。
　その際、疲労の蓄積をもたらす最も重要な要因と考えられる労働時間に着目すると、その時間が長いほど、業務の過重性が増すところであり、具体的には、発症日を起点とした1カ月単位の連続した期間をみて、
① 発症前1カ月間ないし6カ月間にわたって、1カ月当たりおおむね45時間を超える時間外労働が認められない場合は、業務と発症との関連性が弱いが、おおむね45時間を超えて時間外労働時間が長くなるほど、業務と発症との関連性が徐々に強まると評価できること
② 発症前1カ月間におおむね100時間または発症前2カ月間ないし6カ月間にわたって、1カ月当たりおおむね80時間を超える時間外労働が認められる場合は、業務と発症との関連性が強いと評価できること
を踏まえて判断すること。

(D) 健康診断の実施・ストレスチェック制度に関するリスク管理

　従業員の心と体の健康を維持するためには、労働者安全衛生法で定められた、健康診断やストレスチェックが重要である。

　まず、常時使用する労働者に対しては、1年以内ごとに1回、医師による定期の健康診断を行わなければならない（労安衛法66条1項、労安衛則44条1項）。そして、事業者は、健康診断の結果は記録しておかなければならず、（労安衛法66条の3）、異常の所見があると診断された労働者に関しては、その健康保持のために必要な措置について医師等の意見を聞き（同法66条の4）、必要があると認めるときは、就業場所の変更、作業の転換、労働時間の短縮等の措置を講じるほか、作業環境測定の実施等の措置を講じなければならない（同法66条の5）。

　このような健康診断の実施、結果の記録に違反した場合には、労働基準監督署から是正勧告、50万円以下の罰金が科されるリスクがある（労安衛法120条1項）。

　また、ストレスチェックは、平成27年12月から、労働者のメンタルヘルスの問題の未然防止、労働者自身のストレスへの気づきの促進、ストレスの原因となる職場環境の改善を目的として義務付けられたものであり、常時使用する労働者に対して、1年以内ごとに1回、定期に行う必要がある（労安衛法66条の10第1項。なお、50人未満の事業場については当分の間努力義務とされているが、リスク管理のためには実施することが望ましい）。

　検査結果は、事業者は、労働者の同意がなければ提供を受けられないが（労安衛法66条の10第2項）、結果の提供を受けた場合には記録を作成して保存しなければならない（労安衛則52条の13第2項）。

　検査の結果、検査を行った医師等から、心理的な負担の程度が高い者であって、医師の面接指導を受ける必要があると認められた労働者から、面接指導を希望する旨の申出があれば、これを行わなければならず（労安衛法66条の10、労安衛規則52条の15）、その結果に基づき、当該労働者の健康を保持するための措置について、医師の意見を聞き（労安衛法66の10第5項）、必要があると認めるときは、就業場所の変更、作業の転換、労働時間の短縮等の措置を講じるほか、事業者において事業場ごとに設置する産業医等を構成員とする衛生委員会への報告その他の適切な措置を講じなければならない（労安衛法66の10第6項）。

このような健康診断やストレスチェックにより、労働者の健康状態を把握して適切な措置を講じることができるため、リスク管理として重要である。

(3) 時間外手当に関するリスク

使用者は、労働者の労働時間を8時間以上に延長し、または休日に労働させた場合、午後10時から午前5時までの間に労働させた場合には、当該時間外労働、休日労働や深夜労働に対し、通常の賃金に加え、割増賃金を支払わなければならない。1カ月の合計が60時間までの時間外労働、深夜労働の割増賃金は25％以上の率、60時間を超えた時間外労働の割増賃金は50％以上の率、休日労働の割増賃金は35％以上の率となる（労基法37条1項・4項）。

時間外労働と深夜労働が重複した場合、休日労働と深夜労働が重複した場合には、それぞれの割増率が加算される。たとえば、就業時刻が9時から午後5時（休憩1時間）の会社において、午後11時まで就業した場合には、午後5時から午後10時までの割増率は25％、午後10時から午後11時までの1時間の割増率は50％となる（いずれも1カ月の合計が60時間以内の場合であり、60時間を超えるとそれぞれ50％以上、75％以上となる）。なお、休日の時間外労働の場合の割増率は、深夜労働に該当しない限り35％以上でよい。

これらの時間外労働、休日労働に対する割増賃金を正しく支払っていなければ、いわゆる未払い残業代として労働者から請求を受けるおそれがあり、訴訟等では未払金に加え、それと同額の付加金の支払いが命じられるリスクもある（労基法114条）。賃金請求権の時効期間は2年であるが（同法115条）、多数に対する未払いが判明する等、支払うべき金額が多額になれば、企業の経営を圧迫することにもなる。宅配業者の例では、判明した過去の未払いの時間外手当等の支払いのために190億円の一時金を計上し、これが大幅な減収の要因となった。

さらに、時間外手当の未払いは、労働基準法違反として労働基準監督署から是正勧告を受け、あるいは6カ月以下の懲役または30万円以下の罰金が科されるリスクがある（労基法119条1号）。

このような時間外手当に関するリスクの管理にも、労働時間の適正な把握が重要である。労働時間を適正に把握し、適切な時間外手当を算定し、支払うことで、時間外手当に関するリスクを抑えることができる。

なお、管理監督者等（労基法41条各号）に該当すれば、深夜の割増手当を除き割増賃金に関する規定が適用されないため、時間外手当、休日手当を支

払う必要はない。しかし、管理監督者ではない者を管理監督者として扱った場合には、時間外手当等の支払義務を負うリスクがあり、基準の策定、適用は慎重に行う必要がある（いわゆる名ばかり管理職の問題）。この点は、後記Ⅱの「事例と対策（事例1）」を参照されたい。

(4) 配転、出向に関するリスク

使用者は、その業務執行権の行使として、原則として、従業員に対し、配転（転勤等）や出向を命じることができる。しかし、一定の場合に、配転命令が無効と判断され、配転により実現しようとした業務ができなくなるほか、配転命令が権利濫用と判断されたうえ、不法行為として労働者から損害賠償請求を受けるリスクが生じる場合がある。出向命令に関しても、無効となれば同様のリスクがある。

配転命令は、就業規則において規定されているのが通常であるが、労働契約で職務内容や勤務地を限定する合意がされている場合に、これを一方的に変更する配転命令は行えない。また、業務上の必要性がない場合や、業務上の必要性があっても他の不当な動機・目的をもってなされたものであるとき、もしくは労働者に対し通常甘受すべき程度を著しく超える不利益を負わせるものであるときは、権利濫用として無効となる（最判昭和61・7・14労判477号6頁）。

出向命令についても、就業規則等により出向命令権が認められる場合でも、出向命令がその必要性、対象労働者の選定に係る事情その他の事情に照らして、権利濫用と認められる場合には無効となる（労契法14条）。

いずれも、労働者の個別の同意を得て行うことでリスクを抑えることができるが、同意が得られない場合には、上記の点から無効となるおそれがないか、訴訟等の紛争となる可能性がないか、等を検討して行う必要がある。

4　退職に関するリスク

(1) 解雇のリスク

使用者側の判断で労働者を退職させる必要が生じる場合がある。その方法として解雇があるが、労働者を解雇すると、後に労働者から訴訟等において解雇の効力を争われるリスクがある。解雇が無効と判断されると、労働契約上の地位を認めざるを得ず、解雇期間中の賃金の支払義務を負うほか、解雇が不法行為にあたるとされれば慰謝料の支払義務を負うこともある。このよ

うなリスクを管理するためには、解雇に際し、当該解雇が無効となるおそれがないか、あらかじめ慎重に検討しなければならない。

解雇には、普通解雇、懲戒処分として行われる懲戒解雇、会社側の経営事情等を理由に行われる整理解雇がある。解雇は、客観的合理的な理由を欠き、社会通念上相当であると認められない場合には、権利の濫用として無効となる（労契法16条）。

普通解雇の場合、客観的合理的な理由の有無は、就業規則で定められた解雇事由の有無、たとえば、勤務状況の不良、業務能率の不良、業務に耐えられない精神身体の障害等の該当性として問題となる。そのうえで、就業規則上の解雇事由に該当する場合でも、具体的な解雇事由の程度等から、解雇が社会通念上相当であるといえなければならない。

他方、懲戒解雇は、企業秩序の違反に対する制裁罰であり、懲戒権の行使である。懲戒権は、就業規則に懲戒事由および手段を明示して初めて行使し得るものであるから（最判平成15・10・10労判861号5頁）、懲戒解雇をするには就業規則上の懲戒事由の定めが必要となるほか、行為の性質および態様その他の事情に照らして、客観的に合理的な理由を欠き、社会通念上相当であると認められない場合は、懲戒権の濫用として無効となる（労契法15条）。

整理解雇は、企業が経営上必要とされる人員削減のための解雇であり、①人員削減の必要性、②解雇回避義務を尽くしたこと、③人選の合理性、④手続の妥当性により有効性が判断される（4要件ないし4要素）。

このように、各種解雇の有効性に関してはその要件の有無が問題とされるが、その際、個々の具体的事実をどのように評価するかが重要となる。もっとも、その判断は必ずしも容易ではない。そのため、解雇に際しては、弁護士等の専門家の意見を踏まえたうえで、慎重な判断をすることが必要である。

(2) 退職勧奨のリスク

解雇ではなく、退職を勧奨した結果として、労働者が合意または辞職の申出により退職する場合には、後のリスクは比較的少ない。もっとも、退職勧奨を行う場合でも、その態様が社会的相当性を逸脱した場合には、不法行為として労働者から損害賠償を請求されるリスクがある。退職勧奨に際しては、社会的相当性を逸脱しないよう、勧奨する際の時間、勧奨者の数、言動、勧奨する回数等に留意する必要がある。

5　労務管理に関する役員のリスク

　以上で述べた各リスクとその管理は、労務管理のリスクとして特に重要なものである。経営の委任を受けた役員には、会社のために法令を遵守し忠実に職務を行う義務があるため（会社355条）、上記以外の労務管理に関しても、労働基準法等の関連法令を遵守し適切に対処しなければならない。

　これら労務管理を怠ると、冒頭に述べたようなリスクが顕在化するし、役員個人も労働者との関係で民法709条や会社法429条１項に基づく損害賠償責任を負う可能性がある。特に、長時間労働に関しては、労働時間の体制が整備できていないことや、長時間労働による過労死につき、民法709条や会社法429条１項に基づき役員個人の責任が認められた裁判例も存在していることに加え（和歌山地判平成17・４・12労判896号28頁、大阪高判平成23・５・25労判1033号24頁）、長時間労働自体が近年の社会的な課題となっていることからも、役員が管理すべきリスクとして、特に重視しなければならない事項といえよう。

Ⅱ　事例と対策

〔事例１〕　年俸制を採用する店長から退職後に時間外手当等の請求がされた場合はどう対応するか

> 　全国に多店舗を展開する小売業者であるＡ社は、就業規則において、各店舗の店長を管理職と位置付け年俸制を採用することとし、時間外手当、深夜手当を支払っていなかった。今般、退職した元店長であるＢから時間外手当等の請求を受けたが、どのように対応すべきか。

1　時間外手当の支払義務

　就業規則において管理職と位置付けた役職にある者であっても、それによって直ちに時間外手当等の割増賃金が生じないわけではない。もっとも、同人が「監督若しくは管理の地位にある者」に該当すれば、「管理監督者」として、労働時間、休憩、休日に関する労働基準法上の規定が適用されないた

め(労基法41条2号)、時間外手当を支払う必要はない。

しかし、労働基準法37条3項の深夜割増は、労働が行われる時間帯に着目したものであり、労働時間に関する他の規定とは制度趣旨を異にするから、管理監督者に対しても適用される(最判平成21・12・18判時2068号159頁)。

また、年俸制を採用したとしても、それにより労働基準法37条の割増賃金の支払いを免れることはできず、管理監督者に該当しなければ、時間外手当等の割増賃金を支払わなければならない。

これら時間外手当の未払いは、労働者から訴訟により請求された場合には、未払金と同額の付加金の支払いを命じられるリスクもある(労基法114条)。

2　管理監督者の判断

では、労働基準法41条2号の「監督若しくは管理の地位にある者」とは、どのような者をいうのか。

行政解釈では、管理監督者は、労働条件の決定その他労務管理について経営者と一体的な立場にある者であって、労働時間、休憩および休日に関する規制の枠を超えて活動することが要請されざるを得ない重要な職務と責任を有し、現実の勤務態様も、労働時間等の規制になじまないような立場にあるかを、職務内容、責任と権限、勤務態様および賃金等の待遇を踏まえ、総合的に判断するとされる(昭和22・9・13基発第17号、昭和63・3・1基発第150号、平成20・9・9基発第0909001号)。そして、「多店舗展開する小売業、飲食店等の店舗における管理監督者の範囲の適正化について」(平成20・9・9基発第0909001号)では、多店舗展開する小売業、飲食店等の店舗における管理監督者の判断要素が具体的にあげられており、参考となる。

裁判例では、①職務内容、権限および責任に照らし、労務管理を含め、企業全体の事業経営に関する重要事項にどのように関与しているか、②その勤務態様が労働時間等に対する規制になじまないものであるか、③給与(基本給、役職手当等)および一時金において、管理監督者にふさわしい待遇がされているか否かなどの諸点から判断すべきとされる(東京地判平成20・1・18労判953号10頁)。

これらの基準から明らかなように、管理監督者の該当性判断は、必ずしも容易ではない。

3　対　応

　上記のとおり、年俸制を採用していても直ちに割増賃金の支払義務がなくなるわけではなく、また深夜割増に関しては管理監督者か否かを問わず支払う必要があるため、Ａ社はＢに対し、少なくとも深夜割増分について未払いがあればこれを支払わなければならない。

　次に、時間外労働に対する賃金の支払義務があるか否かは、Ｂが管理監督者に該当するか否かによる。前記のとおり、労働基準法上の管理監督者の該当性判断は、複数の要素から判断される事項であり、個別具体的な事情により左右されるため容易でない。Ａ社としては、Ｂの管理監督者該当性について、弁護士等の専門家に相談することが望ましい。

　そのうえで、管理監督者に該当しないのであれば、早期に未払いとなっていた時間外手当を支払うべきである。会社としては、これを放置すれば、訴訟により付加金の支払いを命じられるリスクがある。

　加えて、旧商法266条の3（現行会社法429条に相当）に関し、労働基準法37条に違反して割増賃金を支払わなかった場合に、会社が倒産の危機にあり、割増賃金を支払うことが極めて困難な状況にあった等特段の事情がない限り、取締役の善管注意義務・忠実義務に反する任務懈怠が認められると判示して、取締役個人の責任を肯定した裁判例も存在するところであり、（大阪地判平成21・1・15労判979号16頁）、役員個人も責任を負うリスクがある。

　他方で、Ｂのような店長が他にいる可能性があれば、他の店舗の店長について、早期に管理監督者の該当性を判断し、未払いの時間外手当の支払い、就業規則の改定等といった、適切な対応をとることが必要である。

7 労務管理とリスク管理

〔事例２〕　長時間労働による過労死、過労自殺が発生した場合はどのような対応をすべきか

> 飲食店を経営するＣ社では、従業員の長時間労働が常態化していた。代表取締役Ｄは、事態の改善を望んでいたが、具体的な対策は行っていなかった。
> 　そのような中で、若手社員であるＥが心不全により死亡するという出来事が起きた。Ｅの遺族は、Ｅの死亡はＣ社での長時間労働によるものであると主張している。

1　長時間労働に対する規制

　使用者は、労働者に、１週間について40時間を超えて、１日について８時間を超えて労働させてはならないが（労基法32条）、いわゆる三六協定を締結し、労働基準監督署に届け出た場合には、労働時間の延長が可能となる（労基法36条）。時間外労働の上限については、「労働基準法第36条１項の協定で定める労働時間の延長の限度等に関する基準」（平成10年労働省告示第154号）が定められ、一定の上限時間が設けられているが、時間外労働の絶対的上限ではない。また、特別条項付き協定を結ぶことで、限度時間を超える時間を延長時間とすることができる。

　もっとも、長時間労働は労働者に対し過度の精神的肉体的な負荷をかけ、疲労の蓄積、強い心理的負荷をもたらし、最悪の場合にはいわゆる過労死や、精神障害によって正常の認識、行為選択能力や自殺行為を思いとどまる精神的抑制力が著しく阻害された結果、過労自殺を引き起こす原因となる。そのため、業務上の必要性からやむを得ず時間外労働をさせる場合でも、リスク管理のためには、時間外労働の時間は１カ月あたり45時間以内におさめることが望ましい。

2　過労死の認定基準

　過労死、過労自殺が業務に起因するものとして労災と認定された場合、労災補償の対象となる。

　業務による明らかな加重負荷を受けたことにより発症した脳・心臓疾患は、

業務上の疾病として取り扱われるが、長時間労働との関係では、①発症前1カ月間ないし6カ月間にわたって、1カ月あたりおおむね45時間を超える時間外労働が認められない場合は、業務と発症との関連性が弱いが、おおむね45時間を超えて時間外労働時間が長くなるほど、業務と発症との関連性が徐々に強まると評価でき、②発症前1カ月間におおむね100時間または発症前2カ月間ないし6カ月間にわたって、1カ月あたりおおむね80時間を超える時間外労働が認められる場合は、業務と発症との関連性が強いと評価できるとされる（平成13・12・12基発第1063号、平成22・5・7基発第0507第3号）。

また、精神障害に関しては、発病前おおむね6カ月の間に、業務による強い心理的負荷が認められることが認定の要件であるが、長時間労働がある場合には、①発病直前の1カ月におおむね160時間以上の時間外労働を行った場合、②発病直前の3週間におおむね120時間以上の時間外労働を行った場合、③発病直前の2カ月間連続して1月あたりおおむね120時間以上の時間外労働を行った場合、④発病直前の3カ月間連続して1月あたりおおむね100時間以上の時間外労働を行った場合などには、心理的負荷の強度が強いものと評価される（平成23・12・26基発第1226第1号）。

このような長時間労働の後に生じた過労死、過労自殺は、業務起因性が認められ労災として認定される可能性が高い。

3　会社および役員の責任

過労死、過労自殺が業務に起因するものであれば、会社としても安全配慮義務違反に基づき損害賠償責任を負うことになる。労災保険給付の請求をしても塡補されない損害に限り、遺族が会社に対し、民事訴訟を提起する等してその損害を請求することができる。

また、過労死、過労自殺が生じた場合、損害賠償責任を負うのは必ずしも会社に限られない。中小企業において、死亡した者の勤務状況を直接把握、管理することができた取締役がこれを怠り、結果として過労死、過労自殺が生じた場合には、当該取締役にも会社法429条1項の責任が認められる可能性がある。また、労働者の個別具体的な勤務時間を逐一把握することができない大企業の取締役でも、労働者の生命・健康を損なうことがないような体制を構築し、長時間勤務による過重労働を抑制する措置をとる義務を負っており、長時間労働が恒常化していたことを認識し、あるいは極めて容易に認

識できたにもかかわらず、過重労働を抑制する措置をとらず、上記義務を怠って損害を与えれば、会社法429条1項の責任を負うことがある（大阪高判平成23・5・25労判1033号24頁）。

4　対　応

(1)　労災請求、民事訴訟

C社としては、労災請求に際し、事実調査の対象となること、また後にEの遺族から民事訴訟等により損害賠償責任を追及される可能性があることなどから、まずは、事実関係を把握、確認するための調査を十分に行う必要がある。そのうえで、労災認定の可能性が認められる案件であれば、Eの遺族が労災請求を行うに際し、協力する必要があろう。

会社、役員が遺族から民事訴訟を提起された場合には、対応を弁護士等に相談することが望ましい。

(2)　再発防止策の策定

C社としては、過労死の原因の調査分析、過労死を防ぐための再発防止策の策定、実施が不可欠である。

C社では、長時間労働が常態化していたのであるから、まずは長時間労働の削減に向けて取り組む必要がある。そのためには、労働者の労働時間の適正な把握を徹底することが、対策の第一歩となる。タイムカードによる労働時間の管理を行っている場合には、タイムカードが労働時間の実体を正確に反映しているか、打刻後の勤務がないかなどを確認する。

そのうえで、配置転換や新規の従業員の雇用により、業務にあたる従業員を増やすなどして、1人あたりの業務負担量を軽減することを検討すべきである。会議の削減や、業務の属人化の是正、業務のIT化・システム化も、1人あたりの業務負担量の軽減に資する。

また、時間外労働を削減する施策としては、退社時刻の設定や、残業手続の厳格化、ノー残業デーの導入、残業時間が一定数を超えた場合の本人、上司に対する連絡、朝方勤務、在宅勤務の導入および推奨などが考えられる。経営トップから、残業を削減することについて明確なメッセージを発することも有用であろう。会社の賃金規程や三六協定が長時間労働を前提とした内容となっていれば、これを直ちに改定する必要がある。三六協定の内容を改めて労働者に周知することも長時間労働の削減につながる。

健康管理の点からすれば、有給休暇の計画取得や休日出勤がないような体制づくり、定期健康診断やストレスチェックといった労働安全衛生法上の措置を確実に履践することも重要である。

他方で、従業員側の対応としても、管理職研修を実施するなどして、睡眠時間の確保や不調を感じた場合の対応など、健康管理の重要性を理解してもらう必要がある。

これらの措置を実行しながら、C社としては、従業員との話し合いを通じて、労働者がワーク・ライフ・バランスの取れた働き方ができる職場環境づくりを目指すこととなろう。

〔多田啓太郎〕

8 ハラスメントとリスク管理

I 基礎知識

1 ハラスメント

ハラスメント（Harassment）とは、人に対する嫌がらせ、人を悩ませることをいう。ハラスメントには、代表的なものとしてセクシャルハラスメント（セクハラ）、パワーハラスメント（パワハラ）があるが、他にお酒の場で行われるアルコールハラスメント（アルハラ）、喫煙者によるスモークハラスメント（スモハラ）、精神的な嫌がらせであるモラルハラスメント（モラハラ）、大学等の教職員によって行われるアカデミックハラスメント（アカハラ）等、多種多様なものがある。

そのうち、特にセクシャルハラスメント、パワーハラスメントは、職場でのハラスメントとして頻繁に問題となる。また、妊婦等に対する職場でのマタニティハラスメント（マタハラ）も、妊娠中の軽易な業務への転換を契機とした降格処分に関し最高裁判所が判断枠組みを示しており（最判昭和26・10・23判タ1410号47頁）、JALのマタハラ訴訟が話題になるなど、近年注目されている。

役員個人の責任としても、飲食店店員が長時間労働と上司からのパワーハ

ラスメントによりうつ病にり患し自殺した事案において、代表取締役に安全配慮義務を遵守する体制を整えるべき注意義務の違反があったとして、会社法429条1項に基づく役員個人の責任が認められた裁判例や（東京地判平成26・11・4判時2249号54頁）、従業員からのセクシャルハラスメントの訴えに対し十分な調査を尽くさないまま適切な対処をとらなかったとして会社法350条の判断枠組みの中で代表者個人の義務違反を認定した裁判例がある（大阪地判平成21・10・16裁判所ウェブサイト）。これら裁判例の枠組みは、いずれのハラスメントにおいても共通し得るものであり、ハラスメントに関して会社法429条1項や民法709条に基づき役員個人が責任を追及されるリスクもある。

本設問では、これら3種類の職場でのハラスメントについて、リスクとその管理方法を説明する。

2　セクシャルハラスメント

(1) 職場でのセクシャルハラスメントの分類とリスク

セクシャルハラスメントは、相手方の意に反する性的言動である。

職場でのセクシャルハラスメントは、意に反する性的な言動を受けた労働者に対する影響に応じて、①性的言動への対応により労働者が不利益を受けたと評価されるもの（対価型）と、②労働者の意に反する性的な言動によりその就業環境が害されたと評価されるもの（環境型）とに分類される。対価型の例としては、上司から性的な関係を要求され拒否した労働者が解雇される場合がある。環境型の例としては、上司から腰などを触られ、就業意欲が低下する場合がある。職場における性的言動に基づくものとして、同性に対する性的言動もセクシャルハラスメントに該当し、勤務時間外の「宴会」等であっても実質上職務の延長と認められるものは「職場」でのセクシャルハラスメントに該当すると解されている。

そして、特定の言動がセクシャルハラスメントに該当するか否かは、被害者の性別に応じて、「平均的な女性労働者の感じ方」または「平均的な男性労働者の感じ方」を基準として判断すべきとされる。

職場でのセクシャルハラスメントのリスクとして、被害者その他の労働者の労働効率の低下、離職、被害者の精神障害をもたらし、会社の事業に支障を来すおそれがある。このうち、職場でのセクシャルハラスメントが原因で精神障害を発病した場合は、いわゆる労災となる。

また、セクシャルハラスメントの行為者が被害者に対して不法行為責任（民法709条）を負うのは当然であるが、その行為者を使用していた会社も責任を負う場合がある。会社が責任を問われる根拠としては、①行為者を使用していたことに基づく使用者責任（同法715条）、②会社が労働契約上、労働者に対して負っている職場環境を健全に保つ義務（職場環境配慮義務）、心身の健康を損なうことがないよう注意する義務（安全配慮義務）の違反に基づく債務不履行責任（同法415条）がある。さらに、行為者が代表者である場合や、代表者がセクシャルハラスメントを認識しながら適切な措置を怠った場合には、③会社法350条に基づく責任を根拠として、会社が損害賠償請求を受けるおそれがある。

　さらに、役員は善管注意義務の内容として、「会社が安全配慮義務を遵守する体制を整えるべき注意義務」を負っていると解されるところ（前掲・東京地判平成26・11・4。なお、当該裁判例自体はパワーハラスメントの事案）、役員が職場でのセクシャルハラスメントを知りつつこれを放置している場合には、当該注意義務を怠ったとして、役員個人も会社法429条1項に基づく損害賠償請求を受けるおそれがある。また、放置すること自体が役員個人の不法行為にあたるとして、損害賠償請求を受けることも考えられる。

(2)　リスク管理

　職場でのセクシャルハラスメントに関し、男女雇用機会均等法11条では、事業主に雇用管理上必要な措置をとることを義務付けている。すなわち、事業主は、職場において行われる性的な言動に対する労働者の対応により、当該労働者がその労働条件につき不利益を受け、または当該性的な言動により当該労働者の就業環境が害されることのないよう、当該労働者からの相談に応じ、適切に対応するために必要な体制の整備その他の雇用管理上必要な措置を講じなければならないとされている。

　これを受け、厚生労働省により、「事業主が職場における性的言動に起因する問題に関して雇用管理上講ずべき措置についての指針」（平成18年厚生労働省告示第615号、最終改正平成28・8・2厚生労働省告示第314号）が定められている。職場でのセクシャルハラスメントのリスクは、当該指針に基づいて管理する必要がある。

　同指針では、事業主が雇用管理上講ずべき措置として、10項目が定められているが、そのポイントは〔表9〕のとおりである。

事前の予防措置としては、セクシャルハラスメントがあってはならない旨の方針の明確化と周知・啓発、行為者への厳正な対処方針・内容等の規定化とこれらの周知・啓発、相談窓口の設置、相談に対する適切な対応があげられている。このうち、相談窓口に関しては、形式的に設置するだけでなく、実質的な対応ができる体制を用意し、その存在について広く労働者に知らせる必要がある。相談担当者についても、労働者が相談しやすい適切な人材を設置するよう配慮すべきである。

事後の措置として、まずは事実関係を迅速かつ正確に確認することが必要である。その際、当事者の言い分、希望を十分に聞くことが重要となる。セクシャルハラスメントが行われた事実が確認された場合には、行為者に対する懲戒処分等の措置を適正に行うほか、会社の方針をあらためて周知・啓発する等の再発防止措置の実施が欠かせない。

(3) セクシャルハラスメントと労災

職場でのセクシャルハラスメントが原因で精神障害を発病した場合は労災となる。精神障害に関する労災認定基準（心理的負荷による精神障害の認定基準。平成23・12・26基発第1226第1号）では、①強姦、本人の意思を抑圧して行われたわいせつ行為があった場合、②身体接触を含むセクシャルハラスメントが継続して行われた場合、③身体接触のない性的な発言のみのセクシャルハラスメントであって、発言の中に人格を否定するようなものを含み、かつ継続してなされた場合のように、セクシャルハラスメントの態様が悪質な場合には、業務による強い心理的負荷が認められ、当該精神障害が業務に起因すると認定される可能性が高まる。

他方で、同基準では、④身体接触を含むセクシャルハラスメントが継続していない場合でも、会社に相談しても適切な対応がなく、改善されなかった、または会社への相談等の後に職場の人間関係が悪化した場合や、⑤身体接触のない性的な発言のみのセクシャルハラスメントであって、性的な発言が継続してなされ、かつ会社がセクシャルハラスメントを把握していても適切な対応がなく、改善がなされなかった場合についても、労災認定基準上、業務による強い心理的負荷が認められるとしている。

このように、行為者によるセクシャルハラスメントの態様それ自体だけでなく、会社が適切な措置を講じていない場合にも、被害者の心理的負荷が増すことに留意すべきであり、会社が適切な措置を講じることが労災認定のリ

スクを軽減することとなる。

〔表9〕 事業主が雇用管理上講ずべき措置のポイント（セクシャルハラスメント）

> 1 事業主の方針の明確化及びその周知・啓発
> (1) 職場におけるセクシュアルハラスメントの内容・セクシュアルハラスメントがあってはならない旨の方針を明確化し、管理・監督者を含む労働者に周知・啓発すること。
> (2) セクシュアルハラスメントの行為者については、厳正に対処する旨の方針・対処の内容を就業規則等の文書に規定し、管理・監督者を含む労働者に周知・啓発すること。
> 2 相談（苦情を含む）に応じ、適切に対応するために必要な体制の整備
> (3) 相談窓口をあらかじめ定めること。
> (4) 相談窓口担当者が、内容や状況に応じ適切に対応できるようにすること。また、広く相談に対応すること。
> 3 職場におけるセクシュアルハラスメントに係る事後の迅速かつ適切な対応
> (5) 事実関係を迅速かつ正確に確認すること。
> (6) 事実確認ができた場合には、速やかに被害者に対する配慮の措置を適正に行うこと。
> (7) 事実確認ができた場合には、行為者に対する措置を適正に行うこと。
> (8) 再発防止に向けた措置を講ずること。（事実が確認できなかった場合も同様）
> 4 1から3までの措置と併せて講ずべき措置
> (9) 相談者・行為者等のプライバシーを保護するために必要な措置を講じ、周知すること。
> (10) 相談したこと、事実関係の確認に協力したこと等を理由として不利益な取扱いを行ってはならない旨を定め、労働者に周知・啓発すること。

3 パワーハラスメント

(1) 職場でのパワーハラスメントの類型とリスク

　職場でのパワーハラスメントは、同じ職場で働くものに対して、職務上の地位や人間関係などの職場内の優位性を背景に、業務の適正な範囲を超えて、精神的・身体的苦痛を与えるまたは職場環境を悪化させる行為である。

　その行為類型は、職場のいじめ・嫌がらせ問題に関する円卓会議による「職場のパワーハラスメントの予防・解決に向けた提言」（平成24年3月15日）

において、次のとおり分類される。すなわち、職場でのパワーハラスメントには、①暴行、傷害（身体的な攻撃）、②脅迫、名誉毀損、侮辱、暴言（精神的な攻撃）、③隔離、仲間外し、無視（人間関係からの切り離し）、④業務上不要なことや遂行不可能なことの強制、仕事の妨害（過大な要求）、⑤合理性なく能力や経験とかけ離れた程度の低い仕事を命じること、仕事を与えないこと（過小な要求）、⑥私的なことに過度に立ち入ること（個の侵害）等がある。

職場でのパワーハラスメントは、業務に関連する多くの種類の言動がこれにあたる可能性があり、またその言動が「業務の適正な範囲」を超えるか否かが基準となるため、セクシャルハラスメントと比較して、該当性判断が難しいケースが多い。

職場でのパワーハラスメントのリスクとして、セクシャルハラスメントと同様に、被害者その他の労働者の労働効率の低下、離職、被害者の精神障害をもたらし、会社の事業に支障をきたすおそれがある。職場でのパワーハラスメントが原因で精神障害を発病した場合は、いわゆる労災となる。

また、会社としても、①行為者を使用していたことに基づく使用者責任（民法715条）、②職場環境配慮義務・安全配慮義務違反に基づく債務不履行責任（同法415条）を理由として、損害賠償請求を受けるおそれがある。さらに、行為者が代表者である場合には、③会社法350条に基づく責任を理由として、会社が損害賠償請求を受けるおそれがある。

さらに、役員は善管注意義務の内容として、会社が安全配慮義務を遵守する体制を整えるべき注意義務を負っていると解されるところ、役員が職場でのパワーハラスメントを知りつつこれを放置している場合には、当該注意義務に違反したとして、役員個人も会社法429条1項に基づく損害賠償請求を受けるおそれがある（前掲・東京地判平成26・11・4）。また、放置すること自体が役員個人の不法行為として、損害賠償請求を受けることも考えられる。

(2) リスク管理

職場でのパワーハラスメントのリスク管理に関しては、セクシャルハラスメントに関して事業者が雇用管理上講ずべき措置（〔表9〕参照）のほか、「職場のいじめ・嫌がらせ問題に関する円卓会議ワーキング・グループ報告」や、厚生労働省の「職場のパワーハラスメント対策ハンドブック」（公益財団法人21世紀職業財団に設置された企画委員会、平成25年9月27日）で示されている予防、解決策（〔表10〕参照）が参考になる。

また、具体的なパワーハラスメントの対策としては、厚生労働省から「パワーハラスメント対策導入マニュアル〔第2版〕」（平成27年度サポートガイド改訂に向けた調査研究委員会、平成28年7月7日）が作成、公表され、社内相談窓口の設置と運用のポイントが記載されており参考になる（表11参照）。

そして、職場でのパワーハラスメントは該当性の判断が容易ではないことから、どのような言動であれば「業務の適正な範囲」を超えるかについて、あらかじめ会社内で認識をそろえ、範囲を明確に示し、管理職や従業員に周知することが、リスク管理として重要である。

〔表10〕 パワーハラスメントの予防・解決策

職場のパワーハラスメントを予防するために
① トップのメッセージ
　▷ 組織のトップが、職場のパワーハラスメントは職場からなくすべきであることを明確に示す
② ルールを決める
　▷ 就業規則に関係規定を設ける、労使協定を締結する
　▷ 予防・解決についての方針やガイドラインを作成する
③ 実態を把握する
　▷ 従業員アンケートを実施する
④ 教育する
　▷ 研修を実施する
⑤ 周知する
　▷ 組織の方針や取組について周知・啓発を実施する

職場のパワーハラスメントを解決するために
⑥ 相談や解決の場を設置する
　▷ 企業内・外に相談窓口を設置する、職場の対応責任者を決める
　▷ 外部専門家と連携する
⑦ 再発を防止する
　▷ 行為者に対する再発防止研修を行う

〔表11〕 社内相談窓口の設置と運用のポイント

1　相談窓口の設置
　・相談窓口には内部相談窓口と外部相談窓口がある。
2　相談窓口（一次対応）
　・秘密が守られることや不利益な取り扱いを受けないことを明確にする。
3　事実関係の確認
　・相談者と行為者の意見が一致しない場合は、第三者に事実確認を行う。
4　行為者・相談者へのとるべき措置の検討
　・被害の大きさ／事実確認の結果／行為者または相談者の行動や発言に問題があったと考えられる点／就業規則の規定／裁判例などを踏まえて、対応を検討する。
　・パワーハラスメントがあったと明確に判断することができない場合は、行動や発言にどう問題があったのかを明確にすることで、事態の悪化を防ぐ。
5　行為者・相談者へのフォローアップ
　・相談者・行為者の双方に対して、会社として取り組んだことを説明する。
6　再発防止策の検討
　・予防策に継続的に取り組むことで再発防止につなげる。

4　マタニティハラスメント

(1)　マタニティハラスメントの**態様**とリスク

　妊娠・出産・育児休業・介護休業等に関して職場で発生するハラスメントが、近年マタニティハラスメントという形で注目されている。

　マタニティハラスメントには、①事業者が妊娠・出産・産前産後休業・育児休業等を理由とした解雇等の不利益取扱いを行うものと、②職場において行われる上司・同僚からの言動により、妊娠・出産した女性労働者や育児休業等を申出・取得した男女労働者等の就業環境が害されるものとがあると考えられる。

　妊娠・出産等を理由とした不利益取扱いの例としては、解雇、有期雇用契約を更新しないこと、更新回数の引下げ、退職や労働契約内容の変更の強要、降格、就業環境の阻害、減給、賞与等における不利益算定、人事考課における不利益評価、不利益な配置転換等がある。

　他方で、上司・同僚からの言動によるハラスメントには、制度または措置

の利用に関する言動により就業環境が害される「制度等の利用への嫌がらせ型」と、妊娠または出産に関する言動により就業環境が害される「状態への嫌がらせ型」がある。「制度等の利用への嫌がらせ型」の例としては、産前休業の取得を相談した上司から、退職するよう求められる場合がある。「状態への嫌がらせ型」の例としては、同僚から妊娠すべきではなかったと執拗に言われる場合がある。

　職場でのマタニティハラスメントには、被害者その他労働者の労働効率の低下、離職、被害者の精神障害をもたらし、会社の事業に支障をきたすおそれがある。また、妊娠・出産・育児休業等を理由としてなされた会社の不利益取扱いに関しては、それ自体が無効となるリスクや（男女雇用機会均等法9条3項、育児介護休業法10条）、会社自身の不法行為（民法709条）として会社が損害賠償責任を負うリスクもある。

　また、上司・同僚による従業員間のマタニティハラスメントであっても、会社が使用者責任（民法715条）、職場環境配慮義務違反、安全配慮義務違反に基づく債務不履行責任（同法415条）として、被害者から損害賠償請求を受けるリスクがある。

　役員がマタニティハラスメントを知りつつこれを放置する等している場合には、被害者から役員自身に対し会社法429条1項や民法709条に基づく損害賠償請求がなされることも想定され得る。

　(2)　リスク管理

　男女雇用機会均等法、育児・介護休業法では、もともと妊娠・出産等、育児休業・介護休業等を理由とする不利益取扱いの禁止が定められている（男女雇用機会均等法9条3項、育児介護休業法10条）。これに加え、平成29年1月1日の改正法の施行により、新たに上司・同僚から、妊娠・出産等に関する言動により妊娠・出産等をした女性労働者の就業環境を害することがないよう防止措置を講じること、育児・介護休業等に関する言動により育児・介護休業者等の就業環境を害することがないよう防止措置を講じることが、それぞれ義務付けられた（男女雇用機会均等法11条の2、育児介護休業法25条）。

　以上を受けて、事業主が雇用管理上講ずべき措置については以下の指針が作成されており、指針に基づく対応を行うことが、リスク管理として必要である。

　「事業主が職場における妊娠、出産等に関する言動に起因する問題に関し

て雇用管理上講ずべき措置についての指針」(平成28年厚生労働省告示第312号)、「子の養育又は家族介護を行い、又は行うこととなる労働者の職業生活と家庭生活との両立が図られるようにするために事業主が講ずべき措置に関する指針」(平成21年厚生労働省告示第509号)。

このうち、妊娠・出産等に関する問題に関して雇用管理上講ずべき措置についての指針の概要は〔表12〕のとおりである。

〔表12〕 事業主が職場における妊娠、出産等に関する言動に起因する問題に関して雇用管理上講ずべき措置についての指針〈概要〉

1　事業主の方針の明確化及びその周知・啓発
　(1)　①妊娠、出産等に関するハラスメントの内容、②妊娠、出産等に関する否定的な言動が妊娠、出産等に関するハラスメントの背景等となり得ること、③妊娠、出産等に関するハラスメントがあってはならない旨の方針、④妊娠、出産等に関する制度等の利用ができる旨を明確化し、管理・監督者を含む労働者に周知・啓発すること。
　(2)　妊娠、出産等に関するハラスメントの行為者については、厳正に対処する旨の方針・対処の内容を就業規則等の文書に規定し、管理・監督者を含む労働者に周知・啓発すること。
2　相談(苦情を含む)に応じ、適切に対応するために必要な体制の整備
　(3)　相談窓口をあらかじめ定めること。
　(4)　相談窓口担当者が、内容や状況に応じ適切に対応できるようにすること。また、職場における妊娠、出産等に関するハラスメントが現実に生じている場合だけでなく、その発生のおそれがある場合や、職場における妊娠、出産等に関するハラスメントに該当するか否か微妙な場合等であっても、広く相談に対応すること。
　(5)　その他のハラスメントの相談窓口と一体的に相談窓口を設置し、相談も一元的に受け付ける体制の整備が望ましいこと。
3　職場における妊娠、出産等に関するハラスメントにかかる事後の迅速かつ適切な対応
　(6)　事実関係を迅速かつ正確に確認すること。
　(7)　事実確認ができた場合には、速やかに被害者に対する配慮の措置を適正に行うこと。
　(8)　事実確認ができた場合には、行為者に対する措置を適正に行うこと。
　(9)　再発防止に向けた措置を講ずること。(事実確認ができなかった場合も同様)
4　職場における妊娠、出産等に関するハラスメントの原因や背景となる要

因を解消するための措置
　⑽　業務体制の整備など、事業主や妊娠した労働者その他の労働者の実情に応じ、必要な措置を講ずること。
　⑾　妊娠等した労働者に対し、妊娠等した労働者の側においても、制度等の利用ができるという知識を持つことや、周囲と円滑なコミュニケーションを図りながら自身の体調等に応じて適切に業務を遂行していくという意識を持つこと等を周知・啓発することが望ましいこと。
5　1から4までの措置と併せて講ずべき措置
　⑿　相談者・行為者等のプライバシーを保護するために必要な措置を講じ、周知すること。
　⒀　相談したこと、事実関係の確認に協力したこと等を理由として不利益な取扱いを行ってはならない旨を定め、労働者に周知・啓発すること。

Ⅱ　事例と対策

〔事例1〕　セクシャルハラスメントに関する相談への対応はどうあるべきか

> 　A社の社内相談窓口に、従業員であるBから相談があった。Bによれば、直属の上司であるCから職場で2人きりのときに頻繁に腰、胸などを触られることがあり、これ以上耐え切れず、会社として必要な調査、対応をとってほしいとのことであった。会社としては、どのように対応すべきか。

1　セクシャルハラスメントに関する相談への対応

　職場でのセクシャルハラスメントが生じた可能性を認識した場合には、会社は「事業主が職場における性的言動に起因する問題に関して雇用管理上講ずべき措置についての指針」（平成18年厚生労働省告示第615号、最終改正平成28・8・2厚生労働省告示第314号）を踏まえ、適正に対処する必要がある。
　社内相談窓口に相談があった場合には、相談担当者が相談者の話を真摯に聞き、相談者の意向などを的確に把握したうえで、事実関係を迅速かつ正確に確認することが必要である。その際、相談者に対しては、秘密が守られることや、不利益な取り扱いを受けないことを明確に伝える。また、相談者の

言動により被害者がさらに被害を受けること（二次セクシャルハラスメント）がないよう、十分に注意すべきである。

事実確認に際しては、相談者および行為者とされる者の双方から事実関係を確認する必要があるが、事実関係に関する主張が一致しない場合には、相談者や行為者とされた者のプライバシー等に配慮しつつ、必要に応じて第三者からも事実関係を聴取する等の措置を講じるべきである。

本事例では、相談担当者がBから内容を聴取することが最初の対応となる。そして、Bは会社としての調査、対応を求めていることから、Cから聴取を行い、事実関係を迅速かつ正確に確認することとなる。BとCとの主張が一致しない場合には、普段のBとCの勤務態様や関係について、必要に応じてBの同僚やCの上司から聴取することも考えられる。

2　セクシャルハラスメントが確認された場合の対応

職場におけるセクシャルハラスメントの存在を確認できた場合には、速やかに被害者および行為者に対する適正な措置を行う。

被害者に対する措置としては、事案の内容や状況に応じ、行為者との間の関係改善に向けての援助、配置転換、行為者による謝罪、被害者の労働条件の不利益の回復、メンタルヘルス不調への相談対応等の措置がある。

加害者に対しては、就業規則等の規定に基づき、懲戒その他の措置を講じ、併せて事案の内容や状況に応じ、被害者との間の関係改善に向けての援助、配置転換、謝罪を促す等の措置が必要となる。

その他、措置について被害者や加害者が納得せず、会社だけでは解決できないような場合には、男女雇用機会均等法18条に基づく調停、その他中立な第三者機関の紛争解決案に従った措置を講ずることが考えられる。

3　再発防止策

職場におけるセクシャルハラスメントが生じた事実を確認することができた場合は、再発防止措置の実施が必要である。

具体的には、職場におけるセクシャルハラスメントがあってはならない旨の方針や適正に対処する旨の方針を、労働者にあらためて周知・啓発することや、研修や講習等を再度実施する等である。

さらに、セクシャルハラスメントのような事実が確認できない場合でも、

〔事例２〕 妊娠した従業員への職種変更および職場復帰時の対応はどうあるべきか

> ある課の副主任の地位にあるＤは、妊娠を理由として軽易な業務への転換を希望している。管理担当の役員Ｅは、人事部長から相談を受け、Ｄの副主任の地位を免じたうえで別の課に異動させ、産休が終わって職場復帰をした際には、元の課に戻すことを考えているが、その間に別の人物が副主任となるため、Ｅを再度副主任とすることまでは考えていないとの報告を受けた。人事担当役員としては、当該対応についてどのように考えるべきか。

1　妊娠中の軽易業務への転換を理由とする降格処分

　事業主は、妊娠中の女性が請求した場合においては、他の軽易な業務に転換させなければならない（労基法65条３項。なお、労働省の行政解釈では新たに軽易な業務を創設して与える義務まで課したものではないとされる。昭和61・３・20基発第151号、婦発第69号）。他方で、事業主は、従業員が妊娠したことを理由として不利益取扱いをしてはならず、そのような不利益取扱いは無効となる（男女雇用機会均等法９条３項）。

2　男女雇用機会均等法９条３項の不利益取扱いの該当性判断

　判例では、女性労働者について、妊娠中の軽易業務への転換を契機として降格させる事業主の措置は、原則として男女雇用機会均等法９条３項の不利益取扱いにあたるとされる（最判昭和26・10・23判タ1410号47頁）。ここで、「契機として」不利益取扱いを行ったか否かは、基本的に、妊娠等の事由と時間的に近接しているかで判断され、具体的には妊娠等の事由の終了から１年以内に不利益取扱いがなされた場合、当該不利益処分は妊娠等の事由を「契機として」いると判断されるとされている（雇児0123第１号平成27・１・23「『改正雇用の分野における男女の均等な機会及び待遇の確保等に関する法律の

施行について』及び『育児休業・介護休業等育児又は家族介護を行う労働者の福祉に関する法律の施行について』の一部改正について」、「妊娠・出産・育児休業等を契機とする不利益取扱いに係るＱ＆Ａ」）。

そして、不利益取扱いがなされた場合には、厚生労働大臣等からの助言、指導、勧告がなされ、厚生労働大臣からの勧告に従わない場合には企業名が公表される（男女雇用機会均等法29条1項、30条）。

もっとも、上記判例およびこれを踏まえた通達によれば、①業務上の必要性から不利益取扱いをせざるを得ず、業務上の必要性が、当該不利益取扱いにより受ける影響を上回るものと認められる特段の事情が存在するとき、また、②労働者が同意している場合で、有利な影響が不利な影響の内容・程度を上回り、事業主から適切に説明がなされる等、一般的な労働者なら同意するような合理的理由が客観的に存在するときには、不利益取扱いも違法ではないとされる。

3　具体的対応

上記のとおり、妊娠したＤについて軽易な業務への転換を行う必要があるものの、妊娠を契機として副主任の地位を免じることは、原則として男女雇用機会均等法9条3項の不利益取扱いに該当し違法となる。

そのため、会社としては、Ｄについて副主任を免ずること自体を控えるか、あるいはＤの同意を得るか、業務上の必要性を検討することで、例外的に不利益取扱いが違法とならないような措置を講じる必要があり、役員Ｅはこの点を人事部長に対して適切に指示する必要がある。

Ｄの同意を得る場合には、Ｄに対して適切な説明を行うことは当然であるが、不利益取扱いによる直接的な降格という影響だけでなく、それに伴う減給といった間接的な影響や、職場復帰後に副主任には命じないことも説明する。その際、Ｄの自由な意思決定を妨げるような不適切な説明を行わないよう、説明の内容だけでなくその態様にも配慮する必要がある。

また、Ｄの同意が得られず、業務上の必要性からやむを得ず降格を行う場合には、当該措置が違法とならないか、弁護士等の専門家に事前に相談のうえ、慎重に判断するべきである。

副主任の地位を免じることが違法と評価される場合には、当該措置が無効となり、会社として不法行為責任（民法709条）を負うリスクがある。役員個

人としても、違法な措置であることを認識し、または認識し得たにもかかわらずかかる措置を命じたと評価されるような場合には、会社法429条1項に基づく責任を負う可能性がある。

〔多田啓太郎〕

第4章

会計に関するリスク

9 会計問題（粉飾決算、脱税等）とリスク管理

I 基礎知識

1 会計問題としての会計不正行為

　会社の会計上の問題（会計問題）として生じる不正行為（以下、「会計不正行為」という）には、①粉飾決算、②脱税、③役員ないし従業員の私的流用や横領、等がある。

　このうち、①「粉飾決算」は、会社が内容虚偽の財務諸表を作成し、収支を偽って行う虚偽の決算報告のことをいう。

　他方、②「脱税」は、納税義務がある会社が、その義務の履行を怠り、納税額の一部あるいは全部を免れることである。

　「粉飾決算」と「脱税」は、前記のように定義が異なり、一見、関連がない行為と思われる。また、「粉飾決算」の典型事例では、会社の経営状況が赤字や債務超過等悪化しているにもかかわらず、売上を水増ししたり、経費を圧縮したりする等の不正な経理操作を行って黒字決算にするのに対し、「脱税」の典型事例では、実際には黒字決算にもかかわらず、納税を免れる目的で、資産の減少、経費の増加等の仮装をして、会社の決算を実態より悪いかのような虚偽の決算書を作成するという違いがある。つまり、典型的な「粉飾決算」が、「赤字決算」を「黒字決算」にするのに対し、「脱税」は、「黒字決算」を「赤字決算」にするものである。

　しかし、かかる「脱税」においても、実態と異なる虚偽の決算書を作成する点で、いわば「逆の粉飾決算」と考えることができ、広い意味での「粉飾決算」に含まれると解される。

また、③「役員ないし従業員の私的流用や横領」の場合も、私的流用や横領に関連し、架空の経費や支払い等が計上され、結果的に会社が真実にそぐわない会計不正行為を行うことが多く、①粉飾決算、②脱税と共通しており、広い意味での「粉飾決算」に含まれるといえよう。

2　会計不正行為の背景・動機

なぜ、会社において、このような会計不正行為が行われるのであろうか。

この点、経営状態をよく見せかける典型的な①の「粉飾決算」は、業績がよいと銀行等からの資金調達が容易になることが理由の１つとしてあげられる。また、株主から出資を受け、その委託を受けた役員が経営をする株式会社では、赤字決算となると、役員が株主から経営責任を問われる可能性があるという事情もある。また、特に上場している株式会社では、赤字決算を続けると、上場の維持が困難になる可能性があること（赤字が連続すると金融機関からの資金の調達が困難になり、会計監査人から継続企業の前提に疑問が呈され、さらに債務超過に陥れば上場廃止基準に該当する場合がある）によるものである。

他方、経営状態を悪く見せかける②の「脱税」は、資産の隠匿や裏金作りなどのために利益を隠し税金の支払いを免れるためや、株主への配当金の減少のための手口に使われることが多いように見受けられる。

最後に、③の「役員ないし従業員の私的流用や横領」は、役員等がプライベートで借金等を抱え、その返済等に充てるために、自らが管理している会社の資金を使い込む事例が典型的にみられる。

3　会計不正行為の規制の概要

会計不正行為については、金融商品取引法、会社法、民法、刑法等の種々の法令で規制されているが、会社役員として、押さえておくべき主な規制を刑事責任と民事責任と分けて概要を説明する。

(1)　刑事責任

(A)　会社財産を危うくする罪、違法配当罪

会計不正行為を行って違法配当を行った場合には、「会社財産を危うくする罪」（会社963条5項2号）として、これを行った取締役は「5年以下の懲役若しくは500万円以下の罰金、又はこれを併科」となる。

(B) 特別背任罪

　取締役等が会計不正行為により自己または第三者の利益を図りその任務に違背して会社に損害を与えたときは特別背任罪（会社960条）として「10年以下の懲役若しくは1000万円以下の罰金、又はこれを併科」となる。

(C) 金融商品取引法違反

　上場企業の取締役等が有価証券報告書の重要な事項に虚偽の記載をして提出したときは、「有価証券報告書虚偽記載罪」（金商197条）として「10年以下の懲役若しくは1000万円以下の罰金、又はこれを併科」となる。

(D) 銀行に対する詐欺罪

　会計不正行為に基づく決算書を利用して銀行からの融資を受けた場合、その融資の金額や粉飾の度合、経緯等によっては銀行から詐欺罪（刑法246条。法定刑は「10年以下の懲役」）として刑事告訴されることがある。

(2) 民事責任

(A) 違法配当額の賠償責任（会社462条）

　取締役等が会計不正行為に基づき違法に配当を行ったときは、当該業務を行った取締役は、配当を受け取った者等と連帯してこの違法配当に相当する金銭を会社に賠償しなければならない。

(B) 計算書類等の虚偽記載責任（会社429条2項）

　取締役等が会計不正行為により計算書類等の重要事項に虚偽の記載をし、そのために第三者に損害を生じたときは、取締役等はこの第三者に対して連帯してその損害を賠償すべき責任を負うことがある。

(C) 金融商品取引法上の不実開示責任（金商22条1項、24条の4）

　上場会社の取締役等が有価証券報告書の重要な事項に虚偽の記載等をし、これを知らないで有価証券を取得した者にこれにより損害を生じたときは、この損害を賠償すべき責任を負う。

(D) 第三者に対する賠償責任（会社429条1項）

　会計不正行為を行っていた会社が倒産し、債権の回収が困難となったときは、銀行や債権者が取締役等に対して損害賠償請求できる場合がある。

4　会計不正行為に対する対応の概要

(1) 対応の必要性

　以上のとおり、会社役員は、会計不正行為に対し、種々の責任を負うこと

になる。特に、株式を公開し、市場から資金の提供を受けている上場会社においては、会計不正行為による誤った財務計算書類の公表が、会社の存続を危うくすることさえあり得ることから、その会社役員の責任は重いといえる。

そこで、会計不正行為が発覚した場合、会社ないし会社役員としては、早期に事実関係やその背景などを明らかにして、会計不正行為を、自社の存続にかかわるような深刻な事態に発展させることなく収束させる必要がある。

(2) 対応の概観と重要なポイント

「第1部　総論〔基礎知識編〕②　不祥事対応の基本的知識と対応」に詳述された不正・不祥事の疑いが発覚した場合の一般的な対応の方針・方法を前提として、特に、上場会社において会計不正行為が存在するかもしれないという疑いが生じた場合の対応を取り上げて整理すると次のとおりである。

まず、時系列順に整理すると、以下の3つのフェーズに分けることができる。すなわち、①会計不正行為がさまざまな端緒から発覚する「発覚のフェーズ」、②その事実関係や原因、責任の所在などを調査する「調査のフェーズ」、③調査結果に基づき開示書類の訂正を行うとともに、再発防止策を策定し、関係者の処分等を行う「事後処理のフェーズ」である。

〔表13〕　会計不正行為対応の3つのフェーズ

①　発覚のフェーズ
②　調査のフェーズ
③　事後処理のフェーズ

このうち③の「事後処理のフェーズ」は、さらに以下のように分類することができる。

〔表14〕　事後処理のフェーズ

①　開示書類の訂正
②　再発防止策の策定
③　関係者の処分・責任の追及
④　株主総会対応等

上場会社の場合は、このような会計不正行為への対応全般を通じて、特に

留意すべき重要なポイントとして、有価証券報告書等の法定開示書類の提出期限という時間的制約があげられる。

会計不正行為の疑いが発覚した場合、調査結果が明確になるまで、決算等の数値が確定できないため、その間、決算作業が滞ることになるが、上場企業の場合、決算期末後3カ月以内に有価証券報告書を提出しなければならないほか、各四半期末の45日後までに、四半期報告書を提出しなければならない。これらの法定期限までに各報告書を提出できなければ、証券取引所（金融商品取引所）の処分として上場廃止になる可能性があるため、それぞれの提出期限まで余裕がないタイミングで会計不正行為の疑いが発覚した場合には、この時間的制約が重くのしかかることになる。

場合によっては、「やむを得ない理由」があるとして、有価証券報告書等の提出期限の延長を申請し、（内閣総理大臣の）承認を受ければ提出期限の延長が認められる可能性もあるが、それとても、それほど長期間認められるわけではない。

(3) 時系列順での対応のポイント
(A) 「発覚のフェーズ」での対応ポイント

会計不正行為が発覚する端緒はさまざまであるが、これを整理すると、内部通報や内部監査など、会社内部からの情報提供により発覚する場合と、取引先からの通報や国税局の調査などのように、会社外部からの指摘により発覚する場合に分けることができる。後者の1つとして、会計監査人からの指摘により発覚するケースも少なくない。

このうち、特に、会計監査についてみると、平成26年3月期からは、金融庁「監査における不正リスク対応基準」〈http://www.fsa.go.jp/singi/singi_kigyou/tosin/20130314.html〉が適用されることとなり、会計監査人が不正の端緒、兆候などを発見した場合の行動規範が定められている。会計監査人が、このような虚偽記載の疑いを認識したにもかかわらず、それを漫然と放置すれば、会計監査人自身の責任を問われるリスクが高いため、会計監査人は、会計監査に際し、監査対象企業に対して、厳しい態度で臨むようになってきており、その結果、会計監査の過程で、会計監査人からの指摘により会計不正が発覚するケースが増加している。会社役員としては、上記基準を十分に理解するとともに、会計監査人のさまざまな指摘に真摯に対応することが求められる。

また、東芝の不正会計事件は金融庁への内部告発が発覚のきっかけであり、

公益のために通報を行った労働者を保護するためのルールを定めた公益通報者保護制度が近時充実してきたことを背景として、今後、内部通報、内部告発が端緒になるケースが増えるものと予想され、会社として、会社内における内部通報制度の適正な運用が求められている。

(B) 「調査のフェーズ」での対応ポイント

会計不正行為の疑いが高まった場合、会社役員としては、早急に対応方針を定めなければならない。そして、対応方針を定める際には、上記のとおり、開示書類の提出期限を踏まえて対応スケジュールを組むことになる。

会計不正行為への対応方針としては、たとえば、以下の事項を検討することになる。

〔表15〕 検討するべき対応方針

① 調査体制の構築、調査委員の人選など
② 調査方針の検討範囲・対象期間・方法など
③ 証拠保全の要否の検討
④ 証券取引所・財務局への相談と対応、適時開示への対応と情報の統制
⑤ 不正行為に関与が疑われる役職員への対応

この点、最近では、上場会社では、企業としての「自浄能力」を示すために、調査委員会（社外者を構成員とする第三者委員会とすることも多い）を設置し、調査結果を公表するという実務が一般化してきている。

この調査委員会を設置するにあたっては、事案に応じて、社内・社外の人員から、どのような構成員を選任するかという点が重要である。調査委員会設置の目的は、客観的な立場での事実関係の調査に基づく会社の自浄能力を示すことであり、どのような調査委員会を設置するかは、経営者の関与の有無、社会的影響、金額的重要性などを加味して判断することとなる。後に、調査委員会の調査結果が不十分であったことが明らかになった場合には、かえって、風評被害や法的リスクを増大させる結果になりかねないため、十分留意が必要である。

(C) 「事後処理のフェーズ」での対応ポイント

上記の調査委員会等による調査結果として、一般的には、調査報告書が作成され、そこには、①事実の調査と確定、②原因の究明、③関係者の責任の

所在(責任の判定は別の委員会で行うケースもある)、④再発防止策の提言などがまとめられる。当該報告書に基づき、会社は事後対応にあたることになる。

すなわち、会計不正行為の結果、従前提出していた開示書類(有価証券報告書、内部統制報告書、決算短信、会社法上の計算書類等)の訂正をする必要がある場合には、その訂正を行うことになる。

また、同様の不正が再度発生することを防止するための再発防止策を作成し、会社に自浄能力があることを示し、関係者等からの信頼回復を図ることになる。

さらに、同様に自浄能力をあることを示す意味で、会計不正行為を行った関係者の処分・責任の追及として、①民事責任の追及、②刑事責任を追及するための告訴・告発、③人事上の処分を検討することになる。

そして、上記の訂正が必要となる開示書類のうち、会社法上の計算書類等は株主総会における所定の手続が必要であることから、その手続を踏むことになる。

Ⅱ 事例と対策

〔事例〕 会社役員が会計不正リスクから身を守るためにはどのような方法があるか

> 上場会社であるA社において、代表取締役Bと営業担当取締役Cを中心に、組織的に売上の水増し等の会計不正行為を行った結果、過去の決算が「粉飾決算」であった事実が明らかになった。
>
> 会計担当取締役Dは、自身は直接には会計不正行為に関与していないが、次のそれぞれの場合に、責任追及がなされることを防ぐためにはどうすればよいか。
>
> ① 粉飾決算が行われていることを認識したケース
> ② 粉飾決算の兆候を発見したケース
> ③ 粉飾決算の兆候をまったく認識していなかったケース

1　会社役員がリスクを回避するために

上記Iの基礎知識で論じたとおり、会計不正行為には、大変重い責任を伴い、自らが会計不正行為に加担しないことが、会社役員が当該リスクから身を守るための最も重要なポイントとなることは当然である。

他方、自らは会計不正行為に積極的に加担していない場合においても、他の役員が会計不正行為を引き起こした場合に、自身に対する責任追及がなされることを防止するためにとるべき対応が必要となる。この点につき、過去の裁判例に基づいて、事前の入手情報（当該会社役員が粉飾決算をどのように認識していたか）により3つのケースに分けて、以下検討する。

2　粉飾決算が行われていることを認識したケース

(1)　問題の所在

まず、会社役員が、自らは関与していないものの、他の役職員等により、粉飾決算が行われていることを認識したケースを考えてみる。この場合、会社役員として身を守るためには、どのような行動をとる必要があるであろうか。

(2)　望まれる対応

粉飾決算、すなわち財務計算書類に虚偽の記載があることを現に認識した場合には、会社役員には、会社の被害を最小限にすべく、適切な対応策を検討・実行する義務がある。

具体的には、証券取引所の規則等に基づき、粉飾決算が存在するという事実を適時に開示すること、また粉飾決算の内容の重要性に応じて決算訂正をすることについて検討すべき義務があると考えられる。会社役員がこの義務を怠った場合には、損害賠償責任を負う可能性がある。

(3)　参考となる裁判例

このケースで参考になるのが、ダスキン株主代表訴訟事件（大阪高判平成18・6・9判タ1214号115頁）である。

この事案では、未認可添加物の混入した食品の販売継続という違法行為が発覚した後の取締役等の対応が問題となった。この裁判例は、このような具体的な法令違反が発覚した場合には、取締役等として、現に行われた違法行為により、会社が受ける信頼喪失の損害を最小限度に止める方策を積極的に

検討する義務があるとしている。そして、そのような方策を取締役会で明示的に議論することもなく、「自ら積極的には公表しない」などという、あいまいで成り行き任せの方針を、手続的にもあいまいにしたまま事実上承認したことに対して、取締役等の善管注意義務違反を認定した。

　この事例から学ぶべきことは、会社役員は、法令違反の事実を認識した場合には、会社の被害を最小限にすべく、自ら適切な対応策を検討・実行する義務があるということである。

　　(4)　裁判例を踏まえた本事例の帰結

　これを粉飾決算のケースにあてはめれば、粉飾決算という違法行為を認識しながら、たとえば、それを隠ぺいすることは、それ自体が会社役員としての義務に違反した違法行為となり、決して許されない。したがって、会社役員として、粉飾決算が行われていることを認識したのであれば、その具体的内容を確定したうえ、会計監査人や証券取引所などとの協議・調整等を行いつつ、適時・適切に開示するなどのしかるべき対応を行わなければならない。

3　粉飾決算の兆候を発見したケース

　　(1)　問題の所在

　次に、粉飾決算が存在するとまでは認識していないものの、その兆候を発見した場合はどのように対応するべきか。たとえば、外部から粉飾が行われている事実が記載されている告発状が届いたり、会計監査を担当する監査法人から粉飾決算の可能性の指摘を受けたりした場合などである。

　　(2)　望まれる対応

　このような粉飾決算の兆候を発見した場合には、会社役員には、善管注意義務として粉飾決算が行われているのかどうかの調査を尽くす義務がある。前記のとおり、最近では、第三者委員会等を組成して適正かつ客観的な調査を行う例も増えている。そして、会社役員が、このような義務を怠った場合には、損害賠償責任を負う可能性がある。

　　(3)　参考となる裁判例

　この点で参考になるのが、福岡魚市場株主代表訴訟事件（福岡高判平成24・4・13金判1399号24頁。以下、対象会社を「福岡魚市場社」という）である。

　この事案では、福岡魚市場社の子会社において、不良在庫問題が発生したにもかかわらず、取締役らは、その問題に対して十分な調査をしないまま

〔第2部〕 第4章 会計に関するリスク

（調査委員会は設置されたものの、調査の内容が不十分なものであったと思われる）、子会社へ金融支援を実行した。その結果、福岡魚市場社の株主から、会社に損害を与えたとして、株主代表訴訟を提起されたという事案である。なお、被告となった取締役らは、当該子会社の非常勤取締役や監査役も兼務していた。

　この裁判例においては、取締役らは、遅くとも上記不良在庫問題について公認会計士からの指摘を受けた時点で、在庫の増加の原因を解明すべく、一般的な指示をするだけでなく、自らあるいは取締役会を通じるなどして、具体的かつ詳細な調査をする等の義務があったとされている。仮にそのような調査をすれば、直ちに問題の全容を解明することまでは難しいとしても、損害の拡大を防止することが可能であったにもかかわらず、何ら具体的な対策を取らなかったこと、取締役は調査委員会を設置したものの、その調査結果の信用性に対し、一定の疑問を抱くべき事情があったにもかかわらず、具体的な調査方法の検証などを行っていないことなどを理由として、各取締役の善管注意義務違反を認定した。

(4) 裁判例を踏まえた本事例の帰結

　このように、粉飾決算が行われていることを認識していないまでも、たとえば、会計監査人から財務数値の異常性などの指摘を受けたなど、粉飾決算の兆候を認識した、または認識すべき状況となった場合には、取締役として、具体的かつ詳細な調査を尽くす必要がある。

4　粉飾決算の兆候を全く認識していなかったケース

(1) 問題の所在

　最後に、粉飾決算の兆候を全く認識していなかったケースはどうか。このような場合には、会社役員は全く責任を負わないといえるであろうか。

(2) 望まれる対応

　会社は、さまざまなリスクにさらされているが、会社役員としては、会社経営上、自社にどのようなリスクが存在するのかを適切に把握するとともに、それをコントロールしなければならない。粉飾決算のリスクも、会社に存在する重大なリスクの中の1つであり、そのリスクをコントロールする必要がある。そのための体制、すなわちリスク管理体制は、内部統制システムの一部である。

特に、取締役は、会社に対する善管注意義務として、内部統制システム構築義務を負っているが、会社の規模等に応じて、財務報告に関して適切なリスク管理体制を構築する義務も内部統制システム構築義務の一部と解されている。

そして、粉飾決算についてみれば、上場会社の会社役員は、たとえば、金融商品取引法上、虚偽記載のある開示書類を提出した結果、投資家に損害が生じた場合、相当の注意を用いたにもかかわらず虚偽記載を知ることができなかったことを立証できない限り、投資家に対して損害賠償責任を負うことになるが（金商21条2項等）、この「相当な注意」の判断の一要素として、適切な内部統制システムを構築・運用していたのかが考慮されることとなると考えられる。

(3) 参考となる裁判例

それでは、具体的にどのような内部統制システムを構築する必要があるであろうか。

内部統制システム構築義務やその運用義務についての裁判所の判断基準としては、日本システム技術事件判決（最判平成21・7・9判夕1307号117頁）が参考になる。

同事件は、従業員が行った架空売上計上に関して、株主から代表取締役に対して、株価下落分の損害賠償請求がなされたという事案である。

同事案について、最高裁判所は、①内部統制システムの内容として、通常想定される架空売上の計上等の不正行為を防止しうる程度の管理体制を整えていたか否か、②不正行為の内容として、発生した不正は通常容易に想定しうるものか否か、③それを予見すべきであるとする特別の事情があるか、④リスク管理体制が機能していなかったといえるか、という点に関する総合判断に基づいて、内部統制システム構築義務違反の有無を判断し、代表取締役に内部統制システムとしてのリスク管理体制の構築義務に違反した過失はないと認定した。

前記のとおり、会社はさまざまなリスクにさらされているが、そのリスクは、その会社の実態や置かれている環境によって異なる。したがって、そのリスクをコントロールする体制も、その会社の状況に応じてさまざまである。このため、どのような内部統制システムを構築するかは、ある程度取締役に裁量が認められるべきものであり、いわゆる経営判断事項であると考えられ

〔第2部〕 第4章 会計に関するリスク

る。すなわち、内部統制システムを構築するためには、コストも時間もかかることから、経営判断として、費用対効果の視点も併せ持ったうえで、備えるべき内部統制システムを検討しなければならない。

その際の検討事項として、前記の日本システム技術事件の最高裁判所の判断の枠組みに従えば、まずは、通常発生が想定される不正行為を検討し、それを防止しうる体制を構築しておく必要がある。その具体的内容は、会社の規模や業界によっては異なりうるものの、同業・同規模程度の会社であれば、同じような事業リスクが存在することが想定されるので、大きくは異ならないものと考えられるはずである。したがって、まず同業・同規模の他社の内部統制システムを参考にするべきである。逆に、同業・同規模の他社が備えているリスク管理体制、すなわち「通常の」経営者であれば備えているリスク管理体制さえ備えていない場合には、善管注意義務違反を問われるリスクが高いといえるであろう。

そのうえで、自社に特別に発生するかもしれない不正行為のリスクを想定し、それを防止しうる体制を構築することである。通常は容易に想定できない不正行為であっても、それを予見すべき特別な事情、たとえば過去に同種の不正事例が発覚したことがあるといった事情がある場合には、それを想定したうえでのリスク管理体制を構築しなければ、内部統制システム構築義務を果たしていないと評価されるリスクが高まる。

最高裁判所の判断の枠組みは総合判断であると考えられので、予見すべきであったにもかかわらずそれを防止できなかったことのみを取り上げて会社役員の責任が発生するとまでは言い切れない。しかし、少なくともそのような予見すべき事情があるにもかかわらず、同種の不正が発生すれば、会社役員の責任が認められる方向に判断が傾く可能性があることには留意する必要がある。

(4) **裁判例を踏まえた本事例の帰結**

本事例のように、粉飾決算の兆候を全く認識していなかったケースであっても、内部統制システムの構築義務を果たしていたかが問題となる。

この点、日本システム技術事件の最高裁判所の判断の枠組みからすれば、会社役員としては、内部統制システムの構築義務違反を問われないようにするため、①自社にとって通常想定される不正には何があるか、および、②今までの経験から想定される不正には何があるか、について検討する必要があ

る。

　そして、その検討結果に基づき、想定される不正を防止しうる程度の管理体制を整えているか（内部統制システムの構築）とともに、その体制は適切に機能しているか（内部統制システムの運用）を再確認してみる必要がある。

　なお、内部統制システムは、一度構築してしまえば終わり、という静的なものではなく、外部内部環境の変化に対応して適宜修正していかなければならないという動的なものというべきである。なぜなら、「通常想定される」不正とは、時代とともに変わり得るものだからである。最近は、会計不正行為が発覚した場合には、調査報告書が公表されることが通例となっており、このような調査報告書などを題材に、さまざまな会計不正行為の事例を参考にしながら、それをどのように防止することができるか検討し、自社の内部統制システムを適宜・適切に修正していく必要がある。

〔山内宏光〕

第5章
金商法・独禁法等に関するリスク

10 インサイダー取引規制とリスク管理

I 基礎知識

1 インサイダー取引規制とは

(1) 規制趣旨と近時の事例

　金融商品取引法（以下、「金商法」という）は、一定の重要な内部情報を保有した者による株取引等の禁止について、会社関係者（金商166条）の場合と、公開買付者等関係者（同法167条）の場合に分類して、詳細な規定を設けており、これらの禁止の対象行為が、一般にインサイダー取引と呼ばれている。

　対象行為等の詳細は、金商法その他関係政令に複雑な規定が置かれているが、株価に影響を与え得るような重要な内部情報を知った会社関係者が、その情報の公表前に株取引等を行うことが主な対象行為とされている。対象行為によって未公表の情報を有する一部の者のみが利益を得、または損失を回避することが許容されるとなれば、証券市場の公平性・健全性が大きく損なわれ、投資家の信頼が失われてしまう。その結果、市場に資金が集まらなくなり、企業にとって市場を通じた資金調達が困難になることも考えられる。このような事態を避けるために、金商法にインサイダー取引規制が設けられているのである。

　インサイダー取引規制違反の事例としては、ライブドアがニッポン放送株式を大量取得するとの情報を知りながら、ファンドがニッポン放送株式を買い付けた行為がインサイダー取引規制違反とされた、いわゆる村上ファンド事件が記憶に残っているが、近年も、免震ゴムの不正問題が公表される前に東洋ゴム工業子会社の社員から当該問題を知った取引先企業の役員が、公表前に東洋ゴム工業株式を売り抜け、損失を免れた行為について、課徴金納付

〈図3〉 インサイダー取引規制の構造

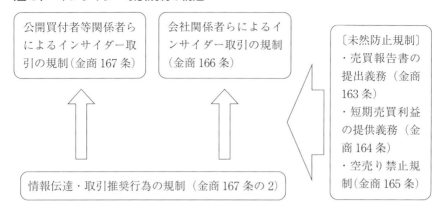

命令が出された事案など、会社役員が関与する規制違反事例が後を絶たない。

(2) 規制の全体像（〈図3〉）

規制対象となるインサイダー取引は、会社関係者によるものと、公開買付者等関係者によるものとに大きく2つに分類される。

なお、金商法は、この他にも、両類型に関し、株取引に関して、他者に利益を得させ、または損失を回避させる目的で内部情報を伝達させる行為や、株取引を推奨する行為についても規制している（金商167条の2）。

また、インサイダー取引の未然防止規制として、上場企業の役員や主要株主に対する売買報告義務（金商163条）や売買利益提供義務（同法164条）、空売り禁止規制（同法165条）を課す等の規定も設けられている。

2　会社関係者によるインサイダー取引の規制

会社関係者によるインサイダー取引として規制対象となるのは、①「会社関係者」らが、②上場会社等の「重要事実」を職務等に関し知りながら、③その「公表」前に、④上場会社等の「特定有価証券等」の、⑤「売買等」をすることである。

(1) 会社関係者

金商法は、次に掲げる者を「会社関係者」として、インサイダー取引規制の対象としている（金商166条1項各号）。

(A) 会社内部者

会社内部者とは、上場会社等（これにはグリーンシート銘柄やフェニックス

銘柄の会社も含まれ、また、上場会社自身だけでなくその親子会社も含まれる。もっとも親子会社概念は会社法上のものとは異なることに留意を要する（金商166条5項、同法施行令29条の3第1項））の役員（取締役、執行役、監査役、会計参与）、代理人、使用人、その他の従業員、帳簿閲覧権を有する株主である（金商166条1項1号・2号、5項）。

また、重要事実をその職務に関し知った会社内部者のうち、会社内部者でなくなった後1年以内の者も、規制の対象となる（金商166条1項）ため、取引行為の時期についても注意すべきである。

このように、会社役員は、自ら、および従業員が会社内部者に該当するリスクがある。

(B) 準内部者

準内部者とは、監督官庁職員のように、当該会社に対する調査権等、金商法166条1項3号所定の法令に基づく権限を有する者、当該会社と契約関係にある者、または契約締結の交渉をしている同項4号所定の者を指す（金商166条1項3号・4号・5号）。なお、準内部者についても、準内部者でなくなった後1年以内の者も規制の対象となる点は、会社内部者と共通する。会社役員は、重要な契約締結において、自らおよび関与する従業員が相手方の株式の取引に関して準内部者に該当するリスクがある。

(C) 情報の受領者

上記の地位にある者に加え、金商法は、会社内部者等でなくとも、会社内部者および準内部者から重要事実の伝達を受けた者（情報受領者）も規制の対象としている（金商166条3項）。職務に関して重要事実を知った役員等からその事実の伝達を受けた者（第1次情報受領者）が、その事実の公表前に当該会社の株式の売買を行えば、インサイダー取引となる。

一方、第1次情報受領者からさらに重要事実の伝達を受けた者（第2次情報受領者）については、規制の対象とならない。

しかし、いずれにせよ、会社役員においては、このような情報受領についてインサイダー取引のリスクが生じないような情報管理体制の構築が求められる。

(2) 重要事実

「重要事実」は、その内容に応じて、①決定事実、②発生事実、③決算情報、④バスケット条項に分類され、その主体に応じて、上場投資法人等を除

く上場会社等（金商166条2項1号～4号）、子会社（同項5号～8号）、上場投資法人等（同項9号～14号）ごとにその内容が規定されている。

　(A)　決定事実

　上場会社等または子会社の「業務執行を決定する機関」が、金商法所定の事項を「行うことについての決定」をしたこと（公表済みの決定事項を行わないことの決定を含む）である。この「業務執行を決定する機関」とは、会社法上の機関でなくとも、実質的に会社の意思決定と同視される意思決定を行い得る機関であれば足りるとされている。つまり、各社の実情に照らして個別的に判断されるものであるが、株主総会や取締役会による正式な決議がされる前であっても、実質的な意思決定権限を有する会長や役員個人、また経営会議や経営委員会、常務会などがこれに該当し得る。

　また、「行うことについての決定」とは、行為に向けた作業を会社の業務として行う旨の決定をいい、上記の機関において行為の実現を意図して決定することを要するが、行為が確実に実行されるとの予測が成り立つことは要しないと解されている（最判平成11・6・10民集53巻5号415頁：日本織物加工事件）。

　決定事実については軽微基準が定められており、その基準に該当すれば、類型的に投資家の投資判断に及ぼす影響が重要でなく、規制の必要性が低いものとして規制対象から除外される。

　(B)　発生事実

　上場会社等において、一定の事実が発生したことであり、災害に起因する損害または業務遂行の過程で生じた損害、主要株主の異動、特定有価証券またはそのオプションの上場廃止または登録取消しの原因となる事実、およびその他の政令で定める事項が発生したことが重要事実となる（金商166条2項2号）。

　(C)　決算情報

　上場会社等の決算に関する直近の予想値との比較で、企業が「新たに算出した予想値」または決算において一定以上の重要な差異が生じたことをいう。

　この重要性を判断する基準（重要基準）は、変動率が、売上高は増減10%以上、経常利益および純利益は増減30%以上、配当予想の修正は増減20%以上とされ、これらの場合に重要事実に該当する。

〔表16〕 重要事実の概要

	重要事実の項目例	軽微基準
①決定事実	ア　株式の募集 イ　組織再編 ウ　業務提携など	ア　募集払込金額の総額が1億円未満 イ　資産の変動額が純資産の一定割合以下であることなど ウ　業務提携による売上高が一定の割合以下であることなど
②発生事実	ア　損害の発生 イ　主要株主の異動 ウ　行政処分など	ア　損害額が純資産の3％未満 イ　軽微基準なし ウ　処分による売上高の減少が一定の割合以下
③決算情報	ア　業績予想の大幅な修正 (i)　売上高 (ii)　経常利益 (iii)　当期純利益 イ　配当予想の大幅な修正	ア (i)　変動率10％未満 (ii)　変動率30％未満（または変動額が純資産額・資本金の額の5％未満） (iii)　変動率30％未満（または変動額が純資産額・資本金の額の2.5％未満） イ　変動率20％未満
④バスケット条項	①～③の他、上場会社の運営、業務または財産に関する重要な事実であって投資者の投資判断に著しい影響を及ぼすもの	
⑤子会社に係る重要事実	企業集団全体の経営に大きな影響を与えるものは重要事実とされ、①～④同様の分類がされている	

※　決算情報の軽微基準の詳細は、有価証券取引等の規制に関する内閣府令51条、55条等参照。

(D)　バスケット条項

　バスケット条項とは、上場会社等や子会社の「運営、業務または財産に関する重要な事実であって投資者の判断に著しい影響を及ぼすもの」をいう（金商166条2項4号）。通常の投資者がその事実を知った場合に、当然に売り

買いの判断に影響を及ぼすと認められるような事実がこれに該当すると解されており、インサイダー取引規制の間隙をカバーする包括条項として機能している。

もっとも、バスケット条項は、「前3号に掲げる事実を除き」と規定していることから、一定の重要事実に該当する可能性があるものの、軽微基準の存在によってこれに該当しないと解される場合や、業績予想の修正に該当し得るも重要基準（取引規制府令51条）に該当しない事実は、原則としてバスケット条項に該当しないと解されている。しかし、判例の中には、決定事実等に該当し得るも軽微基準に該当するために重要事実に該当しないと判断しつつ、当該事実が決定事実等に「包摂・評価され得ない」別の側面がある場合について、バスケット条項に該当し得るとしたものがあることから（最判平成11・2・16刑集53巻2号1頁：日本商事事件）、事案ごとに種々の事情を総合判断する必要性も認められる。

(3) 公　表

インサイダー取引規制の対象となる取引は、重要事実の「公表」前のものに限定される。

この「公表」の方法は、重要事実や有価証券報告書等の書類の内容につき、当該会社によって多数の者が知り得る状態に置かれる措置を対象とし、大きく次の3つに大別されている（金商166条4項、同法施行令30条）。

① 　重要事実を法定される2つ以上の報道機関に公開してから12時間が経過したこと
② 　上場取引所の規則により重要事実を取引所に通知し、重要事実が電磁的方法により公衆縦覧に供されたこと（TDnetによる適時開示）
③ 　重要事実が記載された有価証券報告書、臨時報告書等の金商法上の開示書類が公衆縦覧に供されたこと（EDINETによる法定開示）

(4) 特定有価証券等

インサイダー取引の対象となる「特定有価証券等」（金商163条1項）とは、上場会社の株式を含む「特定有価証券等」（同法施行令27条の4）と、「関連有価証券」（同法施行令27条の4）によって構成される。また、平成25年の金商法改正により、J-REITの投資証券も「特定有価証券等」に含まれることとなった。

(5) 売買等

規制対象となる「売買等」とは、特定有価証券等に係る、①売買その他の有償の譲渡、譲受け、②合併・会社分割による承継、③デリバティブ取引をいい（金商166条1項柱書）、国内市場を通じた取引はもちろん、市場外での相対取引や外国の市場を通じた場合も含まれる。他方で、相続・贈与といった有償でない株券等の取得は含まれない。

(6) 適用除外

インサイダー取引規制の対象要件を満たす場合であっても、重要事実を知っていることとは無関係に行われた行為であることが明らかであり、株券の取引を認める合理的な理由がある場合や、適用除外としても弊害がないと考えられる場合がある。そのような一定の場合について、金商法は、規制の適用を除外する旨の規定を置いている。

適用除外となる場合は、金商法166条6項各号に規定されており、①株式の割当てを受ける権利の行使による株券の取得、②新株予約権の行使による

〔表17〕 インサイダー取引規制適用除外事由

①	株式の割当てを受ける権利の行使による株券の取得
②	新株予約権の行使による株券の取得
③	オプションの行使による売買等
④	株式買取請求権等に基づく売買等
⑤	防戦買い
⑥	公表後の自己株式取得
⑦	適法な安定操作取引
⑧	一定の普通社債券等の売買等
⑨	重要事実を知る者同士の証券市場によらない売買等
⑩	合併等による特定有価証券等の承継
⑪	重要事実を知る前にされた合併等の契約内容の決定についての取締役会の決議の基づく合併等による特定有価証券等の承継
⑫	新設分割による新設分割設立会社への特定有価証券等の承継
⑬	合併等・株式交換の対価としての自己株式の交付等
⑭	重要事実の知る前契約・知る前計画の履行に基づく売買等

株券の取得、③オプションの行使による売買等、④株式買取請求権等に基づく売買等、⑤防戦買い、⑥公表後の自己株式取得、⑦適法な安定操作取引、⑧一定の普通社債券等の売買等、⑨重要事実を知る者同士の証券市場によらない売買等、⑩合併等による特定有価証券等の承継、⑪重要事実を知る前にされた合併等の契約内容の決定についての取締役会の決議に基づく合併等による特定有価証券等の承継、⑫新設分割による新設分割設立会社への特定有価証券等の承継、⑬合併等・株式交換の対価としての自己株式の交付等、⑭重要事実の知る前契約・知る前計画の履行に基づく売買等、である。

(7) 刑事罰・課徴金

金商法は、166条1項もしくは3項、または167条1項もしくは3項の規定に違反した者は、5年以下の懲役もしくは500万円以下の罰金に処し、またはこれを併科するとして罰則規定を設けている（金商197条の2第13号）。

また、法人の代表者または法人の代理人、使用人その他の従業者がその法人の業務に関しインサイダー取引規制に違反する行為をして処罰されるときは、両罰規定により、その行為者だけでなく当該会社に対しても5億円以下の罰金が課せられる（金商207条）。

さらに、インサイダー取引規制違反は、課徴金納付命令の対象ともなっている。課徴金の額は、「重要事実公表日6か月以内の売付け等（買付け等）の総額」と「公表日後2週間の最安値（最高値）×売付け等（買付け等）の数量」の差額である（金商175条1項1号・2号、2項1号・2号）。課徴金が課された事例については、証券取引等監視委員会事務職作成の「金融商品取引法における課徴金事例集～不公正取引編～」〈http://www.fsa.go.jp/sesc/jirei/torichou/20170829/01.pdf〉においても紹介されており、参考になる。

3 公開買付者等関係者によるインサイダー取引の規制

(1) 公開買付け情報等とインサイダー取引

公開買付け等の実施または中止に関する情報を知った公開買付者等関係者は、その事実の公表前の株券等の売買等を禁止される（金商167条）。

公開買付け（TOB）が実施される場合、公開買付価格は市場価格にプレミアムを付加して高値に設定されることが多いため、公開買付けが公になることにより、被買付会社の株価が公開買付価格に接近する形で上昇することが多い。このように、公開買付けの実施・中止に関する情報は被買付会社の株

価に影響を与えるものであるため、公開買付者等関係者がこの情報を知りつつ被買付会社の株式の取引を行うことは、市場の公正性・健全性を害する行為といえる。

(2) 規制の概要

公開買付者等関係者によるインサイダー取引の規制の構造は、会社関係者に関する規制の構造と基本的に類似している。

すなわち、「公開買付者等関係者」であって、上場株式等の「公開買付け等」をする者（「公開買付者等」）の「公開買付け等の実施（または中止）に関する事実」（「公開買付け等事実」）を知った者は、その事実の「公表」がされた後でなければ、公開買付け等の「実施」に関する事実に係る場合においては被買付会社の「特定株券等」または「関連株券等」に係る買付け等をしてはならず、また公開買付け等の「中止」に関する事実に係る場合にあっては売付け等をしてはならないという規制がなされている。

(A) 公開買付者等関係者

規制の対象となる「公開買付者等関係者」とは、「公開買付者等」、すなわち、他社株・自社株公開買付けのほか、総株主の議決権の5％以上の買集め行為を行う者（金商施行令31条）の関係者が該当する。

関係者の範囲は、会社関係者によるインサイダー取引規制の場合に準ずるところ（金商167条1項各号）、これに加え、被買付会社とその役職員もこれに含まれる（同項5号）。また、規制対象には、公開買付け等事実を知った公開買付者等関係者であって公開買付者等関係者でなくなった後6カ月以内の者（同項柱書）や、公開買付者等関係者から公開買付け等事実の伝達を受けた第一次情報受領者（同条3項）も含まれる。

(B) 公開買付け等の実施に関する事実

「公開買付け等の実施（または中止）に関する事実」とは、公開買付者等の業務執行の決定機関が公開買付け等を行うことについて（実施）の決定をしたこと、または、いったん決定して公表した公開買付け等を行わないこと（中止）を決定したことを指す（金商167条2項）。

(C) 公 表

会社関係者による場合と同様、「公表」の方法は以下のとおり法定されている（金商167条4項、同法施行令30条）。

① 公開買付等事実を2以上の報道機関に公開してから12時間が経過した

こと
② TDnet による適時開示
③ 公開買付開始公告または公開買付撤回公告・公表
④ 公開買付届出書または公開買付撤回届出書の公衆縦覧
　(D) その他

　適用除外となる取引についても、会社関係者による取引の規制の場合と同様のものが規定されている（金商167条5項各号）が、これらに、①公開買付け等の実施に関する事実を知った公開買付者等関係者（「特定公開買付者等関係者」）からの情報受領者が、伝達を行けた情報を公開買付開始公告と公開買付届出書に記載したうえで公開買付を行う場合、②公開買付者等の役職員以外の特定公開買付者等関係者が公開買付け等の実施に関する事実を知った日から6カ月経過後に買付け等をする場合、または特定公開買付者等関係者からの情報受領者が情報の伝達を受けた日から6カ月経過後に買付け等をする場合、が加わっている。

　また、刑事罰・課徴金についての定めは、会社関係者らによる取引規制違反と同様である。

　公開買付者等関係者による近年のインサイダー取引規制違反の事例としては、平成20年に、野村證券株式会社の「企業情報部」に勤務していた社員らが、同社の企業情報部が手がけていた M&A と TOB の内部情報を利用して上場会社の21銘柄を売買し、金額にして4000万円前後の利益を得たとして逮捕された事案などがある。

4　情報伝達・取引推奨行為に対する規制

　平成25年の金商法改正により、未公表の重要事実を知る会社関係者らによる情報伝達行為や取引推奨行為に対する規制が設けられた（金商167条の2）。

　規制の対象となるのは、会社関係者と公開買付者等関係者であり、その範囲は会社関係者による取引規制で述べた内容と同様であるが、会社関係者でなくなった後1年以内の者や、公開買付者等関係者でなくなった後6ヵ月以内の者も規制対象となる。一方、第一次情報受領者は規制の対象外となる。

　対象者が禁止される行為は、未公表の重要事実（または公開買付け等事実）を知る会社関係者が、他人に対し、重要事実の公表前に、上場株式等の売買等をさせることにより利益を得させ、または損失発生を回避させる目的で、

重要事実を伝達し、または売買等を勧める行為である。「他人」の範囲は社内外を問わず、また重要事実の伝達を伴わずに売買等を勧める行為（取引推奨行為）も禁じられる。

これら情報伝達・取引推奨行為規制違反も、前記のインサイダー取引規制違反等同様の刑事罰の対象である（金商197条の2第14号・15号、207条1項2号）。

また、課徴金の額は、証券会社については仲介手数料の3カ月分、その他の違反者においては取引を行った者の利得相当額の半分である（金商175条の2）。

〈図4〉 情報伝達・取引推奨行為に対する規制

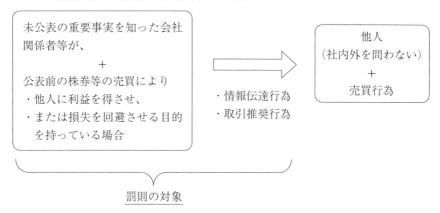

5　未然防止規制

前記の規制の他、インサイダー取引の未然防止の目的から、金商法は、売買報告書の提出義務（金商163条、205条19号、207条1項6号）、短期売買利益の提供義務（同法164条、205条19号）、空売りの禁止（同法165条、205条20号、207条6号）についての規定を置いている。

(1)　売買報告書の提出義務

上場会社の役員および主要株主は、自己の計算において当該上場会社の株式の売買を行った場合、翌月15日までに、内閣総理大臣（財務局長等）に対する報告書の提出が義務づけられている。報告書の不提出または虚偽記載は、刑事罰の対象となり、6カ月以下の懲役もしくは50万円以下の罰金に処せさ

れる（金商205条19号）。これには両罰規定が設けられている（同法207条1項6号）から、会社役員としては十分な注意が必要である。

(2) 短期売買利益の提供義務

　上場会社の役員および主要株主が当該上場会社の株式について自己の計算において6カ月以内に売り買いをして利益を得た場合、当該上場会社は、その利益を会社に提出することを求めることができる。また、上場会社の株主が、上場会社に対してこの請求を行うことを要求した日から60日以内に上場会社が利益を提供しない場合、当該株主は上場会社に代位して役員および主要株主に対し、利益の提供を要求することができる。これは、重要事実に接しやすい立場にある役員によるインサイダー取引を、利益の提供を求めることによって間接的に防止する趣旨の規定である。

　内閣総理大臣（財務局長等）は、売買報告書の提出により、役員・株主が利益を得ていると認めた場合、報告書のうち利益に関する部分の写しを役員・株主に送付する。この場合、役員・株主が写しに記載された売買を行っていないと認めた場合は、写しの受領日から20日以内に異議を申し立てることができるが、虚偽の異議申立ては刑事罰の対象となる（金商205条19号）。法定刑は売買報告書の提出義務違反の場合と同一である。

(3) 空売りの禁止

　上場会社の役員または主要株主は、自らが保有する額を越えて当該上場会社の株式を売却すること（空売り）ができない。このような行為は、株価の下落につながるような内部情報を有する者により行われる危険性があり、公平の観点から禁止すべきだからである。空売り禁止規定違反も刑事罰の対象であり、6カ月以下の懲役もしくは50万円以下の罰金刑が規定されている（金商205条20号）うえ、両罰規定が置かれている（同号、204条6号）。

II 事例と対策

〔事例〕 インサイダー取引防止のための社内体制の整備の方法はどうあるべきか

> インサイダー取引防止のための社内体制が万全でない会社において、どのようなポイントに基づいて社内体制を整備すればよいだろうか。

1 インサイダー取引防止のポイント

上場会社において、役職員によるインサイダー取引を未然に防止するためには、会社役員としては、どのような社内体制を構築する必要があるだろうか。

未然防止体制整備のための視点として重要なポイントは、主に以下の点である。

① インサイダー情報の管理体制の整備
② 社内規程の整備と運用
③ 役職員による株式売買のモニタリング
④ 役職員に対する教育・研修

2 インサイダー情報の管理体制の整備

すでに述べたとおり、インサイダー取引規制は重要事実という一定の情報の知・不知を要件とするものであるから、重要事実に関連する情報の管理を徹底する必要がある。

そのため、情報の壁（ファイヤーウォール）を設け、情報の流出を防止する仕組みが必要となるが、これには各部門においてインサイダー情報の管理体制を整備することに加え、インサイダー情報の管理専門部門を設置し、当該部門にインサイダー情報を集約する仕組みを作ったうえで、情報管理責任者に情報を統合させることが有効であろう。

これに加え、役員としては、重要事実の早期公表に努めることも、規制違反防止の観点から重要である。特にマイナスな企業情報については、公表を

躊躇し、公表に時間を要する場合が生じやすいが、公表に至るまでの期間が長期化すればするほど、インサイダー取引規制違反の危険性は高まるということに留意すべきである。同時に、マイナスの情報であっても、迅速な情報開示を行い、投資者の投資判断に必要な情報を適時に提供する姿勢が、最終的には企業のレピュテーション向上にもつながる。

役員としては、重要事実の開示に至るまでの情報管理体制を整備する必要性はあるとしても、第一には、情報の早期開示に努めることが求められる。

3　社内規程の整備と運用

役職員によるインサイダー取引を未然に防止するためには、重要事実の管理や、役職員による株式売買等に関する社内規程を整備し、規定に沿った運用がされているかを定期的にチェックすることが必要である。規程の主な内容は、インサイダー情報の管理体制に関するもの、役職員による自社株売買手続に関するもの、他社株売買の制限禁止に関するもの、役職員への啓発活動に関するもの、インサイダー取引規制違反者への社内処罰に関するもの、等が考えられる。

規程の作成においては、一般的なコンプライアンス規程がベースになると思われるが、対象会社の範囲（個社かグループ会社か）や事業内容に応じて検討される必要がある。規程の内容についても、適用対象を自社株式のみとするのか、他社株式も含むのか、株式売買を許可制とするのか、届出制にするのか、など様々なバリエーションが想定される。これらの点に対応するために、日本取引所自主規制法人が作成した「内部者取引防止規程事例集」〈http://www.jpx.co.jp/regulation/public/nlsgeu000001igcp-att/1-04index_pdf_08.pdf〉が参考になるだろう。

規程の作成後も、法令改正や会社の状況を踏まえ、定期的に内容を見直し、その運用状況をチェックしていくことが必須である。

【書式4】 インサイダー取引に関する社内基本規程例

1 禁止の対象となる者
　インサイダー取引の禁止対象者は、当社の役職員とする。
　役員とは、取締役および監査役をいい、従業員とは、当社の正規従業員だけでなく、嘱託または派遣従業員、パート従業員等の当社の業務に従事するすべての従業員を含む。

2 重要事実
　重要事実は、金商法166条2項に規定される会社（当社子会社を含む）に生じた事実をいう。

3 情報管理責任者等の設置
　当社では、情報管理責任者および情報管理担当者を置くものとする。
　情報管理責任者は、重要事実の統括管理を行い、情報管理担当者は、各部署において重要事実を管理するものとする。

4 重要事実の伝達の禁止
　当社の役職員は、職務上、当社または他社の未公表の重要事実を知ったときは、職務の遂行上必要があるものとして情報管理責任者の許可を得た場合を除き、それを他者に伝達または漏えいしてはならない。

5 報告・調査
　当社の役職員は、職務上、重要事実を知った場合は、所属部門の情報管理担当者にその旨を報告しなければならない（役職員のうち役員については、直接情報管理責任者に報告することができる）。報告を受けた情報管理担当者は、直ちに、報告を受けた事実を情報管理責任者に報告しなければならない。

6 株券売買等の届出
　当社の役職員が自社株式の売買を行うときは、情報管理責任者に事前に届け出るものとし、また、売買後に所定の期間内に売買報告書を提出しなければならない。

7 社内教育・研修
　……

8 役職員に対する制裁・懲戒処分
　……

4　役職員による株式売買のモニタリング

インサイダー取引を防止するためには、重要事実に接する者の範囲を極力限定することが望ましいが、重要事実に接している役職員については、当該役職員による自社株売買がされていないか把握し、規制違反行為を予防する必要がある。そのためには、平時から、重要事実の関係部署の役職員の自社株売買については事前届出を義務付け、場合により許可制とすることも検討すべきである。これだけでなく、重要事実が現に存在している場合には、関係部署の役職員だけではなく、全社的に自社株取引を禁じることも考えられる。

5　役職員に対する教育・研修

インサイダー取引規制に関する役職員の知識の浸透のためには、役職員向けの研修を通じてその意識の徹底を図ることが不可欠だろう。社内の定期的な研修に加え、外部機関の各種セミナーやeラーニングを活用することも望ましい。

インサイダー取引規制違反によって失うものが、一時の利益に比べ遥かに大きいとの認識を、重要事実に接する機会の多い部署のみならず、全社的に浸透させることが必要である。役員としては、自分自身がインサイダー取引規制違反の当事者として処罰の対象となり得るだけでなく、インサイダー取引を防止する社内体制の構築を怠ることで、善管注意義務違反を追及される可能性も負っていることを肝に銘じるべきである。

〔小松真理子〕

11　価格カルテル・談合とリスク管理

I　基礎知識

1　独占禁止法による規制の概要

私的独占の禁止及び公正取引の確保に関する法律（以下、「独禁法」または

「独占禁止法」という）は、企業間における公正な自由競争の実現のために必要な経済秩序をもたらすことを目的とした基本法であり、市場で経済活動を行う企業にとって最も重視すべき法律の1つである。

公正かつ健全な自由競争の維持のため、独禁法は、私的独占の禁止、不当な取引制限と不公正な取引方法を禁止している。これは、営利的な存在である企業が不当に利益を得、また正当な利益発生の機会を阻害する行為を対象とするものであり、企業の事業活動そのものにかかわる規制といえる。

どのような背景事情があるとしても、市場全体の健全性を損なう独禁法違反行為は是認されるものではない。独禁法違反行為が発覚した場合には、取引先に限らず広く社会的に信用が失墜することは不可避であり、企業のレピュテーションの低下は免れない。これに加え、公正取引委員会（以下、「公取委」という）による排除措置命令（独禁法7条、20条）、課徴金（同法7条の2、20条の2以下）が課せられる可能性があるほか、刑事責任としての罰金（同法89条）等の刑罰を科せられるなど、各種責任追及の対象となり得る。また、国や地方公共団体を相手とする事業を行う企業が独禁法に違反した場合は、指名停止や契約上の違約金請求を受ける可能性もあり、今後の事業活動に大きな支障が生じることとなるだろう。

このように、独禁法に関連するリスク管理は、企業が事業活動を行う限り継続的な課題であるから、会社の役員としては、リスクの現実化によって企業が負うダメージの大きさを、日頃から意識しておく必要がある。また、独禁法違反行為に経営トップを含む役員が関わったり、これを防止する合理的な措置を怠ったりした場合には、会社に生じた損害に関して、それらの役員が責任を問われる可能性があることも忘れてはならない。なお、近年は、海外に進出する企業が現地法における独禁法上のリスクに配慮する必要性も高まっている。この点はQ21において触れることとする。

なお、平成28年度における公取委による法的措置の状況は、排除措置命令につき延べ51名の事業者に対して11件となっており、11件の内訳は、価格カルテル1件、入札談合（官公需）5件、受注調整（民需）3件、不公正な取引方法2件となっている。また、同年度における課徴金納付命令の状況は、延べ33名の事業者に対し、総額97億9696万円（1事業者あたりの課徴金額の平均は2億8571万円）の納付命令が発令されている。

そこで、本設問では、不当な取引制限のうち、特に問題となりやすい価格

カルテルと談合に対する規制をとりあげる。

2 価格カルテル

(1) カルテルとは

カルテルとは、法律上に規定された用語ではなく、画一的に定義づけられるものではないが、一般には、「複数の同業者間や業界団体の内部において、価格や生産数量などを取り決める等の方法によって、市場での競争を行わないようにすること」であり、価格カルテル、入札談合、市場分割などがあげられ、独禁法上は、「不当な取引制限」に該当するものとして認識されている。

そして、独禁法2条6項および3条後段は、「事業者が」、「他の事業者と共同して」、「相互にその事業活動を拘束し、又は遂行することにより」、「公共の利益に反して」、「一定の取引分野における競争を実質的に制限する」ことを「不当な取引制限」としてこれを禁じている。

カルテルが禁止されるのは、事業者間の自由競争を意図的に排除し、資本主義経済の原理を根本から阻害する行為だからである。つまり、各企業がそのサービス・製品の質を他社との競争の中で向上させ、勝ち抜きを図ることで経済を活性化させることが本来の姿であるところ、このような自由競争を排除すれば、経済が低迷するのみならず、サービス等の品質が日々研鑽される素地が失われ、その対価を支払う消費者側に不利益を強いることになってしまう。

(2) カルテルの禁止

(A) 各ガイドラインの制定

上記のとおり、独禁法はカルテルを「不当な取引制限」として禁止するところ、法律の規定は抽象的であるため、実際の個々の経済活動が独禁法に抵触するものかを判断することが困難な場面も生じ得る。そこで、公取委は、独禁法の運用について一定の具体的基準を設け、各企業の独禁法違反行為を未然に防止するとの観点から、「流通・取引慣行に関する独占禁止法上の指針」や、「事業者団体の活動に関する独占禁止法上の指針」等のガイドラインを作成している。

各ガイドラインは、公取委の独禁法の運用方針を示したものであり、法的拘束力を持つものではない。しかし、独禁法の運用機関である公取委が示す

運用の基本ルールであることから、ガイドライン違反の行為が独禁法違反と認められ、ひいては後述する制裁の対象となる可能性が高いことには、留意が必要である。

(B) カルテルの認定

また、上記のとおり、不当な取引制限とは、「他の事業者と共同して」相互に事業活動を拘束する行為（共同行為）である。原則的に、共同行為の認定のためには、相互の意思の連絡の成立が認められることを要するとして、合意成立の日時や場所の特定が必要であるとされてきたが、この点の立証責任を負う公取委の負担となっていると指摘されてきた。

このような指摘を踏まえ、近年の審決や判例では、合意の日時や場所を具体的に特定し立証できなくとも、間接的な事実を積み上げることにより合意の存在を推認させるという方法により、カルテルを認める傾向がある。それゆえ、各企業は、カルテルそのものの合意を防止するのみならず、日常的に合意の存在が推認されるような疑わしい行為を極力排除することに努めるべきであろう。

(3) カルテルに対する制裁

カルテルに対する制裁としては、排除措置命令（独禁法7条）として、独禁法違反行為を排除するために必要な措置を命じたり、違反行為がすでになくなっている場合であっても、特に必要があると認めるときは、当該行為が排除されたことを確保するために必要な措置を講じることを命じることができる。排除措置の例としては、カルテル協定の破棄やその旨の周知、公取委への報告等がある。

さらに、独禁法は、カルテルに対し、これら行政罰のほかに刑事罰も定めており、独禁法違反の行為者に対しては5年以下の懲役または500万円以下の罰金が、また両罰規定として、法人等に対し5億円以下の罰金刑が科せられる（同法89条、95条）。

なお、後述するとおり、平成17年独禁法改正により、課徴金減免制度（リニエンシー）が導入されたことに伴い、関与した独禁法違反行為についてその内容を公取委に報告した事業者等については、一定の要件の下で課徴金が減免される。

(4) 価格カルテル

このようなカルテルのうち、「価格カルテル」とは、サービスや商品の供

給・購入に係る対価（価格）に影響を与えるような事業者間の取り決め全般を指すものである。価格は、企業間競争の根本的な基準である。それゆえ、価格の決定という自由な利潤追求活動および自己責任原理を揺るがすものとして、特に違法性の高い行為とされている。このように、価格カルテルは、自由な価格決定過程を直接阻害し、市場支配力を不当に及ぼす行為として強く禁じられるものあるが、他方で、その効果の大きさから、価格カルテルを原因として摘発される企業が絶えないという経緯がある。

価格カルテルには、対価に影響を与える行為が広く含まれると解されており、特定価格の取り決めや、値下げ（値上げ）額（または率）の取り決め、最低（最高）価格の取り決めのみならず、目標価格や標準価格の取り決めも含まれる。また、価格そのものの取り決めでなくとも、価格算定方式の取り決めや、リベート等といった価格の算定要素や構成要素に関する事項を取り決める行為も広く含まれる。

上記のとおり、価格カルテルは強い競争制限効果を有する行為であるため、複数の事業者間において価格カルテルの合意が認定されると、対象商品やサービスが一定の取引分野として画定されて競争を実質的に制限するものとみなされ、ほとんどの場合において、合意が成立した時点で不当な取引制限を認定してよいと解されている。

(5) **価格カルテルに対する制裁**

公取委は、対価に係るカルテルまたは対価に影響する数量カルテル等を行った事業者に対し、一定額（原則として実行期間における対象商品または役務の売上額に一定率（原則として10％）を乗じて算定された額の納付を命ずる課徴金納付命令を出さなければならない（同法7条の2、8条の3）。同命令には、命令の発動や課徴金額に公取委の裁量がないという特徴がある。

さらに、これら行政罰のほかに上記の刑事罰（独禁法違反の行為者に対しては5年以下の懲役または500万円以下の罰金、また両罰規定として、法人等に対し5億円以下の罰金刑）が科せられることになる（同法89条、95条）。

3　入札談合

(1) **入札談合とは**

独禁法が禁止するカルテルの一種として、価格カルテルと並んで、特に問題として採り上げられる例が多いのは入札談合である。入札談合は、一般に、

「入札に際し、入札参加者間であらかじめ、受注予定者を取り決め、その業者が落札できるように協力する行為」をいう。これにはいわゆる官公需の場面だけでなく、民間発注の案件についても含まれる。

　官公需契約の実施は、国民の税金によって賄われるため、入札の実施には特に公正さが要求され、事業者間の競争のもと、適正価格での落札が実現する必要がある。それにもかかわらず、競争原理を排除する入札談合が行われると、ほとんどの場合、談合が行われない場合に比べて高額で落札される結果を導くことになるため、競争原理が働く場合に比べて無駄に税金が支出され、官公需契約の公正な実施が根本から阻害されることになる。このような趣旨から、独禁法は入札談合を、不当な取引制限として禁止している。

　官公需案件の入札の方式には、公告により、一定の資格を有する不特定多数者を入札方式によって競争させ、最も有利な条件を提示した者を落札者とする一般競争入札と、発注者があらかじめ指定した者のみを参加者とする指名競争入札がある。

　競争原理を最大限に活用し、発注者の支出を抑えるため、法律上は一般指名入札が原則とされ、一定の場合には指名競争入札に付することができるとされているが（会計法29条の3、29条の5）、実際の運用としては指名競争入札が多く使われているという実情がある。指名競争入札は、限定された入札者のみで実施され、発注者側との癒着が生じやすいことから、入札談合が生じやすいとされている（発注者である国や地方公共団体が談合に加担する場合を、いわゆる「官製談合」という）。

(2)　入札談合の禁止

　上記のとおり、入札談合は不当な取引制限の1つとして独禁法で禁止されている。これについても、価格カルテルと同様、公取委がその運用基準をガイドライン「公共的な入札に係る事業者及び事業者団体活動に関する独占禁止法上の指針」〈http://www.jftc.go.jp/dk/guideline/unyoukijun/kokyonyu-usatsu.html〉で具体化している。

　同ガイドラインは、事業者の行為を、①受注者の選定に関する行為、②入札価格に関する行為、③受注数量等に関する行為、④情報の収集・提供、経営指導等に分類し、それぞれの行為について、「原則として違反になるもの」、「違反のおそれがあるもの」、「原則として違反とならないもの」を具体例として例示する形式となっており、入札談合の疑いを呼ぶ行為の防止の観点か

ら参考になる。たとえば、「受注者の選定に関する行為」について、「原則違反となるもの」としては、「受注意欲の情報交換等」や「指名回数、受注実績に関する情報の整理・提供」等がこれにあたるとしており、それぞれ過去の摘発事例の概要を匿名で記載している。また、「違反となるおそれがあるもの」としては、「企業共同体の組合せに関する情報交換」が、「原則として違反とならないもの」としては、「発注者に対する入札参加意欲等の説明」がそれぞれ該当するとされている。

(3) 入札に対する制裁

入札談合に対する制裁については、カルテルに対する制裁で述べたのと同様であるが、談合行為は、刑法上の談合罪（刑法96条の6第2項）としても処罰対象となっており、その刑は3年以下の懲役または250万円以下の罰金（またはこれらを併科）となっている。その他、いわゆる官製談合防止法（入札談合等関与行為の排除及び防止並びに職員による入札等の公正を害すべき行為の処罰に関する法律）により、国または地方公共団体の職員が談合に関与した場合、5年以下の懲役または250万円以下の罰金が科される。

4　課徴金減免制度

すでに述べたとおり、独禁法違反の結果、企業は、多額の課徴金を課されることになる場合があるから、当該制裁の存在は、他の制裁とともに、独禁法違反の抑止効果をもたらす役割を果たしている。しかし、一方で、具体的な事情を考慮しない形式的な課徴金の賦課は企業にとって実質的に不当な負担となり、業績に影響する可能性も否定できない。このような側面を考慮し、かつ、違反行為の早期発見・調査の促進の観点から、平成17年の独禁法改正により、課徴金減免制度（リニエンシー）が導入された（独禁法7条の2第10項以下）。これにより、独禁法に違反した事業者が公取委に情報や資料を提出し、調査に協力した場合は、一定の要件のもとで課徴金が減免でされることになった。手続の詳細は、「課徴金の減免に係る報告及び資料の提出に関する規則」（以下、「課徴金減免規則」という）に規定されている。

課徴金の減免の要件は、企業による申告が、公取委による調査開始日の前か後かで以下のように異なっている。

まず、公取委による調査開始日より前に申告を行う場合は、事業者の中で1番目に違反行為の事実の報告・資料の提出を、他の事業者との通謀なく単

独で行い、かつ調査開始日以降に違反行為を行っていない者については、課徴金を免除され、刑事告発も行われない。2番目以降も5番目の申告者までは減免の対象となるところ（2番目事業者の減免率は50％、3ないし5番目の事業者は30％が減免される）、4番目と5番目の事業者については、上記の要件に加え、公取委が未だ把握していない事実の報告を行うことが必要である。

　一方、公取委の調査開始日以後に申告を行う場合は、調査開始日から20日以内に報告・資料の提出を行った事業者が課徴金の30％の減免が認められるが、この場合減免を受けられるのは調査開始日以降の申請者のうち、3事業者までとされている（これに加え、調査開始日前に申告を行った事業者と併せて5事業者に入っている必要がある）。また、調査開始日以降に申告を行う事業者は、公取委がいまだ把握していない事実の報告・資料の提出を行う必要があり、また、報告・資料の提出以降に違反行為を行ってはならない。

〔表18〕　課徴金減免の対象となる事業者

	減免の対象となる事業者	効　果
①	調査開始日前に違反行為に係る事実の報告・資料の提出を最初に行った事業者	免除
②	調査開始日前に違反行為に係る事実の報告・資料の提出を2番目に行った事業者	50％の減額
③	調査開始日前に違反行為に係る事実の報告・資料の提出を3番目に行った事業者	30％の減額
④	調査開始日前に違反行為に係る事実（公取委によっていまだ把握されていない事実であることが必要）の報告・資料の提出を4番目・5番目に行った事業者	30％の減額
⑤	調査開始日後、20日以内に違反行為に係る事実（公取委によって未だ把握されていない事実であることが必要）の報告・資料の提出を行った事業者で、調査開始日前に申告を行った事業者を含めて5番目以内に入っている事業者	30％の減額

※　公取委は、上記①に該当する事業者および当該事業者の役員、従業員等については、刑事告発を行わないとの方針を示している。
※　上記①ないし④に該当する場合であっても、調査開始日以降に違反行為をしていた場合は、減免を受けることはできない。
※　上記⑤に該当する場合であっても、報告および資料の提出を行った後に違反行為をしていた場合は、減免を受けることはできない。

このように、課徴金減免制度の導入により、違反事業者が違反行為を自ら申告するインセンティブが生じることに加え、報告・資料の提出を要件とすることで、事案の解明を図ることが期待されることとなった。また、独禁法違反は企業の信用を毀損し、役員責任にも関わる問題であるところ、課徴金減免制度を通じて公取委に情報を提供することで、違反行為後のコンプライアンスの回復につながる可能性も見いだせる。

なお、課徴金減免制度に基づき、事業者による自らの違反行為の報告がされた件数は、平成28年度において124件であり、制度導入時から平成28年度末までの累計は1062件とされている。

5　独禁法違反と役員責任

これまで述べたように、独禁法違反は会社に多額の課徴金負担を生じさせる行為であり、これを回避する制度である課徴金減免制度を実効的に利用するためには時間的・手続的なハードルがある。

取締役は会社の経営者として独禁法違反行為に関与してはならないことはもちろん、独禁法違反行為が会社で行われることを防止するための措置（いわゆる内部統制システム）を構築する義務を負っているといえるため、このような措置の構築を怠った場合や、課徴金減免制度を適切に利用せず会社の負担を拡大させた場合は、善管注意義務違反を理由として責任を問われる可能性がある。

かかる責任追及のため、次の事例のように株主代表訴訟に至るケースも増えている。平成22年5月に、公正取引委員会が、NTT東日本等が発注する光ファイバーケーブル製品の製造業者である住友電工らが価格カルテルを行っていたとして、排除措置命令および約67億円の課徴金納付命令を出したところ、住友電工の株主らが、主として課徴金減免制度の利用をしなかったことについて責任を追及する株主代表訴訟を提起した事案がある。平成26年5月には住友電工の経営陣が会社に数億円に及ぶ高額の和解金を支払う等の内容で和解が成立したとされている、

このように、独禁法違反行為には役員責任の追及のリスクも包含されていることに、常に留意する必要がある。

Ⅱ 事例と対策

〔事例１〕 独禁法違反行為が社内で発覚した場合の対応はどうあるべきか

> ある会社において、営業社員が同業他社と入札談合を行っていた事実が内々で発覚した。
> この時点で公取委の調査が開始されている場合と、開始されていない場合とで、それぞれどのような対応をとることが適切だろうか。

1 課徴金減免制度の利用のポイント

(1) 公取委の調査開始日前の対応

会社内部で独禁法違反行為が把握した場合、これを隠蔽する行為が許されないことはもちろんであるが、すでに述べたとおり、独禁法違反は企業に多額の課徴金負担を課すものであり、また企業の信用力を大きく損なうため、業績に与える影響を無視できない。それゆえ、課徴金によるダメージを最小限に抑え、またコンプライアンスの回復のために公取委に対しできる限りの協力を行うべく、まずは、課徴金減免制度の利用を検討するべきである。

この点、すでに述べたとおり、課徴金減免制度の適切な利用を怠り、会社の負担を増大させた場合は、株主代表訴訟による役員責任の追及の対象となり得る。課徴金額が多額であればあるほど、役員が負うべき責任も増大するため、独禁法違反行為が発覚した場合、まず役員が主体的に課徴金減免制度の利用に向け動き出すべきである。

公取委の調査開始日前であれば、まずは公取委のホームページに掲載されている様式１号を利用して、違反行為の概要を簡単に報告することになる。このときの記載事項は、①違反行為の対象となった商品または役務、②違反行為の態様、③違反行為の開始時期（終了時期）、である。様式１号による報告書の提出はＦＡＸでよいとされており、公取委がこれを受領したあと、事業者に対して仮順位が通知される。これに続き、事業者は、様式２号を利用して詳細な報告書を作成し、提出する必要がある。様式２号を利用した報告書には、様式１号で記載した事項をさらに具体的に記載する必要があるほ

か、④共同して違反行為を行った他の事業者の氏名等、⑤報告者において違反行為に関与した役職員の氏名等、⑥共同して違反行為を行った他の事業者において違反行為に関与した役職員の氏名等、⑦その他参考となるべき事項（たとえば入札談合の場合は、発注者の概要、発注方法、受注予定者の決定過程、発注者の関与等に関する事項を記載することが考えられる）、等を詳細に記載し、これに関連する各資料を提出する。

　提出期限までに様式2号の報告書を提出することにより、仮順位が本順位となって確定するが、順位が確定した後は、先順位の事業者が虚偽報告等によって失格しても順位が繰り上がることはない。それゆえ、公取委の調査開始日前であっても、違反行為発覚後、迅速に報告書の提出に着手する必要があるところ、このような対応をスムーズに行うためには、後に事例2において解説するように独禁法に対応する社内体制を整備しておくことは勿論、課徴金減免制度の仕組みを正確に理解し、緊急時に対応可能な職員・部署を置いておくことが必要である。

　また、課徴金減免規則の規定により、報告書を提出した事業者は、正当な理由なくその旨を第三者に明らかにしてはならないとされている点にも、留意すべきである（正当な理由がある場合としては、グループ会社間での報告や、法的専門家等への相談の場面が考えられる）。

【書式5】課徴金減免制度の報告書（様式第2号）

```
　　　　　　　　　　　課徴金の減免に係る報告書

　　　　　　　　　　　　　　　　　　　　　　平成　　年　　月　　日
　公正取引委員会　御中
　　　　　　　　　　　　　氏名又は名称
　　　　　　　　　　　　　住所又は所在地
　　　　　　　　　　　　　代表者の役職名及び氏名　　　　　　　　印

　　　　　　　　　　　　　連絡先部署名
　　　　　　　　　　　　　　住所又は所在地（郵便番号）
　　　　　　　　　　　　　　担当者の役職名及び氏名
　　　　　　　　　　　　　　電話番号
　　　　　　　　　　　　　　ファクシミリ番号
```

私的独占の禁止及び公正取引の確保に関する法律第7条の2第10項第1号又は第11項第1号から第3号まで（同法第8条の3において読み替えて準用する場合を含む。）の規定による報告を下記のとおり行います。
　なお、正当な理由なく、下記の報告を行った事実を第三者に明らかにはいたしません。

記

1　報告する違反行為の概要

(1)当該行為の対象となった商品又は役務	○○（発注者名）が、一般競争入札の方法により発注する△△工事
(2)当該行為の態様	ア　入札談合 イ　報告者、甲社および乙社は、○○（発注者名）が、一般競争入札等の方法により発注する△△工事について、報告者、甲社および乙社が輪番で受注することを決定し、平成○年○月以降に発注された当該工事について、当該決定に基づいて受注予定者を決定し、受注予定者が受注できるようにしていた。
(3)共同して当該行為を行った他の事業者の氏名又は名称及び住所又は所在地	①甲社　　東京都○区…… ②乙社　　東京都△区……
(4)開始時期（終了時期）	平成○年　○月　○日（〜平成○年　○月　○日まで）

2　報告者（連名の場合は各報告者）において当該行為に関与した役職員の氏名等

報告者名	現在の役職名及び所属する部署	関与していた当時の役職名及び所属していた部署（当該役職にあった時期）	氏　名
報告会社	報告会社営業本部長	報告会社営業本部長	○○　○○
報告会社	退職	報告会社営業課長	△△　△△

3 共同して当該行為を行った他の事業者において当該行為に関与した役職

報告者名	現在の役職名及び所属する部署	関与していた当時の役職名及び所属していた部署（当該役職にあった時期）	氏　名
甲社	甲社代表取締役社長	甲社営業部部長	○○　○○
乙社	不明	乙社営業部課長	△△　△△

4　その他参考となるべき事項

5　提出資料
　　次の資料を提出します。

番号	資料の名称	資料の内容の説明（概要）	備　考
1	会社概要	会社概要、組織図、決算報告書	
2	受注工事の概要	工事概要、入札要項	
3	○○氏の陳述書	陳述者の経歴、業務内容、違反行為の具体的内容等	
4	△△氏のメール	平成○年○月○日の会合に参加したことを窺わせる内容の記載	

(2) 公取委の調査開始日以後の対応

　一方で、公取委による調査開始日以降の場合は、様式2号に準じた詳細な報告書である様式3号を利用した報告書を提出する必要がある。

　すでに述べたとおり、調査開始日以降の申告の場合、調査開始日前の申告事業者と併せて5事業者までしか減免が認められず、調査開始日後は他社も申告に向けて動き出している場合がほとんどであること、報告書の提出期限は調査開始日から20日以内とされていることからすると、企業には一刻の猶予もなく、早急な対応が必要となる。このような緊急事態に対応するためには、後述するとおり、平常時におけるコンプライアンス体制の構築が不可欠である。

2 その他必要な対応

入札談合等の独禁法違反行為が発覚した場合は、以上のとおり早急に課徴金減免のための手続をとるべきであるが、それと並行して、違反行為が公になった場合の開示等の対応方針や、違反行為に関与した役員・社員の処分についても検討する必要がある。

一方、違反行為と疑われる行為が発覚し、または公取委の調査が入った場合であっても、社内調査の結果、独禁法違反に該当する行為はなかったと判断される場合もあるだろう。この場合は、不服申立手続に則り、自社の潔白を的確に示していくことが必要になるだろう。

〔事例2〕 独禁法に対応した社内体制の構築の方法はどうあるべきか

> ある会社は、市場で同種の製品が多数流通するメーカーであるが、カルテル等の独禁法違反行為を予防するための社内体制が完全とはいえないと感じている。
>
> 同社は今後、どのように社内体制を整備していけばよいだろうか。

1 コンプライアンス担当部署の整備等

事例のようなメーカーや建設業界においては、特に談合を含むカルテルの問題が生じやすく、平時から予防策を徹底することが必須である。

実際に独禁法違反行為が発生するのは、営業部門を含む現場であると思われるが、処理の透明性確保の観点から、違反行為の処理・検証を行う部門は現場と切り離された第三者的部署である必要があり、かつ、現場から違反行為に関する情報が当該部署に報告される体制が整っていることが求められる。そのため、独禁法を含むコンプライアンス全般を処理する担当部署を整備し、同時に内部通報等による情報の伝達体制が適切に稼働する環境を構築するべきであるといえる。

なお、内部通報制度の整備には、通報者の不利益取扱いの禁止や、通報者の情報秘匿について取りまとめた社内規程の作成・運用も不可欠である。

2　研修・マニュアル作成

　独禁法違反行為の予防には、役員・社員が対象行為について正確かつ十分な知識をもつための研修の場を定期的に設け、危機感や法令遵守意識を徹底させることが必要である。

　この研修または研修に用いるマニュアルは、独禁法の制度概要を抽象的に周知するものではなく、現場の社員等が日常業務において実際に判断に迷うような具体的場面を想定し、実践的に実施・作成されることが望ましい。公取委は独禁法対応に関連し各種パンフレットを公表しているが、その中でも「私的独占の禁止及び公正取引の確保に関する法律ガイドブック〜知ってなっとく独占禁止法」は、違反行為類型を網羅的に解説したうえで課徴金減免制度の解説も掲載しており、社内マニュアルを作成する際に参考になる。

　実践的なマニュアル作成のためには、各社の内部で違反行為の温床となりやすいと思われる部署や場面を的確に把握することが必要となるが、たとえば、業界団体の会合への出席の場や、同業他社と遭遇した場といった具体的場面における接触のルールを取り決めるなどといった対応が考えられる。すでに述べたとおり、不当な取引制限に係る事業者間の合意は、間接的な事情を積み上げることにより推認し、認定される傾向にある。各企業において、合意の成立を疑わせるような事情とは何か常日頃から検討し、疑いを排除するような行動ルールを周知徹底しておくべきである。

3　役員を含む全社的体制の構築

　カルテル等の独禁等違反行為は、企業が一時的な利益探求のために不当に自由競争原理を阻害する行為であるが、その根底にわが国ならではの横並び的な意識がある点は否定できない。それゆえ、違反行為を抑止するための実効的な体制作りは、経営トップを含む経営陣の意識に基づく社風や社内意識次第であるといっても過言ではないだろう。また、独禁法違反が現実となった場合、制裁措置への対応や開示・IR の方針を実際に決定していく立場となるのは経営陣自身である。

　前述のとおり、経営陣は自らが独禁法違反行為に加担してはならないだけでなく、会社において独禁法違反行為を生じさせないための措置を講ずる義務をも負っている。したがって、役員としては、独禁法違反行為を現場の従

業員の意識や判断の問題と片付けるべきではなく、自らがこれを防止するためのシステムを構築すべき義務を負っていることを肝に銘じるべきである。究極的な防止策とは、経営陣自らがコンプライアンスに対する意識を改めて新たにし、これを社内に浸透させることで全社的な体制を構築していくことであるといえるだろう。

〔小松真理子〕

12 下請法違反等の不公正取引とリスク管理

I 基礎知識

1 不公正取引規制：独占禁止法と下請法

(1) 独占禁止法とは

　私的独占の禁止及び公正取引の確保に関する法律（以下、「独占禁止法」という）は、わが国の事業活動に関し、公正かつ自由な競争を促進し、国民経済の民主的で健全な発達を促進することを目的として制定された、経済活動に関する基本法である。

　独占禁止法は、不当な取引制限、私的独占、企業結合、不公正な取引方法のいわゆる「4本の柱」を規制の対象として掲げ、上記目的の達成に必要な諸々の規律を定めているが、本設問では、企業の通常業務において最も注意が必要となる「不公正な取引方法」に関して、基本法たる独占禁止法の下で、特に下請関係に適用される下請代金支払遅延等防止法（以下、「下請法」という）を中心に、役員として留意すべき点を論じる。

(2) 不公正な取引方法

　独占禁止法2条9項は、「不公正な取引方法」を定義し、その類型として、ボイコット、不当廉売、不当表示等の多様な行為が規定されている。

　不公正な取引方法に関しては、罰則こそ存在しないものの、独占禁止法の規定に基づき、公正取引委員会（以下、「公取委」という）による当該行為の差止め、契約条項の削除その他当該行為を排除するために必要な措置の命令

（独占禁止法20条。いわゆる排除措置命令)、課徴金（ただし特定の類型のものに限る）が課せられる。また、当該取引方法の被害者から、損害賠償請求（同法25条、民法709条)、および差止請求（独占禁止法24条）がなされる可能性も存在する。

本設問の検討対象である下請法は、前記の多様な類型を有する「不公正な取引方法」のうち、主に次項で述べる「優越的地位の濫用」（独占禁止法2条9項5号・6号）に関する独占禁止法の補完法と位置付けられる。

(3) 優越的地位の濫用

私人間の取引においては、いわゆる私的自治の原則が妥当し、取引を開始するか否か、取引の内容としていかなる事項を定めるかにつき、当事者間で自由に合意できるのが原則である。しかし、取引の一方当事者が、相手方に対して何らかの原因によって優越的な地位にある場合、当該地位の濫用を無制約に許容するならば、取引相手方の自由かつ自主的な判断を妨げ、市場における「公正且つ自由な競争」が阻害されかねない。そこで、独占禁止法は、優越的地位の濫用に関する規律を設け、私的自治原則の例外として、「公正且つ自由な競争」が機能していれば課されるはずのない不当な内容の取引の規制を目的とするものである。

優越的地位の濫用は、独占禁止法2条9項5号と同項6号に分けて規定されている。5号に該当する行為については、課徴金の対象とされている。また、6号に該当する行為については、公取委による一般指定・特殊指定によって具体的な内容が定められている。

そして、優越的地位の濫用に関する規定における独占禁止法の要件を補完するため、公取委は、「優越的地位の濫用に関する独占禁止法上の考え方」、「フランチャイズ・システムに関する独占禁止法上の考え方について」等の運用基準（いわゆるガイドライン）を定めることで、法律解釈および適用の透明性を確保し、事業者の予測可能性を高めている。

(4) 下請法の趣旨とその概要

下請法は、下請代金の支払遅延等を防止することによって、親事業者の下請事業者に対する取引を公正ならしめるとともに、下請事業者の利益を保護し、もつて国民経済の健全な発達に寄与することを目的とする法律である（同法1条）。前記のとおり、独占禁止法は、不公正な取引方法の一類型として優越的地位の濫用を規制しているが、下請法は、特に、事業者間で製造委

託、役務提供委託等が行われる場合を対象として優越的地位の濫用に関する規律を定めた、独占禁止法の補完法である。

　もちろん、製造委託等の取引についても、独占禁止法による規制を適用することは可能である。もっとも、①独占禁止法における「優越的地位」の「濫用」という要件の事実認定には困難を伴う場合があり得ること、②製造委託等の取引においては、そもそも取引条件が明確にされることなく取引が行われる場合があること、③親事業者が下請事業者に対して不当な行為を行った場合、下請業者が親事業者との関係悪化を懸念して公取委等への申告を期待できないと想定されること、④不当な行為を是正した後も親事業者・下請事業者の取引関係を維持する必要があること等に鑑み、下請法においては、取引条件明確化のために親事業者側に特別の義務を課したり、強制力のない勧告という手段で親事業者の違反行為是正を行ったりすることができるなど、独占禁止法とは異なる、簡易迅速で実効的な諸々の規律が定められている。

2　下請法における規律

(1)　下請法の適用対象

(A)　取引の内容

　下請法の適用対象となる取引は、下請法2条1項〜4項にて列挙された「製造委託」、「修理委託」、「情報成果物作成委託」および「役務提供委託」であり、同条5項にて、これら4類型を併せて、「製造委託等」として定義している。

(B)　取引当事者の資本金の規模

　下請法では、「製造委託等」を規制しつつ、取引類型ごとに、取引当事者たる親事業者と下請事業者の規模による限定が付されている。

〈図5〉　物品等の製造委託・修理委託（プログラムの作成委託（運送、物品の倉庫における保管、情報処理に関する役務提供委託））

親事業者		下請事業者
資本金3億円超の法人事業主		資本金3億円以下の事業主（個人を含む）
資本金1000万円超3億円以下の法人事業主		資本金1000万円以下の事業主

〈図6〉 物品等の製造委託・修理委託（プログラム以外の情報成果物作成委託（運送、物品の倉庫における保管、情報処理以外の役務提供委託））

親事業者　　　　　　　　　　　　下請事業者

| 資本金5000万円超の法人事業主 | | 資本金5000万円以下の事業主（個人を含む） |
| 資本金1000万円超5000万円以下の法人事業主 | | 資本金1000万円以下の事業主（個人を含む） |

　なお、上記規制だけであれば、実質的には「親事業主」に該当する事業者が、自社の子会社を通じて製造委託等を行うことにより、この規制の潜脱を企図することが考えられる。そこで、①子会社が、役員の任免、業務の執行または存立について親会社による支配を受けていること、②子会社が、親会社から委託を受けた製造委託等の全部または相当部分について他の事業者に再委託を行っていること、③親会社が当該「他の事業者」に直接製造委託等をすれば、親会社が「親事業者」に、当該「他の事業者」が「下請事業者」に該当すること、の3要件を満たす場合には、当該子会社等を「親事業主」とみなす、いわゆるトンネル会社規制が設けられている（下請法2条9項）。

(2) 親事業者の義務

(A) はじめに

　下請法は、下請取引の公正、下請事業者の利益保護を実現するため、親事業者に対し、以下に解説するとおり、①支払期日を定める義務、②発注書面交付義務、③遅延利息支払義務、④書類作成・保存義務を課している。

　下請取引を行う場合には、これらの義務内容を適宜確認し、義務を遵守できるよう注意しなければならない。

(B) 支払期日を定める義務（下請法2条の2）

　下請取引において、下請代金の入金時期は、下請事業者にとっていわば生命線といえるものである。そして、親事業者が給付・役務を受領した後、その内容について検査を実施し、当該検査日から起算して一定日数が経過した時点をもって支払期日と定めることが一般である。しかし、親事業者が意図して検査を遅らせること等により、代金支払期日を恣意的に操作することが可能であるため、親事業者の有する優越的な地位を背景として不当な対応がなされると、下請事業者の経営の安定に悪影響を及ぼすことになる。

そこで、下請代金の支払期日は、下請事業者の給付等の内容について検査するか否かを問わず、親事業者が下請事業者の給付を受領した日ないし下請事業者が役務の提供をした日から起算して60日以内のできる限り短い期間内において定められなければならないとされている（下請法2条の2）。本条は、いわゆる強行規定であり、当事者の合意をもってしても、支払時期の繰延べを行うことはできない。

(C) **書面の交付義務（下請法3条）**

下請取引において、あらかじめ発注に関する書面を作成せず、発注内容・支払条件等が明確にされないまま発注が行われれば、業務が完了した後に取引条件等の交渉がなされてはじめて前記各事項が確定することになりかねず、下請事業者を不安定な状態に置くことになってしまう。また、発注に関する書面は、下請契約の具体的内容を示す証拠として、後述する親事業者の禁止行為の有無を判断する資料としても重要な意義を有する。

そこで、親事業者は、下請事業者に対し「製造委託等をした場合は、直ちに」、下請事業者の給付の内容、下請代金の額、支払期日および支払方法その他の事項を記載した書面を下請事業者に交付しなければならないとされている（下請法3条1項）。

なお、「製造委託等をした場合は、直ちに」とされているため、発注そのものを書面によって行わず、口頭での発注・承諾が成立した後であっても、「直ちに」書面を交付すれば、本項に違反することとはならない。もっとも、後々の紛争発生を予防するため、発注そのものを可能な限り文書で行うことが望ましいといえる。

(D) **遅延利息の支払義務（下請法4条の2）**

下請契約における両当事者の力関係をそのまま反映すれば、下請代金が支払われなかった場合の遅延損害金に関する条項を契約で定めることは、困難と思われる。しかし、下請事業者における適切なリスク回避という観点からは、上記条項を定める必要性は大きいといえる。

そこで、親事業者が支払期日までに下請代金を支払わなかった場合、下請事業者に対し、下請事業者の給付を受領した日ないし下請事業者が役務の提供をした日から起算して60日を経過した日から支払いをする日までの日数について、当該未払金額に公正取引委員会規則で定める率を乗じた金額を遅延利息として支払わなければならないとされている（下請法4条の2）。そして、

公取委は、「下請代金支払遅延等防止法第4条の2の規定による遅延利息の率を定める規則」により、この遅延利息を年14.6％と規定している。

(E) 書類の作成・保存義務（下請法5条）

下請法の規律を遵守した適切な取引が行われているかを判断するためには、当該取引の内容を事後的に検証するための資料が必要不可欠である。

そこで、親事業者は、製造委託等をした場合、下請事業者の給付、給付の受領ないし役務提供行為の実施、下請代金の支払その他の事項について記載しまたは記録した書類または電磁的記録を作成し、これを保存しなければならない旨が義務づけられている（下請法5条）。

そして、「下請代金支払遅延等防止法第5条の書類又は電磁的記録の作成及び保存に関する規則」（いわゆる5条規則）によって、上記書類・電磁的記録の記載事項、記載時期（事実が生じ、明らかになった時について速やかに）、保存期間（書類の記載を終えた日から2年間）、記載方法（下請事業者別の記載）が定められている。

(3) 親事業者の禁止行為

以上に加え、下請法4条1項および2項には、親事業者の禁止行為が列挙されている。

(A) 下請法4条1項

まず、親事業者は、下請事業者に及ぼす影響にかかわらず、下請法4条1項に列挙された行為を禁止されている。

(a) 受領拒否の禁止（下請法4条1項1号）

下請取引における委託内容は、親事業者の製品における固有の仕様や要望に基づいた特殊なものであることがまま見受けられる。そのため、親事業者の発注に基づく製品等が引渡し可能な段階に至った後に親事業者から受領を拒絶されると、下請事業者が当該製品等を他社へ転売することは困難なことが多く、下請事業者が当初合理的に期待した利益の確保どころか、当該製品等の製造に要した費用の回収すら困難となる。

このような事態の発生を防止するため、親事業者が「下請事業者の責に帰すべき理由がないのに、下請事業者の給付の受領を拒むこと」が禁止されている。

(b) 下請代金の支払遅延（下請法4条1項2号）

下請法は、親事業主が、「下請代金をその支払期日の経過後なお支払わな

いこと」を禁止している。支払期日を定める義務（下請法2条の2）および遅延利息の支払義務（同法4条の2）と相まって、下請代金の支払いを確保するための規律である。

なお、下請法は、これらに加えて、下請代金の不払いを後述の公取委による勧告（下請法7条1項）の対象とすることで、当該不払いの迅速な是正を企図している。

(c) 下請代金減額の禁止（下請法4条1項3号）

いったん決定された下請代金が合理的理由なくして減額されることが許容されるならば、下請事業者は、取引上極めて不安定な立場に置かれることとなる。

そこで、下請法は、「下請事業者の責に帰すべき理由がないのに、下請代金の額を減ずること」を禁じている。本号は、「下請事業者の責に帰すべき理由がないのに」との要件から、契約締結後になされる不当な行為を対象とする規律であると解される。この点で、代金設定段階での規律である後述の「買いたたき」（下請法4条1項5号）と区別される。

なお、一般的に、期限までに納品ができなかった場合には、「下請事業者の責に帰すべき理由」と評価される場合が多いものと思われる。もっとも、たとえば、当該納期が下請事業者の事情・意見等について考慮されることなく一方的に決定された等の経緯が認定できる場合には、「下請事業者の責に帰すべき理由」に該当せず、本号に該当するとの評価もあり得る。

(d) 返品の禁止（下請法4条1項4号）

受領拒否の禁止（4条1項1号）で述べたとおり、一般に、下請取引に基づき製造した製品等については転売が困難であるところ、親事業者による返品を無制約に許容すれば、下請事業者は多大な不利益を被ることとなる。

そのため、下請法は、「下請事業者の責に帰すべき理由がないのに、下請事業者の給付を受領した後、下請事業者にその給付に係る物を引き取らせること」を禁止している。

なお、「下請事業者の責に帰すべき理由」が認められる場合の返品であっても、下請法の解釈・運用上、瑕疵の態様や検査方法に応じて、一定の期間制限が課せられている。この期間を超えての返品は、許容されない。

〈図7〉 検査方法と返品期間の関係

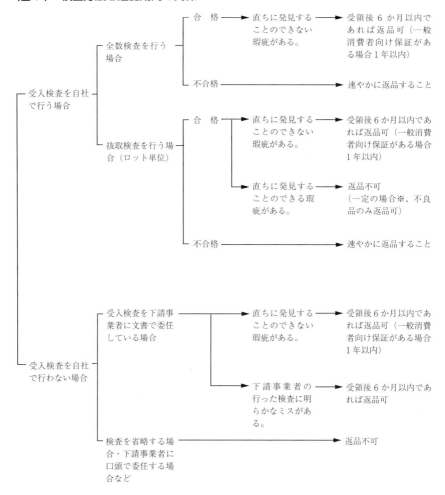

※ ①継続的な下請取引が行われている場合で、②発注前にあらかじめ、直ちに発見できる不良品について返品を認めることが合意・書面化されており、かつ、③当該書面と3条書面との関連付けがなされているときに、④遅くとも、物品を受領後、当該受領に係る最初の支払時までに返品する場合
※ 公取委・中小企業庁「下請取引適正化推進講習会テキスト」53頁図。

　　(e) 買いたたきの禁止（下請法4条1項5号）

　下請取引においては、一般に親事業者の下請事業者に対する優越的な地位を利用した非合理的な価格を内容とする契約が締結されるおそれがある。

そこで、下請法は、「下請事業者の給付の内容と同種又は類似の内容の給付に対し通常支払われる対価に比し著しく低い下請代金の額を不当に定めること」を禁止している。

この「著しく低い下請金額」に該当するかどうかは、下請代金の決定に関する協議の経緯・内容、具体的決定内容、通常の対価との乖離状況、給付に要する経費の状況等の諸事情に基づき、総合的に判断される。

(f) 購入・利用強制の禁止（下請法４条１項６号）

下請法は、「下請事業者の給付の内容を均質にし又はその改善を図るため必要がある場合その他正当な理由がある場合を除き、自己の指定する物を強制して購入させ、又は役務を強制して利用させること」を禁止している。

本号の規制においては、購入・利用を余儀なくされた物・役務の対価が適正であるか否かを問わず、当該購入・利用の強制自体が禁止される。たとえ適正な対価であっても、購入・利用の「強制」がなされている以上、対等な当事者間の公平な取引とは評価しがたいためである。

(g) 報復措置の禁止（下請法４条１項７号）

下請法は、①親事業者が前記(a)または(b)に掲げる行為をしている場合、②(c)から(f)までに掲げる行為をした場合、③親事業者について後記(B)にて述べる事実があると認められる場合において、下請事業者が公正取引委員会・中小企業庁長官に対しその事実を知らせたことを理由として、取引の数量を減じ、取引を停止し、その他不利益な取扱いをすることを禁止している。

これは、下請法違反行為に関する最も有効な情報源は、当該取引の当事者たる下請事業者であるところ、違反行為の申告によって下請事業者が報復を受ける事態を看過してしまえば、下請事業者が被害を申告することを事実上不可能にし、下請法の定めた各規律の実効性を担保することができないからである。

(B) 下請法４条２項

下請法４条２項に列挙された行為については、当該行為がなされたことによって下請事業者の利益が不当に害された場合に限り、禁止される。

(a) 有償支給原材料等の対価の早期決済の禁止（下請法４条２項１号）

下請取引では、親事業者の固有の仕様や要望に基づく場合が多く、下請事業者は、親事業者から有償で原材料等の支給を受けることを余儀なくされる場合もある。この場合に、当該原材料等の対価の支払時期が下請代金の支払

よりも前に設定されてしまうと、下請事業者の資金繰りが圧迫され、不利益を被りかねない。

　そこで、下請法は、①親事業者が下請事業者に対し、下請事業者の給付に必要な原材料等を購入させること、②下請事業者の責に帰すべき理由がないこと、③下請代金の支払期日より早い時期に原材料等の対価を支払うべき下請代金の額から控除し、または下請事業者に支払わせること、の3要件を満たした結果、下請事業者の利益を不当に害する場合、親事業者について③の行為を禁止している。役務提供委託については、原材料等の支給を観念できないため、本号の対象とはされていない。

　なお、上記の3要件を満たす場合には、特段の事情がない限り、下請事業者の利益を不当に害するものと評価される可能性が高いといえるであろう。

(b)　**割引困難な手形の交付の禁止（下請法4条2項2号）**

　わが国においては、日常的な決済手段として手形等が多用されている。そして、受領した手形を割り引くことにより事業資金を確保することも多い。もっとも、その場合に使用する手形に一定の制約を設けなければ、超長期の支払サイトの手形の交付等がなされた結果、手形割引が困難となって、これによる資金調達を予定した下請事業者の期待を裏切り、その利益が不当に害される状況が生じかねない。

　そこで、下請法は、下請代金の支払につき、当該下請代金の支払期日までに一般の金融機関による割引を受けることが困難であると認められる手形を交付することで下請事業者の利益を不当に害する場合を禁止している。

　ここで、金融機関が手形を割り引くにあたっては、親事業者の信用の程度、当該金融機関との取引関係の有無等、さまざまな事情が総合的に評価・検討される。しかし、個々の手形交付行為が禁止の対象となるか否かについて、このような評価・検討に基づき判断することは困難であり、取引の安定性を阻害するおそれがある。そこで、これまで、公取委および中小企業庁は、昭和41年に公表された「下請代金の支払手形のサイト短縮について」において、客観的に明確な"支払サイトの長短"という要素に着目し、本禁止行為の該当性を判断してきた。すなわち、親事業者が下請代金支払のために振り出す手形のサイトを原則として120日以内（繊維業は原則90日以内）とする旨、経済情勢の好転に即応しつつ上記サイトを短縮する旨、親事業者に対して指導を行ってきた。

そして、平成28年12月、公取委および中小企業庁は、「下請代金の支払手段について」と題したガイドラインを公表し、上記「下請代金の支払手形のサイト短縮について」を廃止したうえで、以下の３点の方針を掲げている。そのため、今後は、下記①～③に応じた対応が求められる。

① 下請代金の支払は、できる限り現金によるものとすること。
② 手形等により下請代金を支払う場合には、その現金化にかかる割引料等のコストについて、下請事業者の負担とすることのないよう、これを勘案した下請代金の額を親事業者と下請事業者で十分協議して決定すること。
③ 下請代金の支払に係る手形等のサイトについては、繊維業90日以内、その他の業種120日以内とすることは当然として、段階的に短縮に努めることとし、将来的には60日以内とするよう努めること。

〈http://www.jftc.go.jp/houdou/pressrelease/h28/dec/161214_2.html〉

(c) 不当な経済上の利益の提供要請の禁止（下請法４条２項３号）

下請代金の減額の禁止（同条１項３号）と同様の問題は、親事業者から利益の提供要請が行われた場合にも生じる。すなわち、たとえば、親事業者が下請事業者に対し、賛助金等の名目で金員の提供を求めると、下請代金の減額が行われた場合と同様の結果が生じるものといえる。

そこで、下請法は、親事業者が、自己のために金銭、役務その他の経済上の利益を提供させることにより下請事業者の利益を不当に害する行為を禁止している。

ここでいう「金銭、役務その他の経済上の利益」とは、下請代金の支払とは別個独立に行われる金銭・役務等の提供をいい、名目の如何を問わない。具体的には、上述の「賛助金」に加え、「協賛金」、「協力金」、「寄付金」、「費用負担」等の名目での金銭支出や、下請事業者の負担に基づく作業員、店舗販売員の派遣等も本号による規制の対象となり得る。

一方で、たとえば、親事業者が、製造を委託した製品の販売に関して下請事業者従業員の派遣を求める場合、下請事業者にとっては、自らの製造した製品の販売状況・使用状況について、消費者から直接のフィードバックを受けることができる等、当該金銭・役務等の提供により、下請事業者にも利益が生じる場合もあり得る。したがって、本号の該当性判断にあたっては、事案に応じた個別具体的な検討が必要になろう。

(d) 不当な給付内容の変更およびやり直しの禁止(下請法4条2項4号)

下請法は、受領拒否(同条1項1号)や返品(同項4号)の禁止と同種の構造によって下請事業者に対して不利益を及ぼす行為として、不当な給付内容の変更・やり直しの要求を禁止している。

すなわち、下請法は、受領拒否や返品とは区別された行為類型として、下請事業者の責に帰すべき理由がないのに、下請事業者の給付の内容を変更させ、または下請事業者の給付を受領した後ないし下請事業者がその委託を受けた役務の提供をした後に、給付をやり直させることによって、下請事業者の利益を不当に害する場合を独立した禁止対象として規定している。

(C) 公取委による勧告事例の公表

公取委は、過去の勧告事例の概要および適用法条をホームページにて公表しているため、適宜参照されたい〈http://www.jftc.go.jp/shitauke/shitauke-kankoku/〉。

〔表19〕 下請法の禁止行為と勧告事例

親事業者の禁止行為	禁止行為の概要	勧告事例	
		勧告年月日・件名	事案の概要
受領拒否の禁止(下請法4条1項1号)	下請事業者の責に帰すべき理由がないのに、下請事業者の給付の受領を拒むこと。	H25・3・29 株式会社フェリシモに対する件	衣料品、雑貨等の製造委託に関し、顧客からの受注状況に応じて、自社が必要とする都度、下請事業者に納品を指示して、当該下請事業者の給付を受領する方法を採ることにより、当該下請事業者の給付を受領する期間である納品期間の末日を経過しているにもかかわらず、当該下請事業者の給付の一部を受領していなかった。

下請代金の支払遅延（下請法4条1項2号）	下請代金をその支払期日の経過後なお支払わないこと。		
下請代金減額の禁止（下請法4条1項3号）	下請事業者の責に帰すべき理由がないのに、下請代金の額を減ずること。	H29・7・21 株式会社セブン－イレブン・ジャパンに対する件	消費者に販売する食料品の製造を下請事業者に委託しているところ、下請事業者に対し、次のアまたはイの行為により、下請代金の額を減じていた。 ア 「商品案内作成代」を下請代金の額から差し引いていた。 イ 「新店協賛金」を下請代金の額から差し引いていた。
返品の禁止（下請法4条1項4号）	下請事業者の責に帰すべき理由がないのに、下請事業者の給付を受領した後、下請事業者にその給付に係る物を引き取らせること。	H27・7・31 ゼビオ株式会社に対する件	ア 下請事業者の商品を受領した後、販売期間が終了したことを理由として、自社の在庫商品を引き取らせていた。 イ 商品を購入した顧客から商品に不具合があるとのクレームがあったことを理由として、受領後6カ月を経過した商品を引き取らせていた。
買いたたきの禁止（下請法4条1項5号）	下請事業者の給付の内容と同種または類似の内容の給付に対し通常支払われる対価に比し著しく低い下請代金の額を不当に定めること。	H26・7・15 株式会社大創産業に対する件	商品の売れ行きが悪いことを理由として、発注前に下請事業者と協議して決定していた予定単価を約59％～約67％引き下げた単価を定めて、発注した。

購入・利用強制の禁止（下請法4条1項6号）	正当な理由がある場合を除き、自己の指定する物を強制して購入させ、または役務を強制して利用させること。	H28・6・14 株式会社日本セレモニーに対する件	親事業者が、消費者から請け負う結婚式の施行に係るビデオの制作および冠婚葬祭式の施行に係る司会進行、美容着付け、音響操作等の実施を、下請事業者（個人または法人）に委託しているところ、平成26年5月から平成27年11月までの間、下請事業者の給付の内容と直接関係ないにもかかわらず、下請事業者に対し、上記下請取引に係る交渉等を行っている冠婚葬祭式場の支配人または発注担当者から、おせち料理、ディナーショーチケット等の物品（以下、「おせち料理等」という）の購入を要請し、あらかじめ従業員または冠婚葬祭式場等ごとに定めていた販売目標数量に達していない場合には再度要請するなどして、購入要請を行っていた。
報復措置の禁止（下請法4条1項7号）	下請事業者が公正取引委員会・中小企業庁長官に対し各禁止行為に該当する事実を知らせたことを理由として、取引の数量を減じ、取引を停止し、その他不利益な取扱いをすること。		

有償支給原材料等の対価の早期決済の禁止（下請法4条2項1号）	①親事業者が下請事業者に対し、下請事業者の給付に必要な原材料等を購入させること、②下請事業者の責に帰すべき理由がないこと、③下請代金の支払期日より早い時期に原材料等の対価を支払うべき下請代金の額から控除し、または下請事業者に支払わせること、の3要件を満たした結果、下請事業者の利益を不当に害する場合、③の行為を禁止。	H23・12・21 株式会社サンエスに対する件	有償支給した包装材料等の対価の早期決済を行うとともに、早期決済後に不要となった包装材料の対価相当額を負担させていた。
割引困難な手形の交付の禁止（下請法4条2項2号）	下請代金の支払につき、当該下請代金の支払期日までに一般の金融機関による割引を受けることが困難であると認められる手形を交付することで、下請事業者の利益を不当に害する場合、手形の交付を禁止。		
不当な経済上の利益の提供要請の禁止（下請法4条2項3号）	親事業者が、自己のために金銭、役務その他の経済上の利益を提供させることにより、下請事業者の利益を不当に害する場合、上記提供要請を禁止。	H25・2・12 株式会社サンゲツに対する件	自社のショールームに展示するためのインテリア製品を無償で提供させていた。

不当な給付内容の変更およびやり直しの禁止（下請法4条2項4号）	下請事業者の責に帰すべき理由がないのに、下請事業者の給付の内容を変更させ、または下請事業者の給付を受領した後ないし下請事業者がその委託を受けた役務の提供をした後に、給付をやり直させることによって、下請事業者の利益を不当に害する場合、上記変更・やり直しを禁止。		

※ 勧告事例については、http://www.jftc.go.jp/shitauke/shitaukekankoku/ より抜粋

(4) 下請法違反に対する手続

(A) 調査

　下請法は、公取委、中小企業庁長官および所管主務大臣に対し、親事業者の下請事業者に対する製造委託等に関する取引を公正ならしめるため必要があると認める場合に、親事業者・下請事業者に対し取引に関する報告をさせ、または、親事業者・下請事業者の事務所・事業所に立ち入り、帳簿書類その他の物件を検査する旨の調査権限を付与している（下請法9条1項～3項）。

　上記調査権限の具体的な行使態様としては、親事業者および下請事業者に対する調査票の送付・回収という方法が用いられており、下請法違反発覚の主要な端緒となっている。会社役員としては、この調査票に対する慎重な対応が求められる。

　なお、上記調査の拒否に関しては、下請法11条および12条において、罰則規定が設けられている。

(B) 指導・勧告

　下請法違反の行為が認められる場合、公取委は、親事業者に対し、各種の必要な措置をとるべき旨の指導ないし勧告（下請法7条）を行うことができる。

もっとも、公取委は、親事業者の法令順守を促し、下請法違反行為の早期の解消を図る観点から、①公正取引委員会が当該違反行為に係る調査に着手する前に、当該違反行為を自発的に申し出ている、②当該違反行為を既に取りやめている、③当該違反行為によって下請事業者に与えた不利益を回復するために必要な措置をすでに講じている、④当該違反行為を今後行わないための再発防止策を講じることとしている、⑤当該違反行為について公正取引委員会が行う調査および指導に全面的に協力している、という５点を満たす事案については、勧告を行わない扱いをする旨公表している（公取委平成20年12月17日付け「下請法違反行為を自発的に申し出た親事業者の取扱いについて」）。

したがって、下請法違反行為が判明した場合、会社役員としては、勧告を受けることを回避するために、上記５要件を満たすための対応が求められよう。

(5) 独占禁止法との関係

独占禁止法における排除措置命令（独占禁止法20条）、課徴金納付命令（同法20条の６）の規定は、親事業者が公取委の勧告に従った場合には、その適用が除外される（下請法８条）。

下請法が、親事業者による違反行為の簡易・迅速な是正を目的としていることの顕れであるといえよう。

3　会社役員の責任について

前記２にて述べた下請法における規律を十分に理解したうえで、自身が下請法に抵触する可能性のある業務執行・指揮命令を行わないことは当然として、自身の所管する部署等に対しても、下請法に違反し得る行為を未然に防止するための施策を講じなければならない。たとえば、禁止行為の類型を下請事業者と相対する担当者に対してマニュアル作成等の方法によって周知し、下請法違反の行為が行われることのないよう徹底する等の施策が考えられる。

そして、自身が積極的に下請法違反行為を主導した場合は当然、当該違反行為を黙認していたと評価される場合、下請法違反行為を防止する施策を一切講じていなかった場合等であれば、役員が、当該違反行為によって親事業者たる自社に生じた損害を賠償する責任を負う場合も十分あり得るといえよう。

ここで、下請法違反行為に関して公取委による指導・勧告・命令等がなされた場合には、当該企業の負う有形・無形の損害は、甚大なものとなる可能性も否定できない。よって、当該企業の被った損害について、役員の損害賠償責任が部分的にでも認められた場合、その賠償額は極めて多額に及ぶ可能性がある。

会社役員としては、以上のリスクを念頭に置いたうえで、自社において下請法違反行為が実行されることのないよう、日常的な業務管理・指導に努めなければならない。

II 事例と対策

〔事例〕 製品に関する瑕疵が発覚した場合に下請法との関係はどうなっているか〜製造業の場合〜

> 甲社は、衣類の製造を、乙社に委託している（いわゆるOEM）が、それぞれ下請法上の親事業者・下請事業者に該当する。
> 乙社は、甲社の発注に従い、春夏用・秋冬用の紳士用シャツを製造し、このうち春夏用のシャツのみの納品が完了している。甲社は、自社での全数検査を経て販売を行ったものの、当該シャツには、春夏用・秋冬用のいずれについても、一定回数以上の洗濯を行った場合、裾部分の縫製が解ける瑕疵（本件瑕疵）が存在することが発覚した。
> 甲社は、春夏用シャツの在庫について、乙社に返品することができるか。また、秋冬用シャツについて、受領を拒否することができるか。

1 下請法4条1項4号への該当性

春夏用シャツの返品については、下請法4条1項4号の返品禁止に該当するか否かが問題となるが、その際、「下請事業者の責に帰すべき理由」の有無を検討する必要がある。

すなわち、本件瑕疵が、もっぱら乙社が行った縫製作業の不備に起因するものであれば、「下請事業者の責に帰すべき理由」が存在するといえる。

他方で、たとえば、甲社が発注において、裾部分の縫製に関して甲社開発

の特殊な縫製糸を用いるよう乙社に指示していたところ、本件瑕疵が当該縫製糸の欠陥に起因するものと評価できるような場合であれば、「下請事業者の責に帰すべき理由」は存在しないと評価できる場合もあり得る。

なお、「下請事業者の責に帰すべき理由」が認められる場合であっても、公取委による運用では、本件瑕疵の態様や検査方法に応じて、返品について一定の期間制限が課せられている（〈図7〉参照）。納品後、長期間が経過した後であっても返品が可能としてしまえば、下請事業者に生じる不利益が大きいためである。

本事例においては、甲社が自社での全数検査を行っている一方で、瑕疵の内容は一定回数以上の洗濯を繰り返すことで縫製が解けるというものであるため、本件瑕疵は、直ちに発見することのできない瑕疵といえる。

よって、上記運用によれば、①原則として受領後6カ月以内、②甲社が一般消費者に対して6カ月を超える品質保証期間を定めている場合であれば最長1年以内であれば、返品が認められよう。

2　下請法4条1項1号への該当性

秋冬用シャツの受領拒否についても、下請事業者の責に帰すべき理由が問題となる。

なお、受領拒否が行われる場合には、その後の代金支払拒絶も予想されるため、下請事業者としては、仮処分・民事訴訟など、支払いを確保する手続の検討も、同時並行的に行っておかなければならない。

3　返品・受領拒否が下請法に違反する場合の対応について

乙社としては、公取委ないし中小企業庁に対して甲社における下請法違反事実の存在を申告する方法が考えられる。当該申告に対する報復措置を行うことは、下請法4条1項7号において禁止されている。

申告を受けた公取委ないし中小企業庁としては、下請法9条に基づく調査を経て、下請法7条に基づき甲社に対して勧告を行うこととなろう。

一方で、甲社としては、自社の側で違反行為の有無について入念に検討する必要がある。

違反行為の存在が認められる場合、すなわち、「下請事業者の責に帰すべき理由」が認められないにもかかわらず返品・受領拒否を行っていると評価

せざるを得ない場合には、自主的に当該違反行為の是正を行うべきと考えられる。

具体的には、甲社が、①公取委が当該違反行為に係る調査に着手する前に、当該違反行為を自発的に申し出ること、②当該違反行為を既に取りやめていること、③当該違反行為によって下請事業者に与えた不利益を回復するために必要な措置を既に講じていること（本事例でいえば、春夏用シャツ返品の撤回、秋冬用シャツの受領）、④当該違反行為を今後行わないための再発防止策を講じることとしていること（瑕疵の生じた原因の再検証、検品方法の見直し等）、⑤当該違反行為について公取委が行う調査および指導に全面的に協力していること、を満たせば、勧告を行わない旨を公取委が公表しているためである。

本事例のように、いったん納品された製品に瑕疵が存在する場合、当該瑕疵につき「下請事業者の責に帰すべき理由」が存在するか否かの判断は、容易ではない場合が多い。

結局、甲社、乙社の役員としては、立証の可否、紛争化した場合のリスク（レピュテーションリスクも含む）等の諸事情を総合的に勘案して、採るべき方針を決定するほかない。もっとも、いずれの立場からしても、これまでに両当事者の間において構築してきた継続的な信頼および取引関係を可能な限り維持するため、少なくとも安易な強硬策は避けるべきであろう。

〔奥野哲也〕

第6章

知的財産権・情報管理に関するリスク

13 知的財産権の侵害とリスク管理

I 基礎知識

1 知的財産権の重要性と企業リスク

　企業は、後に述べるさまざまな知的財産権を利用して事業活動を行っている。そのため、たとえば、他者からその知的財産権を侵害したとして法的責任を問われることは企業の重大なリスクとなりうる。

　近年では、特に特許権侵害について、国内に限らず紛争化することがあり、その損害賠償が多額となることも少なくない。そのため、その責任が認められた場合には、企業活動の根幹も揺るがしかねない。

　また、金額的には大きくないとしても、たとえば、会社のロゴや商品名が他社の商標権を侵害しているとして使用の差し止めを受ければ、それまで培ってきた会社や商品のイメージを突然失うことにもなりかねない。

　一方で、企業が自ら知的財産権を積極的に取得し、その権利の範囲に属する他社の商品等の参入を防止、排除することで、さらなる利益を獲得する機会を生むことができるとともに、そのような利益を守るため、他者による自社の知的財産権の侵害のリスクに適切に対応をすることも必要となる。

　したがって、会社役員には、企業経営にとって大きな意味を有する知的財産権に関する保護とリスク管理の体制を整備することが求められる。

　以下では、企業活動に関連する知的財産権について概観したうえ、特に重大な影響を与える可能性がある特許権を中心に、会社が採るべき対応とそれに関する役員のリスクについて検討する。

2　知的財産権とは

　知的財産とは、人間の知的活動によって生み出されたアイデアや創作物のうち、財産的な価値をもつものをいう。この知的財産の中には、法律で規定された権利として保護されるものがある。それらの権利は知的財産権と呼ばれる。

　主な知的財産権としては、特許権、商標権、著作権、実用新案権、意匠権などがある。

(1)　特許権

　特許権は、発明を保護するための権利である。発明とは、自然法則を利用した技術的思想の創作のうち、高度のものをいう。

　特許権を取得すると、自身の特許発明の実施を独占できるとともに、第三者が無断でその特許発明を実施（使用）していればそれを排除することができる。

(2)　商標権

　商標権とは、商品またはサービスについて使用する商標に対して与えられる独占排他権で、商標権の効力は登録された指定商品等および商標と同一の範囲に及ぶ。

　商標として保護される範囲には、文字、図形、記号の他、立体的形状や音等も含まれる。

(3)　著作権

　著作権は著作物を保護するための権利である。

　著作物とは、思想または感情を創作的に表現したものであって、文芸、学術、美術または音楽の範囲に属するものをいう。

(4)　実用新案権

　実用新案権は、物品の形状、構造または組み合わせに係る考案を保護するための権利である。「考案」とは、自然法則を利用した技術的思想の創作をいい、発明と違い高度であることを必要としない。

　実用新案権は、実質的に無審査で取得でき早期に権利化することができるため、ライフサイクルの短い技術に関して有効である。

　ただし、第三者が無断でその登録実用新案を実施している場合、権利行使前に実用新案技術評価書を提示して警告を行う必要がある。

(5) 意匠権

　意匠権とは、物品の特徴的なデザインに対して与えられる独占排他権である。意匠権として保護されるのは、物品全体のデザインのほか、部分的に特徴のあるデザインや、画像のデザイン等である。

　意匠権の効力は、登録された意匠と同一または類似の範囲まで及ぶため、第三者によるデザインの模倣品の販売等を排除することができる。

　なお、物のデザインは著作権でも保護が可能であるが、著作権は原則として絵画などの純粋美術が著作物として保護されるのに対し、意匠権は工業上利用できる物品のデザイン（いわゆるプロダクトデザイン）が保護の対象となる。

　以上のほか、主な知的財産権についての内容についてまとめると、以下の〔表20〕のとおりである。

〔表20〕　主な知的財産権の比較

	特許権	商標権	著作権	実用新案権	意匠権
根拠法	特許法	商標法	著作権法	実用新案法	意匠法
保護対象	発明と呼ばれる比較的程度の高い新しい技術的アイデアに与えられる。「物」「方法」「物の生産方法」の3つのタイプがある。	自分が取り扱う商品やサービスと、他人が取り扱う商品やサービスを区別するためのマークに与えられる。	文芸、学術、美術、音楽の範囲に属するもの。コンピュータプログラムを含む。	発明ほど高度なものではないもの。無審査で登録される。	物の形状、模様など斬新なデザインに対して与えられる。
保護期間	出願から20年	登録から10年	原則として創作時から著作者の死後50年（法人著作は公表後50年）	出願から10年	登録から20年

更新の可否	原則否。医薬品等については延長できる場合あり	可	否	否	否
例	・カメラの自動焦点合わせ機能 ・長寿命の充電池	・会社や商品のロゴ ・商品名	・書籍、雑誌の文章、絵など ・美術、音楽、論文など ・コンピュータプログラム	・日用品の構造の工夫	・パソコンやオーディオなどの家電製品で独創的な外観をもつもの

3　他者の特許を侵害しないための対応

(1)　特許権の内容

　特許権は、上記のとおり、自然法則を利用した技術的思想の創作のうち高度のものである「発明」を保護する権利であり（特許法2条1項）、特許権が認められるためには、①今まで知られておらず（新規性）、②既存の技術から容易に思いつかない（進歩性）「発明」であることが求められる。

　特許権は独占権であり、特許権者は、業として特許発明の実施をする権利を占有する（特許法68条本文）。

(2)　特許権者からの権利行使の内容

　そのため、特許権者は、その許諾を受けることなく特許発明を実施（使用）して特許権を侵害する者に対して、侵害行為の差止めを請求することができる（特許法100条1項）。

　また、侵害行為によって被った損害の賠償を求めることもできる（民法709条、特許法102条）。

　さらに、侵害行為により特許権者の信用が害された場合には、新聞紙上で謝罪広告等の信用回復措置を求めることができる（特許法106条）。

　これらのことから、会社役員は、自社の事業活動が特許権侵害に該当して上記の請求を受けないように、また、自社の特許権が侵害されないように、以下に述べる侵害行為の内容を理解し、それに該当する可能性がないかどう

かを十分にチェックできる体制を整備しなければならない。

(3) 特許権侵害の行為態様
(A) 直接侵害

特許権の侵害行為としては、まず、下記の行為を、特許権者の許諾なく、「業として」行う場合（直接侵害）があげられる。なお、ここにいう「業として」とは、広く「事業として」と解されている。

① 物の発明の場合にはその物の生産使用、譲渡等、輸出、輸入、譲渡等の申出（特許法2条3項1号）
② 方法の発明の場合は、その方法の使用（同項2号）
③ 物の生産方法の発明の場合は、その方法の使用およびその方法により生産した物の使用、譲渡等、輸出、輸入および譲渡等の申し出（同項3号）

(B) 間接侵害

直接侵害のほかにも、以下の行為については、間接侵害として特許権を侵害するものとみなされる（特許法101条柱書）。

① 業として、特許発明にかかる物の生産にのみ用いられる物や特許発明にかかる方法の使用にのみ用いられる物について、生産、譲渡等、輸入、譲渡等の申し出をする行為（同条1号・4号）。たとえば、A社が特殊なインクを使用している万年筆について特許権を取得している場合、当該特殊なインクがA社取得の特許権に関する万年筆のみに使用されていた場合には、当該インクの製造や販売は間接侵害に該当する。
② 特許発明にかかる物の生産に用いる物や特許発明にかかる方法の使用に用いる物（日本国内において広く一般に流通しているものを除く）であって、その発明による課題の解決に不可欠なものにつき、特許発明であることを知りながら、業として、その物を生産、譲渡等、輸入、譲渡等の申し出を行う行為（同条2号・5号）。たとえば、前記①で記載の万年筆の場合、仮に、当該万年筆に使用されていたインクが別の分野で使用されていた場合には、「特許発明にかかる物の生産にのみ用いられる」という要件に該当しないが、当該万年筆がたとえば「インク文字を消せる万年筆」として特許申請している場合には、当該インクは「その発明による課題の解決に不可欠なもの」であると考えられるため、侵害者がA社の特許発明を知りながらインクの製造や販売を行った場合には、

間接侵害に該当する。
③ 特許発明にかかる物や特許発明にかかる生産方法により生産された物を業としての譲渡等または輸出のために所持する行為（同条3号・6号）。たとえば、上記の万年筆を転売のため、または輸出のために所持する場合がこれにあたる。

(4) 特許権侵害を回避するための方法

(A) 他社特許調査

自社製品の製造や販売や新たに展開される自社事業の推進に先立ち、それらに関連して、他者がどのような特許を取得・保有し、さらには当該時点においていかなる特許出願を行っているかを把握する必要がある。

このためには、他社特許に関する情報を常にチェックする体制を確立し、自社製品の開発に先立って他社特許の調査を行い、各特許についての抵触の有無を検討し、障害となり得る特許が発見された場合には、対応策の検討を行う必要がある。

調査の結果、問題となり得る他社特許が発見された場合には、必要に応じて弁理士や弁護士等の外部専門家に意見を求め、鑑定を依頼することも検討すべきである。鑑定には、自社製品・事業が他社特許を侵害しているかどうかが不明なときなどに、自社製品や事業が他社の権利侵害である可能性の有無について判断する鑑定（「属否鑑定」や「抵触鑑定」などという）のほか、他社特許が無効である可能性の有無を判断する鑑定（「無効鑑定」などという）、自社特許が有効である可能性の有無を判断する鑑定（「有効性鑑定」などという）などがある。鑑定は、今後の判断の参考になるとともに、役員として十分な調査を尽くしたことを示す証拠にもなり得る。

そして、他者の有する特許権の侵害リスクを判断したうえ、自社特許の登録の是非の検討とともに、積極的な保有を進めることも重要である。

(B) パテントマップの作成

他社特許の適切な調査や戦略的な自社特許の取得のためには、自社事業あるいは自社製品にかかる自社特許および他者特許の情報の全体像を把握することが有効である。

具体的には、パテントポートフォリオ（特許網）を構築し、さらに可視化したパテントマップを作成して、自社事業の実施に際して不足する部分には研究開発を重点的に行うことや他社からライセンスを受けること等を検討す

べきである。

　パテントマップとは、膨大な量の特許情報について、その利用目的に応じて当該情報を収集し、分析し、加工・整理して、図面・グラフ・表などで表したものをいい、その形態はさまざまである。

(C) 自社特許の利用

　他社の有する特許権の侵害リスクを事実上低減させるためには、保有する自社特許を利用することも重要である。相手方にとっても利用価値のある自社特許を保有している場合、相手方との間でクロスライセンス（知的財産権の行使を互いに許諾すること）を行うことにより、自社の特許権侵害について和解的解決を図るという対応策も考えられる。

(5) 特許権侵害の主張を受けた場合の対処方法

(A) クレーム（請求項）内容の確認と回避措置

　実際に他社から特許権侵害の主張を受けた場合には、当該他社特許の特許明細書の「特許請求の範囲」（請求項。クレームともいう）の記載を検討し、自社の製品や方法が他者のクレームに記載された構成を充足し、特許権を侵害していないかを詳細に検討する必要がある。

〔表21〕　特許請求の範囲（例）

【特許請求の範囲】
【請求項1】
　洗濯機本体に設けられ各種設定を行うための操作パネルと、
　前記操作パネルを制御する制御手段と、を備え、
　前記操作パネルは、
　使用者によりタッチ操作が行われる複数の操作部と、
　前記操作部に対応した設定内容を表示する複数の設定表示部と、
　前記操作部に対するタッチ操作を検出する操作検出手段と、
　前記表示部の表示および非表示を切り替える表示手段と、を有し、
　前記制御手段は、前記設定表示部について、現在選択されていないが選択可能である設定内容を示す第一表示と、現在選択されている設定内容を示す第二表示とを区別して表示する洗濯機。
【請求項2】
　前記制御手段は、前記第二表示を前記第一表示に比べて高輝度で表示する請求項1記載の洗濯機。
【請求項3】

> 　前記表示部は、設定内容に応じて複数の階層に分類され前記階層ごとに表示形態が揃えられている請求項1または2に記載の洗濯機。
> 【請求項4】
> 　前記制御手段は、電源が投入された場合、いったんすべての表示部を表示させた後に、前記操作検出手段を検出可能な状態にする請求項1から3のいずれか1項に記載の洗濯機。
> 【請求項5】
> 　前記制御手段は、前記操作検出手段を用いて使用者の接近が検出可能であって、使用者の接近を検出した場合に、前記表示手段を動作させる請求項1から4のいずれか1項に記載の洗濯機。
> 【請求項6】
> 　前記設定表示部を通常モードに比べて高輝度で表示させるデモモードを備えている請求項1から5のいずれか1項に記載の洗濯機。
> 【請求項7】
> 　前記操作パネルは、使用者に注意を促すための表示を行う注意表示部を有し、前記設定表示部を白系の色で表示し、前記注意表示部を暖色系の色で表示する請求項1から6のいずれか1項に記載の洗濯機。

　請求項は、当該請求項自体で権利を表す「独立項」と、「請求項○に記載の」といったように、他の請求項を引用している「従属項」がある。一般的には、独立項の侵害に該当すれば、その独立項に従属する従属項の侵害にも該当するため、基本的に特許権侵害の有無は独立項について侵害の有無を検討する。侵害の有無の判断は、まずは特許権の侵害を主張されている商品を文言にしたうえで、独立項に記載のすべての要件を満たす場合には、特許権の侵害となる。

　上記「特許請求の範囲（例）」で考えると、請求項1が独立項となり、その他の請求項は従属項となることから、請求項1に該当するか否かを判断することとなる。

　上記の検討の結果、自社の製品が他社の特許を侵害していると認められる場合には、設計変更などにより回避できないかを検討することとなる。この検討については専門性を有するため、必要に応じて弁護士や弁理士に相談することが適切である。

(B)　他社特許の無効化

　他社が主張する特許権が、本来は特許を付与されるべきでなかった発明に

ついてのものだと考えられる場合は、第三者が特許庁に特許無効審判を請求することができる（特許法123条）。

特許庁が特許を無効にすべき旨の審決を下し、その審決が確定したときは、特許権は初めから存在しなかったものとみなされる。

(C) ライセンスの取得

前記(A)(B)の方法等で他社特許侵害を回避することが困難である場合には、特許権者とライセンス交渉を行うことも検討すべきである。特許権者から実施権のライセンスを受けた場合には、特許発明を実施することができ、特許権侵害とはならないからである。

ただし、特許権者にライセンス交渉を行ったものの合意に至らなかった場合、いったんは当該交渉において特許権を認めた事実を前提とした特許権侵害の主張を受け、訴訟を提起される等の可能性があるため、合意に至らない場合にはどのような対応策をとるべきかを含めて慎重に対応を検討したうえで交渉に臨むべきである。

(D) 先使用権の立証

企業が戦略的な知的財産管理を実践する中で、あえてノウハウとして秘匿し特許権を取得していない技術等、外部に明らかにしていない技術について、他者が独自開発した特許権として権利化することもあり得る。その場合には、他社から特許権侵害訴訟を提起されるリスクがある。

また、製品を構成する一部の技術に対して特許権等を取得していたとしても、特殊なパラメータや機能限定を含む等、特許権の内容は多様であるため、発明として認識していなかった技術が他社によって権利取得され、特許権侵害訴訟を提起されることもあり得る。

このような事態が生じるのは、特許制度で先願主義が採られているからである。この先願主義とは、複数人が同一の発明をして、それぞれ特許出願があったときは、最も早く出願した者のみが特許を受けることができることをいう。

この先願主義の立場を完全に徹底させると、前記のように、実態としては、先願者の特許出願時以前から、独立して同一内容の発明を完成させ、さらに、その発明の実施である事業をし、あるいは、その実施事業の準備をしていた者についても先願者の取得した特許権に服する（特許権侵害となる）ことになり、公平に反し、企業リスクを生じる等の結果となり得る。

そこで、特許法では、先願者の特許出願時以前から、独立して同一内容の発明を完成させ、さらに、その発明の実施である事業をし、あるいは、その実施事業の準備をしていた者（先使用権者）について、法律の定める一定の範囲で、先願者の特許権を無償で実施し、事業を継続することを認められている（先使用権制度。特許法79条）。

前記のように特許権侵害訴訟を受けるなどのリスクが生じた場合には、事業またはその準備をしていた先使用権者は、先使用による通常実施権を主張することにより対抗することが必要となる。ただし、そのためには、自社の事業に関する技術を営業秘密として管理しているだけでは足りず、事前に先使用権の証拠確保をしておくことが、先使用権制度の利用によるリスク回避には不可欠である。

ここで、先使用権の証拠は、以下のものが考えられる。

① 研究段階や発明の完成段階の資料　研究ノート、技術成果報告書、設計図、仕様書等
② 事業化に向けた準備段階の資料　上記の資料のほか、社内の会議議事録、見積書、納品書、請求書、帳簿類等

先使用権を主張する場合の証拠として利用することを想定し、これらの資料を営業秘密として厳重に保管しておくことが求められる。

なお、先使用権については、平成28年5月に特許庁が公開した「先使用権制度の円滑な活用に向けて―戦略的なノウハウ管理のために―」が参考になる〈https://www.jpo.go.jp/seido/tokkyo/seido/senshiyou/pdf/senshiyouken/senshiyouken_2han.pdf〉。

4　自社の権利を守るための対応

(1) 特許権の取得

自社特許の取得が自社の権利を守るための第一歩である。特許権の申請に際し、その範囲は慎重に判断すべきである。特許権の範囲が広ければ、自社の権利をより幅広く守ることができるが、広すぎると先行技術との関係で新規性・進歩性がないとして特許が無効になったり、その範囲内について先使用の主張を受ける可能性もあるため、適切な権利範囲を定めるべきである。

(2) ノウハウとしての秘匿

他方、自社が特許を取得できる発明をした場合、これについて特許権を取

得したとしても、①他者が当該特許発明を実施した場合に侵害行為を把握することが難しい、また、②その侵害立証が難しい場合が多く、侵害行為の把握・立証が困難と考えられる、といったときには、特許出願をせずに当該発明をノウハウとして秘匿することを検討すべきである。

なお、ノウハウとして秘匿することとした発明については、営業秘密として厳重に管理する必要がある。営業秘密の管理については Q14 を参照されたい。

(3) 特許権侵害の警告

他者が自社の特許権を侵害している可能性があることが判明した場合には、他者に対し、自社特許を侵害している旨の警告を行う必要がある。

当該警告にあたっては、具体的に特許権の範囲を示すとともに、他社が特許権侵害を継続する場合には、特許権侵害訴訟を提起することもやむを得ない旨の記載を検討すべきである。警告書の例は以下のとおりである。

他者がクロスライセンスを含めたライセンス交渉を求めてきた場合には、訴訟となった場合と交渉により解決した場合の費用や労力、解決に要する期間等を比較検討するとともに、訴訟となった場合の勝訴の可能性を含めて慎重に検討したうえで解決を探るべきである。

【書式6】特許侵害の警告書例

警 告 書

前略　当社は、貴社が製造販売しております、家電製品「○○」(以下「本件製品」といいます)について通知します。

　この度、当社の調査により、本件製品の一部に、当社の保有する特許(特許第○○○○○○○号。以下「当社特許」といいます)が無断で使用されており、当社の特許権および財産権を侵害していることが判明いたしました。

　したがいまして、当社は、貴社に対して当社特許の侵害となる技術の使用中止、および、すでに市場に出回った製品の回収を請求いたします。

　つきましては、本書到達より2週間以内に、事実関係を調査のうえ、上記請求に対して書面にて回答をお願いいたします。

　なお、上記期限内に貴社から誠意ある回答がない場合は、特許権侵害訴訟を含めた法的手続をとる所存ですので、念のため申し添えます。

```
                                                            草々
  平成○○年○○月○○日
                              東京都○○区○○─○○─○○
                              ○○○○株式会社
                              代表取締役    ○○○○


  東京都□□区□□─□□─□□
  ○○○○株式会社
    代表取締役    ○○○○  殿
```

(4) 特許権侵害訴訟

　警告を行っても他者が応じない場合には、特許権侵害訴訟を検討すべきである。検討にあたっては、侵害の立証が可能かどうかの検討が必要であるが、侵害者の製品の入手が困難な場合や、製品を分析しても侵害の具体的内容が不明な場合には、立証が困難なケースもあろう。

　また、自社から特許権侵害訴訟を提起した場合には、相手方から特許無効の抗弁が出されたり、特許無効審判が提起される可能性もあるため、自社特許が無効となりうるリスクについての検討も欠かせない。

5　役員個人の責任

　知的財産権の使用、管理等に関連して会社に損害が発生した場合、株主から当該会社の役員に対して株主代表訴訟が提起される可能性がある。

　たとえば、十分な特許権の調査をせずに製品を製造・販売した結果、他社から特許権侵害の指摘を受け、多額の賠償金や製品回収等の費用が発生した場合や会社の主力製品の商標の期限が切れたことを失念し、他社が当該商標権を取得した結果、主力製品の商標を使用できなくなり、売上げが激減する場合などが考えられる。

　上記のとおり、知的財産権に関する紛争は、その請求額が多額となることも稀ではないことから、役員としては知的財産権の使用や管理については細心の注意を払う必要がある。

Ⅱ 事例と対策

〔事例〕 他社から知的財産権侵害の通知を受け取った場合の対応はどうあるべきか

> A社から自社の製品がA社の特許権を侵害しているとの警告文書が届いた。
> 会社役員としては、どのような点に留意して対応をすべきだろうか。

1 侵害内容の確認

まず、警告文書に記載されている侵害の内容を確認する必要がある。警告文書に特許番号が記載されていれば、当該特許番号から特許の内容を確認する。特許情報はインターネット（特許情報プラットホーム〈https://www.j-platpat.inpit.go.jp/web/all/top/BTmTopPage〉）で確認することが可能である。

相手方によっては、実際には所有していない権利を主張したり、特許権侵害がないにもかかわらず警告文書を送ったりするケースもあるため、警告文書が届いたからといって直ちに早急な対応をしなければならない、というわけではない。

もっとも、特許権侵害の判断については専門的な知識が必要となるため、権利侵害の内容や自社の知財部門の組織体制によっては、早期に弁護士や弁理士など外部専門家に相談することを検討すべきである。

2 交渉方法の検討

確認の結果、自社の製品がA社の特許権に抵触していることが判明した場合、①仕様変更により特許権侵害が回避できるか、②先使用権の立証が可能か、③無効審判を請求することが可能か、④A社とクロスライセンスを含むライセンス交渉が可能か、⑤特許権の使用料を支払うかについて、どの選択肢がとり得るか、また、どれが最も効果的か、複数の選択をする場合にどのような順序で交渉すべか等について検討を行う。

検討にあたっては、訴訟で敗訴判決を受けた場合に支払わなくてはならない金額（損害額）を検討する必要があるが、損害額については特許法に損害

額の推定規定があり（特許法102条1項）、侵害者の譲渡数量に権利者の製品の単位数量あたりの利益額を乗じた額が損害額となる。

　A社としては、前記①②③の選択肢を採ることができないと判断した場合には、前記④や⑤の交渉となるが、その際は訴訟となった場合に支払わなくてはならないであろう損害額を見据えながら、特許権の使用料の交渉をしたり、クロスライセンスに一定金額を支払う（または受け取る）交渉をしたりすることになろう。

3　相手方との交渉

　交渉方法が決定したら、相手方へ回答し、必要であれば交渉を開始する。自社の主張として記録に残すべきものについては書面での回答を行い、ライセンス交渉などの際には、相手方の交渉窓口に連絡をとり、直接会うなどして交渉を開始する。

　なお、交渉にあたっては、A社が特許権侵害訴訟まで行うつもりがあるかを見極めることが大切である。

　訴訟は双方にとって時間と費用と労力がかかるものである。もしA社が訴訟提起まで考えていないようであれば、交渉を継続して自社にとってできる限り有利な条件を引き出すべきである。

4　契約の締結

　ライセンス交渉などにより話し合いでの解決が図れるようであれば、ライセンス契約等の文書を作成することになる。ライセンス契約については専門性を要するため、弁護士等の専門家に依頼することを検討すべきである。

〔川見友康〕

14 企業情報漏えいのリスク管理

I 基礎知識

1 会社が取り扱う情報

　会社の経営資源としては、一般に「ヒト」「モノ」「カネ」の3要素があげられるが、これらに加えて「情報」は、今や「第4の要素」とも呼ばれ、その取得・管理・活用が会社の健全な経営や発展において極めて重要になっている。

　会社が取り扱う情報の種類は、事業の種類、規模、取引相手等によりさまざまであるが、情報の内容によって、①自社に関する情報、②顧客・取引先に関する情報に大別される。

　「自社に関する情報」としては、ノウハウ、技術、経営、人事、財務情報等があげられる。その中には、ホームページ上で公開され、誰でもアクセス可能な一般公開情報から、たとえば自社の製品に関する独自の製造方法や卸値・製造原価等のノウハウ・技術等の「営業秘密」となるべき非公開情報や「インサイダー情報」まで幅広く含まれる。

　「顧客・取引先に関する情報」については、当該顧客・取引先との間で締結された契約上の守秘義務を負う場合もあれば、個人情報保護法等の法令によって情報を保有する者が義務を課せられる場合もある。

　そして、いずれの情報であっても、一度漏えいされれば、企業活動に甚大な影響を及ぼすことは避けられない。すなわち、自社の「営業秘密」が流出することとなれば、他社に対する優位性を失い、ひいては、自社の営む事業における競争力が低下するおそれすらある。また、顧客・取引先に関する情報が流出すれば、損害賠償請求を受けるおそれが生じるだけでなく、法令に基づく行政処分や、社会的信用の失墜により企業の存続自体が危ぶまれる状況にすら陥る可能性もある。

　したがって、会社は、自社の情報漏えいに関するリスクの有無および程度を適切に把握したうえで、それらに対応するための情報管理体制を構築・運営してくことが必要不可欠である。

そこで、本項では、情報漏えいに関するリスク対策として、会社役員が講ずべき施策のうち、主に情報管理体制の整備について述べたうえで、会社役員として認識しておくべきものとして、情報漏えい事案の発生機序を分析する。なお、営業秘密、インサイダー情報、個人情報保護等については、それぞれ該当の項目において述べる（営業秘密については本項、インサイダー情報については10、個人情報保護については15参照）。

2　会社における情報管理体制の構築

(1)　情報管理体制構築義務の根拠

現代企業における情報の重要性については前述のとおりであり、会社は、自らの営む事業活動において、日常的に多数の情報を取得し、運用している。このような現状に基づいて、会社は、自社の保有する情報に関して適切な情報管理体制を構築する義務を負うと解されているが、当該義務の根拠は、内部統制システム構築義務に求められる。

内部統制システム構築義務は、一般に、取締役の善管注意義務の内容の一部であると解される（最判平成21・7・9判タ1307号117頁等）。

そして、株式会社のうち、大会社、監査等委員会設置会社および指名委員会等設置会社では、内部統制システムを意味する「体制」として、「取締役（または執行役）の職務の執行が法令および定款に適合することを確保するための体制その他株式会社の業務並びに当該株式会社及びその子会社からなる企業集団の業務の適正を確保するために必要なものとして法務省令で定める体制の整備」の決定が会社法上明文で義務付けられている（会社362条5項・4項6号、399条の13第2項・1項1号ハ、416条2項・1項1号ホ）。

ここで、「内部統制システム」とは、「会社が営む事業の規模、特性に応じたリスク管理体制」を意味するとも解されているが（大阪地判平成12・9・20判時1721号3頁）、一般に、当該「リスク管理」の1つとして、情報リスク管理に対する体制整備が含まれていると認められている。

したがって、①適切な情報管理体制を構築すること、②管理体制構築後に適切な運用を行い、これを監視、監督することは、取締役をはじめとする会社役員の善管注意義務の内容となり、これに違反すれば責任追及の対象となりうる（会社423条1項等）。

具体的に、会社役員個人が情報管理体制の不備を理由に責任追及を受けた

裁判例は見当たらないが、個人情報漏えいによる損害賠償義務を会社に認めたものとして、大阪地判平成18・5・19判タ1230号227頁、東京地判平成19・2・8判時1964号113頁等がある。

(2) 情報管理体制の構築

前述の情報管理体制の構築については、その具体的な運用方法やマニュアルまでを取締役会が決定する必要はない。内部統制システムの構築については、「取締役会においては、目標の設定、目標のために必要な内部組織及びその権限、内部組織間の連絡方法、是正すべき事実が生じた場合の是正方法等に関する重要な事項（要綱・大綱）を決定すれば足りる」（相澤哲＝葉玉匡美＝郡谷大輔『論点解説　新・会社法』335頁）とされているからである。

したがって、情報管理体制についても、取締役会において基本的な方針（いわゆる情報セキュリティ基本方針）を策定し、当該方針において、情報統括責任者の設置や規程の整備、監査の実施等を行うことを規定し、これを前提として、職務分掌によって担当取締役とされた者が、情報管理体制の具体的な決定や運用の義務を負うこととなる。

(3) 情報管理体制構築の具体的手順

①取締役会における基本方針策定後の、情報管理体制の具体的な構築手順としては、情報管理を担当することとされた取締役の下、②取扱情報の洗出しを行ったうえで、③情報の分類（リスク把握）を行う。そして、各情報の種類やリスクに応じて、④管理方法を検討した後、⑤当該管理方法を社内規程へと落とし込む作業を行い、⑥運用方法等を社内へ周知・徹底後、⑦運用開始となる。

たとえば、上記③の情報分類（リスク把握）において、「営業秘密」（不正競争防止法2条6項）とカテゴライズされた情報については、④の管理方法の検討において、「営業秘密」としての「秘密管理性」「非公知性」を保護するに足る管理方法が必要となる。また、併せて、アクセス制限の要否や、保管場所、社外への持出ルールも検討を行う必要がある。

また、⑤の社内規程の策定については、一般的に、①取締役会によって決議される基本方針、②当該基本方針に基づく規程・基準、③当該規程・基準に基づいて実際の運用手順・マニュアルとなる実施手順等を策定するという、3段階の構成が取られることが多い。

〈図8〉　情報管理体制の構築手順

〈図9〉　社内規程の構成

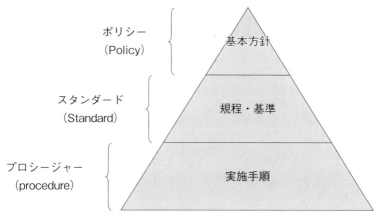

(4) 情報管理・運営におけるPDCAサイクルに基づくCIAの保護

　会社の情報の適切かつ効率的な管理のため、PDCAサイクルというマネジメント手法が参考になる。PCDAサイクルとは、「情報管理体制の構築（Plan）→情報管理の実施（Do）→情報管理状況の確認（Check）→情報管理体制の改善（Act）→新たな情報管理体制の構築（Plan）→……」を繰り返して行う手法である。

　さらに、別の観点からみると、情報管理においては、情報を機密性（Confidentiality）、完全性（Integrity）、可用性（Availability）（それぞれの頭文字をとってCIAと略される）に対する脅威から保護することが求められる。

　① 機密性

〈図10〉 PDCA サイクル

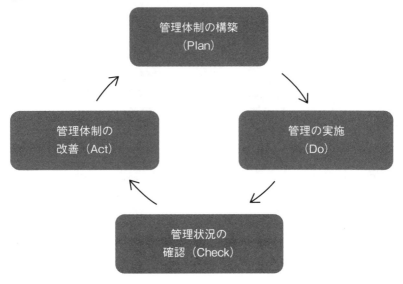

アクセスを認められた者だけが情報にアクセスできるようにすること。情報の不正流出は、機密性が損なわれる典型例である。
② 完全性
　情報および処理方法が完全かつ確実であることを保護すること。情報の不正改ざんは、完全性が損なわれる典型例である。
③ 可用性
　認められた者が必要に応じてアクセス・利用しうること。システム障害による利用不能は、可用性が損なわれる場合の典型例である。
※　経済産業省「情報セキュリティ関連法令の要求事項集」2頁（平成23年4月）。

したがって、PDCA サイクルの実施は、上記 CIA をいかにして保護すべきかという視点から行う必要があり、また、法令や社会情勢、社内での運用の実効性を踏まえ、いったん情報管理体制を構築した後も、適宜体制の見直しを図っていくことが求められる。

〈図11〉 平成28年個人情報漏えい原因（件数）

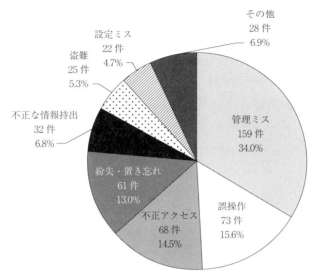

（参考）JNSA2016年情報セキュリティインシデントに関する調査報告書

3 内部者による情報漏えいリスク

(1) 情報漏えいの起こる場面

　内部者からの情報漏えいが起きる場面はさまざまではあるが、①注意不足による情報漏えい、②知識不足による情報漏えい、③故意・悪意をもって行われる情報漏えいの3つに大別することができる。そこで、この3類型について、その態様やこれを防止するための対応策について検討する。

　なお、個人情報の漏えいについてみると、NPO日本ネットワークセキュリティ協会（JNSA）セキュリティ被害調査ワーキンググループの調査報告書によれば、インターネット上から収集可能な平成28年における個人情報漏えい件数は、合計468件（漏えい人数1396万5227人）とされている。漏えい原因の内訳は、図11のとおりである。

(2) 注意不足による情報漏えい防止

(A) 書類・デジタルデバイスの置き忘れ・紛失

　ノートパソコン、USBメモリ、携帯電話、スマートフォン、タブレット等、デジタルデバイスの利便性が飛躍的に向上する一方、これらを電車、タクシー、飲食店等へ置き忘れたり、紛失したりすることによって情報漏えい

のリスクを発生させる事案は後を絶たない。また、デジタルデバイスのほか、書類についても同様である。

　上記に対応するためには、これらのツールを利用した情報持出ルールの見直しや、役職員への意識付け等の徹底が必要となる。

(B)　電子メールの誤送信

　電子メールの誤送信によって、情報漏えいのリスクが発生するが、その類型としては、①本来送るべき宛先と異なる宛先に送信してしまうパターン、② BCC（Blind Carbon Copy）で送信するべき電子メールを To または CC（Carbon Copy）で送信してしまうパターン、③宛先に誤りはないものの、意図するものとは異なる添付ファイルを添付してしまうパターンがある。

　前記①の本来送るべき宛先と異なる宛先に送信してしまうパターンについては、メールソフトのアドレス自動補完機能による利便性の向上に伴い、緊急を要する場合、外出先・移動中に送信を行う場合、宛先が多数の場合、同姓や似た名前の人物へ送る場合等に、ミスが生じやすくなっている。もっとも、仮に①のミスによって情報が漏えいした場合であっても、誤送信先が既知であり、また、限定されていることが多いため、情報が拡散する可能性は必ずしも高くはないと考えられることから、リスクの程度としては低いといえよう。もっとも、当該誤送信の相手方に対しては、誤送信の事実を伝えたうえでメールの消去等を依頼せざるを得ないこととなり、当該相手方の信頼

〔表22〕　2017年1月以降の紛失事例

公表年月	漏えい元	紛失物	紛失情報	紛失件数
2017年7月	自治体（消防局）	書類	傷病者の名前、住所、生年月日、病歴等	1689名
2017年5月	大学	PC	学生の氏名、学籍番号など	350名以上
2017年4月	中学・高校	USB	在校生および卒業生の氏名、住所、電話番号、生年月日、成績等	約8100名
2017年2月	自治体（警察）	書類	害者の名前、住所、職業、生年月日等	資料25枚
2017年1月	病院	USB	氏名、ID、性別など	1917名

を失うという別のリスクが生じる可能性は否定できない。

　一方、②のBCC（Blind Carbon Copy）で送るべき電子メールをToまたはCC（Carbon Copy）で送ってしまうパターンについては、受信者の氏名やメールアドレスという個人情報が、ToやCCで送付することで宛先欄に表示されてしまい、受信者側から閲覧可能となり、情報漏えいとなるものである。電子メールによるダイレクトメールを一般ユーザへ一括送信する場合等にみられる誤送信類型である。

　そして、③の添付ファイルのミスに関しても、一般に添付ファイルには会社の諸々の情報が記載されているものと考えられるため、当該記載内容や送付した相手方次第では、その漏えいによって、自社にとって致命的な悪影響を及ぼす可能性すら存在する。

　以上により、自社の役職員に対しては、電子メールの送信に際して留意すべき点に関する基本的な知識の習得、送信前の複数人による確認を徹底する必要があり、そのための体制整備が求められる。

(C)　物件の誤手交・誤郵送

　顧客や取引先との間で書類や物件のやり取りがある業種においては、物件の誤手交に注意しなければならない。特に、物件が複数ある場合や、繁忙時に多数の処理を同時に行う場合に誤手交は起こりやすい。

　また、郵便で商品、連絡文書等を送付する際に、意図した顧客・取引先とは別の相手に送付してしまうことがある。特に相手方が同姓同名の場合や、会社名が酷似している場合には注意を払わなければならない。

　上記に対する予防策としては、相手方と名義人を1件ごとに、名称以外の情報も含めて確認する、別の顧客・取引先のものが入り込んでいないかを確認するといった基本的な処理の徹底に加え、担当者以外による二次確認を行うことも有益であり、そのようなマニュアルの整備や教育等も重要である。

(3)　**知識不足による情報漏えい**

(A)　顧客・取引先・公的機関からの問合せの場面

　従業員が、本来開示が許されていない情報であるとは知らずに顧客・取引先からの問合せに応じて回答を行ってしまう場合、また、情報を伝達すべき対象ではない者からの問合せに誤って回答してしまう場合等、そもそも情報の管理に関する基本的な視座についての知識を有していないことが原因で、情報が漏えいする場合も存在する。

特に、故意によるなりすまし、親族やグループ会社等情報の対象者以外による問合せである場合には注意が必要であり、その点を含めて、法令・自社内部規定による取扱いを関係各所に徹底するための体制整備が会社役員には求められる。

一方で、弁護士法に基づく弁護士会照会や、民事訴訟法に基づく調査嘱託、文書送付嘱託等の裁判所による手続については、原則として法令に基づくものとして開示が認められるが、その具体的な取扱い・運用方法についてルール化し、周知を行う必要がある。

(B) 従業員によるSNS利用による情報漏えい

SNS（Social Networking Service）が急激な発展、浸透をみせる一方、ネットリテラシーが未成熟な状態や、いわゆる内輪ノリの延長で、当該サービスを安易に利用した結果として会社の情報が外部に流出する事態が発生する情報漏えい事案が多い。

インターネット上に一度漏えいされた情報は、瞬く間に拡散され、不特定多数の閲覧に供され、投稿者の手によってはおよそコントロールが不可能な状態が生じる。いったんこのような状態が生じてしまえば、当該情報を削除することはほぼ不可能であり、半永久的にインターネット上に情報が掲載されたままの状態となる。

上記類型の情報漏えいは、マスコミによって取り上げられることも多く、企業イメージの低下、対応費用の発生、ひいては株価に対する影響すら生じかねない。

よって、会社役員としては、従業員のSNS利用について、利用方法に関するガイドラインを制定し、役職員に対して教育の機会を提供し、適宜注意喚起を行う等の対応が必要である。

(4) 故意・悪意をもって行われる情報漏えい

故意・悪意をもって行われる情報漏えいには、たとえば顧客名簿を転売し一時的な利益を得る場合や、自社のノウハウ等を持ち出して転職するなどして、自己の待遇アップという継続的な利益の獲得を企図して行われる場合等、金銭的な動機に基づいて行われる場合が多い。

過去に通信教育事業者で生じた大規模な個人情報漏えい事案（漏えい推定件数約2895万件）においても、その端緒は、委託先の派遣会社従業員が名簿業者に個人情報を売却するために行った持ち出しであったことが判明してい

る。このような情報漏えいが起これば、具体的な対応費用に加えて、企業イメージや顧客からの信頼毀損による有形無形の損害は計りしれない。

そして、このような情報漏えいが、個人情報に限らず、経営戦略に関する情報や、ノウハウ・技術に関する営業秘密についても生じることとなれば、会社の競争力は削がれ、他社への優位性を保つことが困難となる。さらに、現職の従業員のほか、退職者による持ち出しも問題となるところである。

したがって、悪意・故意による営業秘密の漏えいを防止するため、会社役員としては、企業情報の厳重かつ適切な管理を行うとともに、特に、役職員へのコンプライアンス教育のための体制整備を徹底することも重要な要素となる。

Ⅱ 事例と対策

〔事例〕 退職者に対する情報漏えいの防止対策はどうするか

> 複数の結婚式場を運営するX社において、都内所在の式場で店舗責任者として勤務していた従業員Aから、退職願が提出された。Aの退職の動機について情報収集を行ったところ、Aは、競合他社であるY社からの引抜工作を受けて、転職予定となっていることが判明した。X社としては、自社の情報やノウハウの流出を防止するため、どのような手段を講じることができるか。

1　退職者に対する情報管理

在職中の従業員は、特段の合意がなくとも、労働契約の内容として、雇用主たる会社に対して信義則上の秘密保持義務を負うと解されるが（労働契約法3条4項、民法1条2項）、その旨を就業規則に記載し、または個別に徴求する誓約書等の書面によって明示することが一般的である。

一方、当該従業員が退職すれば、労働契約の終了により、在職中に負っていた秘密保持義務は、原則として消滅する。退職後の従業員は、職業選択の自由（憲法22条1項）に基づき転職活動を行うことができるため、不正競争防止法の不正行為や、民法上の不法行為等（営業秘密に関し退職後も信義則上

の秘密保持義務を認めたものとして大阪高判平成6・12・26判時1553号133頁）に該当すると評価できる程度の悪質な行為でない限り、原則として、在職中に得た知識・経験を自由に活用（第三者への開示も含む）することができる。

　以上に対して、会社側が退職者による情報漏えいに対してとり得る対策としては、従業員の退職に際して個別に誓約書を徴求する等し、当該誓約書において、①退職後の秘密保持義務、②競業避止義務、③義務に違反した際の制裁等を明らかにしておくことが考えられる。もっとも、労働者には前述のとおり職業選択の自由が認められところ、当該自由を過度に制限することは許されないため、前記誓約書の作成にあたっては、従業員側の権利への配慮が必要となる。

2　退職後の秘密保持義務

(1)　情報資産の返却

　まず、在職中に利用・保管を認めていた情報資産の返却を定める必要がある。本事例であれば、Aに対して、ドレス・装花・飲食費用等に関する単価表や、会場レイアウト図、進行方法のマニュアル、過去の結婚式実施時の写真等、情報資産の一切に関する権利がX社に帰属することを改めて確認させ、Aがそれらを保持している場合にはこれを返還させるべきである。

(2)　秘密保持義務

　退職後の秘密保持義務については、会社に有利なよう無限定かつ広範に定めることも考えられるが、民事裁判においては、このような無限定な定めが設けられていたことが、従業員の職業選択の自由に対する配慮の欠缺を推認させ、企業側に不利益な印象を与えかねない（「私は、貴社を退職後も、機密情報を自ら使用せず、又、他に開示いたしません」と差し入れた誓約書について、機密情報の範囲を合理的な内容に限定して解釈すべきとしたものとして東京地判平成20・11・26判時2040号126頁がある）。

　したがって、誓約書等において規定する秘密保持義務を負う「秘密」については、例示列挙をするなど、その範囲をできるだけ明確に限定し、従業員の権利に対する配慮を示しておく必要がある。

　本事例に即していえば、原価表や社外秘としている接客マニュアル等、秘密保持義務の対象を、自社のノウハウの中核をなすべき書面等に限定しておくことが望ましい。

3　退職後の競業避止義務

　自社の営業秘密を保護する観点からは、従業員に競業他社への就職を禁止すること自体（いわゆる競業避止義務を課すこと）も有益である。しかし、競業避止義務は、営業秘密の利用行為を禁止するよりも、情報漏えいにつながる行為を広く禁止対象とすることから、従業員における職業選択の自由に対する制限はより大きなものとなる。

　したがって、会社役員としては、①競業を禁止する目的の正当性（会社の使用者としての利益）、②従業員の地位、③競業避止義務の範囲（禁止行為、時間的・地理的範囲）、④代替措置の有無等を総合的に判断し、各従業員の職務内容等に応じて、個別の検討を行う必要がある点に留意すべきである（退職後の競業避止義務を課した誓約書について、「その目的、在職中の被告（執筆者注：従業員）の地位、転職が禁止される範囲、代償措置の有無等に照らし、転職を禁止することに合理性があると認められないときは、公序良俗に反するものとして有効性が否定される」とした裁判例として東京地判平成19・4・24労判942号39頁）。

　なお、対象となる禁止行為の範囲については、他社でも同様に習得できるであろう一般的知識・技能（いわゆる一般的なスキル）を禁止行為に含めることが公序良俗に反するとされた裁判例もあることから（奈良地判昭和45・10・23判時624号78頁）、前記行為を禁止対象に含めることについては、慎重な検討が必要となる。

　本事例において、退職者Aは、店舗責任者ではあるものの、役員等ではない一従業員にすぎず、情報管理に関する特殊な業務に就いているともいえない。よって、Aに対して同業他社への競業避止義務を課すことは、Aの職業選択の自由を奪うに等しい結果となる。一方で、結婚式場の運営に関して習得するスキルは、秘密情報を除けば、X社以外の同業他社での勤務によっても獲得可能なものが多いと考えられる。

　したがって、地理的・時間的制限を極めて限定的な内容とする場合や、十分な代替措置（金銭的補填等）を講ずる場合など特段の事情が認められない限り、原則としてAに対して競業避止義務を課すことは困難であろう。

4 違反時の制裁

　誓約書等に基づく退職者の義務の実効性を担保するためには、退職者がこれらに違反した場合の損害賠償義務も併せて誓約書等において定めておくことが有益である。さらに、損害賠償金の具体的な額を定めることで、当該規律の実効性はさらに高まるものと思われる。

　もっとも、労働基準法16条においては、労働契約の不履行について違約金や損害賠償予定額を定めることが禁止されている。この点、誓約書等における合意は、退職者についてのものであり、同人は会社を退職している以上「労働契約」に該当しないとも考え得る（退職時に提出した誓約書において、具体的損害賠償額を定めた条項に基づき退職者に賠償額の支払義務を認めたものとして前掲・東京地判平成19・4・24）が、在職中・退職後の競業避止義務違反に対する違約金の定めを労働基準法16条違反により無効とした裁判例（東京地判昭和59・11・28判時1157号129頁）も存在する。

　労働基準法16条の趣旨は、労働者が違約金または賠償予定額の支払いを余儀なくされることを危惧して、心ならずも労働関係の継続を強いられるような事態を防止しようとする点にあると解されることからすれば、会社役員としては、退職者による誓約書等の作成に関し、当該趣旨に反するような規定を設けていないかという点について、個別の事案に応じた慎重な検討を行う必要があろう。

5 退職後の義務を就業規則等においてあらかじめ定めておくこと

　上記のように、退職を申し出た者に対して、都度誓約書の提出を求めることは一般論としては可能であるが、従業員が提出を拒んだ際にその提出を強制することは不可能である。

　したがって、退職後の義務をあらかじめ就業規則で定めておくことが効果的であるとも考えられる。

　しかしながら、就業規則で退職後の法律関係を定めることはできないとする学説も有力であり、裁判実務上確立した基準も見当たらないことから、就業規則によって退職後の義務を定めることは、法的観点からのリスクが残ると言わざるを得ない。

この点、就業規則の退職者に関する規定として、退職金規程において、同業他社に就職した従業員については退職金を半額とする旨を定めることも有効とした判例（最判昭和52・8・9裁判集民121号225頁）も存在するが、あくまでも個別の事案に対する判断にすぎないと評価することが妥当と考えられるため、一律に上記規定を有効とすることはできず、個別具体的な事案に応じて判断するほかない。

　そのため、就業規則において退職後の義務を定めることに加えて、従業員が在職中である各時点において、個別の義務に関する誓約書を徴求することも有益である。誓約書の徴求時期については、採用時に徴求することが多いが、採用時では従業員が取り扱う情報や、業務内容が未定な場合がほとんどであるから、配置転換や、各プロジェクトの開始時等に、職務内容に応じた秘密保持義務や競業避止義務を課しておくことが重要であると思われ、会社役員としては、そのような運用が可能となる体制整備が求められる。

〔山下成美〕

【書式7】　秘密保持に関する誓約書例

株式会社
代表取締役　　　　　　殿

秘密保持に関する誓約書

　私は、貴社を退職するにあたり、次のとおり誓約いたします。

第1条（秘密情報の保持義務）
　私は、貴社を退職するにあたり、以下に示される情報が貴社の秘密情報であることを確認し、貴社を退職した後もこれらの秘密情報を第三者に開示、漏えいせず、自己または第三者のために使用しないことを誓約いたします。
　①　○○○○に関する情報
　②　・・・・・
　③　その他在職中に貴社から秘密情報として指定された情報

第2条（貴社資産の返還）
　私は、貴社に対し、在職中に貸与され、保管もしくは使用を認められた貴社の資産一切を返還し、または貴社の定める方法により適切に廃棄したことを確認いたします。

> 当該資産には、携帯電話及びPC等のデジタル機器等はもちろん、作成主体及び入手経路の一切を問わず私が業務上保管もしくは使用を認められていた各種資料（書類、メモ、データ等の形態を問わず、また、原本及びコピーを問いません）が含まれることを確認いたします。
>
> 第3条（損害賠償義務）
> 　私は、本誓約書に定める事項に違反した場合、これにより貴社が被った一切の損害を賠償することを誓約いたします。
>
> 　　平成　　年　　月　　日
> 　　　　　　　　　　　　　住所
> 　　　　　　　　　　　　　氏名　　　　　　　　　　㊞
> 　　　　　　　　　　　　　　　　　　　　　　　　以上

15　個人情報漏えいのリスク管理

I　基礎知識

1　はじめに

　多くの企業は、その業務のために膨大な個人情報を有する必要がある。今後はいわゆるビッグデータの利用により業務のあり方も変わる可能性がある中で、個人情報は重要な経営資源といえる。
　他方で、IT技術の発達により、企業が有する大量の個人情報が瞬時に外部に漏えいするおそれが飛躍的に高まっており、現に、数十万、数百万単位での個人情報が漏えいする事件も少なからず発生し、企業が責任を問われている。
　そこで、企業にとって個人情報に関するリスク管理は重要な課題となっており、役員としては個人情報漏えいに対するリスク管理を十分に行う必要がある。
　また、後述のとおり、個人情報の取扱いについては、ガイドラインにより、その内容が具体化されているため、これに応じた社内体制の構築・運用やこ

れらの監視・監督を怠った場合には善管注意義務違反となる可能性がある。

2　個人情報保護法

(1)　概　要

個人情報の保護の必要性から、民間事業者の個人情報の取扱いを規定する個人情報の保護に関する法律（以下、「個人情報保護法」という）が平成17年4月に全面施行された。これは、個人の権利・利益の保護と個人情報の有用性とのバランスを図るための法律であり、次のような規制がなされている。

すなわち、個人情報を取り扱う事業者の遵守すべき義務として、利用目的の制限、保存・管理に関する規制、第三者提供に関する規制などがある。

そして、同法については、その後のIT技術の目覚ましい発達や事業のグローバル化に対応するため、平成27年9月に改正法（以下、「改正法」という）が成立し、平成29年5月に全面施行されている。

改正法のポイントは、個人情報の数が5000人分以下である小規模事業者を規制の対象外とする制度を廃止し、個人情報を取り扱う事業者すべてに個人情報保護法が適用されることになったこと、個人情報の定義の明確化、個人情報の有用性を確保するための整備、いわゆる名簿屋対策、個人情報保護委員会の新設などである。

新設された個人情報保護委員会は、事業者等に対して、必要な指導・助言や報告徴収・立入検査を行い、法令違反があった場合には勧告・命令等を行うことができる。また、個人情報保護委員会は、同法を執行する際の指針として、「ガイドライン」を定めており、通則編、外国にある第三者への提供編、第三者提供時の確認・記録義務編・匿名加工情報編の4つに分けて公開している〈https://www.ppc.go.jp/〉。なお、金融関連分野・医療関連分野・情報通信関連分野等においては、別途のガイドライン等がある点に留意が必要である。

(2)　個人情報とは

個人情報とは、生存する個人に関する情報で、特定の個人を識別することができるものをいう（個人情報保護法2条1項1号）。氏名、生年月日と氏名の組合せ、顔写真等がこれに該当する。

改正法により、「個人識別符号」も個人情報に該当することになった。個人識別符号とは、その情報だけで特定の個人を識別できる文字、番号、記号、

符号等のことであり（個人情報保護法2条2項）、たとえば、指紋データ、パスポート番号、免許証番号、マイナンバー等がこれに該当する。

なお、名刺の情報を業務用のパソコンの表計算ソフト等を用いて入力・整理しているものなど、個人情報を容易に検索できる形で体系的に構成したものを「個人情報データベース等」といい、「個人情報データベース等」を構成する個人情報を「個人データ」といい、当該個人情報取扱事業者が本人から開示等の請求があった際に自ら開示等することができる個人データのことを「保有個人データ」という。

(3) 事業者が守るべきルール

個人情報保護法は、事業者が守るべきルールとして、①個人情報を取得・利用するときのルール、②個人情報を保管する時のルール、③個人情報を第三者に提供する時のルール、④個人情報を外国にいる第三者に提供するときのルール、⑤本人から個人情報の開示を求められたときのルールを定めている。

次の表のとおり、個人情報、個人情報データ、保有個人データで異なる扱いがされているが、本章では、特段の断りがない限り、個人情報、個人情報データ、保有個人データを区別せずに、個人情報という概念でまとめている。

(A) 取得・利用のルール

(a) 利用目的の開示

どのような目的で個人情報を取得・利用するのかについて、具体的に特定することが求められている（個人情報保護法15条1項）。したがって、「事業

〔表23〕 事業者が守るべきルール

	個人情報	個人データ	保有個人データ
取得・利用のルール	○	○	○
保管のルール		○	○
第三者に提供するときのルール		○	○
外国にいる第三者に提供するときのルール		○	○
本人からの開示請求に関するルール			○

※ ○はルールの対象となるもの

活動に用いるため」など抽象的な目的ではなく、「当社の新商品のご案内の送付のため」など具体的に特定する必要がある。

　そして、特定した目的を、合理的かつ適切な方法で公表することが求められているため（個人情報保護法18条1項）、たとえば、自社のホームページのトップページに「個人情報保護方針」にリンクを張り、そこをクリックすると「個人情報保護方針」を閲覧できるようにすることが必要である。他方、公表していない場合は、個人情報の取得に際して、ちらし等の文書を直接渡すなどして個別に通知する必要がある。ただし、商品・サービス等を販売・提供するにあたって住所・電話番号等の個人情報を取得する場合でも、当該商品・サービス等の販売・提供のみを確実に行うことが利用目的である場合など、個人情報を取得する際に利用目的が明らかである場合などは相手に伝える必要はない（同条4項）。

　　　(b)　利用方法の限定

　取得した個人情報は特定した利用目的の範囲内で利用することが求められていることから、たとえば、商品を配送するために取得したお客様の住所を使って自社の商品の宣伝をすることはできない。

　そして、すでに取得した個人情報をあらかじめ開示した目的とは異なる目的で利用したい場合には、あらためて本人の同意を得る必要がある（個人情報保護法18条3項）。

　　　(c)　要配慮個人情報についての留意点

　特に、要配慮個人情報を取得する場合は、慎重に対応する必要があり、あらかじめ本人の同意が必要となる（個人情報保護法17条2項）ので、本人による同意する旨のホームページ上のボタンのクリックなど、その取得について本人の同意があったことを確認できる方法を用意する必要がある。要配慮個人情報とは、改正法により新たに導入された概念であり、不当な差別、偏見その他の不利益が生じないように取扱いに配慮を要する情報として法律・政令に定められた情報であって、一段と高い規制を受けるものである。たとえば、人種、信条、社会的身分、病歴、犯罪の経歴、犯罪により害を被った事実等のほか、身体障害等の障害があることや、健康診断結果等がこれに該当する。

　　　(d)　役員としての対応

　役員としては、個人情報の取得と利用について、法律上のルールとガイド

ライン通則編に定められている指針を遵守する社内体制となっているか、また、その運用が適切になされているかをチェックする必要があり、特に、個人情報を利用した新しいサービスを始める際には留意が必要である。

　(B)　保管のルール
　　(a)　安全管理措置

　企業は、安全に管理するための措置（安全管理措置）をとる義務を負っている（個人情報保護法20条）。たとえば、顧客台帳については、鍵のかかる引き出しで保管することや、顧客台帳のデータを管理するパソコンにウィルス対策ソフトを入れたうえで、そのデータにはパスワードを設定するなどが必要である。

　安全管理措置の具体的内容として、「ガイドライン」通則編は以下の6つの措置を定めている。

①　基本方針の策定
②　個人情報の取扱いに係る規律の整備
③　組織的安全管理措置
④　人的安全管理措置
⑤　物理的安全管理措置
⑥　技術安全管理措置

　なお、これらの安全管理措置を実践するための手法についても同ガイドラインに例示されているが、必ずしもすべての例示内容を講じなければならないわけではなく、また、適切な手法は例示内容に限られるものではない。

　個人情報が漏えい等をした場合に本人が被る権利利益の侵害の大きさを考慮し、事業の規模および性質、個人情報の取扱状況（取り扱う個人情報の性質および量を含む）、個人情報を記録した媒体の性質等に起因するリスクに応じて、必要かつ適切な内容を、各社の状況を踏まえ、適宜、工夫する必要がある。

　なお、改正法により、個人情報の数が5000人分以下である小規模事業者を規制の対象外とする制度を廃止し、個人情報を取り扱う事業者すべてに個人情報保護法が適用されることになったことから、個人情報取扱業者は、企業の規模にかかわらず安全管理措置義務を負担しているが、個人情報の取扱量が少なく従業員数も少ない事業者に対しては高度な義務を負担させる必要性も相当性も低いことから、同ガイドラインにおいては、従業員数が100名以下の個人情報取扱業者を中小規模事業者として取扱うこととし、安全管理措

置義務の例示につき軽減された内容を掲げている。

ただし、従業員数が100名以下だとしても、その事業の用に供する個人情報データベース等を構成する個人情報によって識別される特定の個人の数の合計が過去6カ月以内のいずれかの日において5000を超える者と委託を受けて個人情報を取り扱う者は中小規模事業者から除外している。

取締役は法令遵守義務を負っているところ（会社355条）、安全管理措置は個人情報保護法20条に基づき求められているものであり、ガイドラインによってその具体的な内容も定められていることから、取締役の作為義務の具体的な内容となると解され得ることから、不作為ないし不十分な安全管理措置しか実施していない場合には、善管注意義務違反となる可能性がある点に留意が必要である。

(b) 保管上のその他の義務

以上の安全管理措置義務に加えて、企業は、取得した個人情報については、正確で最新の内容に保つようにし、必要がなくなったときはデータを消去するよう努めなければならない（個人情報保護法19条）。個人データについて利用する必要がなくなったときに該当する具体例としては、キャンペーンのプレゼント品を送付するため、当該キャンペーンの応募者の個人データを保有していたところ、プレゼント品の発送が終わり、届かなかった送り先への対応等のための合理的な期間が経過した場合などがある。

また、従業員に対して、必要かつ適切な監督を行い、従業員が会社で保有する個人情報を私的に使ったり、言い広めたりしないよう、社員教育を行うことが求められている（個人情報保護法21条）。従業員に対して必要かつ適切な監督を行っていない具体例としては、内部規程等に違反して個人データが入ったノート型パソコンが繰り返し持ち出されていたにもかかわらず、その行為を放置した結果、当該パソコンを紛失し、個人データが漏えいした場合などがある。

そして、個人情報の取扱いを委託する場合には、委託先に対して必要かつ適切な監督を行うことも求められている（個人情報保護法22条）。委託先に対する必要かつ適切な監督を行っていない具体例としては、委託先の個人データの安全管理措置の状況を契約締結時およびそれ以後も適宜把握せず委託していた結果、委託先が個人データを漏えいした場合などがある。

このように、個人情報取扱事業者は、従業員に対する監督義務や委託先に

監督義務を負担していることから、当該事業者の役員としては、これらの義務に応じた社内体制を構築し、運用する必要あると解されるため、これを怠った場合には善管注意義務違反となる可能性がある。

(C) 第三者に提供する場合のルール

(a) 本人の同意の取得

個人情報を第三者に提供する時は、原則として本人の同意が必要となるが、例外として、法令に基づく場合、人の生命、身体または財産の保護のため（かつ本人の同意を得ることが困難）の場合、公衆衛生・児童の健全な育成のため（かつ本人の同意を得ることが困難）の場合、国や地方公共団体等へ協力する場合は、本人の同意が不要である（個人情報保護法23条1項）。

なお、業務の委託、事業の承継、共同利用に際して個人情報が提供される場合は、上記の「第三者提供」には当たらない（個人情報保護法23条5項）。

(b) オプトアウト手続

また、本人の同意を得ないで第三者に提供する場合には、以下の①～③の手続（いわゆるオプトアウト手続）が求められている。ただし、要配慮個人情報については、オプトアウト手続をとったとしても、提供が禁止されているので注意が必要である（個人情報保護法23条2項）。

① 本人の求めがあれば、そのデータの提供を停止しなければならないこと
② 以下の㋐～㋔を自社のホームページに掲載するなど、個人情報の取得時点で、本人が容易に知ることができる状態にしておくこと
　　㋐第三者提供を利用目的としていること、㋑提供される個人情報の項目、㋒提供の方法、㋓本人の求めに応じて提供を停止すること、㋔本人の求めを受け付ける方法
③ オプトアウト手続等を行っていることを個人情報保護委員会に届け出ること（個人情報保護委員会はこれを公表し、個人情報取扱事業者は、その公表後、速やかに、届け出をした内容をインターネット等の方法により公表する）

(c) トレーサビリティの確保

第三者へ提供した時は、受領者の氏名等を記録し、一定期間保存する必要がある（個人情報保護法25条）。なお、これは、第三者から個人情報を受け取るときも同様であり、提供者の氏名等、取得経緯を確認し、受領年月日、確認した事項等を記録し、一定期間保存する必要がある（同法26条）。

これらの確認・記録義務（トレーサビリティ）により、いわゆる名簿屋対策として、個人情報の流通経路を事後的に特定できるようになっている。

(D) 外国の第三者に提供する場合のルール

外国の第三者に個人情報を提供する場合には、次の①〜③のいずれかを満たす必要がある（個人情報保護法24条）。

① 外国にある第三者へ提供することについて、本人の同意を得ること
② 外国にある第三者が、我が国と同等の水準にあると認められる個人情報保護制度を有している国として個人情報保護委員会規則で定める国にある場合
③ 外国にある第三者が個人情報保護委員会の規則で定める基準に適合する体制を整備していること

このうち、②の「個人情報保護委員会の規則で定める基準に適合する体制」とは、一般的なビジネスの実態に配慮して、提供を受ける者における個人情報の取扱いについて、「適切かつ合理的な方法」により、「個人情報保護法の趣旨に沿った措置」の実施が確保されていること、または、個人情報の提供を受ける者が、「個人情報の取扱いに係る国際的な枠組み」に基づく認定を受けていることが該当するものとされている（個人情報保護委員会規則11条）。

ここで、前者については、「ガイドライン」の外国にある第三者への提供編によれば、「適切かつ合理的な方法」による「個人情報保護法の趣旨に沿った措置」の具体例としては、委託契約やグループ企業の内規・プライバシーポリシー等においてわが国の個人情報取扱事業者が講ずべきこととされている措置に相当する措置が定められていることがあげられ、「個人情報の取扱いに係る国際的な枠組み」とは、「APECの越境プライバシールール（CBPR）システム」に基づく認定を受けていることなどがあげられている。

(E) 開示請求への対応ルール

本人からの請求に応じて、個人情報を開示、訂正、利用停止等することが必要である。ただし、これは保有個人データに当たる場合のみであり、保有個人データとは、その事業者に開示等の権限のある個人情報（6カ月以内に消去するものを除く）である。他の事業者からデータの編集作業のみを委託されて保有している個人情報などは保有個人情報には該当しない（個人情報保護法28条）。

また、開示請求に関して、以下の①〜⑤について、自社のホームページに

公表するなど本人の知り得る状態に置くことが求められている（個人情報保護法27条1項））。

①事業者の名称、②利用目的、③請求手続の方法、④苦情の申出先、⑤認定個人情報保護団体に加入している場合、当該団体の名称および苦情出先、そして、個人情報の取扱いに関する苦情を受けた時は、適切かつ迅速な処理に努めなければならない（個人情報保護法35条）。

(4)　罰　則

国は、事業者に対して、必要に応じてルールの遵守状況について報告を求めたり立入検査を行うことができ、実態に応じて、指導、勧告・命令を行うことができる（個人情報保護法40条～42条）。

そして、国からの命令に違反した場合には6カ月以下の懲役または30万円以下の罰金（個人情報保護法84条）、虚偽の報告等をした場合には30万円以下の罰金（同法85条）、従業員等が不正な利益を図る目的で個人情報データベース等を提供、または、盗用した場合は1年以下の懲役または50万円以下の罰金（個人情報データベース等不正提供罪。同法83条）となる。

(5)　ビッグデータ

企業は、個人情報を含む膨大なデータ、いわゆるビッグデータを解析することにより、消費者の購買パターンなどを把握し新商品の開発などに役立てるようになっており、個人情報の有用性を確保するための制度の整備が必要である。たとえば、コンビニエンスストアなどの小売事業者が保有する購買履歴について匿名加工を行ったうえで、メーカーなどの一般事業者へ提供するものである。一般事業者は、ビッグデータに含まれる消費者の性別や年齢などの基本属性と購買傾向から、自社の新商品の開発や販売促進活動等に利用するなど、ビジネスシーンにおいては、いかにデータを収集・分析して事業に活かすかが競争力を確保するうえで重要な課題であると認識されるようになった。

そこで、改正法では、ビックデータ時代に対応して、個人情報を保護しつつ、必要な情報の自由な流通・利活用を促進することを目的に、個人情報の取扱いよりも規律を緩やかする「匿名加工情報」の制度を新たに導入した。

匿名加工情報とは、特定の個人を識別することができないように個人情報を加工し、当該個人情報を復元できないようにした情報と定義されている（個人情報保護法2条9号）。

そして、匿名加工情報の作成方法の基準は、個人情報保護委員会規則で定められ、最低限の規律として、次の措置を講ずることが求められている。

① 特定の個人を識別することができる氏名等の記述等の全部または一部を削除（置換を含む）すること
② 個人識別符号の全部を削除（置換を含む）すること
③ 個人情報と他の情報とを連結する符号（たとえば、委託先に渡すために分割したデータとひも付けるIDなど）を削除（置換を含む）すること
④ 特異な記述等（たとえば年齢116歳など）を削除（置換を含む）すること
⑤ 上記のほか、個人情報とデータベース内の他の個人情報との差異等の性質を勘案し、適切な措置を講ずること

匿名加工情報への加工を適正に行うことや加工方法等の安全管理措置を講じることなど一定の義務を負担すれば（個人情報保護法36条〜38条）、匿名加工情報を本人の同意なく、どのような目的で使用しても構わない点が匿名加工情報制度のポイントとなる。

匿名加工情報制度により、たとえば、クレジットカード会社が、顧客属性データおよびカード利用明細データを加工して一般事業者に譲渡し、一般事業者の広告、マーケティング、商品開発等に利用させることが可能になる。

ただし、購買履歴情報などの取引履歴情報は具体的であればあるほど、その経済的価値が高まるものの、顧客属性データなどと照合することにより、個人の特定につながるリスクも生じるため、匿名加工情報制度を遵守することはもちろんのこと、個人のプライバシーに対する意識の高まりにも配慮しながら、顧客属性データと取引履歴情報の加工の程度を判断することが必要である。

たとえば、顧客属性データについてのうち、氏名およびクレジットカード番号は全部削除するのは当然として、生年月日は年代に置き換え、住所も市区単位にし、勤務先も製造業など職種分類に置き換え、年収も300万円未満・300万円〜600万円など区分ごとに置き換え、決済金融機関は削除するなどの加工をすることが相当である。また、カード利用明細データについては、利用日を利用月単位に置き換えることにより、利用加盟店と利用金額との組み合わせによって個人が特定できるのを避け、カード利用頻度が決めて低い加盟店や超高額な利用金額を削除することなどの加工をすることにより、個人の特定につながらないようにすることが相当である。

Ⅱ 事例と対策

〔事例1〕 個人情報漏えい時の対応はいかにあるべきか

> A社において、その従業員が1万件の顧客データをUSBメモリーに入れて外出した際に、これを誤って紛失してしまい、いわゆる名簿屋の手に渡ってしまった。A社は、どのような対応をとることが適切だろうか。また、A社のリスクや役員の責任にはどのようなものがあるだろうか。

1 漏えい等が発覚した場合に講ずるべき措置

情報漏えい等が発生した場合の対応は、個人情報保護委員会により、「通則ガイドライン」に加えて、「個人情報の漏えい等の事案が発生した場合等の対応について」(平成29年個人情報保護委員会告示第1号) に詳細に定められている。

これらを踏まえると、A社は、個人情報の漏えいが発覚した場合に、以下の事項について必要な措置を講ずることが必須である。

① 社内内部における報告・被害の拡大防止
　社内で責任ある立場の者に直ちに報告するとともに、漏えい等による被害が拡大しないよう必要な措置を講ずること。
② 個人情報個人情報を漏えいされた本人への連絡など
　事実関係等について、速やかに、本人へ連絡し、または、自社のホームページで案内するなど本人が容易に知りうる状態に置くこと。
③ 事実関係の調査・原因の究明および影響範囲の特定
　社内で調査委員会を発足させるなどして、漏えい等が生じた事実関係の調査や原因の究明に必要な措置を講じ、また、漏えい等の影響範囲を特定すること。
④ 再発防止策の検討および実施
　再発防止策を検討し、その実施に必要な措置を速やかに講ずること。
⑤ 事実関係および再発防止策等の公表
　漏えいの事実関係および再発防止策等について、速やかに公表するこ

と。

2　個人情報保護委員会等に対する報告

　個人情報取扱事業者は、漏えい等事案が発覚した場合は、その事実関係および再発防止策等について、個人情報保護委員会等に対し、速やかに報告するよう努めることが求められている。したがって、A社も【書式8】を参考に個人情報保護委員会に対して速やかに報告することが適切である。

【書式8】　個人情報保護委員会への報告書

　　　　　　　　　　　　　　　　　　　　　　　　　　平成　年　月　日

個人情報保護委員会　御中

　　　　　　　　　　　　　　　組織名　　　　　　　　　　　　　　
　　　　　　　　　　　　　　　担当部署　　　　　　　　　　　　　
　　　　　　　　　　　　　　　業種　　　　　　　　　　　　　　　
　　　　　　　　　　　　　　　担当者　　　　　　　　　　　　　　
　　　　　　　　　　　　　　　所在地　　　　　　　　　　　　　　
　　　　　　　　　　　　　　　連絡先（TEL：　　　　　　　　　）

　　　　　　　　個人データの漏えい等事案の報告について

　平成29年個人情報保護委員会告示第1号に基づき、下記のとおり報告します。

①報告種別	新規報告・続報（前回報告：　　年　月　日）
②事案の概要 ※発覚日、発生日、発覚に至る経緯を含む	発覚日：　　年　月　日　発生日：　　年　月　日
③発生事実	□漏えい　□滅失　□毀損
④漏えい等した個人データ又は加工方法等情報の内容	
⑤漏えい等した個人データ又は加工方法等情報に係る本人の数	（　　　　　　）人 ※発覚した時点で把握した概数を記載
⑥発生原因	
⑦二次被害（そのおそれを含む）の有無 （被害がある場合はその内容）	

⑧公表（予定）	【事案の公表】 □ あり（予定も含む）　公表（予定）　　年　月　日 □ なし　□ 未定 【公表方法　※「あり（予定も含む）」を選択した場合のみ記載】 □ HPに掲載　□ 記者会見　□ 記者クラブ等への資料配布 □ その他（　　　　　　　　　　　）
⑨本人への対応等 ※連絡の有無及び対応内容を含む	
⑩再発防止策等	
⑪その他	

※　前回報告から記載を変更した箇所には、変更した記載に<u>下線</u>を引いてください。

※　個人情報保護委員会のウェブサイト〈https://www.ppc.go.jp/〉より

3　漏えい企業のリスクと役員の責任

　A社には、個人情報を漏えいされた顧客から損害賠償請求訴訟を提起されるというリスクが発生する。これを回避するために、顧客情報を漏えいした企業が、比較的少額の金券等を顧客に送付する措置を講じる事例も見受けられるが、同措置を講じたとしても、漏えいされた個人情報の内容によっては、これに満足しない顧客から訴訟提起される可能性は少なからずあることから、訴訟リスクを必ずしも避けられるとは限らない点に留意が必要である。

　他方、役員は、従業員に対する必要かつ適切な監督をするための社内体制の構築を怠っていた場合には、善管注意義務違反として、株主から株主代表訴訟を提起される可能性があることに加え、顧客からも、直接、第三者に対する損害賠償責任（会社429条）を追及される可能性がある。

〔事例２〕　個人情報の入力業務を他社に委託する場合の対応はどうあるべきか

> 　A社は、顧客データの入力業務をB社に委託している。A社は、B社に同業務を委託する際、どのような点に気をつければよいだろうか。また、B社が安全管理措置を怠った結果、A社の顧客データを漏えいするという問題が生じた場合、A社役員の責任はどうなるか。

1　法的リスク

委託先のB社が顧客データを流出させた場合、B社が顧客に対して不法行為責任として損害賠償責任を負う可能性があるが、A社も、B社に対する実質的な指揮・監督関係がある場合などには使用者責任（民法715条）としての不法行為責任を負担し損害賠償責任を負う可能性がある（東京高判平成19・8・28判タ1264号299頁）。

そのため、A社は、B社に顧客データの入力業務を委託する際には、次項で述べる点などについて、相応の注意が必要である。

2　委託する場合の注意点

個人情報取扱事業者は、個人情報の取扱いの全部または一部を委託する場合は、委託先において当該個人情報について安全管理措置が適切に講じられるよう、委託先に対し必要かつ適切な監督をしなければならないとされている（個人情報保護法22条）。

「ガイドライン」通則編によれば、個人情報取扱事業者は、自らが講ずべき安全管理措置と同等の措置が講じられるよう、監督を行うものとされている。

具体的には、取扱いを委託する個人情報が漏えい等をした場合に本人が被る権利利益の侵害の大きさを考慮し、委託する事業の規模および性質、個人情報の取扱状況等に起因するリスクに応じて、次の(1)〜(3)までに掲げる必要かつ適切な措置を講じなければならないとしている。

(1)　適切な委託先の選定

委託先の選定にあたっては、委託先の安全管理措置が、少なくとも委託元に求められるものと同等であることを確認するため、「ガイドライン」「8（(別添) 講ずべき安全管理措置の内容）」に定める各項目が、委託する業務内容に沿って、確実に実施されることについて、あらかじめ確認しなければならない。したがって、ガイドラインに沿った委託先選定基準を事前に定めておくのが望ましい。

(2)　委託契約の締結

委託契約には、当該個人情報の取扱いに関する、必要かつ適切な安全管理措置として、委託元、委託先双方が同意した内容とともに、委託先における委託された個人情報の取扱状況を委託元が合理的に把握することを盛り込む

ことが望ましい。委託契約に盛り込む事項として考えられるのは、秘密保持義務、事業所内からの個人情報の持出しの禁止、個人情報の目的外利用の禁止、再委託における条件、漏えい事案等が発生した場合の委託先の責任、委託契約終了後の個人情報の返却または廃棄、従業者に対する監督・教育、契約内容の遵守状況について報告を求める規定等などである。

(3) 委託先における個人情報取扱状況の把握

委託先における委託された個人情報の取扱状況を把握するためには、定期的に監査を行う等により、委託契約で盛り込んだ内容の実施の程度を調査した上で、委託の内容等の見直しを検討することを含め、適切に評価することが望ましい。

以上から、Ａ社はＢ社に顧客データの入力業務を委託する際には、当該顧客データの内容や委託する事業の規模や性質などを精査してリスクの大きさを把握し、そのリスクの大きさに応じて前記(1)～(3)までにつき適切な措置を講じることが肝要である。そのリスクが大きい場合には、Ａ社は、Ｂ社の個人情報の取扱状況について確認する際に、書面による確認だけではなく、Ｂ社が入力業務を実施する場所に赴いて実際に取扱状況を確認し、ヒアリングするなどの念入りな対応をすることが考えられる。

3 漏えい企業役員の責任

Ｂ社が安全管理措置を怠った結果、Ａ社の顧客データを漏えいするという問題が生じた場合、Ａ社において、委託時にＢ社の安全管理措置を確認し、委託後も個人情報の取り扱いを把握するための社内体制を構築してなかった場合など、Ａ社において委託先に対し必要かつ適切な監督を行うための社内体制が構築されていなかった場合には、Ａ社役員は善管注意義務違反の責任を負担する可能性がある。

〔村瀬幸子〕

第7章

機関運営に関するリスク

16 株主総会問題とリスク管理

I 基礎知識

1 会社役員の視点からみる株主総会

(1) はじめに

　株主総会とは、株式会社の出資者である株主による株式会社の最終意思決定機関である。会社役員の選任議案を中心として株式会社の経営に関わる重要な事項は株主総会決議によって決定される。

　これを会社役員の視点で見れば、株主総会決議における一定多数の株主の賛成を得られなければ、自らの地位の帰趨を含めて望むような経営を実施することができない事態（リスク）が生じることを意味する。

　また、会社法が定める株主総会の運営手続等に違反した場合には、株主総会決議の効力が否定されるなどの事態が生じることになる。

　したがって、会社役員としては、株主総会を会社法が定める手続に従って運営したうえで一定多数の株主の賛同を経ることは自らが望む経営を実施するうえでの不可欠の前提となる。

　しかし、会社役員であっても、株主総会の出席経験があるものの、手続のイメージすら持っていなかったり、議事運営上の細かい手続、ルールは知らなかったりする場合も少なくないであろう。

　会社役員の主な仕事は株主総会に出席して株主の質問に答えることにある。多数の株主の面前でその場でなされた質問に回答する負担はかなり大きい。そのため、余計な負担を減らすためにも当日の議事運営手続の詳細な点は、通常設置される総会事務局に任せてよい。しかし、すべて事務局の指示に委ねることはできない。会社役員として、事前に株主総会の基本を押さえるこ

とにより、総会当日には、事務局との意思の疎通も図りつつ、安心して株主総会に臨むことができるようにすべきであろう。

そこで、本項では会社役員が押さえるべき株主総会の基本的な知識について解説する。

(2) 株主総会の意義

株主総会は、原則として法律に規定する事項および株式会社の組織、運営、管理その他株式会社に関する一切の事項について決議することができる（会社295条1項）。そのため、本来的には、株式会社における万能の機関としての性格を有している。

しかし、取締役会設置会社における株主総会の権限は、法律に規定する事項および定款で定めた事項に限られる（限定列挙。会社295条2項）。そして、上場会社を含む公開会社では取締役会の設置が義務付けられているから（同法327条1項1号）、これらの会社においては、株主総会は以下に述べる重要な事項に関する最高の意思決定機関ということになる。

ここで、取締役会設置会社における「法律に規定する事項」としては、①会社の基礎に根本的変動を生ずる事項（定款変更、合併、会社分割、株式交換、株式移転、事業譲渡、解散、資本金の額の減少等）、②取締役、会計参与、監査役、会計監査人等の選任・解任に関する事項、③計算に関する事項（計算書類の承認等）、④株主の重要な利益に関する事項（剰余金の処分・損失の処理、自己株式の取得等）、⑤取締役等の専横の危険のある事項（取締役の報酬等）があげられる（江頭憲治郎『株式会社法〔第7版〕』317頁（2017年、有斐閣））。

このように、取締役等の会社役員は、会社の経営を任された立場にありながら、自らの地位、報酬を含めて会社を運営するうえでの重要な事項について、自らは決定権限を持たず、株主総会における決議を経なければ決定することができないのである。

(3) 会社役員からみた株主総会の目的とリスク

以上からすれば、会社役員としては、会社側提案に係る議案を可決・成立させることが、株主総会における主要な目的となる。そのため、会社役員は、①株主総会決議の適法性を確保し、②多数株主の賛成票を確保する必要がある。そのうえで、昨今は、③株主の満足度の高い（株主に開かれた）株主総会の実現が望まれている。

逆に言うと、このような株主総会が実現できなければ、会社役員は自らの

めざす会社運営ができず、また、自らの地位も危うくなるというリスクがある。

2　株主総会決議の適法性の確保

(1)　株主総会決議の適法性を確保する必要性

　株主総会決議が適法性等を欠き、これに瑕疵がある場合には、株主から決議取消しの訴え（会社831条）、決議不存在の訴え（同法830条1項）、決議無効確認の訴え（同法830条2項）を提起され、株主総会決議の効力が否定されるなどの事態（リスク）が生じることになる。

　したがって、会社役員としては、このような事態を避ける必要がある。

　ところで、株主総会決議の瑕疵は、(i)招集手続、(ii)決議の存否、(iii)決議内容、(iv)決議方法に関する瑕疵に分けることができる。(i)(ii)(iii)については、通常、事前の準備における問題であり、(iv)は総会当日の運営方法の問題である。過去の事例では、特に(iv)について、①説明義務違反、②動議対応、③審議打切りの点で瑕疵があるとされたケースが多い。

　そして、これらの瑕疵に関して、実務上最も問題になりうるのは、株主総会決議取消しの訴えである。そのため、会社役員としては、リスク管理の観点から、その要件等を十分理解しておく必要がある。

　すなわち、この訴えは、①招集の手続または決議の方法が法令もしくは定款に違反し、または著しく不当であるとき、②決議内容が定款に違反するとき、③特別利害関係人の議決権行使により著しく不当な決議がなされたときに提起できる。

　これに対し、決議不存在は、株主総会そのものが開催されていない場合、決議が存在しない場合、決議が一応存在するが瑕疵が著しく法律上決議があったとは評価できない場合に認められ、決議無効は決議の内容が法令に違反する場合に認められる。

(2)　株主総会の運営手続の全体像

(A)　株主総会の開催時期および日程

　株主総会には、定時株主総会と臨時株主総会がある。定時株主総会は毎事業年度の終了後一定の時期に招集する必要があるが（会社296条1項）、臨時株主総会はいつでも招集することができる（同法296条2項）。

　定時株主総会は、事業年度終了後3カ月以内に開催されるのが通常である。

定時株主総会の開催日は会社法上明確ではないが、剰余金の配当は決算期現在の株主に対してなされるべきであるという通念に基づき、決算期末を配当

〔表24〕 株主総会のスケジュール例（大会社における平成30年6月総会）

年月日	イベント	関係法令
平成30年3月31日（土）	①事業年度末日（議決権および配当の基準日）	法124条3項
4月17日（火）	②取締役による計算書類および附属明細書の作成および監査役・会計監査人に対する提出	法435条2項、436条2項1号、計算規則125条
4月24日（火）	③取締役による事業報告および附属明細書の作成および監査役に対する提出	法435条2項、436条2項2号、施行規則129条
4月25日（水）	④取締役による連結計算書類の作成および監査役・会計監査人に対する提出	法444条3項・4項、計算規則125条
5月7日（月）	⑤会計監査人による特定取締役・特定監査役に対する会計監査報告内容の通知	計算規則130条
5月11日（金）	⑥特定監査役による特定取締役・会計監査人に対する監査役会の監査報告内容の通知 ※各監査役が監査報告に基づき監査役会の監査報告を作成する。	施行規則132条、計算規則127条、128条、132条
5月14日（月）	⑦計算書類等を取締役会で承認	法436条3項、444条5項
6月7日（木）	⑧招集通知発送	法298条、299条、301条、302条、施行規則65条、73条、94条、133条、計算規則133条、134条
6月19日（火）	⑨株主総会リハーサル	
6月28日（木）	⑩株主総会当日	法124条、296条、309条、438条、444条、454条
6月29日（金）	⑪配当の支払開始	法457条

※ 法＝会計法、施行規則＝会計法施行規則、計算規則＝会計法計算規則

基準日として設定することが通例である。そして、基準日から3カ月以内に株主権は行使されなければならないため（会社124条2項参照）、結果として事業年度終了後3カ月以内に株主総会が開催されることとなっている。そして、わが国の上場会社の多くは、決算期末を3月末日としているため、定時株主総会の開催日は6月下旬に集中している。

しかし、株主の議案の精査等に困難を来すことを理由として、株主総会の開催時期の集中を問題視する見解もある。そして、必ずしも決算期末を配当基準日として設定する必要はなく、実際には、決算期末と切り離して基準日を設定し、株主総会を6月より遅い時期に開催するなど6月下旬の開催を避ける会社も出てきている。会社役員は、これらの基準日に関する近時の議論を踏まえて株主総会の開催時期を決定する必要がある。

(B) **株主総会の議事**

(a) **議事の運営上のリスク管理**

株主総会の議事運営に手続的な違法がある場合、先に述べたとおり、株主総会決議の効力が否定されるなどの事態が生じるおそれがある。

また、出席株主が議事運営に不満を抱くようなことがあれば、会社役員の地位を危うくする事態が生じるおそれもある。

したがって、会社役員は、適法な議事運営を行うことは当然として、株主の信頼を得られるように合理的な時間内における適法かつ効率的な議事運営を心掛ける必要があり、そのためには、事前に株主総会における議事の概要を十分に理解する必要がある。

まず、定時株主総会の目的は（会社298条1項2号）、①報告事項の報告と、②決議事項の決議である。

報告事項とは、株主総会において株主に対する報告を要する事項をいう。決議事項とは、株主総会において株主の承認を要する事項をいう。

議事の進行は、通常、冒頭手続（議長就任宣言、開会宣言、出席株主数・議決権個数の報告等）を経たうえで報告事項の報告、決議事項の決議の順序で行われる。

事務局はあらかじめ議事進行に関する総会シナリオを作成する。事前に手続的な瑕疵のない総会シナリオを用意できれば、実際には当日の株主の質疑や株主総会における提案（動議）に対する対応を除いて手続的な違法性を心配する必要がなくなるし、会社役員は余裕を持って合理的な時間内における

〔表25〕 株主総会シナリオイメージ（個別上程・個別審議方式）

※審議方式については（c）において解説する。

項目	シナリオ例
冒頭手続	
【議長就任宣言】	定款第○条第○項の定めにより、私が議長を務めさせていただきます。
【開会宣言】	○○株式会社第○期定時株主総会を開会いたします。
【議事進行のルール説明】	議事の進め方ですが、ご質問がございます場合は、報告事項につきましては、すべての報告が終了した後に、決議事項につきましては、各議案に対する説明が終了した後に、それぞれお受けいたします。
【出席株主数・議決権個数の報告】	本総会において議決権を有する株主数は○千○百名、その議決権の数は○万○千○百○個でございます。本総会において議決権を行使されます株主様の合計は、議決権行使書をご提出いただいた方を含め、○名、その議決権の数は○個でございます。
【定足数充足宣言】	只今の報告にありましたとおり、本総会のすべての議案を審議するのに必要な定足数を満たしております。
【監査報告】	当事業年度における監査報告を○○監査役にお願いいたします。
報告事項	
【報告事項の報告】	第○期事業報告、計算書類および連結計算書類の内容につきましてご報告申し上げます。
【報告事項に対する質疑応答】	報告事項につきまして、株主様からのご質問をお受けいたします。
決議事項	
【第1号議案（○○の件）】	議案の審議に移らせていただきます。第1号議案○○の件を付議いたします…。
【第1号議案に対する質疑応答】	第1号議案につきまして、株主様からのご質問をお受けいたします。
【第1号議案採決】	本議案にご賛成の株主様は、拍手をお願いいたします。
※第2号議案以下も同じ。	
閉会	
【閉会宣言】	本株主総会の目的事項はすべて終了いたしました。○○株式会社第○期定時株主総会を、閉会といたします。

効率的な議事運営を心掛けることができる(なお、株主総会における提案(動議)については(C)および(3)において解説する)。

したがって、総会シナリオの作成、検討は株主総会運営上のリスク管理の観点から極めて重要である。

議長を含めて、会社役員は総会シナリオを確認して株主総会に臨む。目標は株主の満足度の高い株主総会を実現してレピュテーションを向上させることである。実際に、議事を進行するにあたっては、視線(原稿を見ずに株主を見る)、議事進行のスピード(余裕をもった進行を心掛ける)、声(はっきりと説明する)などに注意する。

〔表26〕 株主総会シナリオイメージ(一括上程・一括審議方式)

項目	シナリオ例
冒頭手続	
【議長就任宣言】、【開会宣言】	
【議事進行のルール説明】	議事の進め方ですが、ご質問がございます場合は、報告事項の報告および決議事項の上程と説明の後に一括してお受けいたします。
【出席株主数・議決権個数の報告】、【定足数充足宣言】、【監査報告】	
報告事項	
【報告事項の報告】	
決議事項	
【第1号議案の上程、議案の説明】	第1号議案○○の件を上程いたします…。
【第2号議案の上程、議案の説明】	第2号議案○○の件を上程いたします…。
【報告事項及び全議案に関する質疑応答】	報告事項および議案に対するご質問をお受けし、その後、議案について採決させていただきたいと存じます。
【全議案の採決】	
閉会	
【閉会宣言】	

① 報告事項

定時株主総会においては、事業報告の報告が必要である（会社438条1項各号）。また、会計監査人設置会社では取締役会の承認（同法436条3項）を受けた計算書類が法定要件（会社規則116条、計算規則135条）を充足している場合に限り、株主総会の承認を要せず、報告すれば足りる（同法439条）。したがって、その場合には事業報告に加えて計算書類の内容報告が行われることになる。さらに連結計算書類作成会社では、これらの連結計算書類の内容ならびに会計監査人および監査役（会）、監査等委員会・監査委員会の監査結果も報告事項である（同法444条7項）。

② 決議事項

株主総会では報告事項の報告以外に、最高意思決定機関である株主総会の権限として決議すべき議案を付議する。ただし、取締役会設置会社では、株主提案による場合以外、取締役会が決定した会議の目的事項以外の事項を決議することはできない（同法298条1項2号、309条5項、362条4項）。

主な決議事項としては、①剰余金の処分・配当議案、②取締役・監査役等の選任議案が付議されることが多く、必要に応じてその他の議案が付議されることになる。

(b) 議長における留意点

株主総会は、議長が議事を運営する。実務上は、会社の定款の定めにより、議長は代表取締役や社長などが務めるとされていることが多い。定款に定めがない場合には株主総会において議長を選任する。議長は、株主総会の秩序維持権と議事整理権を有し（会社315条1項）、それらの権限の行使として必要な命令をする場合がある。議長は命令に従わない者、その他株主総会の秩序を乱す者を退場させる権利を有する（同法315条2項）。

議長の役割はこれらの権限を用いて株主総会の秩序を維持しつつ、適法かつ効率的に合理的な時間内で議事運営を行うことにある。近時は少なくなったが、不規則な発言を繰り返す株主が出席することもある。このような株主の自由な発言を許して主導権を握られ、株主総会が混乱するようなことがあってはならない。株主総会の混乱を防ぐためには議長の役割が極めて重要となる。

ただし、退場命令は対象者の議決権をはく奪するに等しい重大な処分である。そのため原則として警告のうえ、それでも議長の命令に従わない場合に

退場命令を下すべきものと解される。ただし、暴力を行使した場合などには直ちに退場命令を出すことができる（東京地判平成8・10・17判タ939号227頁）。

退場命令に従わなかった場合には、不退去罪に該当すると解されている（刑法130条）。さらに、退去せずに議事を妨害すれば業務妨害罪を構成すると解される（刑法234条。大判昭和5・12・16刑集9巻907頁）。

なお、議長は不測の事態に対応するために、あらかじめ私服または制服の警察官に対して臨場を要請することができる。警察官が株主総会に臨場している事実自体が暴力行為や不退去を抑制する効果を有することもあるため、問題株主の出席が予想される場合には、株主総会の日程、会場等が決まった段階で、所轄の警察署や警察庁の暴力団対策課に相談して、臨場要請を行うことを検討すべきである。

(c) 株主総会の審議方式決定に関する注意点

株主総会の審議方式は法定されていないが、主として個別上程・個別審議方式と一括上程・一括審議方式がある。

個別上程・個別審議方式は、報告事項の審議を行うこととは別に、決議事項である議案について個々の議案を個別に上程したうえで審議し採決する方式である。他方、一括上程・一括審議方式は、報告事項の説明に加え全議案を一括して上程したうえでその両方について一括して審議し、その後決議事項の採決のみを行う方式である（名古屋地判平成5・9・30資料版商事法務116号188頁など）。

個別上程・個別審議方式は、報告事項と各議案ごとに説明義務を尽くしやすい。しかし、議長は、個々の株主の質問が審議中の議案に関連するものか否かを判断する必要があるだけでなく、審議の回数が複数に及び、議事整理の負担が生じ得る。他方、一括上程・一括審議方式は、審議の機会が1回にまとめられており、株主が報告事項と決議事項のいずれについても自由に質問できる。しかし、特に決議事項について、十分な質疑がなされたか否かの判断を議案ごとに行うことが困難であるため、質疑打切りのタイミングを慎重に判断する必要がある。

(C) 株主総会の議題および議案

(a) 会社提案に係る議題および議案

株主総会では報告事項の報告以外に、株主総会の権限として具体的に決議すべき事項（議案）を付議することになるが、株主総会の決議事項（議題）

は、取締役会設置会社では株主総会の招集権者である取締役会が決定して株主総会に提案する（会社298条4項。取締役会非設置会社では原則として取締役であり、取締役が2名以上いるときは取締役の過半数により決定する（同法298条1項、348条2項））。

議題はテーマであり、議案は株主の賛否を問う具体的な内容である。取締役選任議案の例にとれば、「取締役10名選任の件」といったものが議題であり、「Aを取締役に選任する」といったものが議案である。

(b) 株主提案に係る議題および議案

株主総会の議題や議案は株主総会の招集権者が決定して株主総会に提案するのが原則的な方法であるが、株主も一定の要件の下で株主総会に議題や議案を提案できる。これを株主提案権といい、議題提案権、議案提案権、議案の通知請求権に分けられる。株主総会における提案（動議）を除き、株主提案は、事前に事務局において対応すべきものであるが、会社役員も基本事項を理解する必要がある。

① 議題提案権

取締役会設置会社においては、(i)総株主の議決権の100分の1以上の議決権または300個以上の議決権を（定款で引下げ可能）、(ii) 6カ月前（定款で短縮可能）から引き続き保有する株主が、(iii)株主総会の日の8週間前（定款で短縮可能）までに請求した場合に限り、議題を提案することができる（会社303条2項）。なお、取締役会非設置会社においては、株主はいつでも議題を提案することができる（同法303条1項）。

② 議案提案権

株主は、株主総会の目的事項（議題）に対する議決権を有する限り、その議題に関する議案を提案することができる（会社304条本文）。

ただし、議案が法令もしくは定款に違反する場合、または実質的に同一の議案につき株主総会において総株主の議決権の10分の1（定款で引下げ可能）以上の賛成を得られなかった日から3年を経過していない場合には議案を提案することはできない（同法304条ただし書）。

議題に関する提案内容は事前に会社に通知せず、株主総会において提案することもできる。これを実務上、動議と呼ぶが、動議対応については後記(3)(B)において解説する。

③ 議案の通知請求権

株主は、事前に株主提案の内容を他の株主に周知するために、取締役に対し、株主総会の8週間前までに（定款により短縮可能）、株主総会の目的である事項につき当該株主が提出しようとする議案の要領を株主に通知することを請求することができる（議案の通知請求。会社305条1項本文）。

　ただし、取締役会設置会社においては、(i)総株主の議決権の100分の1以上の議決権または300個以上の議決権を（定款で引下げ可能）、(ii)6カ月前（定款で短縮可能）から引き続き保有する株主が請求した場合に限り、議案の通知請求を行うことができる（同条同項ただし書）。

　なお、議案の通知請求についても、議案提案権と同様の拒絶事由がある（同条4項）。

　④　株主提案を無視した場合のリスク

　株主による適法な議題提案権の行使を無視して株主総会の目的事項としなかった場合であっても、その株主総会における他の決議自体には瑕疵がないため、決議取消事由とはならないが（東京地判昭和60・10・29金判734号23頁）、取締役等は100万円以下の過料に処せられる（会社976条19号）。

　他方、適法な議案通知請求権の行使を無視して株主に対する通知を行わなかった場合、招集通知や株主総会参考書類に株主の提案した議案が記載されずに、株主提案とは別の内容の決議が成立したときには決議方法の法令違反を理由として決議取消事由が認められる場合もあると考えられる（同法831条1項1号）。また取締役等は100万円以下の過料にも処せられる（同法976条2号）。

(3)　会社役員が留意すべき株主総会決議の瑕疵の原因

(A)　取締役等の説明義務（会社314条本文）

(a)　基本的事項

　取締役、会計参与、監査役および執行役（以下、「取締役等」という）は、株主総会において、株主から特定の事項について説明を求められた場合には、当該事項について必要な説明をすべき義務を負う（会社314条本文）。

　この義務に違反すれば、株主総会の手続に瑕疵があるとして、決議取消訴訟の原因になる可能性があり、会社役員にとって、株主総会の運営において最も現実的なリスクが存する場面である。

　株主総会での説明義務の範囲については、会社法の明文上明らかではないが、報告事項については、事業報告とそれらの附属明細書の範囲、決議事項

については、参考書類記載事項の範囲において、平均的な株主が議案の合理的な理解および賛否の判断をするために客観的に必要な範囲で説明を行う必要があると解されている。

また、取締役の説明義務は、株主総会の場において株主から説明を求められて初めて発生する。したがって、株主から事前の質問状を送付されていても、株主総会の場で実際に質問がなされない限り、説明義務は発生しない（会社役員として説明をする必要はない）。他方で、会社役員としては、事前の質問等を受けて、総会の議事を円滑にするとともに実際の質問を可及的に減少させるため、これらに対する一括回答を行うことも可能であるが、そのことによって説明義務が履行されたことにはならないので注意が必要である（東京高判昭和61・2・19判時1207号120頁）。一括回答を行った事項について新たに質問を受けた場合には、そこで説明義務が発生することになる。もっとも、事前回答の内容のとおりであるとの説明でも十分な場合が多い。

(b) 説明義務の例外

前記のとおり、会社役員は自らの説明義務の履行に注意しなければならないが、他方で、株主からの質問事項が株主総会の目的に関しない場合、説明することにより株主共同の利益を著しく害する場合、その他正当な理由がある場合として法務省令で定める場合は説明義務を負うことはないとされている（会社314条、会社規則71条）。したがって、会社役員のリスク管理としては、かかる説明義務の及ぶ範囲（裏返せば、説明義務を負わない場合）を十分に理解することも重要である。

なお、前記のほかに、説明義務を負わない正当な理由がある場合として法務省令で定める場合は以下のとおりである。

① 説明をするために調査を要する場合

説明をするために調査を要する事項については原則として説明義務を負わない。ただし、株主が株主総会の日より相当の期間前に通知した場合（同条1号イ）、説明をするために必要な調査が著しく容易である場合（同条1号ロ）には、調査を要することを理由として説明を拒むことはできない。なお、「相当の期間前」とは、調査のために必要な期間を確保するために相当な期間をいい、具体的な期間は、通知された内容等によって決まる。また「調査が著しく容易」とは、株主総会の場で手持ち資料を見たり、在籍している担当者に聴取すれば直ちに説明ができる場合をいい、その判断は株主総会の時

点の状況に基づいてなされるものと解されている（相澤哲ほか編著『論点解説 新・会社法〔第1版〕』490頁（商事法務、2006年））。

　②　説明をすることにより株式会社のその他の者（当該株主を除く）の権利を侵害する場合

株式会社その他の者のプライバシーの侵害や営業秘密の漏えいに繋がる場合が典型とされる。

　③　実質的に同一の事項について繰り返して説明を求める場合

すでに説明した事項については説明義務を負わない。

　④　その他正当な理由がある場合

具体例としては、株主の質問が権利の濫用に該当する場合（株主たる利益と無関係な純個人的な利益のためになされた場合）のほか、調査のために不相当に高額な費用を要する場合や、取締役等または株式会社が刑事訴追あるいは行政処分を受ける可能性がある場合等があげられる（奥島孝康ほか編著『新基本法コンメンタール〔第2版〕会社法2』49頁（日本評論社、2016年））。

　　(c)　説明義務違反を防止するための準備

株主の質問に対する回答をその場で考えることは困難な場合も多く、回答の準備に時間もかかる。会社役員としては、事前に事務局と相談したうえで想定問答を作成することが必要である。

また、回答者をあらかじめ決めておくことが望ましい。

現実には、議長が自ら回答をする場面も多々見受けられるが、議長には議事進行という重要な役割があり、その負担はかなり重い。そのため、担当分野に関する質問については、担当役員に回答を任せる等の対応が望ましいと思われる。

もちろん、議長自ら回答したほうが株主に対する安心感を与える場合もある。特に経営方針に関する質問については議長自ら回答を行うことも検討する。このような観点から、想定問答を作成する際には、会社役員は、全体として、事務局との間で回答者、回答方法についても積極的に検討することが求められる。

　(B)　動議対応

　　(a)　基本的事項

動議とは、株主総会の目的である事項および総会の運営などに関して総会の決議を求める意思表示であって、その提出権者は、株主および議長である。

適法な動議を無視して審議を進めた場合には決議取消訴訟のリスクがある。

実際の総会では、株主の発言が動議なのか意見なのか、判然としないケースが少なくない。そのため、議長がその場で自ら判断するのは困難である。したがって、動議の対応の判断は事務局、法務スタッフ、弁護士等の補助を得て行うべきであり、議長はその指示に従って対応シナリオを利用して対処できる体制をあらかじめ作っておく必要がある。

動議には実質的動議（議案の修正動議）と議事進行上の手続的動議が存在する。

(b) **実質的動議（議案の修正動議）**

株主は株主総会の目的事項にとして掲げられた議題について議案を提出することができる（議案の修正動議）。議案の修正動議は、議案提案権（会社304条）を根拠とするため、原則として総会で取り上げて審議・採決しなければならず、適法な修正動議を無視して総会手続が進められた場合には「決議方法の著しい不公正」があるものとして決議の取消事由があると考えられる（大阪地判昭和49・3・28判時736号20頁）。

修正動議が提出された場合における採決の順序、方法についてはさまざまな見解があるが、実務上は、採決について、原案採決時に修正案の採決も行うことにつき議場の承認を受けたうえで、まず原案・修正案を一括審議し、採決時に原案から採決することにつき議場の承認を得て、原案を先に採決する方法が採られることが多い。この場合、原案が可決されると、それと両立しない内容の修正案は否決されたものとして取り扱うことが認められている（仙台地判平成5・3・24資料版商事法務109号64頁）。

(c) **議事進行上の動議（手続的動議）**

議事進行上の動議には、必ず総会に付議する必要がある必要的動議と議長の裁量で付議される裁量的動議があり、必要的動議を付議せず進められた場合には、総会決議に取消事由が認められるおそれがある。

必要的動議としては株主総会提出資料等の調査者の選任動議（会社316条1項）、延期・続行の動議（同法317条）、会計監査人の出席を求める動議（398条2項）が存在する。また、会社法上の明文はないが、議長不信任動議も必要的動議と解されている。

裁量的動議としては、休憩、審議順序の変更、質疑打切り等があげられる。

〔表27〕 動議対応シナリオ

修正動議対応シナリオ（原案先議）
（議長）株主様から第○号議案の修正動議が提出されました。議事の進行上この修正動議は、いったんお預かりして、のちほど採決をするときに一括して採決させていただきたいと存じます。ほかにご質問はございますでしょうか。 ―質問がなければ― （議長）採決に移りますが、株主様より第○号議案につきましては……とする修正動議が提出されました。議長といたしましては、本議案の採決方法として、会社提案の原案につき、採決をさせていただくこととし、原案が可決されましたときは、修正案は否決されたものといたしたいと存じます。この採決方法に異議のない株主様は、拍手をお願いいたします。 （株主）【拍　手】 （議長）それでは、原案先議とさせていただきます。本議案にご賛成の株主様は拍手をお願い致します。 （株主）【拍　手】 （議長）議決権行使書によるご賛成を合わせ、過半数のご賛成をいただきましたので、第○号議案は、原案どおり承認可決されました。これにより、本議案に関する修正動議は否決されました。

(C) 質疑、審議の打切り

　株主総会の議事運営では、取締役の説明義務等を含め、当該総会の審議に必要な情報の提供が十分に行われる必要があるが、逆に言えば、株主の立場で議案の合理的な判断に必要な事項が提供されれば、それ以上の説明義務の履行や、審議の継続は必ずしも必要ないといえる（会社314条ただし書参照）。

　そして、この点を、議長による議事運営の観点からみると、たとえば、1人の質問者が長時間にわたって質問をするような事態が生じると、他の株主の質問の機会を奪うことになりかねないので、議長はかかるおそれが生じた場合には、当該質問者に対して合理的な時間を超えないように質問を制限し、その限界を超えて長時間質問を続ける場合には当該質問を打ち切る等の対応が必要となる。

　したがって、相当な時間をかけて質疑・討論し、審議が尽くされたときには議長の判断で審議を打ち切ることも許される。

　会社の業績、出席した株主の数などの状況にもよるが、通例の総会において、質疑に要する時間は約1時間程度、報告・議題説明などに要する時間を

含めて2時間ないし3時間くらいかければ公正で充実した審議はできるとの指摘もある（東京弁護士会会社法部『新・株主総会ガイドライン〔第2版〕』94頁（商事法務、2016年））。

　以上のとおり、議長は、自らの判断で質疑、審議を打ち切ることができるが、そのために、質疑の打切りについても想定シナリオを用意し、そのタイミング等は事務局の指示も参考に判断する必要がある。

〔表28〕　審議打切りのシナリオ

報告事項終了後の質疑打ち切り
（議長）十分審議を尽くしたと思いますので、このあたりで質疑を打ち切り、議案の審議に移らせていただきたいと存じますが、如何でしょうか。 （株主）【拍　手】 （議長）それでは、第1号議案「〇〇の件」を付議いたします。

議案上程後、採決前の質疑打ち切り
（議長）十分審議を尽くしたと思いますので、このあたりで質疑を打ち切り、議案の採決に移らせていただきたいと存じますが、如何でしょうか。 （株主）【拍　手】 （議長）それでは、採決に入らせていただきます。本議案にご賛成の株主様は拍手をお願い致します。

(4)　リハーサルの重要性

　総会当日の運営上の瑕疵を防止するためには、十分な事前リハーサルを行うことが重要である。

　総会手続の全般を確認しつつ、質疑については、弁護士等が株主役を担当して実際に役員との間で質疑を行うことが必要である。

　また、入退場や報告のための映像機器の動作確認などの手続的な面を確認するうえでもリハーサルは行うことは必須であろう。

(5)　事務局との連携

　株式総会における事務局とは、弁護士とともに議長席付近に臨席し、または別室にて議長の議事進行や株主の質問に対する回答の補助を行うとともに議事運営上のリスクを管理する担当である。

　会社役員は、議事進行や質疑に対する回答に集中する必要があるため、議事運営上のリスクを自らすべて管理することは現実的ではない。

したがって、会社役員は事前に十分な人員を確保して万全の事務局体制を確立し、事務局にリスク管理を任せることが望ましい。

株主総会において、議長を含めて会社役員が対処に困る事態も生じるが、その場合には必要に応じて事務局に相談し、支援を受けるべきである。議長が事務局と相談する場合には株主に対して「少々お待ちください」などと言って議事を中断してもよい。そのうえで、「お待たせいたしました。只今の件につきましては○○といたします」などと説明、回答等を行うことになる。

3　株主総会における賛成票の確保

株主から経営を委任された会社役員としては、自ら進める経営方針に従った会社提案に係る議案は、多数の株主の賛成票を得て可決されることが望ましい。そのためには、株主の賛成を得られるような説明を心掛ける必要がある。

(1)　株主総会の決議要件等と議案可決のための留意点

株主総会の多くの議案については、定款に別段の定めがある場合を除き、議決権の過半数を有する株主が出席してその議決権の過半数をもって可決されることになる（会社309条1項）。ただし、この定足数は定款で排除できる。

しかし、一定の重要事項（定款変更、組織再編等）については、議決権の過半数を有する株主の出席により、その議決権の3分の2以上の賛成によって行う必要がある（特別決議。同条2項）。定足数は定款で3分の1以上の割合まで緩和することができ、他方で、可決要件を定款により引き上げることは可能である。したがって、会社役員としては、会社経営の基本方針に関わるような重要案件については、定足数と可決要件の確保が課題となる。

なお、新たに株式の譲渡制限を設けることとなる場合には、議決権を行使できる株主の半数以上で、かつ議決権の3分の2以上の賛成によらなければならない（特殊決議。会社309条3項）。

(2)　採決の方法

採決の方法については、明文の定めはないが、合理的な方法により、議案の可決、否決が判明するのであれば問題ないと解されている。判例上も、挙手、拍手、起立、記名投票その他議案に対する賛否の判定ができる適当な方法により採決を取ることができるとされている（最判昭和42・7・25民集21巻6号1669頁）。

拍手で採決する場合であっても、具体的な賛成数、反対数を常に数える必

要はない。少なくとも、可決要件を満たす株式を保有する特定の株主についてその賛成を確認すれば足りると考えられている。

なお、議長が投票という採決方法を採用した場合には、会社提案に対する賛成の意向が明確な株主（会社の取締役など）がいたとしても、実際の投票が必要であるから注意が必要である（大阪地判平成16・2・4金判1191号38頁）。

II 事例と対策

〔事例1〕 不規則発言を繰り返すなどの問題株主に対してはどう対応するか

> 株式会社Aは上場会社である。新たに株主となったXは、毎年他社の株主総会に出席して、不規則発言を繰り返す、警備要員を相手に暴れるなどの行為に及んでおり、何度も退場した経験を有する者であるとの情報が入った。株主総会を目前に控えたある日、XからA社に対し「株主総会に出席する。会社の業績についてトコトン追及するから覚悟しろ」という手紙が届いた。
>
> Aが株主総会に出席して不規則発言を繰り返す場合にはどのように対応すべきか。また、会場内で暴力行為に及んだ場合にはどのように対応すべきか。

1 問題株主に対する対応

昨今、いわゆる総会屋という株主総会の議事運営の妨害を目的とする株主は少なくなった。会社においても総会屋の対応をした経験者が減少しつつあるため、問題株主に対する対応のノウハウがない場合が多い。

しかし、問題株主に対する対応は、株主総会のリスク管理として必須であり、その点では会社主導の株主総会運営を心掛ける必要がある。

2 不規則発言に対する対応

議長は株主総会の秩序維持権と議事整理権を有し（会社315条1項）、その権限の行使として必要な命令を出すことができる。また、議長は、その命令

に従わない者その他株主総会の秩序を乱す者を退場させる権利を有する（同条2項）。

　株主が議事運営を妨げる不規則発言を行った場合には、「不規則発言はおやめください。不規則発言をおやめにならない場合には退場を命じることになります」などと警告を行う必要がある。さらに、この警告を受けても議長の命令に従わず不規則発言を繰り返すような場合に退場命令を出して、問題株主を退場させる必要がある。

　当該株主が退場命令にもかかわらず退去しない場合には、議長は、警備要員などに命じて議場外に退場させることができる。

3　暴力行為・威圧行為に対する対応

　議長は、不測の事態を避けるためにあらかじめ私服または制服の警察官に対して臨場を要請することできる。本事例のように、暴行などを行う可能性がある株主Xの出席が予想される時点で警察官の臨場要請を行うべきである。仮に、臨場要請を行っていなかったとしても、会場内で暴力行為に及んだ時点で速やかに警察官の臨場要請を行う必要がある。

　また、暴力を行使した場合には直ちに退場命令を出すべきである（東京地判平成8・10・17判タ939号227頁）。警告は必要ない。警備要員などに命じて議場外に退場させるべきである。

〔事例2〕　会社に不祥事が発生した場合の株主総会の運営方法はどうあるべきか

> 　株式会社Bは上場会社である。株主総会を目前に控えたある日、顧客情報の流出事故が発生して各種メディアで大きく報じられた。そこで、B社は、外部の識者で構成される第三者委員会を設置し、原因究明および再発防止に向けた施策を実施した。これらの事態を受けて、株主総会ではどのような点に注意が必要か。

1　不祥事対応と株主総会

　会社の不祥事が発生した場合であっても、株主総会の目的は、会社提案に

係る議案を適正に可決・成立させることにある点は変わらない。しかし、不祥事の影響を受けるため、総会運営の方法として留意すべき点がいくつか存在する。

すなわち、不祥事によって株価が下落している場合もあり、株主が損害を被っていることも想定される。そのため、当該株主総会では、株主から直接不祥事に関する質問がなされる可能性が高い。それに対する会社役員は当然説明義務を負い、場合によってはその後の株主の投資判断に影響する。なお、会社役員の責任の問題も質疑の対象となることも十分に想定すべきであろう。

そこで、会社役員としては、通常の総会以上に想定問答の準備に注力する必要がある。マスコミ等を通じて不祥事が周知されているようであれば、株主から質問を受ける前に、会社側から積極的に不祥事を起こしたことを謝罪し、その概要、原因、再発防止策などについて十分な説明することを検討すべきである。

2　議事進行

(1)　議長の就任

当該不祥事に関して、事前に代表取締役の責任が問題とされており、その代表取締役が議長を務めている場合には、株主総会において議長不信任動議が提出される可能性もある。この動議対応を十分準備する必要がある。極めて例外的ではあるが、公正なる議事運営を理由として、株主総会での承認を得て議長を自発的に他の者に譲ることも考えられる（大阪高判昭和42・9・26高民集20巻4号411頁）。

(2)　謝罪と不祥事の概要・再発防止策の説明のタイミング

謝罪のタイミングは、不祥事の重大性や影響を考慮して、総会開始直後に行うことも検討に値する。比較的影響は少ないが、不祥事の程度にかかわらず謝罪したほうがよいと判断した事案であれば、シナリオの途中（たとえば、事業報告の際など）で謝罪する例も多い。

謝罪の方法としては、不祥事の性質にもよるが、全役員が起立して株主に対して謝罪することも検討する。

不祥事の概要・再発防止策については、冒頭で長々と説明するよりもシナリオの途中（たとえば、事業報告の際など）で説明することが想定される。再発防止策の一環として上程した議案が存在するのであれば、その点を強調し

て説明をすれば説得力が増す。

(3) 説明義務の範囲

本事例における顧客情報の流出といった重大な不祥事が生じた場合、事業報告や監査報告にて不祥事に触れることになると考えられる。

事業報告では「事業の経過および成果」や「会社が対処すべき課題」、「内部統制決議の概要とその運用状況」において不祥事に触れる例が多い。

監査報告には、監査の方法と結果、取締役の職務不正の行為または法令もしくは定款に違反する重大な事実、遂行に関する内部統制に関する相当性に関する意見等を記載するが（会社規則129条1項）、必要的記載事項または任意的記載事項として、不祥事の内容や対応等を記載することもある。これら以外にも、不祥事の内容は注記表における「継続企業の前提に関する注記」や「その他の注記」に記載することが多い。

事業報告や監査報告に記載した事項について株主から説明を求められた場合には、取締役や監査役はその意味や内容について説明する義務があり、決議事項については、不祥事が取締役の責任あるいは能力に関わることであれば、その再任議案に関して説明義務が生じると考えられる。

通常時と同様、平均的な株主が議案の合理的な理解および賛否の判断をするために客観的に必要な範囲で説明を行う必要があるが、重大な不祥事が生じた場合には、会社役員に対する株主の信頼に疑義が生じている可能性があることを自覚し、普段以上に丁寧かつ親切な説明を心掛ける必要がある。

〔西山　諒〕

17 取締役会運営問題とリスク管理

I 基礎知識

1 取締役会の意義

取締役会は、会社の業務執行の決定、取締役の職務執行の監督、および代表取締役の選定および解職を行う機関である（会社362条2項）。

取締役会は、法令・定款によって株主総会の決議事項とされた事項を除き

て、会社のすべての業務執行の決定権限を有し（会社295条2項）、取締役の業務の適法性だけでなく妥当性を監督しなければならず、他方で、特段の理由を示すことなく任意に代表取締役を選定・解職することができる。

　従来、取締役会は、その業務執行決定権限が強調され、いわゆるマネージメント・ボードとしての機能が重視されていた。しかし、平成27年度会社法改正およびコーポレートガバナンス・コード策定等の流れの中で、次第に取締役の職務執行を監督する権限が強調されるようになり、取締役会には、いわゆるモニタリング・ボードとしての機能を十分に果たすことが期待されるようになっている。

　役員は、取締役会の審議方法および決議内容によっては、これに伴い生じる会社の損害の賠償責任を課されるということがあり、たとえば任務懈怠を推認されてしまったり無過失責任を課されてしまったりするリスクもある。

　以下では、主に監査役設置会社を前提として、役員のリスクを踏まえた、取締役会運営について説明する。

2　取締役会の構成

　取締役会は、取締役3名以上で構成される（会社331条5項）。取締役は、①代表取締役等の業務執行取締役（会社2条15号イ）、②それ以外の非業務執行取締役（会社427条1項）、③社外取締役（非業務執行取締役で当該会社並びにその親会社、子会社および経営陣等と一定の利害関係を有しない取締役（会社2条15号））、および、④独立社外取締役（社外取締役で東京証券取引所が定める独立性基準（主要な取引先の業務執行者ではないこと等）基準に適合する取締役（東証上場規程445条の4））等に類型化できる。

　平成29年12月時点では、社外取締役や独立社外取締役の設置を義務付ける法令等はないが、平成26年会社法改正の際にも設置を義務付ける規定が検討され、その後も日本弁護士連合会から法務大臣宛てに平成29年8月24日付けで上場企業等における設置を義務付ける法改正を求める意見書が提出されるなど、社外取締役の設置を義務付ける法改正の検討が継続されている。

　もっとも、取締役会のモニタリング・ボードとしての機能を強化するため、①会社法では上場会社等に最低1名の社外取締役の設置（会社327条の2）、②上場規則では上場会社に最低1名の独立社外取締役の設置（東証上場規程445条の4）、③コーポレートガバナンス・コードでは上場会社に最低2名の

独立社外取締役の設置（CGコード原則4-2）をそれぞれ促す規定が設けられており、（独立）社外取締役を設置しない場合、会社は、株主に対し、その理由を説明しなければならないとされている（コンプライ・オア・エクスプレイン）。

3　取締役会の招集手続および議事方式

(1)　招集手続

　取締役会は、出席権者となる取締役および監査役等の全員の同意（黙示も含む）があれば、特定の手続を経ることなく開催できる（会社368条2項、376条3項）。たとえば、毎月一定の日時に開催される定例取締役会などは、出席予定者全員が同意する取締役会規程に従って、個別の招集手続なく開催されている。

　また、取締役会の構成員である各取締役は、それぞれが取締役会の招集権限を有しており、開催日から1週間前（定款の定めで短縮可能であり通常は3日前とされることが多い）に、出席予定の取締役および監査役等に招集通知を発送することで取締役会を招集できる。この招集の通知は、書面ではなく口頭（電話）でも可能であり、招集の際に会議の目的事項を特定して提示する必要もない。

　ただし、定款または取締役会決議によって特定の取締役を招集権者と定めた場合は、その取締役以外の取締役が、取締役会を任意に招集することはできない（会社366条1項）。

　通常は、代表取締役が招集権者と定められており、原則として、その他の取締役が取締役会を招集することはない。もっとも、他の取締役は、代表取締役による業務執行を含め会社の業務に問題等が発覚した場合、当該問題等に取締役会に対処させるべく、例外的に、一定の手続を経て取締役会を招集できる。具体的には、招集権者とされた取締役に対し、会議の目的事項を示して取締役会の招集を請求し（会社366条1項）、その請求日から5日以内に、招集日から2週間以内を取締役会開催日とする招集通知が発せられない場合に、自ら取締役会を招集できる（同条3項）。

(2)　議事方式

　取締役会の議事は、定款および取締役会規定等の内部規則および慣行に従って開催される。

取締役会は、個人の経営能力等を信頼された取締役によって構成される機関であり、それぞれの取締役には、積極的な協議および意見交換を通じて意思決定を行うことが求められる。このような協議および意見交換を欠いた意思決定によって、会社または第三者に損害が発生した場合、取締役には、任務懈怠として損害賠償責任を課されるリスクがある（会社423条、429条）。

　取締役には、個々人に信頼が寄せられている以上、取締役以外の者が、取締役に代わり出席すること（代理出席）は許されない。また、取締役会は、あくまで会議であるため、たとえば議事録を各取締役に回覧して署名させるような持ち回り方式による決議等は許されない（田中亘『会社法』223頁）。もっとも、取締役自らが開催場所を訪問しなくても、遠隔地からテレビ通話方式で出席することは許され、音声のみの送受信による会議電話方式での出席も、取締役全員の同意があれば出席として扱ってよいと考えられている（江頭憲治郎『株式会社法〔第6版〕』（以下、本項において「江頭『株式会社法』」という）415頁）。

(3) 取締役会の招集開催の省略

　取締役会では、業務状況等の報告および業務に関する決議がなされる。

　すでに述べたとおり、取締役会を構成する取締役には、積極的な協議および意見交換を通じて意思決定を行うことが求められるため、取締役のリスク管理としては、原則として、各人の協議および意見交換を可能とする会議を開催したうえでの意思決定を行っていくことが重要である。

　もっとも、業務執行の報告のために取締役会を何度も開催することは多忙な取締役の業務実態にそぐわないため、業務状況等の報告は、取締役等の出席予定者全員に通知することで省略することが認められている（会社372条1項）。ただし、取締役会開催による報告を省略する運用をしたとしても、業務執行取締役からの定期報告だけは省略することが許されず、その結果、この報告のために取締役会は少なくとも3カ月に1回以上は開催されなければならないこととなる。

　また、取締役が取締役会の決議事項を提案し、取締役全員が書面（電磁的記録）により同意の意思表示をした場合は、監査役がその提案に異議を述べた場合を除き、決議があったものとみなすことできる（書面決議）。ただし、書面決議を行うためには、これを認める定款の定めが必要である（会社370条）し、書面決議を行うことは、取締役会での協議および意見交換がないこ

とが前提とするものであり、各取締役の任務懈怠責任を追及しやすくする要因となりうるため、注意が必要である。

3　取締役会の内容

(1)　業務等の報告

　取締役会は、代表取締役の職務執行を監督し、必要に応じて善後策等を講じることが求められているが（会社362条2項）、その前提として、取締役会では、代表取締役等の業務執行取締役からの報告（同法363条2項）、競業取引および利益相反取引に関する事後報告（同法365条2項）、監査役による取締役の不正行為等に関する報告（同法383条）等、業務全般に関する報告がなされる。

　なお、取締役会を構成する各取締役にも、代表取締役等による業務執行を監督する義務（監視義務）があるものと解されているが（最判昭和48・5・22民集27巻5号655頁）、会社業務が分担されていることを踏まえ、各取締役は、他の取締役等の業務内容につき疑念を差し挟むべき特段の事情がない限り、監視義務違反は負わないと解されている（大阪地判平成12・9・20判時1721号3頁、札幌地判昭和51・7・30判時840号111頁）。取締役会での報告内容（場合によっては報告の不存在）により、疑念を差し挟むべき特段の事情が認定されるリスクがあるため、各取締役には、取締役会での報告事項を慎重に検討することが求められる。

(2)　業務執行の決定

　取締役会は、個別具体的な取引の実行、経営基本方針の策定、会社の運営・管理に関する諸規則の制定等の業務執行の決定を行う（会社362条2項1号）。

　ただし、取締役会がすべての業務執行を決定しなければならないわけではなく、一部の業務執行の決定は代表取締役等に委任でき、むしろ日常的な業務に関しては、代表取締役に委任したものと推定される（東京弁護士会会社法部編『新・取締役会ガイドライン〔第2版〕』111頁）。

　一定の重要な業務執行については、必ず取締役会が自ら決定しなければならない。たとえば、①重要な財産の処分および譲受け、②多額の借財、③支配人その他の重要な使用人の選任および解任、④支店その他の重要な組織の設置、変更および廃止、⑤社債発行に関する事項、⑥内部統制システムの整

備、⑦その他重要な業務執行の決定（たとえば年間事業計画・年間予算・主力製品の決定・変更など）については、取締役会が自ら決定しなければならない（会社362条4項）。

　もっとも、取締役が6名以上で社外取締役が1名いる取締役会設置会社では、日常業務的色彩の強い「重要な財産の処分および譲受け」並びに「多額の借財」の決定を、3人以上の取締役（特別取締役）に委任できる（会社373条1項）。

　また、監査等委員会設置会社では、その取締役の過半数が社外取締役である場合または定款の定めがある場合、取締役会決議により、一定の法定事項を除く重要な業務執行の決定（たとえば、重要な財産の処分および譲受け、多額の借財、重要な使用人の選任・重要な組織の設置、募集株式等の募集事項の決定、社債の募集に関する重要事項の決定など）を取締役に委任でき、その結果、取締役会は、モニタリング・ボードとしての機能に特化することができる（会社399の13条5項・6項）。なお、さらに進んで指名委員会等設置会社の取締役会は、経営方針等の決定に限り自ら決定しなければならないとされており（同法416条1項）、取締役会のモニタリング・ボードとしての役割がいっそう強化されている。

　取締役会（ないし特別取締役等）が決定すべき事項には、「重要な」および「多額の」といった相対的概念が含まれており、その該当性は、対象財産の価額、会社の総資産に占める割合、当該財産の保有目的、処分行為の態様、会社における従来の取扱い等の事情を総合考慮して判断する必要がある（最判平成6・1・20民集48巻1号1頁参照）。

(3) 代表取締役の選定解職

　取締役会は、特段の理由を示すことなく、代表取締役を任意に選定・解職することができる。

　モニタリング・ボードとしての取締役会の監督機能を強化するためには、監督権限を裏付ける代表取締役の選定解職が適切に実行されることが重要とされる（CGコード原則3-1、4-7、4-8等。渡邊顯『コーポレートガバナンス・コード対応　ベストプラクティス取締役会』21頁）。近年では、指名委員会等設置会社以外においても過半数の社外取締役で構成される任意の指名委員会等の組織が設けられ、代表取締役としての適格を判断して選定等を検討している会社等が注目されるようになっている。機関投資家等のステークホル

ダーの信頼を得るうえでは、代表取締役の選定等を適切に行っていることを客観的に裏付ける制度設計をどのように行っていくかが、重要な課題の1つと考えられる。

4　決議手続

　取締役会決議は、議決に加わることのできる取締役の過半数が出席し（定足数）、出席取締役の過半数の賛成（決議要件）により成立する（会社369条1項）。ここでの定足数および決議要件は、緩和こそできないが厳格にはできる。たとえば、同族会社等の閉鎖型の会社では、代表取締役の選定や募集株式の発行等の各要件を厳格化（たとえば取締役全員の賛成が必要など）することで、その閉鎖性を一層高めることもできる。

　議決に加わることのできる取締役は、当該決議に特別の利害関係を有しない取締役を意味する（会社369条1項）。たとえば、譲渡制限株式の譲渡承認、競業取引・利益相反取引の承認、会社に対する責任の一部免除、代表取締役解職の場合に当事者となる取締役は、特別の利害関係が認められる（江頭『株式会社法』416頁）。

　特別の利害関係を有する取締役は、決議に参加できないだけでなく意見を陳述する権利もなく、退席を要求されれば、その指示に従って退席しなければならない（江頭『会社法』417頁）。また、当該取締役は、議長になることもできない。

5　決議の有効性

　取締役会決議は、手続・内容が法令等に違反した場合、私法の一般原則に従って、原則として無効となる。

　もっとも、実務上は、手続違反が決議結果に影響を及ぼさないと認められる場合には、当該決議が例外的に有効になると解されている。

　たとえば、招集通知漏れがあったとしても、通知漏れした取締役が出席しても決議結果に影響がないと認めるべき特段の事情があるときは、決議自体が有効となる（最判昭和44・12・2民集23巻12号2396頁）。

　ただし、取締役会決議が物理的に存在しない場合や手続の瑕疵が著しい場合は、決議が存在した法的に評価できず、たとえ多数派取締役が賛成している実態があっても、有効な決議と認められる余地はない（東京地判平成23・

1・7資料版商事法務323号67頁)。

なお、一定の取引に関する取締役会決議が無効ないし不存在と評価された場合であっても、その行為自体は、取引相手との関係で有効と扱われることもあるが（たとえば取締役会決議が必要な利益相反取引や競業取引の場合、取引は原則として有効であり、例外的に無効となりうるにすぎない（最判昭和43・12・25民集22巻13号3511頁））、取締役会決議を欠いて取引を行ったと評価される以上、任務懈怠責任を課されるリスクがあることに留意するべきである。

6 取締役会議事録の作成

取締役会は、議事を開催した際には、出席取締役および監査役が署名・記名押印した議事録を作成し、その議事録を本店に10年間備え置かなければならない（会社369条3項、会社規則101条）。また、取締役会が決議した事項が、登記事項に関わるときは、当該登記申請書に、取締役会議事録を添付しなければならない。

本店に備えられた議事録は、株主等に閲覧謄写される可能性があり（会社371条2項）、法務局に備えられる議事録も利害関係人に閲覧謄写される可能性がある。したがって、取締役は、株主等に閲覧謄写される可能性があることも踏まえて、議事録を作成する必要がある。

また、議事録に異議をとどめない取締役は、たとえ取締役会の場で反対を表明していたとしても、その決議に賛成したものと推定される（会社369条5項）。決議に賛成したと評価されると、その決議により会社や第三者に損害が発生した場合に任務懈怠が推定されることなる（同法423条3項3号）。たとえば、取締役会議事録は株主による閲覧謄写が認められているため（同法371条2項）、株主によって、異議のとどめられていない議事録が閲覧謄写されて、それが裁判で証拠提出されるだけで、取締役の損害賠償責任が認められてしまう可能性さえある。取締役は、議事録に署名または記名押印しなければならないとされているため（同法369条4項、会社規則225条1項6号・2項）、決議に異議のある取締役は、議事録への署名または押印の際に、その内容を十分に確認し、異議の記載がなければ自ら加筆等することも必要であろう。

Ⅱ 事例と対策

〔事例１〕 代表取締役を解職して新たに代表取締役を選定したい場合の手続と留意点は何か

　A社（代表取締役甲、取締役乙、取締役丙）における甲の経営方針に不満を持った乙が、甲を代表取締役から解職して、新たに丙を代表取締役に選定したいと考えた場合に、どのような手続をとることが必要で、その際に注意するべき事項は何か。

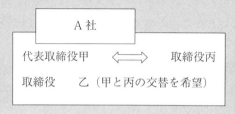

1　対策と手続

　乙としては、甲の解職のために取締役会決議を経る必要があり、そのための取締役会の開催が必要である。ここで、取締役会の構成員である取締役は、それぞれが取締役会を招集する権限を有するが、定款等により特定の取締役が招集権者と定められた場合、それ以外の取締役が、取締役会を任意に招集することはできず、まずは招集権者である取締役に取締役会の目的である事項を示して（会社367条２項）、取締役会招集を請求する必要がある（同法366条１項）。

　A社においても、取締役会規則等で代表取締役が取締役会の招集権者とされていれば、乙は、甲に対し、取締役会の招集を請求する必要がある。

　しかし、乙からすれば、そのような請求をすれば、甲の解職を画策していることを気付かれて対策を講じる機会を与えることとなり、得策ではない。

　他方で、取締役会では、各取締役に事前に通知しなかった議題も審議決定できることを踏まえ、乙としては、特段の招集手続をとらず、定例の取締役会で、代表取締役解職の議案を提案し、決議させるほうが合理的と考えられる。

取締役会では議長となる取締役が議事を進行させることとなる。一般的には、取締役会規則等で、代表取締役を議長とする旨規定されており、本事例では、甲が、議長として議事を進行することが一般であろう。

2　留意点

しかし、取締役会では、特別の利害関係を有する取締役は、議長になれない。代表取締役の解職議案では、解職対象となる取締役は特別の利害関係を有すると解されている。したがって、甲を代表取締役から解職する議案が提案された段階で、甲は議長を継続して務めることが許されず、また、甲が代表取締役を解職されれば、代表取締役が存在しなくなり、取締役会規程等に基づく議長がいないことになるので、その後の議事進行を含めて、甲から乙または丙に議長を交代させる必要がある。

また、特別の利害関係を有する取締役は、意見を述べられず、決議にも参加できないため、新議長（乙または丙）は、甲を除く乙および丙の賛否によって甲の解職を決議する必要がある。

これに続けて、乙は、代表取締役選定の議案を提案し、新議長は議事を進めることになるが、代表取締役の選定議案では、すべての取締役が決議に参加することができると解されている（すべての取締役に「特別の」利害関係がない）。

したがって、新議長は、甲の意見陳述も認めたうえで、その賛否も踏まえて代表取締役を選定する決議を行う必要がある。

そのうえで、乙および丙としては、適正な手続の履践がなされたことを議事録に記録化する必要がある。これに対し、代表取締役を解職された甲は、取締役会決議の手続違反等を主張し、議事録への署名・記名押印も拒絶する可能性がある。

しかし、仮に何らかの手続違反があったとしても（たとえば、代表取締役選定の審議の際に甲の意見陳述を認めなかったことなど）、当該手続違反が決議結果に影響を及ぼすものではなかったことを明確化しておくべきである（たとえば、甲の意見をあらためて確認して、乙および丙の賛否に影響がなかったことを記録化しておくなど）。なお、甲が議事録に署名・記名押印しなくとも決議の結果に影響が及ぶことはないと解される（江頭『株式会社法』422頁）。

〔事例２〕 重要な財産の処分をする場合の手続と注意点は何か

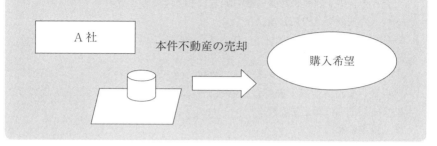

A社（代表取締役甲、取締役乙、取締役丙）が、その所有する土地および建物（本件不動産）を売却したいと考えた場合に、どのような手続をとることが必要で、その際に注意するべき事項は何か。

1　対策と手続

　本件不動産の売却がA社の「重要な財産の処分」に該当する場合、取締役会の承認決議を経ることが必要となる（会社362条4項1号）。

　したがって、本件不動産が「重要」といえるかが問題となるが、「重要」性の判断は、対象財産の価額、会社の総資産に占める割合、当該財産の保有目的、処分行為の態様、会社における従来の取扱い等の事情を総合考慮して判断する必要があり（最判平成6・1・20民集48巻1号1頁）、その峻別は容易でない。

　そのため、A社としては、事前に、取締役会規則等で「重要」性に関する明確な基準を設けておくことが望ましい。このような基準を明定しておくことで、統一的な対応を、一定の合理性を担保しながら行うことを可能にするとともに、当該基準自体を、当該処分が後日問題となった際に、裁判所が「重要」性を検討する際の考慮要素に組み入れることも期待できる。

　たとえば、次のような基準が「重要」や「多額」の目安になるとして提案されているので、参考にすることができるが、必ずしもこの基準が一般に承認されているわけではないことに注意が必要である（中村直人編『取締役・執行役ハンドブック〔第2版〕』80頁、東京弁護士会会社法部編『新・取締役会ガイドライン〔第2版〕』209頁・218頁参照）。

〔表29〕 重要な財産の処分等の目安

「重要な財産の処分および譲受け」
　① 寄付金
　　　会社の貸借対照表上の総資産額の0.01％に相当する額程度
　② 債務免除
　　　会社の貸借対照表の総資産額の0.1％に相当する額程度
　③ その他の財産の処分及び譲受け
　　　会社の貸借対照表上の0.1％に相当する額程度
「多額の借財」
　① 金銭借入、ファイナンスリース契約、ファクタリング
　　　会社の貸借対照表上の総資産額の1％に相当する程度または資本金の3％ないし12％に相当する程度
　② 債務保証
　　　会社の貸借対照表上の総資産額の0.3％ないし0.5％に相当する程度または資本金の2％に相当する程度

2　注意点

　甲が勝手に本件不動産を売却した場合など、取締役会の決議を経ていない「重要な財産の処分」がなされても、それ自体は原則として有効であるが、取引相手が、当該決議の不存在について「知り又は知り得べかりしとき」には無効となる（最判昭和40・9・22民集19巻6号1656頁）。ただし、原則として、会社のみがその無効を主張することができ、取引相手を含む会社以外の者は、会社の取締役会が取引の無効を主張する旨の決議をしているなどの特段の事情がない限り、無効を主張できないとされている（最判平成21・4・17民集63巻4号535頁）。

　このように取締役会決議の有無が取引の有効性を左右する以上、実務上、取締役会としては、「重要な財産の処分」の該当性が微妙な場合も含め、可能な限り、取締役会決議を履践しておくことが望ましいと言える。

　万が一、後日、「重要な財産の処分」に該当する可能性に思い至った場合であっても、早期に取締役会決議を開催して当該処分を追認する旨の決議を行い、権利関係の早期確定に努めるべきである。

〔平井貴之〕

18 競業取引・利益相反取引とリスク管理

I 基礎知識

1 競業取引

(1) 競業取引に対する規制と会社役員のリスク

(A) 規制の趣旨と役員のリスク

ホールディングカンパニーに代表されるように、近年ではグループ会社内で役員が兼任されることが珍しくなく、また、グローバル化に伴い生じた外国企業との競争に対抗するため、国内で競業可能性のある他社から役員を招致して、経営強化等を図ることもある。

これらの役員兼任等は、人的資源の有効活用および事業促進に資するものである一方、本来、会社のために使用されるべき事業ノウハウ等の流用を招き、会社に損害を及ぼす危険性を伴う。

このような危険性を回避するため、取締役や指名委員会等設置会社の執行役が自己または第三者のために株式会社の事業の部類に属する取引をしようとするときは、株主総会（取締役会設置会社においては取締役会）の承認等を経なければならない（会社356条1項1号、365条、419条2項）。

そして、取締役等の立場からすると、株主総会の承認等の必要な手続を怠った場合、会社や第三者に対し、損害賠償責任を課されるリスクがあり、一定の場合には、任務懈怠や損害自体を推認され、その積極的な反論を強いられるリスクがある。

(B) 規制される主体

会社法上、競業取引規制が適用されるのは取締役および執行役であり、監査役、会計監査人、および会計参与は、規制対象にならない。

ただし、監査役等も事業の内部情報を把握できる立場にあることは変わらず（会社381条、383条、374条、376条）、監査役等が自らの利益を優先して内部情報等を利用すれば、善管注意義務違反（同法330条、民法644条）に問われる可能性があるので注意が必要である。

また、いわゆる執行役員（指名委員会等設置会社の執行役とは異なる）への競業取引規制（会社356条1項1号、365条）の準用について、実務上の取り扱いは確立していない。執行役員についても、善管注意義務違反（委任契約型）ないし専念義務違反（労働契約型）として、一定の規制を及ぼすことは可能と思われるが、規制の基準や手続が明確ではなく、リスク管理として十分とは言い難い。会社法上の制度でない以上、競業取引規制が直接及ぶことはないと解されるが、会社の内部情報に精通する立場にあり、競業行為による損害発生の危険性は認められる以上、執行役員制度を採用する会社は、会社内部の自治規則（執行役員規定など）や執行役員との契約において、執行役員が競業行為を行おうとする場合の手続等を定めておくべきである。

(C) 規制される取引行為

　競業取引の規制対象となる行為は、①自己または第三者のための、②株式会社の事業の部類に属する、③取引である（会社356条1項1号）。以下、個別に説明する。

(a) 「自己又は第三者のため」であること

　「自己又は第三者のため」の意義には、従来から、①取締役が自らまたは第三者を代理もしくは代表して自らの名義で取引をしているか否かを基準とする説（名義説）、②取締役が取引の経済的効果を自己もしくは第三者に帰属させているか否かを基準とする説（計算説）が主張されてきた。この点、本規制は、名義いかんにかかわらず、内部情報等を利用して本来会社に帰属すべき利益を自己または第三者を利得させる行為を禁止する趣旨であるから、計算説が妥当と解される（大阪高判平成2・7・18判時1378号113頁）。

　ただし、取締役が会社以外のために取引する場合としては、①自己の名義かつ自己の計算、②自己の名義かつ第三者の計算、③第三者の名義かつ自己の計算、④第三者の名義かつ第三者の計算の4類型が想定されるが、名義説および計算説いずれの立場でも、競業取引規制が及ぶとも解されている（落合誠一編『会社法コンメンタール8 機関(2)』68頁）ため、取締役としては、自己の名義であっても会社に利益を帰属させるためであるから問題ないと安易に結論づけず、可能な限り、競業取引と捉えて必要な手続を講じることが、リスク管理の観点からは望ましい。

(b) 「株式会社の事業の部類に属する」こと

　株式会社の事業の部類に属するか否かは、事業内容を実質的に検討して、

会社の実際の事業目的に含まれるか否かをもって判断される。

　実質的に検討すべき株式会社の事業目的には、現に行われている事業だけでなく、目的物（商品・役務の種類）および地理的市場（地域・流通段階等）を踏まえて会社と顧客が競合する可能性のある事業およびこれに付帯する取引も広く含まれると解される（江頭憲治郎『株式会社法〔第6版〕』434頁、酒巻俊雄ほか編『逐条解説会社法第4巻機関・1』428頁）。

　たとえば、株式会社が進出を企図し市場調査等を進めていた地域での同一商品の販売取引や（東京地判昭和56・3・26判時1015号27頁）、株式会社が物品の製造販売のみを目的とする場合において、その原材料を購入する取引も、株式会社の事業の部類に属する取引として、競業取引規制の対象となる。他方で、事業の維持便益のためになされるに過ぎない補助的行為（たとえば金銭借入、従業員雇用、工場・店舗用不動産の取得等）は、競業取引規制の対象にならないと解される（前掲・落合67頁）。

　なお、株式会社の事業目的は、定款の絶対的記載事項だが（会社27条1号参照）、その事業目的には、将来展開する抽象的可能性があるに過ぎない事業や既に廃止した事業が含まれていることも少なくないため、定款上の事業目的が、必ずしも競業取引か否かを判断するうえでの基準とはならないことに注意が必要である（前掲・落合67頁）。

　　(c)　「取引」であること

　競業取引規制の対象となるのはあくまで「取引」である。したがって、たとえば同種事業を目的とする会社の代表取締役、取締役、代表執行役、業務執行社員、および支配人その他の使用人になったり、当該会社の株主になったりすること自体は「取引」に該当せず、競業取引規制の対象にならないと解される。

　他方で、他の競業他社の役員等に就任して、その会社の「取引」行為を代表ないし代理する場合や、株主の立場を利用しつつ事実上の主宰者として経営を支配しながら「取引」を行う場合には、競業取引規制の対象となる（前掲・東京地判昭和56・3・26、前掲・大阪高判平成2・7・18）。

　もっとも、実務上は、代表取締役等に就任すれば、その後、会社を代表等して取引をする可能性が高いことから、その就任等の時点で、包括的な承認手続等を履践するほうが簡便である。

(D) 競業取引規制に該当する場合の対応

(a) 必要となる手続

　取締役（前述のとおり、執行役も同様であるが、以下、取締役について説明する）は、競業取引を行おうとする場合は、その取引に関する重要事実を事前に開示し、株主総会（取締役会設置会社においては取締役）の承認を得ることが必要となる（会社356条、365条2項）。

　ここでの重要事実には、取引の相手方、取引の種類、目的物、種類、価格、履行期、および取引の期間等がある。反復継続的な競業取引を行う場合には、取引相手の規模、事業の種類、商品・サービスの内容、取引の規模および範囲等を開示することが考えられる（前掲・落合73頁）。

　株主総会（取締役会）の承認は、条文上、競業取引前になされることが要求されているし、競業取引前に承認手続がなされなければ、会社に取引機会が提供されることがないため、会社にとっては、競業取引前に承認手続がなされることが重要である。取締役のリスク管理としては、事後承認では会社が要求する承認手続がなされなかったという法令違反が解消されないことに留意し、事前の承認手続を怠らないよう、競業取引の該当性を広めに検討すべきであろう。

　なお、取締役会設置会社に限り、取締役は、競業取引後に、遅滞なく当該取引に関する重要事項を取締役会に報告しなければならない（会社365条2項）。この事後報告に関して、反復継続的に取引をする場合においては、その取引のたびに報告することは現実的でないが、少なくとも3カ月に1回以上の事後報告をすることが望ましいと考えられる（会社363条2項参照。東京弁護士会会社法部『新・取締役会ガイドライン〔第2版〕』243頁）。

(b) 必要な規制に違反した場合

　取締役が、株主総会（取締役会設置会社においては取締役会）の承認を得ずに競業取引を行った場合でも、取引安全の観点から、当該取引自体は有効である。

　もっとも、競業取引を行った取締役は、株式会社に対し、任務懈怠による損害賠償責任を負うこととなる（会社423条）。

　取締役が賠償すべき損害は、競業取引によって取締役または第三者が得た利益の額と同一と推定される（会社423条）。そのため、取締役は、会社が損害を被っていないことを証明しなければ、その責任を免れることができない

ことになるので、競業取引については、通常の取引以上に取締役のリスクが高いといえる。

また、取締役会設置会社の取締役が、競業取引に関する事後報告を怠ったり虚偽の報告をした場合には、100万円以下の過料が処される可能性がある（会社976条23号）。

2 利益相反取引

(1) 利益相反取引に対する規制

(A) 規制の趣旨

グループ会社では複数のグループ会社で代表取締役が兼任されていることが少なくなく、そのようなグループ会社間で取引がなされることも多い。また、中小企業等では取締役が会社との間で金銭消費貸借契約等を直接締結することも少なくない。しかし、そのような取引では、経営上の意思決定に関与する取締役が、会社の利益を犠牲にして自己または第三者の利益を図る危険性が伴う。

このような危険性を回避するため、取締役と会社の利益が相反する取引がなされる場合には、競業取引規制と同様に、株主総会（取締役会設置会社においては取締役会）で当該取引に係る重要事実を開示し、その承認を受けなければならない（会社356条1項2号・3号、365条）。

(B) 規制される取引

(a) 取引の内容

利益相反取引規制では、会社に不利益を及ぼすおそれのある売買契約、金銭消費貸借契約等の法律行為はすべて規制対象となる。もっとも反対に、定型的に会社を害するおそれのない取引は、規制対象とならない（田中亘『会社法』242頁）。

たとえば、普通取引約款による定型的取引（電力供給・運送・保険・預金契約など）、取締役から株式会社に対する無償贈与・無利息無担保での貸付、債務履行・相殺、および株式引受・現物出資・会社財産競落などは、定型的に会社に不利益を及ぼすおそれがなく、利益相反取引規制が及ばないものと解される（落合誠一編『会社法コンメンタール8 機関(2)』78頁、酒巻俊雄ほか編『逐条解説会社法第4巻機関・1』430頁）。

また、会社に不利益を及ぼす利益相反取引については、法律上、各取引に

おける金額の多寡は問題とされず、すべて規制対象となる。

したがって、たとえば、取締役会規則等により一定の金額基準を設けて小規模な取引を利益相反取引の規制外とするようなことはできないと解される。そのため、反復継続するような小規模な利益相反取引については、承認手続を包括的に履践することなどにより、業務の合理化を図るべきである（会社363条2項参照。東京弁護士会会社法部『新・取締役会ガイドライン〔第2版〕』257頁参照）。

(b) 取引の当事者（直接取引および間接取引）

取締役が、自己または第三者のために、株式会社としようとする取引は、直接取引として、利益相反取引規制が及ぶ（会社356条1項2号）。

ここでいう「直接」取引には、株式会社の取引相手が、取締役自身の場合だけでなく、取締役が代理する個人や取締役が代表する会社の場合を含む。また、取締役が株主等の立場から経営を事実上支配している会社も、直接取引の相手に該当しうる場合がある（前掲・大阪高判平成2・7・18）。

次に、株式会社が第三者との間で取締役の債務を保証するなど、取締役と直接取引する場合以外にも株式会社と取締役の利益が相反する取引が考えられる。これについても、「間接」取引として、利益相反取引規制が及ぶ（会社356条1項3号）。間接取引の典型例は、保証契約（普通保証・連帯保証・共同保証・手形保証など）、債務引受（併存的・免責的）、物上保証（抵当権・根抵当権・質権・譲渡担保権の各設定）である。さらに、保証等の対象となる債務には、取締役自身の債務だけでなく、取締役が全株式を保有する会社の債務および取締役が代表取締役（単なる取締役や監査役の場合ではない）を務める会社の債務の保証も含まれると解されている（前掲・落合83頁）。また、保証等以外にも、株式会社が取締役と一定の関係にある者（たとえば取締役の配偶者および未成年の子供など経済的一体性がある者）と取引する場合は、間接取引として利益相反取引規制が及ぶと考えられる（前掲・落合81頁、83頁）。

もっとも、形式的に直接取引または間接取引に該当する場合であっても、株式会社の取引相手となる会社が完全子会社の場合には、親子会社間に利害の対立がない以上、利益相反取引規制は及ばない（大阪地判昭和58・5・11金判678号39頁）。

(C) 規制に該当する場合
(a) 必要となる手続

　取締役は、利益相反取引を行おうとする場合、当該取引に関する重要事実を事前に開示し、株主総会（取締役会設置会社においては取締役会）の承認を得ることが必要となる（会社356条、365条2項）。ここでの重要事実には、取引の相手方、取引の種類、目的物、種類、価格、履行期、取引の期間などがあり、反復継続的な利益相反取引を行う場合には、取引相手の規模、事業の種類、商品・サービスの内容、取引の規模および範囲等を開示することが考えられる（前掲・落合84頁）。利益相反取引を行ってから株主総会（取締役会設置会社においては取締役会）の事後承認を行うことも有効と考えられるが、事前承認を受けなかったこと自体が、取締役の任務懈怠や過失を基礎付ける事実になる場合もあるため注意が必要である（会社423条3項）。

　また、取締役会設置会社については、取締役は、利益相反取引後に遅滞なく、当該取引に関する重要事項を取締役会に報告しなければならず（会社365条2項）、これを怠れば100万円以下の過料に処せられ得る（同法976条23号）。

(b) 規制に違反した場合

　株式会社が、株主総会（取締役会設置会社においては取締役会）の承認を得ることなく利益相反取引を行った場合の当該取引の有効性については、相対的無効と解されている（最判昭和43・12・25民集22巻13号3511頁、最判昭和46・10・13民集25巻7号900頁）。

　すなわち、株式会社と直接取引の相手との間では無効だが、直接取引の相手とさらに取引をした第三者（たとえば会社財産の転得者）および間接取引の相手方、との間では、その者が善意である限り有効というように相対的に有効性が判断される。また、利益相反取引を行った取締役自身が、無効主張することは許されない（最判昭和48・12・11民集27巻11号1529頁）。

　なお、株主総会等の承認を得ずに利益相反取引規制に違反すれば、当該取引が無効となりうるうえ、当該違反の事実をもって、取締役には任務懈怠責任が生じうる（会社423条）。他方で、株主総会等の承認を得て利益相反取引を行った場合、当該取引は当然有効だが、もし会社に不利益な利益相反取引により会社に損害が発生してしまえば、当該損害を発生させるような行為を行ったことに関して、利益相反関係にある取締役および利益相反取引を行う

ことに賛成した取締役の任務懈怠が推定されてしまう（同条3項）。とりわけ、取締役や執行役が、自己のために直接取引を行った場合、任務懈怠につき過失がなかったことを理由に責任を免れることも許されないという意味で、無過失責任を課されることに留意する必要がある（同法428条）。

ただし、監査等委員会設置会社の場合、監査等委員ではない取締役が、利益相反取引について監査等委員会の承認を受ければ、任務懈怠の推定を免れることができるとされており（会社423条4項）、これは、監査等委員会設置会社の重要なメリットの1つと考えられている。

Ⅱ 事例と対策

〔事例1〕 競業取引規制の対象となる場合とその対応はどうするか

> 熊本県内を市場として高圧ホースの製造・販売を行うA社（代表取締役甲、取締役乙、取締役丙）の取締役乙が、個人的にすべての発行済株式を有するB社（代表取締役丁、取締役戊）の会長（代表取締役）に新たに就任した場合、乙の以下の各場合の行為が競業取引規制の対象となるか。

1 競業取引への該当性

競業取引規制の対象となるか否かは、B社が事業を行っている地位およびB社の事業内容等を踏まえて、具体的に検討する必要がある。

2 具体的検討

たとえばB社が熊本県内で高圧ホースの製造・販売を行っている場合は、以下のとおり解することができる。

［熊本県で高圧ホースの製造販売］　　［熊本県で高圧ホースの製造販売］

A社　代表取締役　　甲		B社　代表取締役　　　丁
取締役　　　　乙	競業	新代表取締役　　乙
取締役　　　　丙		取締役　　　　　戊

① 乙がB社の代表取締役に就任する行為

　代表取締役への就任だけでは競業取引に該当しない（304頁参照）。

② 乙がB社の代表取締役として高圧ホースを販売する行為

　競業取引に該当する（306頁参照）。

③ 乙がB社の代表取締役丁に指示して高圧ホースの販売を丁に代表して行わせる行為

　競業取引に該当する（306頁参照）。

次に、B社が熊本県で高圧ホースの運送および原材料の輸入を行っている場合は、以下のとおり解することができる。

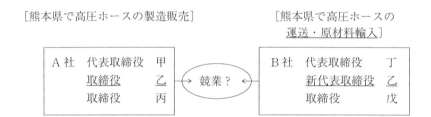

① 乙がB社の代表取締役として高圧ホースの運送のみを行う場合

　高圧ホースの運送は、補助的業務に過ぎず、競業取引に該当しない（304頁参照）

② 乙がB社の代表取締役として高圧ホースの原材料輸入のみを行う場合

　A社の事業の部類（高圧ホースの製造）に属する取引として競業取引に該当する（306頁参照）

次に、B社が北海道で高圧ホースの製造販売を行っている場合は、以下のとおり解することができる。

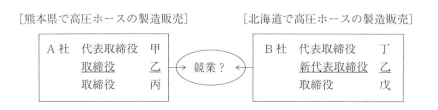

① 乙がB社の代表取締役として高圧ホースの販売を行う場合
　地理的市場の共通性がなく競業取引に該当しない（304頁参照）。
② A社が北海道への進出を企図し市場調査等を進めていた段階で、乙がB社の代表取締役として高圧ホースの販売を行う場合
　競業取引に該当する（306頁参照）。

〔事例2〕 利益相反取引（直接取引）に該当する場合とその対応はどうするか

A社（代表取締役甲、代表取締役乙、取締役丙）が、乙個人またはB社（代表取締役丁、代表取締役乙、取締役戊）と取引をする場合にA社およびB社の取引行為が利益相反取引に該当するか。

1　利益相反取引（直接取引）への該当性

利益相反取引に該当するか否かは、取引主体となる取締役の立場、取引内容、取引の相手を個別具体的に検討して判断する必要がある。

2　具体的検討

たとえば、乙が代表するA社が、乙個人に特定の土地を評価額1500万円で売却した場合は、A社において直接取引として利益相反取引に該当するが、B社は取引に関与しておらず、利益相反取引は問題とならないものと解される。

次に、乙が代表するA社が、乙個人に対し、市販している商品を定価300万円で売却した場合は、A社において、定型的に会社を害するおそれがなく、利益相反取引に該当しないものと解されるが、B社は取引に関与しておらず、利益相反取引は問題とならないものと解される。

次に、乙が代表するA社が、丁が代表するB社に、土地を評価額1500万

円で売却した場合、A社においては、直接取引としては利益相反取引に該当しないものと解される。ただし、B社の経営を乙が支配している場合には、A社において、間接取引として利益相反取引に該当する可能性がある（309頁参照）。

また、B社においては、直接取引として利益相反取引に該当する。

次に、甲が代表するA社が、乙が代表するB社に、土地を評価額1500万円で売却した場合は、A社においては、直接取引として利益相反取引に該当するが、B社においては、直接取引として利益相反取引に該当しないものと解される。ただし、A社の経営を乙が支配している場合には、B社において、間接取引として利益相反取引に該当する可能性がある（309頁参照）。

〔事例3〕 利益相反取引（間接取引）に該当する場合とその対応はどうするか

A社（代表取締役甲、取締役乙、取締役丙）が、甲に対し貸付債権1000万円を有するB社（代表取締役丁、取締役戊、取締役己）と取引をする場合に、A社の取引行為が利益相反取引に該当するか。

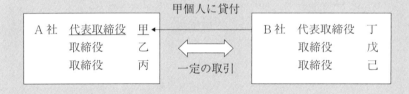

1　利益相反取引（間接取引）への該当性

利益相反取引（間接取引）に該当するか否かは、取引主体および取引内容をより実質的に検討して判断する必要がある。

2　具体的検討

たとえば、A社がB社との間でB社の甲に対する債権を保証する契約を締結する場合は、利益相反取引に該当するものと解される。

次に、A社とB社が完全親子会社関係にある場合に、A社がB社に対しB社の甲に対する債権を担保するため土地に抵当権設定を認める場合は、

利益相反取引に該当しないものと解される（307頁参照）。

　次に、Ａ社が甲の配偶者に対し1000万円を貸し付ける場合は、利益相反取引に該当するものと解される（307頁参照）。

〔平井貴之〕

第8章

事業展開に関するリスク

19 企業買収等にかかわるリスク管理

I 基礎知識

1 親会社になることのリスク

　新規事業への進出や事業拡大等を図るために新会社や合弁会社を設立し、あるいは技術や販路等を一気に獲得するために既存の企業を買収することは、企業の重要な経営戦略である。他方で、これらの結果、買収先企業等の親会社になることから、子会社における損失発生等に際して、通常取引とは異なるリスクが生じる可能性がある。

　本来、親会社は、株主有限責任の原則により、自己の出資金を超えて子会社の損失に対して責任を負う義務はなく、親会社のリスクは出資額あるいは株式取得代金に限定されるはずである。しかし、経営権をもたない形でのマイノリティー出資や単純なポートフォリオ投資の場合と異なり、グループ企業の一員として、子会社とのかかわりの度合い等に応じ、以下のとおり、この原則を超えたリスクを負担し、そのための対応を求められる場合が生ずる。

(1) 撤退リスク

　子会社の業績が低迷し、回復の見込みがないとなれば、親会社としては子会社を解散し、その事業から撤退することになる。その場合、まず、親会社が保証している子会社の借入等の弁済を迫られる、あるいは、親会社自身の子会社に対する貸付金等が回収困難となるリスクが生じる。

　そして、子会社が債務超過であれば、破産手続等の法的手続を選択させることも可能であるが、子会社の倒産に伴い、親会社自身の信用不安や顧客離れを招くおそれがある。

　他方で、親会社が締結している金融機関との融資契約において、子会社の

倒産がデフォルト条項に抵触する場合には、親会社の利益を守るため、子会社について法的手続を選択できないケースも想定される。

このような事態の中で、親会社自身に信用リスクが及ぶことを回避するため、親会社が法的な責任を超えて、事実上、子会社の債務を弁済せざるを得ない場合が生じ得る。特に、子会社の仕入債務など取引先債務については、親会社としても、グループ企業全体での取引関係維持の観点から、弁済せざるを得ないことも想定されるのである。さらに、道義的・社会的責任から子会社の従業員の労働債務を肩代わりしたり、親会社のグループ企業等で継続雇用するなどの配慮が必要となる事態もあり得よう。

このように、親会社としては、株主という立場での有限責任にとどまらず、いわゆるレピュテーションリスクや自身の信用リスクを回避するため、子会社の債務を肩代わりせざるを得なくなるリスクが生ずる、という特殊性に十分留意する必要がある。

(2) 総量リスク管理の必要性

通常の資産の取得であれば、一般的には、その取得費用がリスクの上限であり、債権であれば、その債権額が回収リスクの限界となる。

これに対し、企業買収等による子会社の取得は、前記のとおり、その取得費用を超えて、子会社自身の債務が親会社の潜在的リスクとなり、撤退時にこのリスクが顕在化する可能性があるという点に特殊性がある。現実に上場企業の例でも、子会社の債務を親会社が負担させられた結果、親会社自身の屋台骨を揺るがしかねない例が発生している。

そのため、企業買収等の出資を行う場合には、通常の取引以上のリスク管理が求められる。親会社としては、取得後も子会社による決算報告等を通じ、子会社の業績、業況を把握するとともに、子会社の予算策定時に事業計画や所要資金等を管理することで、定期的に直接の投融資・保証額のみならず、親会社が潜在的に負担するリスクのエクスポージャー（総量）を把握、管理することが肝要である。

(3) 役員の責任

親会社が子会社に対する管理監督を怠り、親会社自身に損害が発生した場合、親会社の取締役は、善管注意義務違反があったとして責任を問われる可能性がある。親会社が子会社の経営状況を調査しないで、多額の融資・保証を行ったところ、当該子会社の経営破たんに伴い融資金の回収ができなくな

ったという場合、親会社取締役の忠実義務および善管注意義務違反に基づく損害賠償責任が認められたケースがある（最判平成26・1・30判時2213号123頁、福岡高判平成24・4・13金判1399号24頁）。

2　企業買収のリスク

(1)　デューディリジェンスの必要性

子会社や合弁会社を新規に設立する場合と異なり、既存企業を買収する場合、当該企業の有する資産および債務、並びに契約上の当事者の地位を含むあらゆる法律関係総体を取得することになる。このため、対象企業の資産、債務および契約関係などを精査し、対象会社の事業性および買収価格の妥当性を検証するとともに、買収に伴うリスク全体を見極めることが必要となる。

この精査作業がデューディリジェンス（以下、「DD」という）であり、事業性に関するビジネスDD、財務諸表の正確性や信頼性および税務リスクについて調査する会計・税務DD、および法務リスクに関する法務DDから構成される。

(2)　法務DDの内容

特に法務DDについてみると、取得対象となる株式自体の帰属や瑕疵の有無を確認するとともに、事業の基盤たる契約関係、許認可等に不備や問題がないか、あるいは債務保証や損害賠償請求、予期せぬ労働債務の発生により簿外債務が存在しないかなどが主要な調査項目となる。法務DDは、多数の契約書や定型的な資料を確認する作業が中心になるが、対象会社のリスクをより的確に把握するため、その事業内容や事業の特性に応じ、メリハリをつけた調査を行うことが重要である。

たとえば、希少な原料の継続的仕入が対象会社の事業基盤となっており、原料の仕入価格の変動によって収益性が大きく変動する場合には、原料仕入価格契約の内容、価格決定条件、期間、継続性等について注意しながら調査することが求められる。

建設業のような許認可事業であれば、各種申請・報告手続きや、法定の人的配置義務が履行されているか、あるいは一括下請等の違法行為がないかなど、その業種特有の問題に即して調査することが必要となる。

(3)　表明保証

DDを通じて、大きな問題は発見されなかったとしても、その調査は対象

会社から提供された資料と経営陣に対するヒアリングに基づくものである。買手側からすれば、買収の判断や価格の検証に必要なすべての情報が提示されているかは保証されておらず、対象会社の経営陣、株主が売手にとって不利な資料や情報を意図的に提示しない可能性も否定はできない。

このため、買手側としては、買収契約上、次のような項目に関し、売手側に表明保証させることでDDの正確性を担保させる必要がある。

・譲渡対象株式の存在、所有、譲渡権限
・財務諸表の正確性
・非開示の偶発債務、簿外債務の不存在
・雇用に関する紛争、法令違反の不存在
・必要許認可の適法な存在、関連法令違反の不存在
・DDにおいて開示した資料、事実の正確性
・事業内容や財務内容に悪影響を及ぼす事実の開示

そして、買収実施(クロージング)時までに、売手側の表明保証違反が判明した場合、買手側はクロージングしないオプションを規定し、クロージング後に表明保証違反が判明した場合、売手側に買手側に対する金銭的補償をさせる旨規定することが必要である。買手側としては、DDの段階では判明しなかった問題が後に判明したとしても、買収自体を撤回し、あるいは事後的に金銭面で保証させることで、買収に関するリスクを回避することが可能となる。また、売手側に表明保証違反の場合のペナルティを課すことで、表明保証の内容を担保させることにもなるのである。

(4) DDおよび表明保証その他の契約条項の設定に関する役員責任

企業買収は、不確実な要素が多数あるため、その判断については、「情報を収集して分析、検討して認識する過程に不注意な誤りに起因する不合理な点がなく、そのような認識を前提にして投資行為を行った判断の推論過程及び内容に著しく不合理な点がない限り、取締役としての善管注意義務に違反するものではないと解すべきである」(東京地判平成27・10・8判時2295号124頁)といういわゆる経営判断原則の下、買収の意思決定の過程や内容に著しく不合理な点がない限り、役員の責任は問われないとされる。

役員としては、公認会計士等によるDDを通じて情報を収集分析し、取締役会等で実施の妥当性、想定されるリスク等を十分に議論したうえで企業

買収の判断を行うべきである。また、買収契約の作成に際しても、DD の結果に基づき、買収企業の事業継続のリスク要因とその対策として必要な事項等を弁護士等の専門家と検討し、これらの項目を買収契約において買収実施の停止条件としたり、表明保証等に織り込むことが求められる。

3　共同出資の場合

(1)　共同出資のメリット・リスク

　合弁会社を新規に設立する場合のみならず、企業買収の場合でも複数の企業が共同で出資することがある。出資パートナーからそれぞれ生産・技術面、販売、人材面等の協力を得ることで買収後の経営基盤を強化し、あるいは買収等に伴うリスクを分散させることが可能になるからである。また、海外への投資であれば、進出国におけるビジネスの水先案内人としての役割を期待して、現地企業をパートナーとする必要性も高い。

　共同出資には、上記のようなメリットがある一方、事業開始後に出資者間で経営方針等に関する意見や利害が対立することがある。特に合弁会社の業績が悪化した場合、事業継続の是非や追加の資金援助の方針をめぐって出資者間の足並みが揃わなくなることがある。そこで、資金援助の決定方法や合弁会社からの撤退方法を定めることで出資者のリスクを限定し、また共同出資者間で経営方針等の意見が対立した場合の解決策を定めることで出資者間の紛争を防ぐために事前に株主間契約を締結することが必要となるのである。

(2)　株主間契約

　合弁契約や共同出資契約などの株主間契約において下記の条項を規定し、あらかじめ株主間で対象企業の運営方法や意思決定方法、そして、株主間で利害が対立した際の対処方法等を定めることになる。

　もっとも、多数株主として、自社単独で子会社の解散決議を含めた重要事項まで決定できる場合には、会社運営のフリーハンドを有しているため、株主間契約を締結する必要はない。むしろ、株主間契約を作成し、共同出資者の権利、たとえば、少数株主の特別決議事項に関する拒否権を規定することは、自社の権利を逆に狭めることになりかねないので、注意が必要である。

【参考例１】　株主間契約の主要取決め事項

- 各株主の出資比率・出資額
- 各株主が指名する取締役の人数
- 経営上の重要事項の意思決定方法（事前協議事項）
    - 定款変更
    - 新株発行
    - 事業計画決定・借入
    - 他社への出資・買収
    - 解散など
- 各株主の協力事項や役割
- 資金援助・協力（下記(3)参照）
- 株式譲渡方法
- 競業禁止
- デッドロック時の対応
- 撤退に関する取り決め（出口条項、後記(4)参照）

(3)　資金援助条項によるリスク分散

　買収先の企業や合弁会社の必要資金は、自助努力で調達するのが原則である。しかしながら、新設の合弁会社には信用力がないため、事業の立ち上げ資金や運転資金を調達するには、合弁会社の株主が融資や保証等の形で資金援助する必要が生ずる場合がある。また、新規の設備投資資金や取引拡大を目的とする運転資金を調達するには、親会社等による追加の資金援助が必要になる場合も少なくない。さらに、買収当初に限らず、子会社等が業績不振に陥った場合にも、事業継続や事業の立直しのための資金が必要になるケースがあり、この場合は親会社等による資金援助がより切実なものになる。

　前記のようなケースに備えて、株主間契約において、株主の資金援助条項が規定されることがある。この条項は、各共同株主の出資比率が接近し、対等な関係に近い場合に多く用いられるもので、パートナー間でリスクを分担させるための手段である。特に自社が多数株主の場合には、リスクの軽減を図るうえで有効な方法であり、積極的に導入すべき条項である。

(4)　出口条項の確保

　買収先企業等出資先の会社が期待どおりの業績を達成できず、改善の可能性も低い場合、自社のリスク拡大を防ぎ、あるいは自社の経営資源を他の事

業に振り向けるため、時機を逸せずに撤退の判断を行わなければならない場合がある。

　自社が単独で撤退の決定が出来るのであれば問題はないが、共同出資者が合弁会社等の解散について拒否権を有している場合など、方針が一致しなければ、撤退したくても撤退できない事態が生ずる。

　前記Ⅰ1(2)のとおり、親会社として、子会社に関し負担する可能性のあるリスクを勘案すると、子会社の解散または撤退の方法を確保することは、自社のリスクをコントロールするために必須の条件であり、株主間契約において、事業の継続、撤退方針が食い違う場合の出口条項を規定し、親会社として撤退する方策を確保することが重要である。

(5) 共同出資を行う際の役員の責任

　合弁会社の業績が低迷し、結果的に自社に出資金等について損失が生じたとしても、合弁会社への出資に関する意思決定の過程や内容に著しく不合理な点がなければ、経営判断原則により役員の責任が問われる可能性は低い。

　一方、株主間契約等の不備による損害については、経営判断原則の前提である経営の不確実性という側面はなく、関連契約締結に際し、役員は自社のリスクをコントロールするよう注意義務を果たす義務を負うので、注意が必要である。たとえば、株主間契約において、自社の資金援助義務が規定されているにもかかわらず、後記〔事例2〕のような撤退条項も規定せず、資金援助に伴う損失が発生した場合、株主間契約の不備に関し、役員の責任が問われる可能性がある。

Ⅱ 事例と対策

〔事例１〕 法務デューディリジェンスの調査対象と観点はどうあるべきか

> 内装設備メーカーである当社は、建設業を営む A 社の買収を検討しており、売主と株式譲渡について基本合意書を交わした段階である。どのような項目について、いかなる観点で法務 DD を行うべきであろうか。その後、当社は、時間と費用の節約のため、弁護士には依頼せず、自社従業員による簡単な調査を経て A 社を買収したが、半年後、過去の建設業法違反（有資格者の工事現場への配置義務違反）が発覚し、A 社は破綻した。当社の役員はいかなる責任を負うであろうか。

1 一般的な調査対象とその内容

対象会社の業種にかかわらず、買収に伴うリスクや買収価格等に影響する要素を検証するため、一般的に調査が必要となる項目である。この調査を通じ、対象会社が有効に存在、かつ適正に運営されているか、対象株式の譲渡に支障を与える要素はないか、あるべき資産や契約が有効に存在しているか、簿外債務が存在、または発生する可能性がないか、などについて検証することになる。

(1) 会社の設立・組織に関する事項

「調査対象」：商業登記、定款、取締役会規程等、株主総会・取締役会・監査役会の各議事録、稟議規程・稟議書など

「調査内容」：対象会社が適法に設立され、有効に存続していること、会社組織が定款その他社内規定に従って適正に運営がされていること、役員の選任手続、社内規程に従った手続の履行状況を調査する。なお、取締役会議事録や稟議書等の記録を確認することで、経営上の課題や日常業務の状況を把握するヒントになる。

(2) 株主・株式に関する事項

「調査対象」：株主名簿、株券、株主間契約、株式への担保設定契約、株主と会社間の契約など

「調査内容」：対象株式の帰属・譲渡権限、現株主構成、株券が発行されている場合、株券の所在。また、株主間で取り決めがなされている場合は、その内容や株式譲渡への影響を調べる。既存株主と会社間の契約があれば、買収時点での処理方法を検討する。

(3) **人事労務に関する事項**

「調査対象」：就業規則、雇用契約、福利厚生資料、労使協定（36協定含む）および労基署への届出書、労働者名簿、賃金台帳、従業員への貸付資料、労働組合がある場合その資料、労基署よりの指摘事項等に関する書類、紛争の有無・内容、解雇履歴、労災の有無など。

「調査内容」：賃金支払状況、未払賃金等簿外債務の有無、労働関連法令順守状況、紛争の有無・発生可能性を調査する。なお、請負契約や出向契約がある場合、偽装請負などに該当する事例はないかについても確認する。

(4) **不動産に関する事項**

「調査対象」：事業所リスト、所有不動産売買契約、不動産賃貸借・使用貸借契約、不動産登記など。

「調査内容」：所有不動産の帰属・担保設定状況、対抗要件具備状況、事業所等に使用する不動産の使用権限・使用期限、自社保有不動産の賃貸状況、株主変更による影響の有無、賃料改定状況を調査する。

(5) **取引先に関する事項**

「調査対象」：取引先リスト、販売基本契約、販売代理店契約、販売契約、請負契約、業務委託契約、購入契約、下請契約など。

「調査内容」：仕入・購入先、代金回収条件等販売・取引条件、業務委託先・委託条件、下請先との取引条件、取引先の反社チェック、チェンジオブコントロール条項（主要株主の変更など、経営権の移動があった場合の報告義務、解約権等）等を調査する。

(6) **その他の事項**

「調査対象」：訴訟関連資料、保険契約、金銭消費貸借契約、子会社の資料、知的財産権関連契約など。

「調査内容」：簿外債務発生の可能性、資産への担保設定状況、子会社・関連会社の有無・活動内容・事業リスクの内容、知的財産権の有無・使用権限等を調査する。

2　A社特有の調査項目

　一般的な調査項目に加え、建設業を営むA社の事業基盤を確認するために必要な項目である。A社の事業継続性の前提条件という意味で重要な調査項目である。

(1)　許認可
「調査対象」：建設業許可証、申請書、報告書など。
「調査内容」：建設業法上、A社の業務に必要とされる許可の取得状況、当該許可に付帯する報告事務の履行状況、更新状況などを調査する。

(2)　有資格者の配置状況
「調査対象」：有資格者名簿、作業現場への配置状況など。
「調査内容」：建設業法上、要求される有資格者の配置状況を現場ごとに確認し、配置要件を充たさない場合には許可の取消事由に抵触しないか、有資格者の数が受注のボトルネックにならないかなどを調査する。

(3)　下請業者に関する項目
「調査対象」：下請業者の起用状況、請負内容、請負条件、代金支払条件など。
「調査内容」：　建設業法で許容される下請方法か、請負条件の適法性などを調査する。

(4)　受注契約等
「調査対象」：工事請負契約、物品販売契約、材料仕入契約など。
「調査内容」：受注先・得意先・支払条件、材料購入先との契約内容・継続性を調査する。

3　必要なDDを怠った場合の役員の責任

　他業種の会社を買収する場合、自社の役員は、その事業の経験や知見に乏しい面があり、買収判断の基礎となる情報の収集および収集した情報に基づく投資判断について慎重さが求められ、これを欠くときは、役員の行った判断には、著しく不合理な点があるとされる可能性がある（東京高判平成28・7・20金判1504号28頁）。

　A社は、内装設備メーカーである自社とは異なる事業を行っているうえ、建設業法という専門的な知見が必要となる規制に基づいて事業を行うことが

義務づけられた企業である。このため、自社の役員は、A社の買収に際しては、専門的かつ詳細なDDを通じて、対象企業の法令遵守状況を含めた情報を収集検討し、慎重に投資判断を行うことが求められていた。自社の役員が弁護士等の専門家にDDを依頼し、慎重にA社の調査を行っていれば、建設業法違反（有資格者の工事現場への配置義務違反）の事例を発見し、買収を中止することは可能であったと考えられる。専門家の手によるDDを通じた慎重な調査を怠り、A社買収を判断した役員の投資判断の過程には、著しく不合理な点があるとして、A社の破綻に伴う損失について、責任を問われる可能性がある。

〔事例２〕 共同出資における資金援助と撤退条項の株主間契約の定めはいかにあるべきか

> 甲社は、乙社と共同でA社を買収することを協議しており、買収後のA社に対する出資比率は、甲社が51％、乙が49％とする予定である。甲社としては、乙社が49％の株主として、A社の定款変更や解散等の重要事項について拒否権を有する以上、A社に対する資金援助を応分の負担をしてほしいと考えている。
> 乙社としてはA社に対する応分の資金援助はやむを得ないとしても、また、A社が業績不振となった場合に備えて、撤退する余地を残したいと考えている。乙社の役員としては、株主間契約の条項について、どのような点に留意すべきか。

1 資金援助条項

共同株主の出資比率が接近していたり、株主間契約等により、少数株主に一定数の取締役指名権、経営上の重要事項についての事前協議・同意権が与えられたりする場合には、少数株主であっても実質的な経営への関与権が与えられる以上、これに見合ったリスク負担をすべきとの考えから、株主間で買収先企業に対する資金援助が取決められることがある。

この場合、乙社としては資金援助に伴うリスクを限定するため、資金援助の実施は、次の条項例のように株主間の合意が前提条件となる点、並びに資

金援助の上限額を規定しておくべきであろう。

【書式14】 資金援助に関する条項例

> 第○条（資金調達）
> 1　A社が、その業務の遂行上自己資金を越えて資金の調達を必要とする場合、A社が独自に調達することを原則とする。
> 2　A社の独自の調達が困難な場合、甲及び乙は別途協議のうえ、両社が必要と認めた場合には、自ら貸付を行い、又はA社の借入に甲及び乙が連帯保証することによりA社の資金調達に協力する。この場合の甲及び乙の負担割合は、甲及び乙の出資割合によるものとする。但し、如何なる場合でも、甲及び乙の合計の負担金額は、総額で＿＿＿＿＿＿円を超えないものとする。

2　撤退条項

　A社が思惑に反し、業績不振に陥った場合、同社に対する資金援助を甲社とともに負担している乙社とすれば、自社の損失拡大を防ぐために、時機を逸せずに撤退の判断を行う必要がある。しかしながら、少数株主である乙社が自社単独で解散決議を行うことはできず、また甲の同意がなければ株式譲渡による撤退も困難である。そこで、株主間契約等において次のような撤退条項を規定し、A社の解散について株主間で意見が割れる場合、撤退を希望する株主が、事業継続を希望する株主に対して株式買取請求権を行使することで撤退する方策を講じておくことが考えられる。

【書式15】 撤退に関する条項例

> 第○条　（解散）
> 1　甲および乙は、次の各号のいずれかに該当した場合には、相手方当事者に対し、A社の解散を請求することができる。
> 　① A社の累積損失額が＿＿＿＿＿＿万円に達した場合
> 　② A社経常損益が○○年度までに黒字化されない場合
> 　③ 第○条に基づく重要事項に関する甲乙間の事前協議において、協議開始後○日を経過しても両者の合意が成立しない場合
> 　④ 前号の場合のほか、甲と乙との間で、A社の経営方針に関し、著しい相違が生じた場合
> 2　前項の場合において、相手方がA社の存続を求める場合、相手方は、解散を請求した当事者の保有するA社の株式の全部を自ら買い取り、または

> 第三者をして買い取らなければならない。相手方が A 社の存続を求めない場合は、A 社の株主総会において解散の議案に賛成しなければならない。
> 3　前項の場合において、A 社の株式の買取価格は、甲及び乙が協議の上、合意により定めるものとする。但し、甲及び乙が買取価格についての協議を開始した日から〇日以内に合意できない場合、A 社の株式の価値を算定するための専門的知見を有する第三者の算定した価格をもって買取価格とする。この場合、A 社の株式の価値を算定するために要する費用は、甲及び乙の折半とする。

〔藤井和典〕

20　子会社・関連会社の運営とリスク管理

I　基礎知識

1　子会社・関連会社トラブルが及ぼすリスク

昨今、東芝グループによる一連の不正会計、昭和通商の連結子会社取引における資金循環取引、富士フィルム HD や LIXIL 海外子会社における不正会計等、子会社・関連会社での不祥事や、子会社・関連会社を利用する不祥事の発生は度々世間の耳目を集めている。

子会社・関連会社と親会社は、法的には異なる法人格を有する別主体であるが、グループ企業（以下、「グループ会社」ともいう）としての理念を共有し、人事交流や技術交流、グループ間取引、連結決算等により、グループ企業全体としての利益を追求するための企業活動を行っている。

そのため、子会社・関連会社で不祥事が発生した場合、グループ内の一企業において生じた問題としてではなく、グループ企業全体の問題として捉える必要がある。昨今では、ネットメディアの発達も相まって、子会社・関連会社の不祥事が親会社を含むグループ企業全体のイメージや利益に影響を及ぼす可能性も一段と高くなっているといえよう。

子会社・関連会社に対する役員の責任やリスク管理方法については、単体

企業のそれと異なる面も多く、会社役員としてはそれぞれの特徴を理解しておく必要がある。そこで、本項では、子会社・関連会社役員のリスクおよび親会社役員のリスクについてそれぞれ述べた後、子会社・関連会社に対するリスク管理方法について述べる。なお、不祥事の具体的原因となる不正会計については第2部第4章 9 を、不祥事発覚後の第三者委員会設置については第1部 2 を参照されたい。

2　子会社役員・関連会社役員におけるリスク

(1) 子会社役員・関連会社役員の責任

子会社・関連会社の役員は、会社役員である以上、善管注意義務違反等により所属する会社に損害を与えた場合、当該会社に対して損害賠償責任（会社423条1項）を負う。そして、会社が直接役員の責任追及を行わない場合に、法的には親会社を含む株主から株主代表訴訟（同法847条1項）が提起される可能性がある。

もっとも、同一グループ企業内の会社間で訴訟に至ることは現実には考え難く、別途、グループ企業内の対応により子会社・関連会社の役員の責任問題等が処理されることが通常であり、子会社・関連会社役員に対する株主代表訴訟の提起可能性については、子会社・関連会社の少数株主から提起される可能性にとどまっていた。

(2) 多重代表訴訟制度の導入

しかし、平成26年の会社法改正により導入された多重代表訴訟制度により、子会社役員が責任追及の訴えを提起される可能性は増加している。すなわち、子会社の役員が親会社の株主から、当該子会社への損害回復のために、直接責任追及の訴えを提起されるリスクが生じることとなった（会社847条の3）。

ただし、かかる責任追及の訴えが認められる要件としては、当該親会社が当該子会社の「最終完全親会社」であること、親会社の帳簿上当該子会社株式の評価額が総資産の20％を超えること、原告となる株主が一定の議決権数や株式を保有することなどがあげられる。

(3) 子会社・関連会社特有のトラブル要因

子会社・関連会社は、独立の法人として企業活動を行っていることから、グループ企業に属していることとは無関係に、一般的な事業リスクを負っている。

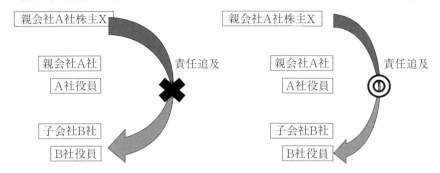

　一方で、子会社・関連会社であるがゆえに不祥事等のトラブルが生じやすくなっている場合も見受けられる。子会社・関連会社役員としては、次に述べるトラブル要因を把握したうえで、限られた人材・資源を適切かつ効率的に配置・活用することが求められる。

　(A)　人材不足

　子会社・関連会社の多くは、企業グループの中核たる親会社に比べ、予算配分や役職員の数が少ない場合が多い。そして、人材配置において優先されるべきは収益部門とされるため、法務・経理・財務・事務管理・監査等の管理部門への人材は不足しがちとなる。

　人材不足によって、役職員への十分な教育・研修が行われない事態を招くだけでなく、特定の部署・係を同一担当者が長年にわたって1人で担当するといった事態を生じさせることも多い。そして、適切な職務分掌や人事ローテーションが行われず、特定のポストを特定の役職員が1人で担当し続けると、役職員間における相互監視作用が機能不全に陥り、不正の機会が生じやすい。また、当該担当者しか把握していない事情が増加するに伴い、当該担当者は事実上部署・係内において大きな権限を有することとなり、適切な指揮命令ができないなどの歪みで非効率な職場環境となるといった弊害が生じることが多い。

　(B)　モニタリング機能の不全

　前述のとおり、子会社・関連会社においては、人材・コストの面から内部監査等のチェックが不十分となりやすい。

　また、人事ローテーションが少なく、長年同じ職場で働いている者が増え

ると、いわゆる馴れ合い的な職場環境が醸成され、適正かつ効率的な業務執行よりも人間関係を過度に重んじる風潮ができ、また、人事上の報復をおそれるため、内部通報といった自浄作用も機能しなくなるおそれがあるといったリスクが存在する。

3 親会社役員における子会社・関連会社に関するリスク

(1) 親会社役員の責任

(A) グループ企業における内部統制システム構築義務

　平成26年の会社法改正により、グループ企業における内部統制システムの整備に関する規定が改定された。従来は法務省令に規定されていた「当該株式会社及びその子会社から成る企業集団の業務の適正を確保するために必要なもの」との要件が会社法に「格上げ」されるとともに（会社362条4項6号等）、その内容が法務省令において規定されることになった。

　具体的には、取締役会設置会社においては、①株式会社の子会社の取締役等の職務の執行に係る事項の当該株式会社への報告に関する体制（会社規則100条1項5号イ）、②株式会社の子会社の損失の危険の管理に関する規程その他の体制（同号ロ）、③株式会社の子会社の取締役等の職務の執行が効率的に行われることを確保するための体制（同号ハ）、④当該株式会社の子会社の取締役等および使用人の職務の執行が法令および定款に適合することを確保するための体制（同号ニ）を、取締役会にて決議することが求められる（取締役非設置会社につき会社法施行規則98条1項5号、監査等委員会設置会社につき110条の4第2項5号および指名委員会等設置会社につき112条2項5号）。

　各体制の構築に際しては、「企業集団を構成する子会社の業種、規模、重要性等を踏まえたものであることが想定される」とされている（法務省『会社法の改正に伴う会社更生法施行令及び会社法施行規則等の改正に関する意見募集の結果について』23頁）。

　したがって、親会社においては、グループ企業を構成する各子会社の状況を個別具体的に考慮したうえで、①不祥事防止のための適切な内部統制システムを構築すること、②内部統制システム構築後に適切な運用を行うことが役員の注意義務の内容となり、これに違反すれば損害賠償責任の対象となりうる（会社423条1項）。

(B) 親会社取締役による子会社の管理・監督義務

親会社取締役の子会社業務に対する監督義務の有無については、否定的な見解も少なくなかったが（「親会社の取締役は、特段の事情のない限り、子会社の取締役の業務執行の結果子会社に損害が生じ、さらに親会社に損害が生じた場合でもただちに任務懈怠の責任を負うわけではない」と判示した裁判例として東京地判平成13・1・25判時1760号144頁）、現在では、「親会社取締役は、親会社に対する善管注意義務・忠実義務の一内容として、相当の範囲で、子会社の業務を監督する義務を負うと解すべき」（田中亘『会社法』269頁）とする立場が有力である。ことに、前記のとおり平成26年会社法改正によってグループ企業に関する内部統制システム構築義務規定が定められたことを受け、それについて「子会社を有する株式会社の取締役は、相当の範囲で子会社を監督する義務を負っていることを前提とした規定と解すべきである」（前掲・田中269頁）として、この規定も根拠の１つとして、親会社役員が一定の範囲でその子会社の業務を監督する責任・義務を負っている旨の解釈が一般的なものになっていると考えられる。

したがって、子会社における不祥事であっても、親会社取締役が責任を問われるリスクが存在しているといえる。

ただし、親会社取締役の監督義務の範囲については、明確に判断された判例が見当たらないため、今後の裁判例や法改正等の議論の蓄積に注目する必要がある。

(C) 子会社・関連会社特有のトラブル要因

子会社・関連会社においては、一般に人材不足やモニタリングの機能不全が起きやすいというトラブル要因が存在することは、前記２(3)で述べたとおりである。

一方、子会社・関連会社に対するモニタリングを行い、報告を受ける親会社役員の立場から注意すべき視点としては、次のような点があげられる。

まず、親会社・子会社・関連会社の事業所に物理的な距離がある場合は、親会社が頻繁に報告を求めることは難しくなる。また、定期的な報告を受ける場合でも、事業計画の進捗・達成状況や業績に主眼が置かれ、日常業務内容やその管理体制についてまでは、親会社の目が行き届かないことも多い。事業規模が大きい場合や業績が悪化している場合には、親会社の目も厳しくなるが、逆に事業規模が小さい場合や業績が好調な場合には、不祥事防止と

いう観点からのチェックは軽視されがちである。

　年間を通じて行われる親会社からの往査等のモニタリングについても、人材的・時間的制約から、全社に対して網羅的モニタリングを行うことは不可能であり、これに当事者による隠ぺい工作が加われば、不祥事の発覚はさらに困難となる。

　また、子会社・関連会社の事業内容と親会社事業との関連が乏しい場合や、子会社の事業内容が独自性・専門性を有するといった事情が加われば、親会社側でのリスク把握はさらに困難なものとなり、牽制が利かなくなることも考え得る。

　親会社役員としては、以上のような注意点があることを念頭に置く必要がある。

(2) 子会社・関連会社支援等の経営判断に関する親会社役員のリスク

　親会社は、自社の経営判断として、経営難に陥った子会社・関連会社の支援を、追加投資や融資支援、債権放棄、子会社等における新たな借入れに伴う債務保証等、さまざまな形態で行うことがある。そして、支援先の子会社・関連会社の再生を実現できる場合もあれば、支援の甲斐なくそれらが破綻を迎えてしまう場合もある。

　経営難に陥っている子会社・関連会社の支援については、平常時における投資や融資に比して、その破綻に伴って回収困難となるリスクが相当程度高いことはいうまでもない。支援したことの結果として子会社・関連会社が破綻した場合、当該破綻は、親会社による支援決定時において内在していたリスクが顕在化したと捉えられること、子会社・関連会社の内情を熟知している親会社からすれば、支援決定時において当該内在的リスクについても認識可能であったと評価できることから、当該支援についての経営判断が相当なものであったのかについて責任が問われるケースは少なくないともいえる。

　一方で、グループ企業は、複数の子会社・関連会社が一体となって事業を展開し、事業価値を維持、発展させることを企図しているところ、子会社・関連会社の破綻は、親会社やグループ企業全体の信用毀損にもつながりかねないものである。そのため、破綻懸念のある子会社・関連会社への支援については、破綻の予見可能性が認められるとしても、支援によってそれを回避することが合理的なものであるか否かについて、親会社をはじめとするグループ企業の利益を意図したものであったか等が基準になると思われる。

この点、裁判例としては、①親会社が経営難の子会社に対して積極的支援を講じたことについて、「取締役の行為が親会社の利益を計るために出たものであり、かつ、融資の継続か打切りかを決断するにあたり企業人としての合理的な選択の範囲を外れたものでない限り、これをもって直ちに忠実義務に違反するものとはいえないと解すべき」として、取締役の責任を否定したもの（福岡高判昭和55・10・8判時1012号117頁）、②資本関係の存在しないグループ会社の経営が悪化した場合、当該会社に対する無担保貸付および債務保証について、倒産するに至ることを具体的に予見することができ、支援による建直しは見込めない状況にあった旨認定し、取締役の責任が認められたものとして最判平成12・9・28金判1105号16頁（原審・東京高判平成8・12・11金判1105号23頁）などがある。

4　子会社・関連会社のリスク管理方法・留意点

(1)　コンプライアンスリスク管理方法

　親会社役員および子会社・関連会社役員は、子会社・関連会社のコンプライアンスリスクを管理する方法を定める責任を負うが、その具体的方法としては、①親会社の専門部署に一元化する方法（子会社・関連会社への権限・責任は限定的な範囲におさめる方法）、②親会社の各事業部や職能ごとに管理を行う方法、③一次的な業務執行面は親会社の各事業部が担当し、二次的な計画管理や監査については親会社の専門部が行う方法、等が考えられる。

　①については、窓口が一本化されることから問合せ先や責任の所在が明確になる一方、親会社側の管理方法がそのまま子会社・関連会社にあてはまるものではないため、個別具体的な事情に応じた柔軟な対応が必要となる。

　②については、子会社・関連会社業務に精通した親会社事業部が管理を行う点で利点がある一方、全社横断的なリスク管理を行うことができないため、別途管理部署等がサポートを行う必要が生じる。

　③については、前記②の利点である子会社・関連会社業務に精通した親会社事業部が管理を行える点に加え、難点となる全社横断的なリスク管理も可能となる。もっとも、親会社部署間での連携体制を構築・運用していくことが重要である。

(2)　グループ会社管理規程の整備

　次に、会社役員としては、グループ企業内の個々の会社に対する管理方法

を定めるため、各種の管理規程の整備をすることが必要となる。

　規程の体系としては、①グループ会社管理の最も基本的な方針を取締役会で定めた後、②当該方針に基づく規程・基準（グループ会社管理規程・グループ会社管理基準等）を整備し、③その後実際の運用手順・マニュアルとなる実施手順の策定を行うといった、3段階の構成が有益である。

　管理規程では、定義規定を設けることでグループ会社の範囲を明確に定め、グループ管理の担当部署を定めるとともに、グループ内取引（利益相反取引等）のルールについても定めるべきである。

(3)　役職員に対する研修・教育等

　前述のとおり、子会社・関連会社においては管理部門の人材が不足しがちであるため、コンプライアンスに関する研修体制も十分とはいえない場合が多い。そこで、親会社によるサポートが不可欠となる。

　具体的には、親会社、子会社・関連会社に共通する研修内容、たとえば業界ルールや一般的なコンプライアンス事項等についての研修内容を共有するとともに、適宜親会社の担当者が子会社に出向き研修を行うことも考えられる。

　特に、近時後を絶たない子会社・関連会社を利用した粉飾等の不正会計や、不当な取引条件の強制等が行われないよう、自社グループの業務内容に応じたリスクを検討し、リスクが顕在化した場合の影響、必要な法令等のコンプライアンス知識、他社の事例等を用いた研修・教育を行う必要がある。

　そして、何より大切なことは、会社役員として、不祥事を絶対に許さない・起こさせないという意思を明らかにし、そういった企業風土を形成していくことである。

II 事例と対策

〔事例〕　子会社の経理担当の従業員が不正を行っていることが発覚した場合の対応はどうあるべきか

> A社が議決権の51％を有する子会社B社において、15年以上にわたり経理を担当している従業員Cが、横領を行っている可能性があることが発覚した。親会社A社の役員としては、当該事案についてどのような対応をとればよいか。

1　事実関係の調査

(1)　調査の流れ

　子会社・関連会社で不祥事が起きた場合、まずは事実関係の把握を行うことが必要である。当事者、不祥事の類型、発生時期、判明の端緒、被害者・被害額の有無等の事実関係を、ヒアリングや各種証拠により把握する必要がある。

　上記を踏まえて、原因究明を行うとともに、公表の要否を検討し、最終的には再発防止策の策定、当事者・関係者の処分方針の策定と具体的な責任追及の要否の検討などを行っていく必要がある。もっとも、これらの点は、一般的な企業における不祥事への対応（従業員不正への対応は第○章○参照）に比して、特段の違いはない。

(2)　親会社の関与方法

　子会社・関連会社での不祥事発生時に、誰が調査のイニシアティブをとるかはグループ企業の実態に応じて個別具体的に決定するほかない。

　たとえば、完全子会社の場合には、親会社が主導で社内調査を行うであろうし、上場子会社等の場合には、子会社が調査主体となり、適宜親会社が人材の支援等を行うことも考えられる。

　もっとも、記者会見等の公表を行う際には、親会社が行うことが基本になると考えられる。グループ企業において不祥事が発生した場合、グループ外の第三者の視点からすれば、グループ全体の問題として捉えられることは避けられないため、親会社において説明責任を果たすべきだからである。

〔第2部〕 第8章 事業展開に関するリスク

　本事例では、A社がB社の議決権の過半数をもつ親会社であることから、親会社たるA社が主導で調査を行うことも考えられる。もっとも、いったんはB社主導で調査を行い、適宜A社に報告を求める方法をとることも十分考えうる。

2　当事者の処遇の検討

　不祥事または不祥事の可能性が発覚した段階では、当事者の処遇は慎重に決せなければならない。当事者を不祥事の発生部署・担当に置き続けることにより、データや書類等の物証の廃棄、関係者への口止め等の証拠隠滅を行う可能性があるためである。そこで、当事者について自宅謹慎を命じ出勤を認めないこと、不祥事発覚が確定していない段階では人事異動による配置換えを行うことなどが考えうる。

　もっとも、前述したとおり、子会社・関連会社の多くでは、少数の役職員にて業務をこなしていることが多いため、当事者の自宅謹慎や配置換え等により、人材が不足し通常業務に支障をきたすことがある。しかし、事実関係の確定や原因究明のためには上記支障の発生もやむを得ないため、躊躇することなく代替者の選任を急ぐ必要があることが大半であろう。そのため、子会社のみでは対応が難しいような場合には、親会社役員が人材の配置、補充等に主導権をもつ必要が生じる場合も多いであろう。

　本事例では、経理担当者であるCによる横領の事実が発覚していることから、Cには自宅待機を命じるべきである。その結果、特段の引き継ぎもなく、長年の経理担当者が不在になることから、通常業務に支障が出ることが想定されるため、人員補填等の対応を行う必要がある。

3　責任追及訴訟

　不祥事によって、当該子会社・関連会社に損害が生じている場合には、当該損害を回復するため、当事者・関係者に対して責任追及訴訟の提起を検討する必要がある。前提として、①勝訴の見込み、②回収可能性、③費用対効果を判断することとなる。

　ここで、第一次的な訴訟主体は、不祥事が起きた子会社・関連会社自身であるから、当該子会社・関連会社の役員によって、前記の方針は決定されることとなる。

もっとも、親会社役員としては、株主である親会社として自社の意向を伝える必要があるし、親会社の役員が派遣されている場合には、当該役員を通じて子会社等のコントロールを行うことが考えうる。

　通常は想定しにくいところではあるが、子会社・関連会社役員が、親会社の意向・判断に反して訴訟を提起しない場合には、株主代表訴訟（会社847条1項）の提起も視野に入れなければならない。親会社役員の善管注意義務の範囲には、このような株主代表訴訟の提起に関する判断も含まれることから、適切な理由なく訴訟提起を見送ることは、親会社役員自身の善管注意義務違反となりかねない。

　本事例では、子会社従業員Ｃによる横領行為であるから、まずは子会社Ｂ社から本人に対して被害回復を求める必要がある。また、当該不正が起きた点について、子会社Ｂ社の管理体制上問題がなかったかを検討し、体制の不備が認められる場合には、その原因究明や再発防止策の策定を行う必要がある。

　なお、従業員Ｃの横領金額が多額でかつ被害弁償がなされない場合であって、Ｂ社役員による管理体制に不備があった場合には、Ｂ社役員に対する責任追及訴訟の提起も検討する必要がある。Ａ社がＢ社役員に対する責任追及訴訟の提起が必要と認めた場合は、Ｂ社自身による訴訟提起を促し、Ｂ社の訴訟提起方針によってはＡ社による株主代表訴訟の提起も視野に入れることとなる。

〔山下成美〕

21　海外での事業展開におけるリスク管理

Ⅰ　基礎知識

1　はじめに

　近年、グローバル化の進展により、人件費や原材料費等のコスト削減および新たな市場の開拓等を企図して、海外に拠点を設立し、国際的な事業展開

を行う日本企業が増えている。しかしながら、かかる事業展開には、日本国内における事業展開とは異なるリスクが多く含有されているため、当該企業の役員においてあらかじめ十分なリスク分析・検討を行っておかなければ、当該企業に思いもよらない損害等が生じるおそれがある。

そこで、以下では、まず、海外への事業進出時、運営時および撤退時のそれぞれの段階について、想定しうるリスクおよびその留意点等について説明する。そのうえで、海外事業に伴うリスクのうち特に注意すべきものとして、各国の腐敗行為防止法および独占禁止法に関するリスクについて概説する。

2　海外事業進出時のリスク・留意点

(1)　海外進出に伴う事業機会の確保等

取引先の海外進出に伴って自社も海外進出の決断を迫られる場合がある。その場合には、当該取引先の事業活動・方針の変更に伴うリスクを防ぐため、書面により発注についての合意を取り付けることが望ましい。併せて、当該取引先の取引終了等に伴うリスクを想定して、そのような事態が生じた際の自社の海外事業の継続可能性をあらかじめ調査・検証する必要がある。また、取引先との関係を考慮しつつ、当初は必要最小限の設備投資を行い徐々に設備を増強するなど、段階的かつ慎重な事業拡大を図ることもリスク管理に役立つものと考えられる。

(2)　パートナーの慎重な選択

海外で事業を行う場合には、その土地でのコネクションを有する現地パートナーが必要となることが多い。パートナーの選択はその後の事業の成否を大きく左右することから、当該パートナー候補の言語・文化・慣習・宗教等について可能な限り理解を深め、役員自らが十分な面談を行う等して選定することが大切である。これは、パートナー候補が日本企業の現地法人等である場合であっても変わりない。また、かかるパートナー（候補）との間の合意や取決め等については、逐一、書面化しておくことが適切である。

(3)　その他の留意点

その他にも、海外への事業進出にあたっては、進出先について、たとえば、以下の点で、想定しうる限りのリスクを織り込んだ事業計画や、かかるリスクが発現した場合の対応策を、事前に策定しておくことが求められる。

①　環境規制・運用が変更・強化されることによる追加設備投資の必要性

② 労働法その他の関係法令の運用や改正動向
③ 物価上昇等による労働力や原材料に係るコストの増加
④ 宗教対立・民族問題を背景とする紛争トラブルの発生

3　海外事業運営時のリスク・留意点

(1) 現地における経営管理の徹底

　事業が軌道に乗った後も、特に人事や財務に関する事項については、日本本社でルールを策定するとともに、本社役員も関与しつつ、定期的に現地法人の状況を確認し、現地からの報告を求めるようにするなど、隅々にまで目を行き届かせた経営管理を徹底する必要がある。

(2) 現地従業員とのコミュニケーション

　海外事業において懸念される品質管理やコンプライアンスに関する問題の発生を未然に防止するためには、現地従業員に対する教育・研修を定期的に行うことが重要となる。かかる教育・研修の実効性を高めるためには、会社役員の側でも、現地従業員との親密なコミュニケーションを心がけ、企業理念の共有や、愛社精神の醸成を図ることが望ましい。このような環境づくりは、従業員の定着につながり、従業員（およびその従業員が有する技術・経験等）の社外流出防止の観点からも有益である。

(3) 現地でのネットワーク構築

　現地で問題が生じた場合に、適切かつ迅速な対応をとることができるよう、現地法人を通じて、また、日本本社自身も、現地の事情に精通した信頼できる専門家（弁護士、会計士および税理士等）や日本政府関係機関（日本大使館等）とのネットワークを構築しておくことが望ましい。

(4) 適用されうる各国の法規制への対応

　海外事業の運営においても、当該企業（従業員を含む）に適用されうる日本および現地国の法令の範囲や内容について細心の注意を払う必要がある。それだけでなく、特に注意が必要となるのは、一見、無関係にもみえる第三国の法律が適用されるケースである。後記5および6においては、このケースの典型とされ、日本企業にとっても大きなリスクとなっている、各国の外国公務員等に対する贈賄防止法（以下、「腐敗行為防止法」という）および独占禁止法について概説する。

4 海外事業撤退時のリスク・留意点

(1) 総 論

　海外事業の撤退は、場合によっては、進出の場面とは異なり、入念な検討・準備ができないだけでなく、会社の意図したタイミングでこれを実行することが困難となったり、多大な損失を伴ったりすることがある。そのため、会社役員としては、事業撤退に関するリスクの大きさを理解し、進出当初から、撤退も視野に入れた適切な対策を講じておくことにより、撤退に伴う損失の発生を最小限に抑える必要がある。以下では、海外事業からの撤退手法について概説したうえで、各手法に伴うリスクおよびその管理方法等を説明する。

(2) 撤退手法の決定

(A) 撤退手法の種類

　海外事業からの撤退手法としては、一般に、①出資持分の譲渡、②清算、③破産、④休眠等が考えられ、実際にどの手法を選択するか（選択できるか）については、進出方法（合弁契約に基づく共同出資会社の設立、100％出資会社の設立等）および当該国の関係法令（会社法・破産法等）を踏まえて判断する必要がある。それぞれの撤退手法の主なメリットおよびデメリットは、後掲〔表30〕のとおりである。

　もっとも、現状では、対象国の外資規制や、既存の販路・顧客が利用できるというメリット等から共同出資会社の設立が進出方法として選択されることが多く、また、撤退にあたっては、後掲〔表30〕記載のメリットがあることや、他の手法には、所要時間、費用および手続の不透明さ等の観点からデメリットが伴うことを考慮して、合弁相手や第三者に対する出資持分の譲渡を行う方法が一般的となっている。そこで、以下では、合弁契約に基づく海外進出に重点をおいて解説する。

(B) 撤退手法と留意点

(a) 合弁契約における撤退条件等の合意の必要性

　海外進出にあたって合弁契約が締結される際には、会社の設立・運営に関する事項と比べて契約終了に関する事項が軽視される傾向にある。合弁契約書に詳細な撤退条件等が定められていない場合、撤退を希望する当事者は、その時点ではすでに金銭的にも時間的にも余裕を欠いていることが多いため、

〔表30〕 海外からの撤退手法のメリット・デメリット

撤退手法	メリット	デメリット
持分譲渡	裁判所の関与が不要／資産処分や労働関係清算等の面倒な手続が不要／譲渡価格次第では投下資本を回収できる	合弁相手の同意が必要であり、希望する譲渡先に希望する譲渡価格で譲渡できない場合がある／当局の許可が必要な場合がある／日本本社が提供した資産（知的財産含む）の回収が困難
清算・解散	法律に従った手続である	債務超過の解消が必要／時間と費用がかかる
破産	破産事由が存在すれば債務超過に陥っていても利用可能／法律に従った手続である／利害関係者との交渉を管財人に任せることができる	手続や運用が十分に整備されていない国がある／外資企業の破産申立てが認められないことがある／日本本社にもレピュテーションリスクが生じる／時間と費用がかかる
休眠	営業活動を事実上停止することができる	法人格が残るため毎年の決算報告、税金の支払等を免れられない／利害関係者から責任を追及される可能性が残る

撤退を希望しない当事者その他の交渉相手との関係で圧倒的に不利な立場に立たされるおそれが高い。対等な立場で撤退交渉を進め、撤退リスクを最小限に食い止めるためには、あらかじめ合弁契約書において、撤退を想定した条件・手続等を慎重かつ詳細に定めておく必要がある。

　　(b)　合弁契約において定めるべき事項
①　出資持分譲渡による撤退方法
　合弁相手の特性・属性が重視される合弁契約において、一方当事者による自由な持分譲渡を認めることは現実的でない。そのため、たとえば、撤退を希望する当事者が、自己の有する持分を合弁相手に強制的に売却でき、合弁相手が購入に応じない場合には第三者に対して売却できる旨のプット・オプション条項を設けることにより、リスクの低減を図る必要がある。この場合、譲渡価格を含む条件についても、できる限り有利かつ詳細に規定することが望ましい。

② 清算・解散による撤退方法

あらかじめ持分譲渡について規定できない場合には、会社の清算・解散による撤退も想定しなければならない。そこで、合弁契約書においても、客観的・一義的に判断できる会社の清算・解散事由（一定の財務状況の発生、合弁契約の目的が達成できないことの確定、デッドロック状態が一定期間以上解消できないこと等）を明記し、残余財産の分配等に関しても定めておく必要がある。また、たとえば中国では、会社の解散事由が法定されており、合弁契約または定款で定めた解散事由が発生した場合には、当局の認可を受けて合弁会社を解散することができる。そのため、想定しうる解散事由を合弁契約および定款に盛り込むことにより、解散手続をスムーズに進めることが可能となる。

(3) 合弁会社の労働者に関する対応

海外での事業展開においては、現地従業員との間で、現地法を準拠法とする労働契約が締結されることになる。そして、特に、労働者の権利保護に厚い社会主義・共産主義国では、撤退に伴う解雇時に、高額の退職金支払義務が課せられたり、現地従業員から不相当に高額な退職金や補償金等の支払いを求められたりして、その対応や支払いに多くの時間的・金銭的コストを強いられる例も多い。また、解雇事由が労働法により制限されている国（中国・ベトナム等）や労働者の解雇について裁判所等の事前の許可が必要とされる国（インド・インドネシア等）も存在する。したがって、撤退時に労働関係を解消するにあたっては、対象国の最新の労働法制を十分に調査・把握したうえで、撤退コストを算定しつつ、適切な対応をとる必要がある。

(4) 合弁会社の資産処分に関する対応

持分譲渡の方法により撤退する場合には、資産を処分する必要はない。他方で、清算・破産の方法による場合には、保有資産を処分する必要が生ずる。海外における資産処分方法については、たとえば、不動産取引をみても、取引決済時にエスクロー（買主と売主の間に入り中立な立場から不動産売買の実務を行う第三者機関）が利用されることがある国（アメリカ）、不動産取引が必ず公証人を通じて行われる国（フランス等）、土地の私有という概念がなく、不動産の利用は賃借権等によることとなる国（中国等。この場合には当該賃借権等を譲渡する方法により処分することがあり得る）など各国においてさまざまに特色があることから、早い段階で専門家への相談を行うなどして適切な

対応をとる必要がある。

(5) 合弁会社の債権回収に関する対応

資産のうち債権については、基本的には日本国内における対応と同様であり、債務者に対して書面による督促を行うこととなる。任意の回収が困難となり、法的手続を利用した回収を検討する場合の留意事項については、後記(8)を参照されたい。

(6) 知的財産権の保護に関する対応

日本企業が、海外の合弁会社を設立し、商標権、特許権およびノウハウ等の知的財産を拠出するケースが見受けられる。しかしながら、合弁契約締結時に、その解消や撤退について想定せず、当該合弁会社をして現地国における知的財産を取得させた場合、持分譲渡の方法による撤退を行うと、現地国において、当該日本企業による当該知的財産の利用が禁止または著しく制限されることとなり、同企業の事業に当該知的財産の利用が必要不可欠である場合には、同国における当該日本企業の事業運営が将来にわたって広く制限される結果となりかねない。

したがって、知的財産権については、合弁会社に保有名義を与えるのではなく、あくまでも日本企業から合弁会社へのライセンス供与の方式をとり、日本企業に権利を残す必要がある。また、このライセンス契約においては、知的財産の流出を防止するため、その取扱い（利用・保管・廃棄等）について厳格な定めを設けるべきである。

さらに、（退職）従業員による知的財産権の流失も大きなリスクである。かかる流出を防ぐためには、従業員の教育・監督に加えて、秘密保持義務・競業避止義務を負わせるための就業規則の整備、誓約書の徴求等を徹底しておくことが有用となる。

(7) 税法に関する対応

海外では、日本国内とは異なり、共同出資会社や100％出資会社の持分譲渡等を行うにあたり当局の許可が必要となるケースも多い。海外当局は、撤退に際して進出時以上に厳しく審査を行うことも多く、許可を受けるまでに想定外の日数を要することも少なくない。このようなリスクを軽減するためにも、事業運営時から、専門家を用いて適切な会計処理や税務申告を行っておく必要がある。さらに、たとえば、合弁会社の清算を行う場合、税務当局から、優遇政策によって受けた補助金額や免税で輸入した設備の免税額相当

額の納付を求められ、想定外の支出を強いられることもある。そのため、撤退を検討する際には、過去の優遇措置を見直し、かかる納付の要否および金額等も確認・考慮したうえで、撤退の手法を決定する必要がある。

(8) 紛争発生時の解決方法

以上のとおり、海外での事業展開にはさまざまなリスクが隠れており、合弁当事者や関係者との間で紛争が発生するリスクも小さくない。そのため、合弁契約はもちろんのこと、合弁事業に係るあらゆる契約書において、紛争に関する規定（紛争解決地、紛争解決機関および準拠法等）を明記しておく必要がある。なお、紛争解決方法としては、現地国での裁判または第三国での仲裁等が考えられるが、裁判手続の不確実性、判断の不公正および執行の困難性等が否定できない国もあることを考慮して、第三国における仲裁手続が選択されるケースが多い。

5 腐敗行為防止法に対する対応

(1) 腐敗行為防止法の概要

腐敗行為防止法に該当する法令は、1977年に、米国外の公務員に対する贈賄行為を禁止する目的により米国で制定されたものを嚆矢とし、その後、1999年に、経済協力開発機構（OECD）において「国際商取引における外国公務員に対する贈賄の防止に関する条約」（以下、「贈賄防止条約」という）が発効し、米国主導の下で、各OECD加盟国が立法化を推進するに至っている。このうち、主要国（米国、英国、中国および日本）における腐敗行為防止法の概要は、以下のとおりであり、これらの法令についてはそれぞれガイドライン等が作成され、それに沿った運用がなされている。

(A) 米国における規制について

(a) 規制対象となる主体の範囲

米国の連邦海外腐敗防止法（Foreign Corrupt Practices Act。以下、「FCPA」という）は、①米国での証券発行体（上場企業等）、②米国企業および米国市民、③米国内での贈賄行為の実行者および、④上記①から③の者と共謀して贈賄行為を行った者による米国外の収賄者（外国公務員、外国の政党およびその職員並びに外国の公職候補者等）に対する贈賄行為を規制しているが、一般の日本企業としては、特に、③および④に注意する必要がある。

まず、③については、米国において贈賄行為の全部または一部を行った者

がこれに含まれるが、この要件は広く解されている。たとえば、米国内で物理的に賄賂の授受が行われていなくても、米国内の銀行口座に賄賂が送金された場合、賄賂に関するメールが米国を介して送受信された場合、現地のエージェント等の第三者が贈賄行為を行った可能性を認識しながら当該第三者を使用した場合等には、③に該当すると考えられており、同法の適用される範囲は極めて広い。また、④についても、たとえば、米国企業が参加している合弁企業に日本企業が出資し、その合弁企業が外国公務員等に対する贈賄行為を行った場合には、当該日本企業についても「共謀」があったとしてFCPA違反を追及される可能性がある。

(b) 規制対象となる賄賂の範囲

FCPAは、営業上の利益を得る目的で、外国公務員等に対して、腐敗の意図（外国公務員等にその公的立場を濫用するよう誘導する意図）をもって行う利益の供与を禁止している。この「利益」には、一般的に人を満足させる価値のあるものが広く含まれるが、社会通念に照らし、「合理的かつ善意」なもの等は禁止の対象から除かれている。なお、ビザや許認可等の行政サービスに係る手続の円滑化を目的とした、外国公務員に対する少額の金員の支払い（ファシリテーション・ペイメント。以下、「FP」という）については、一定の要件の下で、賄賂から除外される点に特徴がある。なお、FPに該当するか否かは当該利益の提供目的により判断されるものであり、供与される利益の額により決まるものではない。もっとも、合理的な理由のない高額の利益の供与は行為者の腐敗の意図を推認させるため、FPへの該当性は、金額の多寡も考慮して慎重に判断されるべきである。

(c) FCPAに違反した場合のペナルティ

FCPAの贈賄禁止規定違反に係る法定刑は、法人の場合には200万ドル以下の罰金、役員・従業員等の個人には25万ドル以下の罰金もしくは5年以下の禁錮刑またはその併科とされている。また、違反行為によって利益を得、または損害を生じさせた場合には、法人または個人を問わず、その利得または損害の2倍まで罰金を加重することが可能とされている。2014年には、日本の総合商社が、複数のFCPA違反行為を行い、違反行為への共謀に関与したとして8800万ドルもの罰金を科された例がある。

その他、規制当局である米国司法省および証券取引委員会による調査等への対応に係る人的・費用的コストの負担、入札資格の剥奪、金融機関からの

融資停止等、FCPA違反によって違反企業に科される可能性のあるペナルティは莫大なものとなる可能性が高い。FCPA違反によって、企業にこれらの損失が生じた場合、会社役員は、自ら法令違反行為に関与した場合は勿論のこと、監視義務や内部統制システム構築義務の違反を理由として、株主代表訴訟等による責任追及を受ける可能性がある。

(B) 英国における規制について

(a) 規制行為および適用範囲

2010年、英国において、贈収賄禁止法（Bribery Act。以下、「BA」という）が成立した（2011年施行）。BAにおいては、①贈賄行為（BA1条）、②収賄行為（BA2条）、③外国公務員等に対する贈賄行為（BA6条）および、④贈賄防止措置の懈怠（BA7条）が規制されている。

まず、①②③の行為については、原則として、英国において違反行為の一部が行われた場合に同法の規制が及ぶが、違反行為が英国外で行われた場合であっても、当該行為がBAの規制する行為に該当し、かつ、行為者が英国と密接な関連性を有する場合（英国市民や英国法に基づき設立された法人等）には同法が適用される。

また、④については、「英国に関連のある営利団体」が、関係者（当該団体のためにサービスを提供する者と定義されており、従業員、子会社、下請業者等がこれに該当しうる）が行った贈賄行為に対して適切な措置を講じなかった場合に適用される。ここにいう「英国に関連のある営利団体」には、(i)英国法に基づき設立された団体および組合（事業の場所を問わない）のみならず、(ii)英国のいずれかの地域において事業活動の全部または一部を行う団体および組合（設立の場所を問わない）が含まれるため、日本企業にとっては、特に、後者の団体・組合に該当するか否かの見極めが重要となる。

(b) 規制概要および留意事項等

①②については、米国のFCPAと異なり、公務員のみならず民間人に対する贈賄が禁止されている点に特徴がある。また、①②が成立するためには、その主観的要件として、(i)贈賄者が、その賄賂により他人に関連する権限や活動を不正に遂行させることを意図するか、受贈者の権限または活動の不正な職務執行（受贈者の有する権限や信頼等に対する期待を裏切る行為）に報いる意図を有しているか、あるいは、(ii)贈賄者が、受贈者による当該賄賂の受領自体が不正な職務執行であると知っていたこと（思っていたこと）が必要と

なる。さらに、③については、「不正な職務執行」であることは不要であるが、代わりに、(i)当該外国公務員の権限に影響を及ぼす意図で行われること、および、(ii)事業活動の利益を獲得・維持する意図があることが必要となる。

④に関し、企業が構築すべき贈賄防止措置の内容については、同法の指針（Bribery Act 2010 Guidance）において、以下の6原則が示されている。

・収賄リスクの大きさに応じた防止措置の確立
・トップレベルの経営陣による防止措置の実施
・定期的な贈収賄リスクの評価
・贈収賄リスクの大きさに応じた関係者へのデューディリジェンス
・研修等を含むコミュニケーションによる防止措置の周知教育
・防止措置のモニタリング・見直し

BAには、FCPAにおけるFPに相当する例外規定が設けられておらず、法人に対する罰金の上限額も定められていない点において、FCPAよりも厳格な規制であるといわれている。BAの歴史はFCPAと比して浅く摘発事例も多くはないが、今後の運用次第では、日本企業やその役員にとってFCPAを上回るリスクとなりうることを十分に認識しておく必要がある。

(C) 中国における規制について

(a) 刑法による規制

中国においては、主として、刑法により、公務員に対する贈賄行為が規制されている。刑法による規制の概要は以下のとおりである。

①贈賄罪：刑法389条1項は、①個人が、②不正な利益を図るために、③国の職員に対して、④財物を供与することを禁止している。②の「不正な利益を図る」とは、贈賄者の企図する利益自体が法律等に違反することまたは当該国の職員に法令等に違反して利益を提供するよう要求すること等をいい、③の「国の職員」とは、国家機関において公務に従事する者をいい、また、④の「財物」には、金銭・物品その他の経済的利益が含まれる。

②国有単位に対する贈賄罪：刑法391条1項は、①個人が、②国家機関、国有会社、企業、事業単位または人民団体に対して、③財物または国の規定に反するリベートもしくは手数料を供与することを禁止している。

③単位贈賄罪：刑法393条は、①単位（企業、事業単位、機関等）が、②不正な利益を得るために、③贈賄または国の規定に反するリベートもしくは手

数料を供与することを禁止している。

なお、同法に、FCPAにおけるFPに相当する例外規定は存在しないが、「贈賄犯罪立件基準に関する最高人民検察院の規定」等の法令において、金額、目的または受賄者数等による贈賄罪の立件基準が規定されており、かかる基準を満たさない限り処罰がなされない可能性がある（刑法389条、393条）。また、中国の公務員贈賄罪は、中国外の法律に基づき設立された法人にも適用され（同法6条）、また、中国の公務員に対する贈賄行為である限り、中国外でなされた贈賄行為にも適用される可能性がある（同法8条）点に、留意が必要である。

(b) 反不正当競争法による規制

さらに、中国では、日本の不正競争防止法に相当する反不正当競争法により、事業者が、財産物品またはその他の贈賄手段を用いて商品を販売または購入することが禁止されており（同法8条）、かかる規定に違反した贈賄者および受贈者（公務員に限られない）には、かかる行為が刑法上の犯罪を構成しない場合であっても、当該賄賂により得た違法所得の没収および過料が科されることがある（同法22条）。なお、同法については、急速な経済成長に対応すべく見直しが行われており、2017年2月には改正草案が公表されている。現時点において、改正法の成立・施行時期等は未定であるが、同改正により贈収賄行為に対する経済的制裁の厳格化等が図られる見込みとなっており、今後の動向に注視する必要がある。

(D) 日本における規制について

贈賄防止条約の発効を受け、日本でも、不正競争防止法18条に外国公務員贈賄罪が新設され、①外国公務員等（同法18条2項）に対し、②国際的な商取引に関して、③営業上の不正の利益を得るために、④贈賄等をすることが禁止された。かかる規定に違反した場合、当該違反者には、5年以下の懲役もしくは500万円以下の罰金またはその併科（同法21条2項第7号）がなされるほか、両罰規定（3億円以下の罰金。同法22条1項3号）も存在する。

ただし、③の「営業上の不正の利益」とは、事業者が営業（営利を直接に目的として行われる事業に限らず、広く経済収支上の計算に立って行われる事業一般を含む）を遂行していくうえで得られる有形無形の経済的価値その他の利益のうち、公序良俗または信義則に反するような形で得られる利益を意味すると解されるが、かかる目的要件の立証の困難さもあり、摘発事例は多く

ないというのが実態である。

(2) 腐敗行為防止法対策としてのコンプライアンス体制の構築

上記各腐敗行為防止規制への対策にあたっては、コンプライアンス体制の構築が重要となる。そのため、企業の役員としては、内部統制システム構築義務の一貫として、企業集団全体を通じ、これらの贈賄リスクに対処するための内部統制システムを整備する義務を負っているものと解される。より具体的には、以下に詳述する、①社内規程の策定、②組織体制の整備、③使用する第三者の管理、④従業員への周知・教育、⑤モニタリングと継続的改善その他各企業の実体に応じた対応・体制を、決定・策定するとともに、かかる対応・体制が十分に機能しているかどうかについて、定期的な監督・見直しを実施することによって、自らの義務を果たす必要があると考えられる。

なお、腐敗行為防止規制については、経済産業省が「外国公務員贈賄防止指針」を公表し、企業において構築すべき外国公務員贈賄防止体制や不正競争防止法の処罰範囲について言及しているため、役員がコンプライアンス体制を構築するにあたっては、同指針を参照する必要があろう。

(A) 社内規程の策定

社内規程においては、贈賄防止に向けた会社の基本姿勢を示すとともに、各国の法規制を踏まえて、禁止・制限されるべき贈賄行為および例外的に許容される行為について、その範囲（たとえば、社会通念上許容される接待・贈答の範囲）や当該行為者がとるべき手続等（承認・記録に係る手続等）について、わかりやすく明瞭に定めておくことが必要である。また、かかる社内規程は、英語または現地語に翻訳されるべきである。

(B) 組織体制の整備

社内規程において、本社と現地拠点のそれぞれにおいて、贈賄行為の発生を未然に防止し、または早期に発見するための適切な組織体制について定めることが必要となる。たとえば、独立性の確保されたコンプライアンス委員会の設置や、上層部への報告体制の整備、また、内部通報制度および相談窓口の設置等についても検討すべきである。

(C) 使用する第三者の管理

前述のとおり、企業が、第三者（コンサルタント、エージェント、合弁パートナー、各種専門家等）によるFCPA違反行為についても責任を問われ得ることに鑑み、第三者を通じて行われる贈賄を防止するための管理体制を整備

する必要がある。第三者の管理方法としては、契約書への贈賄禁止文言の明記、誓約書の徴求等が考えられる。

(D) 従業員への周知・教育

企業による贈賄を防止するためには、従業員1人ひとりの意識を高めることが必要不可欠であるから、従業員に対する贈賄禁止に係る周知・教育のための体制の整備も必要となる。具体的には、定期的な研修・ウェブ上のトレーニングの実施や、誓約書の徴求等が考えられる。

(E) モニタリングと継続的改善等

贈賄行為を防止するためには、社内規程を含む内部規程が役職員および関係者により確実に遵守されているかどうかを定期的にモニタリングするとともに、必要に応じて規定内容の改善を図る必要がある。また、違反行為による企業の損失を最小化するためにも、違反行為が発覚した場合の対応方法等を、マニュアル化するなどしてあらかじめ準備しておく必要がある。

6 独占禁止法その他競争法への対応

近時、経済のグローバル化を受け、世界各国において競争法の整備が急速に進んでおり、かかる競争法に違反した際のペナルティも厳罰化・強化される傾向にある。本書では、紙面の都合上、以下、主要国たる米国および中国の競争法についてのみ概要を説明するが、企業の役員としては、海外への事業進出にあたり、現地国や、当該事業の経済的な影響が及ぶ第三国の競争法の適用可能性を事前に検討することが必要不可欠となる。

(1) 米国における規制概要

米国においては、いわゆる反トラスト3法（シャーマン法、クレイトン法および連邦取引委員会法）により、概要以下の行為等が規制されている。

(A) カルテルの禁止

州間または外国との取引を制限するすべての契約、結合または共謀が禁止される。いわゆる水平的カルテル（価格協定や入札談合等）については、その規模を問わず当然に違法であり、また、垂直的取引制限行為（再販売価格維持行為等）については、合理性の原則（不合理な競争制限効果を有する行為のみを違法とする考え方）に基づきその違法性が判断されることとなる（シャーマン法1条）。

(B) 独占行為の禁止

州間または外国との取引を独占し、独占を企図し、または独占する目的をもって他の者と結合・共謀すること（略奪的価格設定、取引拒絶、排他的取引等）は禁止される（同法2条）。

(C) その他の禁止行為

不合理な競争制限効果を有する再販売価格維持行為（シャーマン法1条）や、自由競争を減殺・阻害等するおそれのある価格差別（クレイトン法2条）が禁止されている。

(D) ペナルティ

カルテルまたは独占行為の禁止に係る規制に違反した場合、法人の場合には1億ドル以下の罰金、個人の場合には100万ドル以下の罰金もしくは10年以下の禁錮刑またはその併科がなされる。罰金額については、違反行為により獲得した利益または与えた損害額の2倍まで引き上げることができる。その他にも、司法省による民事訴訟（差止請求訴訟）の提起、連邦取引委員会による排除措置命令並びに被害者による差止請求訴訟（クレイトン法16条）および3倍額損害賠償請求訴訟（被害者がその受けた損害の3倍額および弁護士費用を含む訴訟費用の賠償を請求できる制度。クレイトン法4条）が提起され、違反企業に莫大な損失が生じる可能性がある。また、その他の禁止行為に違反した場合にも、反トラスト局による差止訴訟の提起、連邦取引委員会による排除措置命令のほか、被害者による私訴が提起されうる。

(E) 企業結合規制

競争を実質的に減殺し、または独占を形成するおそれがある企業結合（合併、株式取得等）は禁止されている（クレイトン法7条）。法定の基準に該当する合併等の企業結合については、反トラスト局と連邦取引委員会に対する事前の届出が義務づけられる。

(2) 中国における規制の概要

中国においては、中華人民共和国独占禁止法において、概要以下の行為等が規制されている。

(A) 独占的協定の禁止

競争を排除しもしくは制限する合意（口頭合意を含む）、決定またはその他の協調行為（明示の合意がなくても実質上の協調した行為が存在すること）は禁止される（独占禁止法13条）。独占的協定には、競争関係にある事業者間で締

結されるもの（価格固定や取引数量制限に関する合意等）と、事業者と取引先の間で締結されるもの（再販売価格の固定に関する合意等）とに大別される。

(B) 市場支配的地位の濫用の禁止

市場支配的地位（関連市場において、商品価格等の取引条件を支配したり、他の事業者の同市場への参入を阻害等したりできる地位）を有する事業者が、当該地位を濫用して、競争を排除または制限することは禁止される（同法6条）。

(C) 企業結合

競争を排除または制限する企業結合およびその可能性のある企業結合（合併、株式もしくは資産の取得または契約等による他の事業者の支配権の取得等。同法20条）は原則として禁止される（同法28条）。

同法に規定される上記の禁止行為が行われた場合には、国務院独占禁止法執行機関により下記〔表31〕記載の各措置が採られる。

〔表31〕 中国における独占禁止法違反の制裁等

	独占的協定	市場支配的地位の濫用	企業結合
措置の内容	違反行為の停止命令 違法所得の没収	違反行為の停止命令 違法所得の没収	企業結合実施の停止命令 株式・資産の処分、営業譲渡等の措置による企業結合前の状態への復元命令
制裁金	（実施後） 前年度の売上高の1％以上10％以下の制裁金 （実施前） 50万元以下の制裁金 （事業者団体） 50万元以下の制裁金	前年度における売上高の1％以上10％以下の制裁金	50万元以下の制裁金
関連条文	第46条	第47条	第48条

出典：公正取引委員会ホームページ〈http://www.jftc.go.jp/〉

(3) 独占禁止法に基づく規制に係るコンプライアンス体制の構築

各国の独占禁止法に基づく上記各規制への対策としては、腐敗行為防止規制と同様に、コンプライアンス体制の構築が重要となり、企業の役員は、その善管注意義務の一環として、当該企業をして独占禁止法その他競争法に違反することのないよう、適切なコンプライアンス体制を構築・運用する義務を負担しているものと解される。

そのため、役員としては、前述の各規制との関係においても、腐敗行為防止規制に係る前記5(2)記載の各措置（社内規程策定、組織体制整備、第三者の管理、従業員教育およびモニタリングと継続的な見直し等）に準じた体制を構築し、かかる体制の適切な運用・監督・見直し等を行うことによって、自らの義務を果たしていく必要がある。

Ⅱ 事例と対策

〔事例〕 合弁契約を解消し中国事業から撤退する場合の方法はどうあるべきか

> 日本の食品メーカーであるＡ社は、中国に進出するにあたり、中国の現地企業であるＢ社との間で合弁契約を締結し、共同出資のうえ、中国・上海に合弁会社Ｃ社を設立して事業を開始した。しかしながら、数年後、Ｃ社の取引の約6割を占めていた取引先が破産したことにより取引数量が激減し、さらに、合弁パートナーとも経営方針等の点で相違が目立つようになったことから、Ａ社は、合弁契約を解消し、中国事業から撤退することを決断した。Ａ社は、どのような手法により撤退を進めるべきであろうか。

1 総論

現地企業と合弁契約を締結して共同出資会社を設立する方法により海外進出を行った場合の撤退の手法としては、前記Ⅰ4(2)で記述のとおり、まず第一に、①合弁相手、または第三者に対する出資持分の譲渡を検討し、次善の策として、②合弁会社の清算・解散等を検討し、最後の手段として、③破産

手続を検討することが一般的である。

2　持分譲渡による場合

　中国においては、持分譲渡の方法による場合の一般的な留意事項として前記Ⅰですでに述べた点に加えて、持分譲渡について、①合弁相手である出資者全員の合意と、②董事会（中国資本と外国資本による合弁会社の最高決議機関）での全会一致決議に加え、③中国当局の審査認可機関の認可が必要となる点にも、留意が必要である。

　また、持分の譲渡に関しては、会社法上、合弁相手による持分の優先購入権が認められており、また、持分を第三者に譲渡する場合に、合弁相手に譲渡する条件よりも優遇した条件で譲渡することが禁止され、かかる定めに違反した譲渡は無効になることとされている。逆に、出資持分譲渡の申出を受けた合弁相手は、優先購入権を行使して当該出資持分権を取得するか、第三者への譲渡に同意するかのいずれかを選択する義務を負うものと解されている。そのため、持分譲渡を求める場合、合弁相手がこの選択を拒否した場合には、合弁契約の紛争解決条項に従って、当該当事者に対し、譲渡の同意を求める仲裁等を申し立てることとなる。

3　解散・清算による場合

　中国においては、解散・清算の方法による場合について、Ⅰで述べた留意事項に加え、持分譲渡による場合と同様に、①董事会における全会一致の解散決議と、②審査認可機関の認可が必要となる。

　審査認可機関により解散が認可された場合には、出資者による清算グループが組成された後、債権者に対する通知・公告等の清算手続が進められ、すべての債務を弁済した後に残余財産が残った場合にのみ、出資者への分配が行われる。

4　破産手続による場合

(1)　中国における破産手続の概要

　中国における破産手続には、同国の企業破産法が適用されるが、その手続の概要は以下のとおりである。

①債務者または債権者は、いずれも人民法院に対して破産の申立てを行うこ

とができる。人民法院は申立てを受理した後、原則として15日以内に審査を済ませ、当該事件を受理するか否かを決定する。当該申立てを受理した場合、人民法院は破産管財人を指名する。

②破産事件の審理手続には、債権届出手続および債権者集会手続があり、関連する債権者は、法定された期間内に債権の届出を行うこととなる。かかる届出を行った債権者は、債権者集会の構成員として、債権者集会に参加し、議決権を行使することができる。

③人民法院は、債務者に確かに破産原因が存在することが判明し、かつ、同法の定める企業更生または和議手続による再建が不可能ないし見込まれなくなった場合には、債務者の破産を宣告し、破産・清算手続および配当手続を実施することとなる。

(2) 本事例の検討

すでに説明したとおり、破産手続による清算については、出資持分譲渡を行うことができず、かつ解散・清算をしようにもその費用がない場合の第三案ないし最終手段として位置づけられている。破産手続による撤退は、日本本社にとっても大きなレピュテーションリスクとなることから、可能な限り債務超過状態の解消に努めるなどして、解散・清算その他の方法により撤退を行うことが望ましいといえる。

5 総 括

前記Ⅰ4のとおり、日本の企業が海外で事業を展開するにあたっては、その進出、運営および撤退の各段階に多種多様なリスクが潜んでおり、仮にかかるリスクの発現によって、現地会社にとどまらず、日本本社に甚大な損失が発生した場合には、当該本社役員に対し、海外事業の進出、運営および撤退に係る各経営判断等について、株主をはじめとするステークホルダーから責任追及がなされる可能性も否定はできない。

そのため、海外への事業進出にあたって、日本企業の役員には、①当該事業に係る各種リスクの正確な把握、②上記①のリスクの発現を防ぐための体制構築・予防策策定（たとえば、撤退を見据えた合弁契約書の作成・締結）、③さらに①のリスクが発現した際の損失等の発生・拡大を防ぐための体制構築・予防策の策定、また、④実際にリスクが発現した場面における迅速適切な対応の実施（たとえば、適切な撤退手法の選択）等を行うことが求められて

いるものと考えられる。

〔髙木佑衣〕

22 環境保護に関するリスク管理

I 基礎知識

1 環境保護に関する法律

(1) 公害対策基本法から環境基本法へ

　1950年代から1960年代にかけて、わが国はめざましい高度経済成長を達成した。しかし、そのひずみによりいわゆる四大公害病（水俣病、新潟水俣病、四日市ぜん息、イタイイタイ病）に象徴される深刻な公害被害が発生し、全国で公害訴訟が多発した。このような社会問題の発生を受け、1967年に公害対策基本法が制定・公布され、同法において、典型的な7つの公害（大気汚染、水質の汚濁、土壌の汚染、騒音、振動、地盤の沈下、悪臭）が定義されるとともに、これらの公害に対する規制がなされた。かかる法規制およびこれに対する企業努力によって、その後の20年間で、公害被害は劇的に減少した。

　ところが、1990年代に入り、経済活動の国際化が進むにつれ、公害問題は各国における問題から地球規模の問題へと移行し、オゾン層の破壊、廃棄物の越境移動、地球温暖化、海洋汚染、野生生物の種の絶滅等、個々の国や地域による対応だけでは解決することのできない環境問題が出現した。1992年には、これらの環境問題について議論すべく、リオデジャネイロで「地球サミット」が開催され、このような国際協調の要請の高まりを受けて、わが国においても、1993年11月に従来の公害対策基本法が廃止され、新たに環境基本法が制定された。

(2) 環境基本法および規制の全体像

　環境基本法において、「公害」は、環境の保全上の支障のうち、事業活動その他の人の活動に伴って生ずる相当範囲にわたる大気の汚染、水質の汚濁、土壌の汚染、騒音、振動、地盤の沈下および悪臭によって、人の健康または生活環境に係る被害が生ずることと定義されている（環境基本法2条3項）。

そして、これらの公害を防止するため、環境基本法の下に、土壌汚染防止法、大気汚染防止法および水質汚染防止法等といった個別の環境法が定められた。また、2000年には、同じく環境基本法の下に、廃棄物処理やリサイクル対策の基本枠組みを定めるものとして循環型社会形成推進法が制定され、その下に、廃棄物処理法と資源有効利用促進法が制定されている。

以下、これらの個別の環境法のうち、近時の企業活動と特に密接に関連し、役員責任につながる可能性の高いものとして、本項では、廃棄物処理法および現行の土壌汚染対策法に基づく規制の概要を説明する。

2　廃棄物処理法の概要

(1)　廃棄物の種類

廃棄物処理法上、廃棄物の種類と定義は、以下のとおり分類・定義されている。

(2)　排出者責任

廃棄物処理法は、「事業者は、その事業活動に伴って生じた廃棄物を自らの責任において適正に処理しなければならない」と規定し、排出事業者の処

〔表32〕　廃棄物の種類と定義

種　類	定　義
廃棄物	ごみ、粗大ごみ、燃え殻、汚泥、ふん尿、廃油、廃酸、廃アルカリ、動物の死体その他の汚物または不要物であって、固形状または液状のもの（廃棄物処理法2条1項）。
産業廃棄物	事業活動に伴って生じた廃棄物のうち、燃え殻、汚泥、廃油、廃酸、廃アルカリ、廃プラスチック類その他政令で定める廃棄物（廃棄物処理法2条1項、廃棄物処理法施行令2条）。 ※産業廃棄物のうち一部の廃棄物（紙くず、木くず、動植物不要物、動物ふん尿、動物死体）については、指定業種から排出される場合に限り産業廃棄物に分類される。
一般廃棄物	産業廃棄物以外の廃棄物（廃棄物処理法2条2項）。
特別管理産業廃棄物／特別管理一般廃棄物	一般廃棄物または産業廃棄物のうち、爆発性、毒性、感染性その他の人の健康または生活環境に係る被害を生ずるおそれがある性状を有するものとして政令で定めるもの（廃棄物処理法2条3項、廃棄物処理法施行令2条）。

理責任を明確化している（排出者責任。廃棄物処理法3条）。

「自らの責任において適正に処理する」とは、排出事業者が処理基準に従って自ら処理することのほか、都道府県等から許可を受けた処理業者等に委託して処理することも含まれる。そして、産業廃棄物の処理の委託にあたっては、排出者責任を全うするため、次の(3)において説明する各ルールを遵守する必要がある。

(3) 産業廃棄物の処理の委託

(A) 委託基準

産業廃棄物の処理を業者に委託する場合には、処理業者との間で、廃棄物処理法の定める委託基準（廃棄物処理法12条5項〜7項および同条の2第5項〜7項）に従った適正な委託契約を締結する必要がある。この契約は、法定事項を記載した書面により締結され、委託業務の内容に応じた法定書面（産業廃棄物運搬業・処分業の許可証の写し等）が添付されなければならない。

この他、委託基準の概要は、以下のとおりである。

- 委託先が処理業の許可を有していること。
- 当該産業廃棄物の処理が、委託する者の事業範囲に含まれること。
- 委託する者において、当該産業廃棄物の最終処分が完了するまでの一連の処理が適切に行われるために必要な措置を講ずるよう努めること。
- 特別管理産業廃棄物の処理を委託する場合には、委託先に対し、あらかじめ処理を委託する特別管理産業廃棄物の種類、数量、性状、荷姿、取扱い時の注意事項を書面で通知すること。
- 委託契約書および添付書類を契約終了日から5年間保存すること。

(B) 三者間契約・再委託の禁止

(a) 三者間契約の禁止

排出事業者は、処理業者による適正処理を担保するため、運搬業者・処分業者のそれぞれと二者間契約を結ぶ必要がある（廃棄物処理法12条5項）。排出事業者が処分業者の処理能力等を確認せずに運搬業者と処分業者を含めた三者間契約を結ぶことを禁じるためである。ただし、運搬業と処分業の両方の許可をもつ処理業者との契約については、1通の契約書によることも許容されている。

(b) 再委託の禁止

　廃棄物処理法は、再委託（排出事業者と委託契約を結んだ処理業者が、受託した廃棄物の処理を第三者に委託すること）を原則として禁止している（廃棄物処理法14条16項等）。ただし、以下の場合には、例外的に再委託が認められる（廃棄物処理法施行令6条の12、同条の15、廃棄物処理法施行規則10条の7）。

- ●概要以下の再委託基準に適合した手続により実施する場合
  - ・再受託者の氏名等法定事項を明示して、当初委託者から書面による事前の承諾を受けること。
  - ・再受託者に産業廃棄物を引き渡す際に、当該産業廃棄物の種類・数量等法定事項を記載した書面を交付すること。
  - ・廃棄物処理法第15条の4の5第1項の許可を受けて輸入された廃棄物の処分または再生の再委託にあたらないこと。
  - ・再委託先が処理業の許可を有していること。
  - ・当該処理が再委託先の事業の範囲に含まれること。
  - ・再委託契約が法定事項を記載した書面により締結され、再委託業務の内容に応じた法定書面が添付されること。
  - ・再委託契約書および添付書面を契約終了日から5年間保存すること。
  - ・特別管理産業廃棄物の処理を再委託する場合には、再委託先に対し、あらかじめ当初委託者から通知された特別管理産業廃棄物の種類、数量、性状、荷姿、取扱い時の注意事項を書面で通知すること。
- ●受託者が改善命令、措置命令を受けた場合

(c) マニフェスト制度

(a) 制度の概要

　マニフェスト制度は、産業廃棄物の委託処理における排出者責任の明確化と、不法投棄の防止を目的として実施され、産業廃棄物の処理の委託に際し、産業廃棄物の名称、運搬業者名、処分業者名、取扱い上の注意事項等を記載したマニフェストを交付して、産業廃棄物と一緒に流通させることにより、当該産業廃棄物が適正に処理されることを把握するための制度である（廃棄物処理法12条の3）。

(b) 制度の運用

　マニフェスト制度は、以下の流れに従って運用されている。

(ｱ) 排出事業者によるマニフェストの交付

　排出事業者は、マニフェスト（7枚複写のA・B1・B2・C1・C2・D・E

票）に必要事項を記入する。排出事業者は、運搬業者に対する廃棄物の引渡し時に、運搬業者の署名・押印を得たうえで、A票を手元に残し、残りのマニフェストを収集運搬業者に交付する。

　(イ)　運搬終了時

　運搬業者は、残りのマニフェストを廃棄物とともに処分業者に渡す。処分業者は所定欄に署名のうえ、B1票・B2票を運搬業者に返す。収集運搬業者はB1票を自ら保管するとともに、B2票を排出事業者に送付して、運搬の終了を報告する。

　(ウ)　処分終了時

　処分業者は、処分終了後、マニフェストの所定欄に署名し、収集運搬業者にC2票を、排出事業者にD票（最終処分の場合はE票もあわせて）を送付して、C1票は自ら保存する。

　(エ)　最終処分終了時

　処分業者は、自ら交付したマニフェスト等により最終処分の終了を確認し、保管していた排出事業者のE票に最終処分終了年月日、最終処分の場所を記載のうえ、排出事業者に返送する。

　(オ)　返送されたマニフェストの確認および保存

　排出事業者は、A票と、返送されたB2票、D票、E票を照合し、内容の適正を確認する。排出事業者および処理業者は、廃棄物処理法の定めに従ってマニフェスト伝票を保管する（保存期間5年間）。

(c)　排出事業者による処理終了確認

　排出事業者（中間処理業者が排出事業者となる場合も含む）は、マニフェストの交付後90日以内に、委託した産業廃棄物の中間処理（中間処理を経由せず直接最終処分される場合も含む）が終了したことを、マニフェストで確認しなければならない。また、中間処理を経由して最終処分される場合は、マニフェスト交付後180日以内に、最終処分が終了したことを確認しなければならない。上記の期限を過ぎても処理業者からマニフェストの返送がない場合には、排出事業者は、委託した産業廃棄物の処理状況を把握したうえで適切な措置を講ずるとともに、その旨を都道府県等に報告する必要がある（廃棄物処理法12条38項）。

　なお、廃棄物処理法において、「最終処分」とは、廃棄物を埋立処分や海洋投入によって最終的に処分することをいい、「中間処理」とは、最終処分

を行うために、廃棄物を減量・減容化、安定化、無害化、資源化することをいう（廃棄物処理法12条5項）。

(d) 電子マニフェスト制度

電子マニフェスト制度とは、マニフェスト情報を電子化し、排出事業者、収集運搬業者、処分業者の3者が情報処理センターを介したネットワークでやり取りする仕組みをいう（廃棄物処理法12条の5）。電子マニフェスト制度を利用するためには、排出事業者と委託先の運搬業者、処分業者の3者の加入が必要となるが、3者間で合理的かつ透明性の高い情報管理を行うことにより、適正処理の徹底等を図ることができる。

(4) 保管基準

排出事業者は、自ら排出した産業廃棄物が運搬されるまでの間、産業廃棄物や特別管理産業廃棄物に係る保管基準に従い、当該産業廃棄物を、生活環境保全上支障のないように保管しなければならない（廃棄物処理法12条2項、12条の22項）。

(5) 不適正な処理が行われた場合の法的責任

(A) 行政処分・罰則

(a) 報告徴収・立入検査

都道府県知事等は、法律の施行に必要な限度において、排出事業者、処理業者（無許可業者を含む）、処理施設の設置者、情報処理センターに対し、廃棄物の処理、施設の構造・維持管理について、必要な報告を求めることができる。また、排出事業者、処理業者の事業場、処理施設のある土地や建物に立ち入り、廃棄物の処理、施設の構造基準・維持管理に関する帳簿や書類、その他の物件を検査することもできる。

(b) 改善命令

排出事業者、処理業者が処理基準に適合しない廃棄物の処理を行った場合、都道府県知事等は、廃棄物の適正処理を確保するため処理方法の変更、その他必要な措置を講じるよう命ずることができる。また、排出事業者については、処理基準の他に、保管基準に適合しない保管も改善命令の対象となる。

(c) 措置命令

処理基準に適合しない廃棄物の処理が行われた場合で、生活環境の保全上支障が生じ、または生じるおそれがある場合に、都道府県知事等はその支障の除去、発生の防止のために必要な措置を講じることを命じることができる。

措置命令の対象は、原則として、処理基準に適合しない廃棄物処分を実施した者等である。しかし、排出者責任の観点から、マニフェストを交付していない排出事業者や、注意義務を怠った排出事業者は措置命令の対象となる場合がある。具体的には、不適正処理の実施者が、不法投棄の原状回復などの支障の除去を行うために必要な資力を有していないにもかかわらず、排出事業者が適正な処理料金を負担していなかった場合など、排出事業者責任および排出事業者の注意義務に照らして、排出事業者に措置命令をとらせることが適当であると判断できるような場合には、産業廃棄物の処理を委託した排出事業者に対しても、措置命令がなされる可能性がある。

　　　(d)　罰　則
　法人の代表者、代理人、使用人その他の従業員が廃棄物処理法に違反した場合には、刑事処分（罰則）の対象になる場合がある。法定刑の上限は、最も重い無許可営業、措置命令違反および委託基準違反等において、5年以下の懲役もしくは1000万円以下の罰金またはこの併科とされており（廃棄物処理法25条）、両罰規定も設けられている（同法32条）。

　　(B)　私法上の責任（地域トラブル）
　前述した行政処分・罰則のほか、廃棄物処理法に違反する行為によって近隣住民等に健康被害等が生じた場合や、運搬・処理業者の選定が不適正であった場合、不適正な委託が行われた場合等には、かかる行為による損害の発生を主張する者から、排出事業者に対し、不法行為に基づく損害賠償請求訴訟（民法709条）等が提起される可能性があり、また、廃棄物を不法投棄された土地の所有者から、所有権に基づく原状回復請求訴訟等が提起される可能性があることにも留意する必要がある。

3　土壌汚染対策法の概要

(1)　土壌汚染状況調査

　土壌汚染対策法は、以下のとおり、土壌汚染のおそれが高いと考えられる土地について、その所有者等に土壌汚染の調査を義務づけている（以下、「調査義務」という）。

(2)　指定区域の指定および台帳の調製

　都道府県知事は、前記(1)の調査結果の報告や、自主調査による指定申請（土壌汚染対策法14条）等を踏まえ、土壌の汚染状態が法の定める基準に適合

〔表33〕 調査の対象となる土地

対象となる土地	調査の内容
使用が廃止された有害物質使用特定施設に係る工場または事業場の敷地であった土地（土壌汚染対策法3条）	使用が廃止された有害物質使用特定施設に係る工場または事業場の敷地であった土地の所有者等は、当該土地の土壌汚染の状況について、環境大臣が指定する者（指定調査機関）に調査させて、その結果を都道府県知事に報告しなければならない（土地利用の方法からみて、人の健康被害が生ずるおそれがない旨の都道府県知事の確認を受けたときを除く）。
一定規模（3000㎡）以上の土地の形質の変更の届出の際に、土壌汚染のおそれがあると都道府県知事等が認めるとき（土壌汚染対策法4条）	都道府県知事は、当該土地に土壌汚染のおそれがあるものとして環境省令で基準に該当すると認めるときは、当該土地の土壌汚染の状況について、当該土地の所有者等に対し、指定調査機関に調査させて、その結果を報告すべきことを命ずることができる。
土壌汚染による健康被害が生ずるおそれがある土地（土壌汚染対策法5条）	都道府県知事は、土壌汚染により人の健康被害が生ずるおそれがある土地があると認めるときは、当該土地の土壌汚染の状況について、当該土地の所有者等に対し、指定調査機関に調査させて、その結果を報告すべきことを命ずることができる。

しない土地について、以下の区分に従い、その区域を指定区域として指定・公示するとともに、当該指定区域の台帳を調製し、閲覧に供する。都道府県知事は、台帳の閲覧を求められた場合には、正当な理由がなければこれを拒むことができない（同法15条）。

　　(A)　**要措置区域（土壌汚染対策法6条および7条）**
・人の健康に係る被害が生ずるおそれのある土壌汚染
・汚染の除去等の措置を都道府県知事が指示
・原則として形質の変更は禁止
　　(B)　**形質変更時要届出区域（土壌汚染対策法11条）**
・人の健康に係る被害が生ずるおそれのない土地
・土地の形質を変更する場合には事前の届出が必要

(3) 土壌汚染による健康被害の防止措置

(A) 汚染の除去等の措置命令（土壌汚染対策法7条1項）

(a) 対土地所有者等

都道府県知事は、指定区域内の土地の土壌汚染により人の健康被害が生ずるおそれがあると認めるときは、当該土地の所有者等に対し、汚染の除去等の措置を講ずべきことを命ずることができる。

(b) 対汚染原因者

汚染原因者が明らかな場合であって、汚染原因者に措置を講じさせることにつき土地の所有者等に異議がないときは、前記(a)によらず、都道府県知事は、汚染原因者に対し、汚染の除去等の措置を講ずべきことを命ずることができる。

(B) 汚染の除去等の措置に要した費用の請求（土壌汚染対策法8条）

前記(3)(A)(a)の措置命令を受けて土地の所有者等が汚染の除去等の措置を講じたときは、汚染原因者に対してこれに要した費用を請求することができる。

(C) 土地の形質変更の届出および計画変更命令（土壌汚染対策法12条）

指定区域内において土地の形質変更をしようとする者は、都道府県知事に届け出なければならない。都道府県知事は、その施行方法が基準に適合しないと認めるときは、その届出をした者に対し、施行方法に関する計画の変更を命ずることができる。かかる命令に違反した場合には、2年以下の懲役または100万円以下の罰金が科される（土壌汚染対策法65条第1号）。

4　企業活動と環境リスク

企業活動と環境問題とは、非常に緊密な関係にある。

企業が抱える典型的な環境リスクとしては、事業活動を行う場所とその周辺地域における汚染問題（特に化学物質による汚染問題）があげられ、事業に伴う事故等によりかかる汚染が発生した場合、企業は、甚大な財産的損失を伴う責任と社会的信用損失を被ることとなる。そして、かかる汚染問題に伴う損失が生じた場合、会社役員は、自ら法令違反行為に関与した場合はもちろんのこと、監視義務や内部統制システム構築義務の違反を理由として、株主代表訴訟等による責任追及がなされるリスクを負う。たとえば、企業が法定基準値以上の有害物質を含む土壌埋戻材を販売したため、山林等に埋設された当該土壌埋戻材の回収を余儀なくされた事案において、株主が、当時の

取締役らに対し、当該回収費用等に係る損害の賠償を求める株主代表訴訟を提起し、元取締役ら3人に最高約485億円の支払いが命じられた大阪地判平成24・6・29商事法務1974号66頁がある（なお、控訴審において一部の元取締役との間で和解が成立した）。

一方、企業が、法令により求められる水準を超えて積極的に環境保護に資する活動を展開した場合には、企業のブランドイメージを向上させ、企業価値を高めることもできる。

このように、会社役員としては、環境保護に係る各種法規制を十分に理解・把握したうえで、環境リスクの防止・排斥に努めるとともに、これらの負担を逆に企業価値向上の手段やビジネスチャンスと捉え、企業の発展に積極的に役立てていく姿勢が求められているといえる。

II 事例と対策

〔事例1〕 受託業者が無許可処理業者に再委託していたことが発覚した場合に、どのような対応をすべきか

> A社は、自社工場において産業廃棄物を排出しており、長年にわたって当該産業廃棄物の処理を処理業者B社に委託してきたが、今般、B社が、A社から処分を受託した産業廃棄物を自ら処理せず、無許可の処理業者に再委託していた事実が発覚した。この場合に、A社はどのような法的責任を問われるか。また、A社およびA社の役員としては、このような事態を防止するため、どのような手段を講じることができるか。

1 本事例への対応

(1) 本事例の検討

本事例において、排出事業者であるA社は、自ら排出した産業廃棄物を処理業者であるB社に委託する方法により処分している。そのため、A社は、B社との間で委託基準に従った委託契約を締結したうえで、マニフェストを適正に運用し、B社による最終処分が適正に実施・終了したことを確認

〔第2部〕 第8章 事業展開に関するリスク

することによって、排出者責任を果たす必要がある（前記Ⅰ2）。

　それにもかかわらず、本事例のように、処理を受託した受託業者（B社）により、廃棄物処理法に違反する行為その他の不適正な処理等（本事例においては、再委託の禁止に係る法令違反（前記Ⅰ3(2)(B)(b)）が行われた場合、委託業者であるA社についても排出者責任ないし排出事業者としての注意義務違反を問われうるような事由が存在するときには、A社に対しても、措置命令等の行政処分や、罰則等のペナルティが課される可能性がある（前記Ⅰ3(5)(A)）。

　このような事由として、具体的には、A社について、①廃棄物処理に係る委託契約の締結に際して、処理業者としての適正や能力（車両数、施設の能力、人員数等）を十分に調査・考慮することなく不適正な処理業者の選定を行った場合、②委託契約の締結後に、当該処理業者が処理業者としての適正や能力を欠く状態に陥ったにもかかわらず、排出事業者が受託業者に対する適正な監督や委託関係の定期的な見直しを行わなかった場合、③マニフェストの運用において処理業者によるマニフェストの記載や返送状況等に不備ないし不審な点があったにもかかわらず、これを漫然と放置して適切な対応を講じなかった場合等をあげることができる。

　かかる場合には、実際に不適正な処理を行ったB社（および無許可の再委託先）だけでなく、排出事業者であるA社に対しても、何らかの法的責任の追及がなされる可能性が高いと考えられる。

(2) 委託会社役員の責任

　以上からすると、廃棄物処理の委託を行う場面において、排出事業者の役員は、その善管注意義務（会社330条、民法644条）の一貫として、①当該企業において、適切な委託先の選定および適切な内容による委託契約の締結がなされるための体制を構築したうえで、②当該体制の下で、当該処理業者との委託関係を適正に監督・コントロールしていく義務を負担しているものと解され、これに違反した場合には、責任追及の対象となり得ることとなる（会社423条1項）。そのため、当該役員としては、あらかじめ、当該企業における委託先の選定基準、委託契約書の書式および契約締結の手続並びに委託先の管理方法に係る社内規程等を決定・策定するとともに、そのような体制が実効的に機能しているかどうかについて、定期的な監督・見直しを実施することにより、上記義務を確実に履践していく必要がある。

〔事例２〕　土壌汚染のおそれのある土地を購入する前に気をつけなければならない点は何か

> 　不動産業者であるＣ社は、更地（以下、「本件土地」という）を所有するＤ社から本件土地を購入し、同土地上に複数の分譲マンションを建築して、Ｃ社の顧客に販売することを検討している。本件土地は工場用地に分類されており、石油化学工場の跡地であったという話も聞いたことがある。Ｃ社の役員としては、本件土地の購入を検討するにあたってどのような点に気をつけ、対応すべきであろうか。

1　本事例の検討

(1)　調査義務の有無に関する調査

　本事例において、仮に、本件土地において過去に特定有害物質が使用された事実があったにもかかわらず、所有者たるＤ社が、前記Ⅰ3(1)記載の調査義務を果たしておらず、Ｃ社がそのことを認識しないまま本件土地を購入し、後に、特定有害物質使用の事実が発覚した場合、本件土地の新たな所有者となるＣ社に対して同調査義務が課される可能性がある。

　その場合、Ｃ社には、①調査費用や汚染が発見された際の除去費用の負担、②事業の中断・遅延、③マンション購入者からの瑕疵担保責任の追及その他のクレーム対応といったさまざまな損失が生じるおそれがある。

　そのため、Ｃ社としては、本件土地に係る売主の調査義務の存否を事前に調査すべきであり、仮に、調査義務が存在する場合には、売主においてかかる調査義務を履践させ、当該汚染の除去等を完了させたうえで、本件土地を購入することが必要である。

　また、Ｃ社の計画において3000㎡以上の本件土地の掘削等が予定されている場合にも、同様に、調査義務等を課される可能性があることから、Ｃ社としては、土壌汚染に係る基準への該当性について事前に調査を行い、かかる基準に該当する（おそれがある）場合には、売主の責任と費用負担により、調査義務の履行および汚染除去を完了させることが適切である。

(2)　都道府県知事が把握している情報の調査

　前記Ⅰ3(2)で説明したとおり、本件土地に係る指定区域の指定の有無は、

都道府県知事が調製する台帳を見ることによって確認することができる。C社としては、本件土地を購入する前に当該台帳を調査し、当該土地に区域指定がなされていないことを確認しておくことが必要である。

(3) 土地売買契約書による手当て

C社において本件土地の過去の使用歴等を調査した結果、調査義務が課されるおそれのある事由が発見できなかった場合であっても、着工後に、本件土地から、何らかの有害物質や施工の支障となるような埋設物等が発見された場合には、C社に、前記(1)のリスクと同様のリスクが生じるおそれがある。そこで、C社としては、このようなリスクを事前に想定したうえで、売主と締結する土地売買契約書において以下の定めを設けることにより、同リスクを一定程度排斥・低減しておく必要がある。

① 売主に対して本件土地の土壌汚染調査を義務付ける。また、かかる調査により汚染等が確認された場合には、売主の責任と費用負担において汚染等を除去させる。

② ①の汚染調査の実施と、かかる調査によって本件土地にC社の事業・計画の支障となるような汚染等がないことが確認できたこと（またはかかる汚染等の除去が完了したこと）等を、譲渡実行の前提条件とする。

③ 本件土地にC社の事業・計画の支障となるような汚染等がないことについて売主の表明保証条項を設け、かかる表明保証に反する事実が発見された場合の損害賠償の範囲やペナルティについても規定する。

④ ①～③の手当てによっては排斥しきれない他の有害物質・埋設物等の発見に係るリスクを低減するため、売主に対して瑕疵担保責任を追及することができる範囲（瑕疵の範囲・時的範囲）を可能な限り拡大・伸長する。

(4) 土地購入会社役員の責任

以上からすると、不動産を購入する場面において、土壌汚染対策法との関係では、当該不動産を購入する企業（C社）の役員は、その善管注意義務の一環として、①適切な方法・基準による当該不動産の過去の使用歴等の調査、当該不動産の購入の適否に係る合理的な判断、および適切な内容による不動産売買契約の締結等がなされるための体制を整備・構築したうえで、②かかる体制を確実かつ効果的に運用させる義務を負担しているものと解され、当該役員がこれらの義務に違反したことにより、当該企業に損失（たとえば、

想定していなかった調査費用の負担や、事業の中断・中止による損失等）が発生した場合には、その責任を追及され得ることとなる（会社423条１項）。

　そのため、C社役員としては、あらかじめ、購入を検討する不動産の過去の使用歴等の調査に関するマニュアル、当該不動産の購入判断に係る社内基準、不動産売買契約書の書式および契約締結手続等を策定するとともに、実際に、かかる体制や取決め等を遵守した取引がなされているかどうかについて、定期的な監督・見直しを実施することにより、自らの義務を果たす必要がある。

〔髙木佑衣〕

23　名誉毀損に対するリスク管理

I　基礎知識

1　概　要

　企業に対する名誉毀損は、企業の社会的評価を低下させ、企業に大きなダメージを与え、これを回復することが難しい場合も少なくないことから、会社役員としては、名誉毀損に対するリスク管理を十分に行うことが重要である。

　従来、企業に対する名誉棄損は、テレビ、新聞、雑誌等のマスメディアなどの企業によってなされる例が多かったが、最近では、インターネットの掲示板やSNS（ソーシャル・ネットワーキング・サービス）を用いる方法により、個人によってなされることもある。従業員によって腹立ちまぎれに匿名でインターネットに書き込みがなされることもあり得るのである。そして、その内容がセンセーショナルであればあるほど、インターネットを通じて瞬時に広まり、その影響は大きく、企業の社会的評価を下げるものとして無視できない事態が生じる例も少なくない。もっとも、企業が名誉毀損行為に対して過剰に反応し記者会見を開いて反論した場合、その対応が過剰であると、かえって社会の非難を招き、社会的評価を下げることになりかねないことから、どのような対応を行うのが適切かを見極める必要がある。

会社役員としては、企業による名誉毀損であるか、個人による名誉毀損であるかを問わず、その社会に対する影響力を冷静に判断し、迅速に適切な対策を講じることが重要である。

2　名誉毀損に対する対応

(1)　概　要

最初に、出版による名誉毀損に対する対応を検討する。

最も効果が高いのは、事前にこれを差し止めることである。この手段としては、出版差止めの仮処分があるが、表現の自由に対する制限という問題があるとともに、出版内容を事前に把握していなければならず、実際にこれを行うのは難しいことが多いと考えられる。

次に、名誉毀損がなされた後にその損害を回復するための手段としては、不法行為に基づく損害賠償請求や謝罪広告による名誉回復措置がある。また、捜査機関に対して名誉毀損罪などで告訴・告発を行い、刑事上の責任を追及することも考えられる。

他方で、インターネットの掲示板やブログへの書き込みなどの場合の対応について検討する。こうした書き込み等が閲覧され続けることにより被害が拡大する状態を防止する必要があるので、一定の手続を取って、表現者などに対して削除請求することが考えられる。

(2)　名誉毀損行為について

(A)　名誉毀損とは

名誉毀損とは、どのようなことを意味するのであろうか。

裁判上、名誉とは、人の品性、徳行、名声、信用等の人格的価値について社会から受ける客観的価値、すなわち社会的名誉と解釈されており（最判昭和61・6・11民集40巻4号872頁）、名誉毀損とは、こうした社会的評価を低下させる行為とされている。社会的評価の低下の有無は、出版物等に関して「一般読者の普通の注意と読み方を基準」（最判昭和31・7・20民集10巻8号1059頁）として判断すべきとされている。

したがって、名誉毀損されたと主張する当事者のみが社会的評価を低下させる行為と判断するだけでは足りないことになるため、当事者である企業のみならず一般人の普通の注意と読み方を基準としても、その企業の社会的評価を低下させる行為であるといえることが必要となる。

また、名誉毀損が社会的評価を低下させる行為であるということから、不特定または多数の者に対してなされる必要があるとされている（最判昭和34・12・25刑集13巻13号3360頁）点にも留意が必要である。

(B) 名誉毀損が成立しない場合

当該行為が名誉毀損に該当するとしても、表現の自由や国民の知る権利の重要性から、一定の場合、違法性がないとされているので、法的手段を検討する場合には、違法性がないと判断されるか否かについても注意する必要がある。

不法行為としての名誉毀損の成立に関するものであるが、具体的には、判例上、事実の摘示がなされた表現については、以下の要件をすべて充足すれば名誉毀損は成立しないとされている（最判昭和41・6・23民集20巻5号1118頁）。

① 公共性：公共の利害に関する事実に関するものであること
② 公益性：もっぱら公益をはかる目的であること
③ 真実性または真実相当性：摘示された事実が真実であることまたは真実であると信じるに相当の理由があること

(3) 出版差止めの仮処分

企業が発売前の週刊誌等に自社の名誉を毀損する内容が書かれていることを知るに至った場合、その掲載の停止を求めるとともに、別途、裁判所に対して、出版社を相手方として、人格権としての名誉権を保全する権利とする出版差止めの仮処分を申し立てるという方法がある。

ただし、出版差止めの仮処分は、表現の自由を事前に抑制する点において表現の自由に対する抑止効果が高いものであることから、限定的にしか認められない傾向にある。

リーディングケースとしては、知事選の立候補者が出版差止めの仮処分を申立てた事案（いわゆる北方ジャーナル事件）がある。北方ジャーナル事件において、最高裁判所は、表現行為が「公務員又は公職選挙の候補者に対する評価、批判等の表現行為に関するものである場合には、そのこと自体から、一般にそれが公共の利害に関する事項であるということができ」としたうえで、「当該表現行為に対する事前差止めは、原則として許されないものといわなければならない」とし、「その表現内容が真実でなく、又はそれが専ら公益を図る目的のものでないことが明白であつて、かつ、被害者が重大にし

て著しく回復困難な損害を被る虞があるときは」例外的に事前差止めが許されるものと判断している（前掲・最判昭和61・6・11）。

(4) 出版差止めの仮処分に関する裁判例

企業に対する名誉毀損が行われた場合に出版差止めの仮処分が認められるかについて最高裁判所の判断がなされた事案は今のところないが、下級審において、出版差止めではないものの、一部販売がされた出版物について、X銀行およびその役員の名誉を毀損するものであるとして、X銀行がYに対してその頒布、販売などの禁止の仮処分を求めた事件（東京地判昭和63・10・13判時1290号48頁）がある。同事件において、裁判所は北方ジャーナル事件の判示に従って判断し、私人とはいえ銀行という極めて公共性の強い企業に関するものであって、原則的には差止めを許容しがたいとしながらも、例外的に差止めが許される場合であると判断しており、実務上参考になる。

名誉毀損を事前に差し止めることができなかった場合には、名誉毀損によって生じた損害について、不法行為に基づく損害賠償請求を行うことが考えられる。

(5) 謝罪広告

名誉を毀損された場合には、損害賠償に代えて、または損害賠償とともに、「名誉を回復するに適当な処分」を請求することができるとされており（民法723条）、いわゆる「謝罪広告」を求めることができる。ただし、この謝罪広告は、「名誉を回復するに適当な処分」であることが前提になっていることや、民法が金銭賠償の原則（同法722条1項・417条）をとっていることから、裁判所が名誉毀損を認めた場合でも、必ずしも、謝罪広告を認めるとは限らない点に留意が必要である。

(6) ウェブサイトの記述による名誉毀損に対する対応

ウェブサイトの記述による名誉毀損に対する対応としては、当該記述を削除すること、当該情報の発信者を調べて損害賠償請求をすることや刑事告訴・被害届を行うことが考えられる。以下、説明する。

(A) 削除請求

ウェブサイトの記述による名誉毀損は、同記述がネット上で注目を集めると短時間で拡散するという性質を有するため、まずは、同記述を削除して被害が拡大する状態を防止する必要がある。

ところが、ウェブサイトの記述は匿名でなされることも少なくないことか

ら、発信者が特定できないことがある。また、口コミサイトなど多くの発信者による発信によりウェブサイトが構成されている場合などは、技術上、必ずしも、発信者が自分の投稿を削除できるとは限らず、ウェブサイトの管理者やサーバーの管理者しか削除することができないこともある。

したがって、第一に、誰に対して削除請求をするのが適当であるかを確認する必要がある。

実務上は、削除したいウェブサイトの記述を特定（掲示板の名称、掲示板内の書き込み場所、日付など）したうえで、ウェブサイト管理者やサーバーの管理者に対して人格権である名誉権侵害に基づく差止請求としての同記述の削除を求めることが多い。

この場合、発信者が書き込みをしたウェブサイトの掲示板管理者、同掲示板を掲載しているウェブサイトの管理者、そのウェブサイトのサーバーの管理者、発信者が契約している接続プロバイダなどは、特定電気通信役務提供者の損害賠償責任の制限及び発信者情報の開示に関する法律（以下、「プロバイダ責任制限法」という）の「プロバイダ（特定電気通信役務提供者）」に該当

〔表34〕 プロバイダ責任制限法3条1項

他人の権利を侵害している情報の流通に関与した場合の責任	
原則	免責
例外	削除が技術的に可能な場合であって、以下のいずれかに該当するときに損害賠償義務を負う ①他人の権利が侵害されていることを知っていたとき ②情報の流通を認識している場合で、それによる権利侵害を知ることができたと認めるに足りる相当の理由があるとき

情報を削除した場合の責任	
原則	損害賠償義務を負う
例外	必要な限度で削除が行われた場合であって、以下のいずれかに該当するときは免責 ①他人の権利が不当に侵害されていると信じるに足りる相当の理由があるとき ②発信者に対して削除の可否について意見照会をした場合に発信者が照会を受けた日より7日以内に同意しない旨の回答を行わなかったとき

する。そのため、同法3条に定められている権利侵害情報の発信に関するプロバイダの責任規定への配慮が必要である。

プロバイダ責任制限法3条1項の内容は〔表34〕のとおりである。

このようにプロバイダ責任制限法によれば、「プロバイダ」は他人の権利を侵害している情報を削除しないとしても損害賠償責任を負わないことを原則とする一方で、削除した場合には発信者に対して損害賠償責任を負うことを原則とすることから、ウェブサイト管理者やサーバー管理者に対して削除を求める際には、プロバイダが損害賠償責任を負担せずに削除に応じることができる状況なのか否かを、プロバイダ責任制限法3条2項の要件に照らして検討する必要がある。

(B) 発信者情報の開示請求

発信者の責任を追及しようとする際に、ウェブサイトへの記述が匿名で行われ発信者が特定できない場合には、プロバイダ責任制限法4条に基づき、コンテンツプロバイダ（ウェブサイト上で掲示板などのデジタルコンテンツを提供する事業者）に発信者に対する情報の開示を求めることが考えられる。もっとも、匿名で書き込める掲示板の場合など、コンテンツプロバイダが発信者の氏名や住所を管理しているとは限らないことから、コンテンツプロバイダから取得できる発信者情報は、同記述を行う際に接続してきた日時と時刻（タイムスタンプ）、同記述を行う際に使用されたIPアドレス（インターネットに接続しているパソコンや携帯電話などの端末を識別するための符号）等のアクセスログ（ウェブサーバーに残る記録）だけのことも少なくなく、発信者の氏名や住所等を特定できない場合もある。

ただし、IPアドレスから同記述をする際に使用されたアクセスプロバイダを調べることができ、発信者とインターネット接続契約を結んでいるアクセスプロバイダは、接続契約料を課金するために発信者の住所や氏名を把握していることから、アクセスプロバイダに対して、IPアドレスをもとに、発信者の氏名や住所の開示を求めれば、発信者を特定することができると考えられる。

発信者が特定された場合には、名誉毀損行為によって企業が被った信用の低下や営業損失などの損害や慰謝料について不法行為責任に基づき損害賠償請求をすることが考えられる。ただし、信用の低下についての損害額を算定することや名誉毀損行為と信用の低下や営業損失の因果関係を立証するのは

23 名誉毀損に対するリスク管理

困難を伴うことが多い。

　他方、名誉毀損行為が刑法上の名誉毀損罪や業務妨害罪に該当する可能性がある場合には、刑事告訴や被害届を提出することも考えられる。

3　役員としての対応

　担当役員としては、企業の社会的評価を著しく低下させるリスクに直面した場合、インターネット上の誹謗中傷を削除するなどの対応を行うだけではなく、事態を収縮させるため、プレスリリースなどを通して社会に対して説明することを検討することも相当であると考えられる。

II　事例と対策

〔事例〕　インターネット上で自社商品が誹謗中傷されている場合にどのような対応をとるべきか

> 　ある会社が、インターネット上の掲示板に匿名で自社の商品が誹謗中傷されている書き込みがあることを発見した。この書き込みを削除するためにはどのような対応をとるのが適切だろうか。また、発信者に対して損害賠償請求をするにあたっては匿名である発信者の氏名や住所などを明らかにする必要があるが、発信者情報の開示を求めるためには、どのような対応をとることが適切だろうか。
> 　加えて、インターネット上の誹謗中傷に対する対応について担当役員がその責任を追及されることがあるだろうか。

1　考えられる対応

　書き込みを削除するための任意的な手法としては、その書き込みがされているウェブサイトのフォーム（お問い合わせフォーム）を利用して請求する方法や一般社団法人テレコムサービス協会（インターネットサービスプロバイダ等で構成されている協会）が作成した「送信防止措置依頼書」を利用して請求する方法があり、法的な手法としては、削除仮処分命令申立や削除請求訴訟の提起がある。

375

他方、アクセスログや氏名・住所などの発信者情報の開示を求めるための任意的な手法として、削除と同様にウェブサイトのフォームを利用して請求する方法や一般社団法人テレコムサービス協会が作成した「発信者情報開示請求書」を利用して請求する方法があり、法的な手法としては、発信者情報開示仮処分命令申立や発信者情報開示請求訴訟の提起がある。ただし、アクセスログの保存期間は任意であるため、発信者情報の開示を求めている間に、アクセスログが削除されないように、発信者情報消去禁止仮処分命令申立ても検討する必要がある。

2 初動――書き込み内容の確認と証拠の保全――

インターネット上の情報は日々変化するため、まずは、対象となる書き込みが表示されている掲示板のウェブページの情報を保存するため、同ページを印刷したり、その画面自体を画像データ保存するとともに、そのURL（アドレス）を特定することが重要である。

次に、ウェブサイト上の情報を削除するためには、サーバーから情報を消去する必要があるため、サーバーに対して管理権限を有すると考えられる者、すなわち、発信者、ウェブサイト管理者、サーバー管理者が誰かを調査する必要がある。多くの場合、ウェブサイトのトップページなどに同ウェブサイトの運営者の名称や連絡先が記載されているのでこれで特定する。ウェブサイト上からは管理者がわからない場合には、ウェブサイトのURLについてドメインやIPアドレスを誰が管理しているのかをデータベース化した「whois検索」を用いて検索をすれば、ドメインの登録者、そのドメインが関連づけられているサーバーのIPアドレス、サーバーのIPアドレスを管理している者を調べることができることから、ウェブサイトの管理者やサーバー管理者を把握することができることが多い。

「whois検索」は、いくつかの会社がサービス提供していることから、検索エンジンに「whois」という検索ワードを入れて検索すればいくつかの会社のウェブサイトが表示されるので、いずれかを適宜選択して検索をすることになる。

3 書き込みの削除請求

(1) ウェブサイトのフォームによる請求

書き込みの削除を請求する簡単な方法としては、その書き込みがされているウェブサイト上のフォーム（お問い合わせフォーム）を用いて行う方法が考えられる。なお、発信者情報開示請求を予定している場合は、対象となる書き込みが削除される前に、その書き込みが行われた際のアクセスログが消されないように求めることも必要である。

(2) 送信防止措置依頼書の利用

一般社団法人テレコムサービス協会（インターネットサービスプロバイダ等で構成されている協会）が作成した「送信防止措置依頼書」を利用して削除を依頼することが考えられる。同協会により制定されたガイドラインによれば、削除を依頼されたウェブサイト管理者は、自主的削除の要否を検討し、削除が必要と判断した場合には、発信者に対して、削除要請を伝えて自主的解決を促す場合がある。他方、自主的削除の要否の判断が困難な場合には、発信者と連絡を取ることができない等の場合を除いて、発信者に意見照会を行うのが原則であり、意見照会の期限までに反論がなければ削除することがある。

ただし、削除依頼をしてから回答を得るまでに1カ月ほどかかるケースが多いことから、時間的余裕がない場合には、次項の仮処分の申し立てを行うことを検討するのが相当である。

(3) 削除仮処分

前述の送信防止措置依頼書による削除が実現しなかった場合や時間的余裕がない場合には、ウェブサイト管理者などに対して削除の仮処分を申し立てることが考えられる。削除の仮処分命令が発令されたにもかかわらず削除に応じない場合には、保全執行手続きを行う必要がある。

(4) 削除訴訟

削除訴訟は、削除仮処分よりも時間がかかるが、発信者がウェブサイト管理者でもある場合には発信者に対する損害賠償請求と併合して行うことができる点などにおいて有益性がある。

〔第2部〕 第8章 事業展開に関するリスク

【書式16】 侵害情報の通知書兼送信防止措置依頼書

年　　月　　日

至　［特定電気通信役務提供者の名称］御中

　　　　　　　　　　［権利を侵害したと主張する者］
　　　　　　　　　　住所
　　　　　　　　　　氏名　　（記名）　　　　　　　印
　　　　　　　　　　連絡先　（電話番号）
　　　　　　　　　　　　　　（e-mailアドレス）

　　　　　　侵害情報の通知書　兼　送信防止措置依頼書

　あなたが管理する特定電気通信設備に掲載されている下記の情報の流通により私の権利が侵害されたので、あなたに対し当該情報の送信を防止する措置を講じるよう依頼します。

記

掲載されている場所		URL： その他情報の特定に必要な情報：（掲示板の名称、掲示板内の書き込み場所、日付、ファイル名等）
掲載されている情報		例）私の実名、自宅の電話番号、及びメールアドレスを掲載した上で、「私と割りきったおつきあいをしませんか」という、あたかも私が不倫相手を募集しているかのように装った書き込みがされた。
侵害情報等	侵害されたとする権利	例）プライバシーの侵害、名誉毀損
	権利が侵害されたとする理由（被害の状況など）	例）ネット上では、ハンドル名を用い、実名及び連絡先は非公開としているところ、私の意に反して公表され、交際の申込やいやがらせ、からかいの迷惑電話や迷惑メールを約○○件も受け、精神的苦痛を被った。

上記太枠内に記載された内容は、事実に相違なく、あなたから発信者にそのまま通知されることになることに同意します。

発信者へ氏名を開示して差し支えない場合は、左欄に○を記入してください。○印のない場合、氏名開示には同意していないものとします。

※　一般社団法人テレコムサービス協会のプロバイダ責任制限法ガイドライン等検討協議会が策定した書式〈http://www.isplaw.jp/〉より引用

378

4　発信者情報開示

(1) ウェブサイトのフォームによる請求

書き込みをした発信者の情報の開示を求める簡単な方法としては、その書き込みがなされた掲示板を提供するコンテンツプロバイダなどに対して、ウェブフォーム（お問い合わせフォーム）を用いて、IPアドレスや名前、住所等の開示を求める方法がある。しかし、個人的な情報であるため応じない場合が多い。

(2) 発信者情報開示請求書の利用

一般社団法人テレコムサービス協会が作成した発信者情報開示請求書を利用してコンテンツプロバイダなどに対して開示請求を行う方法がある。請求を受けたコンテンツプロバイダなどは、発信者と連絡を取ることができない場合を除き、発信者に対して開示してもよい情報の範囲を照会するなどの対応を行う。

コンテンツプロバイダからIPアドレス等のアクセスログの開示を受けた場合には、発信者の住所と氏名を特定するために、同IPアドレスをもとに判明したアクセスプロバイダに対しても、同様に、発信者情報開示請求書を利用して開示請求を行うことが考えられる。

(3) 仮処分

上記開示請求に対して、任意の開示がなされないこともある。また、コンテンツプロバイダなどからは、IPアドレスやタイムスタンプなどのアクセスログしか開示されないケースが多いことから、同アクセスログをもとに、アクセスプロバイダに対して、発信者の住所や氏名などの発信者情報開示を求めることを要する場合がある。しかし、アクセスプロバイダによるアクセスログの保存期間は短期間であることから、上記開示によってコンテンツプロバイダからアクセスログを取得したとしても、その開示に時間がかかり、その過程でアクセスプロバイダが同アクセスログを消去していることも想定される。その場合には発信者の特定ができない事態となりうる。そこで、任意の開示が見込めない場合や書き込みがされてからすでに相当期間経過している場合などには、アクセスプロバイダの保有するアクセスログを確保するため、コンテンツプロバイダなどに対して発信者情報開示仮処分を申し立てて、早期にアクセスログを取得する対応が求められる。

【書式17】 発信者情報開示請求書

年　月　日

至　［特定電気通信役務提供者の名称］御中

［権利を侵害されたと主張する者］（注1）
　　住所
　　氏名　　　　　　　　　　　　　　　印
　　連絡先

発信者情報開示請求書

　［貴社・貴殿］が管理する特定電気通信設備に掲載された下記の情報の流通により、私の権利が侵害されたので、特定電気通信役務提供者の損害賠償責任の制限及び発信者情報の開示に関する法律（プロバイダ責任制限法。以下「法」といいます。）第4条第1項に基づき、［貴社・貴殿］が保有する、下記記載の、侵害情報の発信者の特定に資する情報（以下、「発信者情報」といいます）を開示下さるよう、請求します。

　なお、万一、本請求書の記載事項（添付・追加資料を含む。）に虚偽の事実が含まれており、その結果［貴社・貴殿］が発信者情報を開示された契約者等から苦情又は損害賠償請求等を受けた場合には、私が責任をもって対処いたします。

記

	［貴社・貴殿］が管理する特定電気通信設備等	（注2）
	掲載された情報	
侵害情報等	侵害された権利	
	権利が明らかに侵害されたとする理由（注3）	
	発信者情報の開示を受けるべき正当理由　（複数選択可）（注4）	1．損害賠償請求権の行使のために必要であるため 2．謝罪広告等の名誉回復措置の要請のために必要であるため 3．差止請求権の行使のために必要であるため 4．発信者に対する削除要求のために必要であるため 5．その他（具体的にご記入ください）
	開示を請求する発信者情報 （複数選択可）	1．発信者の氏名又は名称 2．発信者の住所 3．発信者の電子メールアドレス 4．発信者が侵害情報を流通させた際の、当該発信者のIPアドレス及び当該IPアドレスと組み合わされたポート番号（注5）

		5．侵害情報に係る携帯電話端末等からのインターネット接続サービス利用者識別符号（注5） 6．侵害情報に係るＳＩＭカード識別番号のうち、携帯電話端末等からのインターネット接続サービスにより送信されたもの（注5） 7．4ないし6から侵害情報が送信された年月日及び時刻
	証拠（注6）	添付別紙参照
	発信者に示したくない私の情報（複数選択可）（注7）	1．氏名（個人の場合に限る） 2．「権利が明らかに侵害されたとする理由」欄記載事項 3．添付した証拠

（注1）原則として、個人の場合は運転免許証、パスポート等本人を確認できる公的書類の写しを、法人の場合は資格証明書を添付してください。

（注2）　URLを明示してください。ただし、経由プロバイダ等に対する請求においては、IPアドレス及び当該IPアドレスと組み合わされたポート番号等、発信者の特定に資する情報を明示してください。

（注3）著作権、商標権等の知的財産権が侵害されたと主張される方は、当該権利の正当な権利者であることを証明する資料を添付してください。

（注4）法第4条第3項により、発信者情報の開示を受けた者が、当該発信者情報をみだりに用いて、不当に当該発信者の名誉又は生活の平穏を害する行為は禁じられています。

（注5）携帯電話端末等からのインターネット接続サービスにより送信されたものについては、特定できない場合がありますので、あらかじめご承知おきください。

（注6）証拠については、プロバイダ等において使用するもの及び発信者への意見照会用の2部を添付してください。証拠の中で発信者に示したくない証拠がある場合（注7参照）には、発信者に対して示してもよい証拠一式を意見照会用として添付してください。

（注7）請求者の氏名（法人の場合はその名称）、「管理する特定電気通信設備」、「掲載された情報」、「侵害された権利」、「権利が明らかに侵害されたとする理由」、「開示を受けるべき正当理由」、「開示を請求する発信者情報」の各欄記載事項及び添付した証拠については、発信者に示した上で意見照会を行うことを原則としますが、請求者が個人の場合の氏名、「権利侵害が明らかに侵害されたとする理由」及び証拠について、発信者に示してほしくないものがある場合にはこれを示さずに意見照会を行いますので、その旨明示してください。なお、連絡先については原則として発信者に示すことはありません。

ただし、請求者の氏名に関しては、発信者に示さなくとも発信者により推知されることがあります。

以上

――――――――――――――――――――――――――

［特定電気通信役務提供者の使用欄］

開示請求受付日	発信者への意見照会日	発信者の意見	回答日
（日付）	（日付） 照会できなかった場合はその理由：	有（日付） 無	開示（日付） 非開示（日付）

※　一般社団法人テレコムサービス協会のプロバイダ責任制限法ガイドライン等検討協議会が策定した書式（プロバイダ責任制限法関連情報Webサイト〈http://www.isplaw.jp/〉に掲載されている）を引用

(4) 発信者情報開示訴訟

上記のようにアクセスプロバイダに対してアクセスログの開示を求めることができる場合に、前述のとおりアクセスプロバイダに対して発信者情報開示請求書を利用して発信者情報の開示を求める方法がある。しかし、発信者が情報開示に同意しない限り、アクセスプロバイダが開示に応じる可能性は高くないことから、訴訟提起をすることが相当な場合がある。

(5) 発信者情報消去禁止仮処分

訴訟には一定の時間がかかるため、アクセスプロバイダに対する発信者情報開示請求訴訟の係属中にアクセスプロバイダがアクセスログを消去しないようにするため、ウェブサイト管理者等から発信者のIPアドレスを取得した場合には、速やかに、アクセスプロバイダに対して発信者情報消去禁止仮処分を申し立て、発信者情報を保存するのが望ましい。

5 役員の責任について

インターネット上の誹謗中傷に対する企業の対応には、一定の合理的な裁量があり、過剰に反応せずに静観するのもその1つであることから、まずは、企業への問合せやクレームなどにより企業の社会的評価がどの程度低下しているのか見極めることがポイントとなる。

企業の社会的評価の低下が著しいようであれば、迅速に対応する必要がある。それにもかかわらず、担当役員が漫然と事態を放置し、企業の社会的評価が回復困難なダメージを受けた場合には、一定の責任が生じると考えられる。

〔村瀬幸子〕

■判例索引■

【最高裁判所】

大判昭和5・12・16刑集9巻907頁	279
最判昭和26・10・23判タ1410号47頁	150, 162
最判昭和31・7・20民集10巻8号1059頁	370
最判昭和34・12・25刑集13巻13号3360頁	371
最判昭和40・9・22民集19巻6号1656頁	302
最判昭和41・6・23民集20巻5号1118頁	371
最判昭和42・7・25民集21巻6号1669頁	287
最判昭和43・12・25民集22巻13号3511頁	298, 309
最判昭和44・12・2民集23巻12号2396頁	297
最判昭和46・10・13民集25巻7号900頁	309
最判昭和48・5・22民集27巻5号655頁	295
最判昭和48・12・11民集27巻11号1529頁	309
最判昭和52・8・9裁判集民121号225頁	255
最判昭和54・7・20民集33巻5号582頁	133
最判昭和55・5・30民集34巻3号464頁	133
最判昭和59・4・10民集38巻6号557頁	73, 83
最判昭和61・6・11民集40巻4号872頁	370, 371
最判昭和61・7・14労判477号6頁	142
最判平成6・1・20民集48巻1号1頁	296, 301
最判平成9・2・28判時1597号7頁	135
最判平成11・2・16刑集53巻2号1頁	183
最判平成11・6・10民集53巻5号415頁	181
最判平成12・9・28金判1105号16頁	333
最判平成15・10・10労判861号5頁	134, 143
最判平成18・4・10民集60巻4号1273頁	70
最判平成21・4・17民集63巻4号535頁	302
最判平成21・7・9判タ1307号117頁	175, 243
最判平成21・12・18判時2068号159頁	145
最判平成22・7・15判時2091号90頁	119, 120
最判平成26・1・30判時2213号123頁	317
最判平成27・3・27民集69巻2号419頁	64
最判平成28・2・17（平成27年（受）第1773号）判例集未登載	73, 74

【高等裁判所】

大阪高判昭和42・9・26高民集20巻4号411頁	290

福岡高判昭和55・10・8判時1012号117頁	333
東京高判昭和61・2・19判時1207号120頁	282
大阪高判平成2・7・18判時1378号113頁	304, 305, 308
大阪高判平成6・12・26判時1553号133頁	252
東京高判平成8・12・11金判1105号23頁	333
大阪高判平成18・6・9判タ1214号115頁	172
東京高判平成19・8・28判タ1264号299頁	269
東京高判平成20・4・23金判1292号14頁	71
名古屋高判平成20・12・25労判983号62頁	136
大阪高判平成23・5・25労判1033号24頁	136, 144, 149
福岡高判平成24・4・13金判1399号24頁	173, 317
仙台高判平成27・4・22判時2258号68頁	83
東京高判平成28・7・20金判1504号28頁	324

【地方裁判所】

奈良地判昭和45・10・23判時624号78頁	253
大阪地判昭和49・3・28判時736号20頁	284
札幌地判昭和51・7・30判時840号111頁	295
東京地判昭和56・3・26判時1015号27頁	305
大阪地判昭和58・5・11金判678号39頁	308
東京地判昭和59・11・28判時1157号129頁	254
東京地判昭和60・10・29金判734号23頁	281
東京地判昭和63・10・13判時1290号48頁	372
仙台地判平成5・3・24資料版商事法務109号64頁	284
名古屋地判平成5・9・30資料版商事法務116号188頁	279
東京地判平成8・10・17判タ939号227頁	279, 289
大阪地判平成12・9・20判時1721号3頁	243, 295
東京地判平成13・1・25判時1760号144頁	331
大阪地判平成15・4・4判タ1162号201頁	136
大阪地判平成16・2・4金判1191号38頁	288
東京地判平成16・9・28判時1886号111頁	91, 107
東京地判平成17・2・10判時1887号135頁	86
和歌山地判平成17・4・12労判896号28頁	136, 144
大阪地判平成18・5・19判タ1230号227頁	244
東京地判平成19・2・8判時1964号113頁	244
東京地判平成19・4・24労判942号39頁	253, 254
東京地判平成20・1・18労判953号10頁	145
東京地判平成20・11・26判時2040号126頁	252
大阪地判平成21・1・15労判979号16頁	146

大阪地判平成21・10・16裁判所ウェブサイト	151
東京地判平成22・5・11判タ1328号241頁	100
東京地判平成22・6・30判時2097号144頁	53
東京地判平成23・1・7資料版商事法務323号67頁	297
大阪地判平成24・6・29商事法務1974号66頁	365
仙台地判平成25・9・17判時2204号57頁	84
東京地判平成26・4・10金判1443号22頁	54
東京地判平成26・11・4判時2249号544頁	151, 152, 155
仙台地判平成27・1・13判時2265号69頁	84
東京地判平成27・10・8判時2295号124頁	318
福岡地判平成28・3・4金判1490号44頁	64

■事項索引■

【英字】
- BCP ……………………………… 71
- CIA ……………………………… 245
- CSR ……………………………… 15
- reputationrisk ………………… 29

【あ行】
- 安全配慮義務 ……………… 73, 151, 152
- 意匠権 …………………………… 230
- 違法配当罪 …………………… 166
- インサイダー取引 …………… 178

【か行】
- 会計不正行為 ………………… 166
- 会計問題 ……………………… 165
- 解雇 …………………………… 142
- 会社関係者 …………………… 179
- 会社財産を危うくする罪 …… 166
- 会社役員の範囲 ……………… 3
- 解除事由 ……………………… 36
- 解任 …………………………… 36
- 価格カルテル ………………… 196
- 課徴金減免制度 ……………… 199
- 課徴金納付命令 ……………… 185
- 株主間契約 …………………… 319
- 株主総会 ……………………… 271
  - ――決議の瑕疵 ………… 281
  - ――シナリオ …………… 276
  - ――の開催時期 ………… 273
  - ――の審議方式 ………… 279
  - ――の目的 ………… 272, 275
  - ――のリスク …………… 272
- 株主利益 ……………………… 14
- 空売りの禁止 ………………… 189
- カルテル ……………………… 195
- 過労死 ………………………… 136
- 過労自殺 ……………………… 136

- 環境基本法 …………………… 357
- 監査等委員会設置会社 ……… 296
- 監査における不正リスク対応基準
  ………………………………… 169
- 監査役 ………………………… 4
- 監視義務 ………………… 24, 36
- 官製談合 ……………………… 198
- 間接取引 ……………………… 308
- 関連会社 ……………………… 327
- 企業不祥事における第三者委員会ガイドライン ……………… 30
- 企業法務 ……………………… 7
- 競業取引規制 ………………… 303
- 行政・刑事処分 ……………… 37
- 共同出資 ……………………… 319
- 業務執行取締役 ………… 3, 292
- クレーム対応 ………………… 115
  - ――規程 ………………… 122
  - ――体制の構築 ………… 121
- クレームの受付対応 ………… 124
- 経営判断の原則 ………… 23, 53
- 警察による捜査 ……………… 37
- 刑事裁判 ……………………… 37
- 軽微基準 ……………………… 182
- 決算情報 ……………………… 182
- 決定事実 ……………………… 182
- 健康診断 ……………………… 140
- 検察による捜査 ……………… 37
- 公開買付者等関係者 ………… 186
- 公害対策基本法 ……………… 356
- 公共的な入札に係る事業者および事業者団体活動に関する独占禁止法上の指針 ……………… 198
- 公正取引委員会による調査 … 37
- 公表 …………………… 183, 186
- コーポレートガバナンス・コード
  ………………………………… 7, 14

子会社…………………………… 327
告訴・告発……………………………35
コンプライアンス………………………15
コンプライアンスリスク論………… 5

【さ行】

採決の方法……………………… 287
最終完全親会社………………… 328
再発防止策………………………38
採用内定………………………… 133
三六協定………………………… 135
時間外労働……………………… 135
事業継続計画……………………71
事業者団体の活動に関する独占禁止
　法上の指針………………… 195
資金援助条項…………………… 325
下請法…………………………… 209
執行役…………………………… 3
執行役員………………………… 3
実用新案権……………………… 229
辞任………………………………36
社外取締役……………………… 292
社外取締役制度…………………21
就業規則………………………… 134
重要事実………………………… 180
出向命令………………………… 142
蛇の目ミシン………………………70
循環取引…………………………36
証券取引等監視委員会による調査…37
証拠隠滅罪………………………37
証拠保全…………………………34
上場会社における不祥事対応のプリ
　ンシプル…………………………32
消費者の財産的被害の集団的な回復
　のための民事の裁判手続の特例
　に関する法律……………… 117
消費生活用製品安全法………… 104
商標権…………………………… 229
情報管理体制…………………… 242

情報伝達・取引推奨行為に対する規
　制…………………………… 187
情報の非対称性……………………20
職場環境配慮義務……………… 152
審議の打切り…………………… 285
人事と報酬の制度…………………21
信用調査……………………………43
ストレスチェック………………… 140
請求項…………………………… 234
製造物責任……………………… 100
正当なクレームと不当なクレームの
　区別………………………… 118
製品安全法……………………… 104
セクシャルハラスメント………… 150
セクハラ………………………… 150
先願主義………………………… 236
先使用権………………………… 236
善管注意義務……………………10
善管注意義務違反………… 36, 91, 107
贈収賄禁止法…………………… 346
損害賠償責任の追及………………36

【た行】

対策委員会…………………………95
対策本部・委員会等………………95
第三者委員会………………… 30, 170
代表取締役……………………… 3
代表取締役の選定解職………… 296
多重代表訴訟制度……………… 328
ダスキン株主代表訴訟事件……… 172
脱税……………………………… 165
短期売買利益の提供義務……… 189
知的財産権……………………… 228
中華人民共和国独占禁止法…… 351
忠実義務……………………………13
懲戒処分……………………………36
調査委員会……………………… 170
調査期間……………………………33
調査の範囲…………………………33

調査方針……………………………33
長時間労働…………………………132
直接取引……………………………308
著作権………………………………229
適時開示……………………………35
デジタルフォレンジック…………31
撤退条項……………………………326
デューディリジェンス……………317
動議…………………………………283
独占禁止法…………………………208
特別の利害関係……………………297
特別背任罪……………………58, 167
独立社外取締役……………………292
土壌汚染対策法……………………362
特許権………………………………229
取締役………………………………3
取締役会議事録の作成……………298
取締役会の招集手続………………293
取締役会評価の制度………………22
取締役等の説明義務………………281
取引基本契約書……………………36

【な行】
内部統制システム……27, 176, 243, 330
内部統制システム構築義務………36
二次的なクレームの発生防止……120
日本システム技術事件……………175
入札談合……………………………197

【は行】
廃棄物処理法………………………357
排出者責任…………………………357
排除措置命令………………………196
配転命令……………………………142
売買報告書の提出義務……………188
バスケット条項……………………182
発生事実……………………………182
パテントマップ……………………233
ハラスメント………………………150

パワーハラスメント………………150
パワハラ……………………………150
反社会的勢力………………………58
反トラスト3法……………………350
反不正当競争法……………………348
非業務執行取締役…………………292
秘密保持義務………………………252
表明保証……………………………317
風評被害……………………………7
福岡魚市場株主代表訴訟事件……173
不公正な取引方法…………………208
不祥事対応と株主総会……………289
不注意………………………………10
腐敗行為防止法……………………344
粉飾決算……………………………165
報酬の返上…………………………36
暴対法………………………………58
暴排条項……………………………64
法務デューディリジェンス………322
法令遵守……………………………14
ポジションペーパー………………38

【ま行】
マスコミ対応………………………38
マタニティハラスメント…………150
マタハラ……………………………150
マニフェスト制度…………………359
モニタリング・ボード……………292

【や行】
優越的地位の濫用…………………209
与信管理……………………………50
与信判断……………………………50

【ら行】
利益相反取引規制…………………307
リスク定義論………………………5
リニエンシー………………………199
流通・取引慣行に関する独占禁止法

上の指針………………………… 195
　量刑事情……………………………37
　レピュテーションリスク……………29
　連邦海外腐敗防止法……………… 344
　労働基準法………………………… 133
　労働時間…………………………… 137
　労働者安全衛生法………………… 140
　労務管理…………………………… 132

【わ行】
　割増賃金…………………………… 141

【編集代表者略歴】

渡邊　顯（わたなべ　あきら）

〔担当箇所〕　第 1 部総論①

〔略　　歴〕

　　1970年 3 月　早稲田大学法学部卒業
　　1973年 4 月　弁護士登録（第一東京弁護士会）
　　1998年 4 月　山一證券法的責任判定委員会委員長
　　2002年 9 月　目黒雅叙園更生管財人
　　2004年 3 月　株式会社トーゴ更生管財人
　　2006年 6 月　アジアパイルホールディングス株式会社非常勤取締役
　　2006年11月　株式会社ファーストリテイリング社外監査役
　　2007年 6 月　前田建設工業株式会社社外取締役
　　2010年 4 月　MS&AD インシュアランスグループホールディングス株式会社社外取締役
　　2014年10月　カドカワ株式会社社外監査役

〔主な著書・論文〕

『100分でわかる企業法務』（角川書店）、『敵対的買収——新会社法と M&A』（角川書店）、『実務　会社法講義〔全訂版〕』（民事法研究会）、『詳解　新会社法の理論と実務』（民事法研究会）、『役員の責任と株主代表訴訟の実務』（新日本法規出版）、『敵対的買収と企業防衛』（日本経済新聞社）『ベストプラクティス取締役会』（商事法務）など

〔事務所所在地〕

成和明哲法律事務所
〒 105-6031　東京都港区虎ノ門 4 - 3 - 1 　城山トラストタワー31階
　　　　　　電話：03-5405-4080　　FAX：03-5405-4081

武井　洋一（たけい　よういち）

〔担当箇所〕　全体監修

〔略　　歴〕

　　東京大学教養学部卒業、平成 5 年 4 月弁護士登録。

第一東京弁護士会総合法律研究所委員長、同会社法研究部会部会長、日弁連司法制度調査会商事経済部会特別委嘱委員、新司法試験考査委員（商法担当）、日本トムソン株式会社社外取締役などを歴任。
〔主な著書・論文〕
　『役員会運営実務ハンドブック』（商事法務）、『同族会社実務大全』（清文社）、『会社法関係法務省令逐条実務詳解』（清文社）、『会社法実務大系』（民事法研究会）、『ビジネス法務「会社法改正議論を追う」』（中央経済社）など
〔事務所所在地〕
　成和明哲法律事務所

樋口　達（ひぐち　わたる）

〔担当箇所〕　第1部総論②
〔略　　歴〕
　東京大学経済学部経済学科卒業、弁護士、公認会計士、公認不正検査士
　成和明哲法律事務所パートナー　丸紅建材リース株式会社社外取締役（監査等委員）、青山学院大学大学院非常勤講師（企業再編の法と実務）
〔主な著書・論文〕
　『実例に学ぶ　企業の実情を踏まえたガバナンスの開示』（商事法務）、『子会社の非常勤監査役の心構えと対応ポイント』（旬刊 経理情報）、『株主還元の実態調査』（別冊商事法務 No.410）、『議論活性化のための資料・情報提供と取締役会評価』（Business Law Journal）、『法務Q&A　会計不正　対応と予防のポイント』（中央経済社）　など
〔事務所所在地〕
　成和明哲法律事務所

【編者所在地】

成和明哲法律事務所

〒105-6031　東京都港区虎ノ門4-3-1 城山トラストタワー31階
　　　　電話：03-5405-4080　　FAX：03-5405-4081

【執筆者略歴】

奥野　哲也（おくの　てつや）

〔担当箇所〕　第2部第1章①、第5章⑫

〔略　　歴〕

　　神戸大学法学部卒業、神戸大学法科大学院卒業、弁護士
　　神戸大学大学院法学研究科助教、岡山ひかり法律事務所

〔事務所所在地〕

　　岡山ひかり法律事務所
　　　〒700-0818　岡山県岡山市北区蕃山町3-7　両備蕃山町ビル8階
　　　　　電話：086-223-1800　　FAX：086-223-1811

川見　友康（かわみ　ともやす）

〔担当箇所〕　第2部第1章②、第6章⑬

〔略　　歴〕

　　早稲田大学政治経済学部卒業、早稲田大学大学院法務研究科卒業、弁護士
　　2017年10月　川見総合法律事務所開設

〔主な著書・論文〕

　　『こんなときどうする会社役員の責任Q&A』（共著、第一法規）、『株式交換・株式移転の理論・実務と書式』（共著、民事法研究会）、『同族会社実務大全』（共著、清文社）

〔事務所所在地〕

　　川見総合法律事務所
　　　〒105-0001　東京都港区虎ノ門五丁目1番4号　東都ビル2階
　　　　　電話：03-6825-1149　　FAX：03-3433-6434

小松　真理子（こまつ　まりこ）

〔担当箇所〕　第2部第5章⑩、⑪

〔略　　歴〕

京都大学法学部卒業、首都大学東京法科大学院修了、弁護士
成和明哲法律事務所入所を経て、2018年5月より株式会社電通　法務マネジメント局法務部所属
〔主な著書・論文〕
『開示事例から考える「コーポレートガバナンス・コード」対応』（商事法務）、『コーポレートガバナンス・コードに対応した招集通知・議案の記載例』（商事法務）
〔事務所所在地〕
成和明哲法律事務所

近藤　遼平（こんどう　りょうへい）

〔担当箇所〕　第2部第2章④、⑤
〔略　　歴〕
法政大学法学部法律学科卒業、青山学院大学法務研究科修了、弁護士、新都総合法律事務所パートナー
〔主な著書・論文〕
『非公開会社・子会社のための会社法実務ハンドブック』（共著、商事法務）
〔事務所所在地〕
新都総合法律事務所
　〒102-0081　東京都千代田区四番町6-11　エルフェ四番町301区
　　電話：03-6272-6650　　FAX：03-6272-6651

髙木　佑衣（たかぎ　ゆい）

〔担当箇所〕　第2部第8章㉑、㉒
〔略　　歴〕
慶應義塾大学経済学部卒業、慶應義塾大学法科大学院修了、弁護士
弁護士法人御堂筋法律事務所東京事務所入所
〔事務所所在地〕
弁護士法人　御堂筋法律事務所　東京事務所
　〒100-6020　東京都千代田区霞が関三丁目2番5号　霞が関ビル20階
　　電話：03-3539-6070　　FAX：03-3539-6071

多田　啓太郎（ただ　けいたろう）

〔担当箇所〕　第2部第3章⑦、⑧
〔略　　歴〕
　　北海道大学法学部卒業、北海道大学法科大学院（司法試験合格により）退学、弁護士、成和明哲法律事務所入所
〔主な著書・論文〕
　　『非公開会社・子会社のための会社法実務ハンドブック』（共著、商事法務）、『同族会社実務大全』（共著、清文社）、『役員会運営実務ハンドブック』（共著、商事法務）
〔事務所所在地〕
　　成和明哲法律事務所

西山　諒（にしやま　りょう）

〔担当箇所〕　第2部第2章⑥、第7章⑯
〔略　　歴〕
　　慶應義塾大学法学部法律学科卒業、慶應義塾大学法科大学院卒業、弁護士、成和明哲法律事務所入所
〔主な著書・論文〕
　　『役員会運営実務ハンドブック』（共著、商事法務）、『こんなときどうする会社役員の責任Q&A』（共著、第一法規出版）、『新会社法AtoZ非公開会社の実務』（共著、第一法規出版）、『Q&A新会社法の実務』（共著、新日本法規出版）など
〔事務所所在地〕
　　成和明哲法律事務所

平井　貴之（ひらい　たかゆき）

〔担当箇所〕　第2部第7章⑰、⑱
〔略　　歴〕
　　立命館大学法学部卒業、京都大学大学院法学研究科法曹養成専攻も司法試験合格により退学、弁護士

成和明哲法律事務所を経て、シティ法律事務所入所
〔主な著書・論文〕
　『こんなときどうする会社役員の責任 Q&A』（共著、第一法規出版）、『新会社法ＡＺ非公開会社の実務』（共著、第一法規出版）、『役員の責任と株主代表訴訟の実務』（共著、新日本法規出版）、『100分で分かる企業法務 取締役のための会社法ノート』（共著、KADOKAWA出版）
〔事務所所在地〕
　シティ法律事務所

藤井　和典（ふじい　かずのり）

〔担当箇所〕　第2部第8章⑲
〔略　　歴〕
　慶應義塾大学法学部法律学科卒業、弁護士
　住友商事株式会社、現成和明哲法律事務所を経て2009年　藤井法律事務所開設
〔主な著書・論文〕
　『取締役の善管注意義務のはなし』（共著、商事法務）、『役員の責任と株主代表訴訟の実務』（共著、新日本法規出版）、『新会社法ＡＺ非公開会社の実務』（共著、第一法規）、『高年齢者雇用安定法と企業の対応』（共著、労働調査会）
〔事務所所在地〕
　藤井・永法律事務所
　〒107-0052　東京都港区赤坂2-2-21 永田町法曹ビル301
　　　　電話：03-5545-5750　　FAX：03-5545-5751

村瀬　幸子（むらせ　さちこ）

〔担当箇所〕　第2部第6章⑮、第8章㉓
〔略　　歴〕
　立教大学法学部卒業、メーカー勤務後弁護士登録、成和明哲法律事務所入所、株式会社文教堂グループホールディングス社外監査役
〔主な著書・論文〕

『こんなときどうする　会社役員の責任Q&A』（共著、第一法規出版）、『株主総会六法』（共著、民事法研究会）、『100分でわかる企業法務』（共著、KADOKAWA）、『会社法実務大系』（共著、民事法研究会）
〔事務所所在地〕
　　成和明哲法律事務所

矢野　亜里紗（やの　ありさ）

〔担当箇所〕　第2部第1章③
〔略　　歴〕
　　立教大学法学部卒業、中央大学法科大学院修了、弁護士
〔事務所所在地〕
　　成和明哲法律事務所

山内　宏光（やまうち　ひろみつ）

〔担当箇所〕　第2部第4章⑨
〔略　　歴〕
　　中央大学法学部法律学科卒業、中央大学大学院法学研究課刑事法専攻博士前期課程修了、弁護士、成和明哲法律事務所　パートナー
〔主な著書・論文〕
　　「会計不正が株主総会に与える影響の事例分析」（別冊商事法務 No.390）、『法務Q＆A　会計不正　対応と予防のポイント』（共著、中央経済社）、『こんなときどうする　会社役員の責任Ｑ＆Ａ』（共著、第一法規出版）、『会社法実務大系』（共著、民事法研究会）
〔事務所所在地〕
　　成和明哲法律事務所
　　〒105-6031　東京都港区虎ノ門4-3-1　城山トラストタワー31階
　　　　　電話：03-5405-4080　　FAX：03-5405-4081

山下　成美（やました　なるみ）

〔担当箇所〕　第 2 部第 6 章[14]、第 8 章[20]

〔略　　歴〕

慶應義塾大学法学部法律学科卒業、慶應義塾大学法科大学院卒業、弁護士、成和明哲法律事務所入所、平成28年 7 月株式会社中国銀行コンプライアンス部入行

〔主な著書・論文〕

『こんなときどうする会社役員の責任 Q&A』（第一法規出版）、『新会社法Ａ２Ｚ非公開会社の実務』（第一法規出版）、『100分でわかる企業法務』（角川書店）

〔リスク管理実務マニュアルシリーズ〕
会社役員のリスク管理実務マニュアル

平成30年6月14日　第1刷発行

定価　本体4,600円＋税

編集代表者　　渡辺　顯　武井洋一　樋口　達
編　　者　　成和明哲法律事務所
発　　行　　株式会社　民事法研究会
印　　刷　　藤原印刷株式会社

発行所　株式会社　民事法研究会
〒150-0013　東京都渋谷区恵比寿3-7-16
　　　　〔営業〕TEL 03(5798)7257　FAX 03(5798)7258
　　　　〔編集〕TEL 03(5798)7277　FAX 03(5798)7278
　　　　http://www.minjiho.com/　　info＠minjiho.com

落丁・乱丁はおとりかえします。　ISBN978-4-86556-229-3　C2332　￥4600E
カバーデザイン：関野美香

▶企業活動における「会社法」の使い方を解説！

会社法実務大系

成和明哲法律事務所 編

A5判・657頁・定価 本体5,800円+税

本書の特色と狙い

- ▶企業法務の最前線で活躍する弁護士が会社法の構造、制度、各手続について実際の活用例を提示しつつ、実践的に解説！
- ▶金融商品取引法、証券取引所規則、会社計算規則ほか会計・税務、登記実務にも配慮し豊富な図表によって視覚的理解を促す！
- ▶適宜の箇所にOne point adviceを掲げ、実際の運用の留意点を示唆！
- ▶企業法務担当者はもとより、弁護士、司法書士、裁判官等法律実務家にも最適な1冊！

本書の主要内容

第1章 株式会社の設立
第2章 株式
　第1節 総説
　第2節 株式の譲渡
第3章 株式会社の資金調達
　第1節 総説（資金調達方法の比較）
　第2節 社債
　第3節 募集株式の発行等
　第4節 新株予約権
第4章 コーポレート・ガバナンス
　第1節 総説
　第2節 株主総会
　第3節 取締役および取締役会
　第4節 監査役および監査役会等
　第5節 会計監査人
　第6節 会計参与
　第7節 指名委員会等設置会社
　第8節 監査等委員会設置会社
第5章 役員等の責任
　第1節 会社に対する責任
　第2節 株主代表訴訟
　第3節 第三者に対する責任
　第4節 違法行為のその他の是正手段
第6章 組織再編
　第1節 総説
　第2節 事業譲渡等
　第3節 合併
　第4節 会社分割
　第5節 株式交換
　第6節 株式移転
　第7節 キャッシュアウト
　第8節 M&Aの会計と税務
　第9節 登記
第7章 計算
第8章 解散・清算
第9章 会社の種類——各種会社
第10章 登記
・事項索引／判例索引／条文索引

発行 民事法研究会

〒150-0013　東京都渋谷区恵比寿3-7-16
(営業) TEL. 03-5798-7257　FAX. 03-5798-7258
http://www.minjiho.com/　info@minjiho.com

具体的な事例を通して考え方と手続を解説！

労働保全、労働審判、訴訟、相談対応、任意交渉、集団労使紛争等の紛争解決手続と思考過程を解説！

事例に学ぶ労働事件入門
―事件対応の思考と実務―

労働事件実務研究会　編　　　　　　　　　　　　（Ａ５判・366頁・定価 本体3200円＋税）

典型契約・非典型契約をめぐる成立の存否、解約の有効性、当事者の義務等の事件対応を解説！

事例に学ぶ契約関係事件入門
―事件対応の思考と実務―

契約関係事件研究会　編　　　　　　　　　　　　（Ａ５判・386頁・定価 本体3300円＋税）

複合事故、過失相殺、高次脳機能障害、素因減額、外貌醜状等での損害など多様な事例を掲載！

事例に学ぶ交通事故事件入門
―事件対応の思考と実務―

交通事故事件研究会　編　　　　　　　　　　　　（Ａ５判・336頁・定価 本体3200円＋税）

遺産分割協議・調停・審判、遺言執行、相続関係訴訟、法人代表者の相続事案などの事例を網羅！

事例に学ぶ相続事件入門
―事件対応の思考と実務―

相続事件研究会　編　　　　　　　　　　　　　　（Ａ５判・318頁・定価 本体3000円＋税）

債務整理事件を11個のテーマに分類し、ドキュメンタリー形式で実際の事件処理のフローを紹介！

事例に学ぶ債務整理入門
―事件対応の思考と実務―

債務整理実務研究会　編　　　　　　　　　　　　（Ａ５判・414頁・定価 本体3600円＋税）

刑の一部執行猶予制度、公判前整理手続に付する請求権等新たな制度を織り込み改訂！

事例に学ぶ刑事弁護入門〔補訂版〕
―弁護方針完結の思考と実務―

弁護士　宮村啓太　著　　　　　　　　　　　　　（Ａ５判・214頁・定価 本体2100円＋税）

発行　民事法研究会
〒150-0013 東京都渋谷区恵比寿3-7-16
（営業）TEL 03-5798-7257　FAX 03-5798-7258
http://www.minjiho.com/　　info@minjiho.com

リスク管理実務マニュアルシリーズ

―― 実務で活用できるノウハウが満載！ ――

2017年11月刊 社内(社外)通報制度の導入、利用しやすいしくみを構築し、運用できるノウハウを明示！

内部通報・内部告発対応実務マニュアル
――リスク管理体制の構築と人事労務対応策Q&A――

中小企業を対象にした「内部通報制度の規程例」を大企業などを想定した一般的な例とともに掲げ、規定条項を逐条解説しつつ各種関連書式を収録！ 消費者庁の民間事業者向け新ガイドラインに対応した最新版！

阿部・井窪・片山法律事務所　石嵜・山中総合法律事務所　編（A5判・255頁・定価 本体2800円+税）

2017年2月刊 実務に直結した営業秘密の適切な管理手法を解説した実践的手引書！

営業秘密管理実務マニュアル
――管理体制の構築と漏えい時対応のすべて――

基礎知識から自社の情報が第三者に侵害されたときの対応、特に重要な情報の漏えい・流出リスクの極小化、企業秘密が漏えい・流出した場合の対応、他社の情報の侵害者と疑われないようにする体制について、豊富に図表を織り込み解説！

服部　誠・小林　誠・岡田大輔・泉　修二　著（A5判・284頁・定価 本体2800円+税）

2015年9月刊 企業のリスク管理の肝を「法務」・「コンプライアンス」双方の視点から複合的に分析し、詳解！

法務リスク・コンプライアンスリスク管理実務マニュアル
――基礎から緊急対応までの実務と書式――

製品事故、取引先リスク、税務・会計、M&A、インサイダー、労務管理、名誉毀損、クレーム対応など、企業が抱えるリスクの「すべて」を網羅し、要因分析から体制整備、事件発生時の対応までを書式・記載例を示しつつ実践的に解説！

阿部・井窪・片山法律事務所　編　（A5判・764頁・定価 本体6400円+税）

2015年1月刊 情報漏えいを防止し、「情報」を有効活用するためのノウハウが満載！

企業情報管理実務マニュアル
――漏えい・事故リスク対応の実務と書式――

競争力の源泉である企業情報の防衛・活用について、経営情報管理・コンプライアンス情報管理・人事労務管理・知的財産管理など、この問題に関する専門家が複合的な視点から詳解した話題の書！

長内　健・片山英二・服部　誠・安倍嘉一　著（A5判・442頁・定価 本体4000円+税）

発行　**民事法研究会**

〒150-0013　東京都渋谷区恵比寿3-7-16
（営業）TEL 03-5798-7257　FAX 03-5798-7258
http://www.minjiho.com/　info@minjiho.com

■企業の社会的信用を守るノウハウが満載！

〈リスク管理実務マニュアルシリーズ〉

従業員の不祥事対応実務マニュアル
──リスク管理の具体策と関連書式──

森・濱田松本法律事務所
弁護士　安倍嘉一　著

A5判・328頁・定価　本体3,400円＋税

◁◁◁◁◁◁◁◁◁◁◁【本書の特色と狙い】▷▷▷▷▷▷▷▷▷▷▷▷▷

▶続発する従業員の不祥事に対して、企業はどのような対応策をとるべきか、長年にわたり企業側労働弁護士一筋に活躍してきた著者が、発生時の初動対応から様々な場面、状況を想定し企業の信用き損を防ぐ迅速・的確な対応策のノウハウを具体的に明示！
▶本書は、具体的かつ多様な不祥事事例を示しつつ、企業がとるべき最善の対応策について、不祥事による被害者側を企業・従業員・第三者、および被害者がいない場合の4つのケースに分けて、それぞれについて書式と一体にして解説をした極めて至便な実践的手引書！
▶不祥事を起こした従業員への懲戒処分のあり方についても懇切丁寧に解説をしているので、企業の人事・総務・法務（コンプライアンス担当を含む）担当者のみならず、弁護士、司法書士、税理士などの法律実務家にとっても必備の書！

❖❖❖❖❖❖❖❖❖❖❖【本書の主要内容】❖❖❖❖❖❖❖❖❖❖❖❖❖

序　　　従業員による不祥事と企業活動
第1部　従業員による不祥事への基本的な対応
　第1章　従業員の不祥事に対して企業がとりうる措置
　第2章　不祥事の主体
　第3章　初動対応
　第4章　不祥事の調査
　第5章　従業員に対する懲戒処分
　第6章　従業員に対するその他の措置
　第7章　被害者対応
　第8章　広報対応
　第9章　警察・検察への対応
第2部　従業員による不祥事の被害者別事例と対応策
　第1章　企業が被害者となる場合
　第2章　企業の従業員が被害者となる場合
　第3章　第三者が被害者となる場合
　第4章　被害者がいない場合

発行　民事法研究会　〒150-0013　東京都渋谷区恵比寿3-7-16
（営業）TEL. 03-5798-7257　FAX. 03-5798-7258
http://www.minjiho.com/　info@minjiho.com